Maria
Mai 1985

BASTEI
LÜBBE

Mika Waltari

Der dunkle Engel

Aus dem Finnischen übersetzt
von Ernst Doblhofer

BASTEI
LÜBBE

BASTEI-LÜBBE-TASCHENBUCH
Band 10546

Titel der Originalausgabe: JOHANNES ANGELO

Lizenzausgabe: Gustav Lübbe Verlag GmbH, Bergisch Gladbach
Printed in Western Germany 1985
Einbandgestaltung: Roberto Patelli
Gesamtherstellung: Ebner Ulm
ISBN 3-404-10546-X

Das Tagebuch des Johannes Angelos
während der Belagerung von Konstantinopel, 1453,
am Ende der christlichen Zeitrechnung.

12. Dezember 1452.

Heute sah und sprach ich dich zum erstenmal.

Es war wie ein Erdbeben; mein ganzes Inneres ward umgestürzt, die Gräber meines Herzens taten sich auf, und ich war mir selbst ein Fremder.

Ich bin vierzig Jahre alt und meinte, den Herbst meines Lebens erreicht zu haben.

Ich war weit gewandert, hatte viel erfahren und viele Leben gelebt. Der Herr hatte zu mir gesprochen und sich mir auf mannigfache Weise kundgetan; Engel hatten sich mir offenbart, und ich hatte ihnen nicht geglaubt. Als ich aber dich erblickte, da mußte ich glauben, kraft des Wunders, das mir widerfahren war.

Ich sah dich vor der Sophienkirche, am Bronzetor. Die Menge strömte eben heraus, nachdem Kardinal Isidor unter eisigem Schweigen auf lateinisch und griechisch die Union der Kirchen verkündet hatte. Beim folgenden feierlichen Hochamt betete er das Glaubensbekenntnis vor, und als er zu dem Einschub »und aus dem Sohne« gelangte, verhüllten viele das Gesicht, während die Frauen auf den Emporen bitterlich weinten. Ich stand mitten im Gedränge, in einem Seitenschiff an einer grauen Säule; als ich sie berührte, fühlte ich, daß sie feucht war, als seien selbst die kalten Steine des Gotteshauses in Angstschweiß ausgebrochen.

Dann verließen alle in der seit Jahrhunderten vorgeschriebenen Reihenfolge die Kirche, und in ihrer Mitte schritt der Basileus, unser Kaiser Konstantin, aufrecht und feierlich, das Haupt unter dem goldenen Kronreif schon ergraut. Jedermann schritt in der vorgeschriebenen Tracht und den ihm gebührenden Farben einher: die Reichsbeamten aus dem Blachernenpalast, Minister und Logotheten, der ganze Senat, und hinterher die Archonten von Konstantinopel, gereiht nach Adel und Geburt. Keiner hatte es gewagt, fernzubleiben und so seine wahre Gesinnung zu verraten. Zur Rechten des Kaisers erkannte ich nur allzu wohl Phrantzes, den Kanzler, der seine kalten, blauen Augen über seine Umgebung hinschweifen ließ. Unter den Lateinern bemerkte ich den venezianischen Bailo und viele andere, die ich vom Sehen kannte.

Aber den Megadux Lukas Notaras, den Großherzog und Befehlshaber der kaiserlichen Flotte, hatte ich noch nie zuvor gesehen. Er überragte die übrigen um Haupteslänge, ein hochmütiger Mann von dunkler Farbe. Sein Blick war scharf und voll Verachtung; in seinen Zügen aber las ich die Schwermut, die allen Angehörigen der alten griechischen Familien gemeinsam ist. Als er aus der Kirche trat, war er erregt und erzürnt, als könne er die tödliche Schande nicht ertragen, die über seine Kirche und sein Volk gekommen war.

Als die Pferde vorgeführt wurden, gärte es in der Menge, die anfing, die Lateiner laut zu beschimpfen. Rufe wurden laut: »Nieder mit rechtswidrigen Zusätzen!«, »Nieder mit der Papstherrschaft!« Ich hörte erst nicht darauf, hatte ich doch in meiner Jugend davon mehr als genug vernommen. Allein der Haß, die Verzweiflung der Volksmenge brach nun los wie ein brüllender Sturm – wie ein Erdbeben –, bis die geübten Stimmen der Mönche sie im rhythmischen Chor zusammenfaßten: »Nicht aus dem Sohn! Nicht aus dem Sohn!« Es war das Fest des heiligen Spiridion.

Als sich der Zug der Edelfrauen endlich in Bewegung setzte, hatten sich mehrere Mitglieder des kaiserlichen Gefolges bereits unter das Volk gemischt, das im Takt des heulenden Sprechchores hin und her wogte und die Arme schwenkte. Nur rings um die geheiligte Person des Kaisers war noch Raum, und er bestieg mit sorgendüsterer Miene sein edles Pferd. Er trug einen goldgestickten Purpurmantel, und seine purpurnen Schuhe schmückte der Doppeladler.

So wurde ich Zeuge, wie ein Traum vieler Jahrhunderte in

Erfüllung ging: die Vereinigung der Ostkirche mit der abendländischen, die Unterwerfung der orthodoxen Kirche unter den Papst und die Preisgabe ihres ursprünglichen, unverfälschten Glaubens. Nach mehr als zehn Jahren Verzögerung hatte die Union durch die Verlesung der Proklamation durch Kardinal Isidor in der Sophienkirche endlich Gesetzeskraft erlangt. Vor vierzehn Jahren war sie im Dom zu Florenz von dem großen, rundköpfigen, gelehrten Metropoliten Bessarion auf griechisch verlesen worden. Gleich Isidor war auch er von Papst Eugenius IV. zum Lohn für seine Arbeit am großen Versöhnungswerk zum Kardinal ernannt worden.

Das war vor vierzehn Jahren. Noch am selben Abend hatte ich meine Bücher und Kleider verkauft, mein Geld unter die Armen verteilt und war aus Florenz geflohen. Fünf Jahre darauf nahm ich das Kreuz. Nun mußte ich bei den Rufen der Menge an die Bergstraße nach Assisi und die Leichen auf der Walstatt von Varna denken.

Als jedoch die Rufe plötzlich erstarben, blickte ich auf und sah, daß der Megadux Lukas Notaras sich auf die Brüstung vor der Kolonnade aus gelbem Marmor geschwungen hatte. Mit einer Handbewegung heischte er Ruhe, und der bitterkalte Dezemberwind trug seinen Schrei weithin ins Volk: »Lieber den türkischen Turban als die päpstliche Mitra!«

Auf diese trotzige Losung hin brachen Volk und Mönche in donnernden Beifall aus. Außer sich brüllten und heulten die Griechen von Konstantinopel: »Lieber den türkischen Turban als die päpstliche Mitra!«, ganz so, wie einst die Juden gerufen hatten: »Gib uns den Barabbas frei!«

Eine Anzahl Vornehmer und Archonten scharten sich mit entschlossenen Mienen um Lukas Notaras, um zu zeigen, daß sie auf seiner Seite standen und sich nicht scheuten, dem Kaiser öffentlich Trotz zu bieten. Endlich gab der Pöbel Raum und ließ Konstantin mit seinem geringen verbliebenen Gefolge durch. Der lange Zug der Edelfrauen strömte immer noch durch das große Bronzetor, zerstreute sich aber sogleich und verschwand in der erregten Menge.

Ich war gespannt, welchen Empfang das Volk Kardinal Isidor bereiten würde; allein er ist ein Mann, der um der Union willen schon vieles erduldet hat; überdies ist er selbst Grieche. Daher zeigte er sich erst gar nicht. In seinem Amt als Kardinal ist er nicht fett geworden: er ist immer noch dasselbe hagere Männchen mit dem funkelnden Blick und sieht noch hagerer aus, seit er sich, nach lateinischer Sitte, den Bart scheren ließ.

»Lieber den türkischen Turban als die päpstliche Mitra!« So rief Großherzog Notaras gewiß von ganzem Herzen, aus Liebe zu seiner Stadt und seinem Glauben und aus Haß gegen die Lateiner. Doch wie tief empfunden seine feurigen Worte auch sein mochten, ich konnte dennoch nicht umhin, sie als berechneten politischen Schachzug zu empfinden. Er hatte vor einer rebellischen Menge seine Karten offen ausgespielt, um sich der Unterstützung der großen Mehrheit zu versichern; im innersten Herzen billigt nämlich kein Grieche diese Union, nicht einmal der Kaiser selbst. Er unterwirft sich nur unter Zwang und setzt sein Siegel darunter, um den Bündnisvertrag abzuschließen, der Konstantinopel in dieser Stunde der Not die Hilfe der päpstlichen Flotte sichern wird.

Diese Flotte wird bereits zu Venedig ausgerüstet. Kardinal Isidor erklärt, sie werde zur Rettung Konstantinopels in See stechen, sobald die sichere Nachricht von der Verkündung der Union Rom erreicht. Heute aber rief das Volk Kaiser Konstantin nach: *»Apostata! Apostata!«* Das leerste, furchtbarste, vernichtendste Wort, das einem Manne zugerufen werden kann. Das ist der Preis, den er für zehn Kriegsschiffe bezahlen mußte – wenn sie überhaupt kommen.

Kardinal Isidor hat bereits ein Häuflein Bogenschützen mitgebracht, die auf Kreta und anderen Inseln ausgehoben wurden. Die Stadttore sind vermauert. Die Türken haben das Land ringsum verheert und den Bosporus gesperrt. Ihr Stützpunkt ist die Festung, die der Sultan im vergangenen Sommer an der schmalsten Stelle der Meerenge binnen nur wenigen Monaten erbauen ließ. Die Festung steht auf der Seite von Pera, der christlichen Seite. Noch im letzten Frühling erhob sich an derselben Stelle die Kirche des Erzengels Michael; nun aber dienen ihre Marmorsäulen zur Verstärkung der dreißig Fuß dicken Mauern der türkischen Bastionen, und die Kanonen des Sultans überwachen die Meerenge.

An dies alles mußte ich denken, während ich am wuchtigen Bronzetor der Sophienkirche stand. Da erblickte ich sie. Sie hatte sich aus dem Gedränge gerettet und wollte eben in die Kirche zurück. Sie atmete schwer; ihren Schleier hatte man in Fetzen gerissen. Es ist bei den griechischen Damen Konstantinopels üblich, das Gesicht vor Fremden zu verbergen und abgeschlossen unter dem Schutz von Eunuchen zu leben. Wenn sie zu Pferd oder in ihre Sänften steigen, eilen Diener mit ausgebreiteten Tüchern herbei, um sie vor den Blicken der Vorübergehenden zu schützen. Ihre Gesichtsfarbe ist weiß, fast durchsichtig.

Sie sah mich an, und die Zeit stand still, die Sonne hielt inne in ihrer Bahn, Vergangenheit und Zukunft stürzten ineinander, und nichts war mehr da als der Augenblick – dieser einzige Augenblick des Lebens, den nicht einmal die mißgünstige Zeit mir rauben kann.

Ich hatte im Leben viele Frauen gesehen. Ich hatte geliebt, eigensüchtig und kalt. Ich hatte genossen und anderen Genuß verschafft. Liebe aber war für mich nicht mehr als verächtliche Fleischeslust, die, einmal befriedigt, die Seele betrübt hinterläßt. Nur aus Mitleid heuchelte ich Liebe, bis ich nicht mehr heucheln konnte.

Ja, ich hatte viele Frauen gesehen und ihnen schließlich entsagt, wie ich so vielem anderem entsagt habe. Mir waren Frauen nur ein körperliches Erlebnis, und ich hasse alles, was mich an meinen Körper bindet.

Sie war fast so groß wie ich. Blond leuchtete ihr Haar unter der reichgestickten Mütze, ihr Mantel war blau mit silbernen

Borten: sie hatte braune Augen; ihr Antlitz schimmerte wie Elfenbein und Gold.

Aber nicht ihre Schönheit war es – damals –, die mich fesselte. Vielmehr schlugen mich ihre Augen und ihr Blick in ihren Bann, denn diese Augen waren mir so vertraut, als hätte ich sie schon im Traum gesehen. Ihr offener, freier Blick versengte gleichsam alles Gemeine und Eitle. Sie öffneten sich vor Überraschung weit, und plötzlich lächelten sie mir zu.

Mein Entzücken brannte wie eine reine Flamme, so rein, daß für irdisches Begehren kein Raum blieb. Mir war, als hätte mein Körper zu leuchten begonnen, wie ich einst die Einsiedlerzellen der heiligen Mönche auf dem Athos in überirdischem Glanz hatte leuchten sehen, gleich hellen Laternen hoch oben über den mächtigen Klippen. Und dieser Vergleich ist keine Lästerung, war doch meine Wiedergeburt in jenem Augenblick ein heiliges Wunder.

Ich weiß nicht mehr, wie lange es anhielt – vielleicht nicht länger als der Atemzug, der in unserer letzten Stunde die Seele vom Körper erlöst. Wir standen etwa zwei Schritte voneinander; allein einen Atemzug lang standen wir auch an der Schwelle zwischen Zeit und Ewigkeit, und sie glich der Schneide eines Schwertes.

Ich kehrte wieder in die Zeit zurück. Ich mußte sprechen. Ich sagte: »Fürchtet Euch nicht. Wenn's Euch gefällig ist, will ich Euch nach Eures Vaters Haus geleiten.« Ich sah an ihrer Mütze, daß sie noch ledig war. Dies bedeutete mir freilich wenig; ob vermählt oder ledig, ihre Augen sprachen mir von ihrem Vertrauen.

Sie holte tief Atem, als wäre sie eine Weile atemlos gewesen, und fragte dann: »Ihr seid ein Lateiner?«

»Wenn Ihr wollt, ja«, erwiderte ich.

Wir sahen einander an und waren inmitten des lärmenden Pöbels ao allein, als wären wir am Beginn aller Zeiten gemeinsam im Paradies erwacht. Die Scheu brannte auf ihren Wangen, allein sie senkte den Blick nicht, weil wir einander gleichsam mit Blicken wiedererkannten. Endlich übermannte sie ihre Bewegung, und sie fragte mit bebender Stimme: »Wer seid Ihr?«

Ihre Frage war nicht eigentlich eine Frage. Sie zeigte nur, daß sie mich im innersten Herzen kannte, so wie ich sie kannte. Um ihr aber Zeit zu geben, sich zu fassen, antwortete ich: »Ich wuchs bis zum dreizehnten Lebensjahr in der Stadt Avignon in Frankreich auf. Später habe ich viele Länder bereist. Mein Name ist Jean Ange. Hier heißt man mich Johannes Angelos.«

»Angelos«, wiederholte sie. »Ein Engel. Seid Ihr darum so blaß und ernst? Erschrak ich deshalb bei Eurem Anblick?« Sie trat näher und berührte mich am Arm. »Nein, Ihr seid kein Engel – seid aus Fleisch und Blut. Warum tragt Ihr einen türkischen Krummsäbel?«

»Ich bin daran gewöhnt«, erwiderte ich. »Und der Stahl ist geschmeidiger, als Christen ihn schmieden können. Im September entkam ich aus Sultan Mohammeds Lager, als er den Festungsbau am Bosporus beendet hatte und vor der Rückkehr nach Adrianopel stand. Nun der Krieg ausgebrochen ist, will unser Kaiser keine türkischen Sklaven ausliefern, die in Konstantinopel Zuflucht gesucht haben.«

Sie warf einen flüchtigen Blick auf meine Tracht und sagte: »Ihr kleidet Euch nicht wie ein Sklave.«

»Nein, ich kleide mich nicht wie ein Sklave«, stimmte ich bei. »Fast sieben Jahre lang gehörte ich dem Gefolge des Sultans an. Sultan Murad beförderte mich zum Stallmeister über seine Hunde und schenkte mich später seinem Sohn. Sultan Mohammed prüfte meine Kenntnisse und las mit mir griechische und römische Bücher.«

»Wie gerietet Ihr in türkische Sklaverei?« fragte sie.

»Ich lebte vier Jahre in Florenz. Damals war ich ein reicher Mann, wurde aber des Tuchhandels überdrüssig und nahm das Kreuz. Die Türken nahmen mich bei Varna gefangen.« Ihre Augen forderten mich auf fortzufahren.

»Ich war Sekretär des Kardinals Giulio Cesarini gewesen. Nach der Niederlage ertrank sein Pferd in einem Sumpf, und die Ungarn erdolchten ihn auf dem Rückzug. Ihr junger König fiel in jener Schlacht. Mein Kardinal hatte ihn verleitet, den Frieden zu brechen, den er den Türken geschworen hatte. Daher legten die Ungarn ihm ihr Unglück zur Last, und Sultan Murad behandelte uns alle als Meineidige. Mich ließ er ungeschoren, obwohl er alle anderen Gefangenen, die sich nicht zu seinem Gott und seinem Propheten bekennen wollten, hinrichten ließ. Aber ich habe zu viel geredet – verzeiht! Ich hatte so lange geschwiegen!«

Sie sprach: »Ich werde nicht müde zu lauschen; ich möchte noch mehr von Euch hören. Doch warum fragt Ihr nicht, wer ich bin?«

»Das will ich nicht«, versetzte ich. »Mir genügt, daß Ihr lebt. Ich hätte nie gedacht, daß mir dergleichen noch begegnen könnte.«

Sie fragte nicht, was ich damit meinte. Sie sah sich um und bemerkte, daß die Menge sich zerstreut hatte.

»Kommt mit«, flüsterte sie, faßte mich an der Hand und zog mich hastig in den Schatten des Bronzetores. »Billigt Ihr die Union?« fragte sie.

Ich zuckte die Achseln. »Ich bin ein Lateiner.«

»Tretet über die Schwelle«, drängte sie. Im Vorraum hielten wir an der Stelle, wo die eisenbeschlagenen Schuhe der Wächter seit tausend Jahren den Marmorboden abgenützt hatten. Menschen, die aus Angst vor dem Pöbel in der Kirche geblieben waren, beobachteten uns; dennoch schlang sie mir die Arme um den Hals und küßte mich.

»Heut ist das Fest des heiligen Spiridion«, sagte sie, indem sie sich nach griechischer Art bekreuzigte. »Nur aus dem Vater, nicht aus dem Sohne. Möge mein christlicher Kuß einen Freundschaftsbund zwischen uns besiegeln, damit wir einander nicht vergessen. Bald werden meines Vaters Diener hier sein, mich heimzuholen.«

Ihre Wangen glühten, und ihr Kuß war nicht christlich. Ihre Haut duftete nach Hyazinthen, ihre hohen, geschwungenen Brauen glichen schmalen, dunkelblauen Linien, und sie hatte ihre Lippen rot gefärbt, wie es bei den vornehmen Damen Konstantinopels üblich ist.

»Ich kann nicht so von Euch scheiden«, sagte ich. »Wohntet Ihr auch hinter verschlossenen Türen, ich würde nicht ruhen, bis ich Euch fände. Sollten auch Raum und Zeit uns trennen, ich will Euch suchen und finden. Ihr könnt mich nicht daran hindern.«

»Warum sollte ich?« erwiderte sie und zog die Brauen spöttisch empor. »Wie wollt Ihr wissen, ob ich nicht darauf brenne, mehr von Euch und Euren seltsamen Abenteuern zu hören, Herr Angelos?«

Ihre schelmischen Worte bezauberten mich; in ihrem Ton lag mehr, als sie sagten.

»So nennt mir Ort und Zeit«, beharrte ich.

Sie runzelte die Stirn. »Ihr wißt wohl nicht, wie ungehobelt Euer Begehren ist. Aber vielleicht ist es bei den Franken so Sitte.«

»Den Ort und die Zeit«, wiederholte ich und packte sie am Arm.

»Wie könnt Ihr es wagen?« fuhr sie, vor Erstaunen erbleichend, zurück und funkelte mich an. »Noch hat kein Mann sich erdreistet, mich zu berühren. Ihr wißt nicht, wer ich bin.« Sie sträubte sich jedoch nicht gegen meinen Griff, und es schien, als mißfalle ihr meine Berührung doch nicht so sehr.

»Ihr seid Ihr«, sagte ich. »Das genügt mir.«

»Ich könnte Euch eine Botschaft senden«, meinte sie. »Was bedeutet schließlich schon die Schicklichkeit in diesen stürmischen Zeiten? Ihr seid ein Franke, kein Grieche. Aber es könnte Euch Gefahr bringen, mich zu treffen.«

»Einst nahm ich das Kreuz, weil mir der Glaube fehlte«, erwiderte ich. »Alles andere hatte ich errungen – alles, nur den Glauben nicht. So meinte ich denn, ich könnte wenigstens zur Ehre Gottes sterben. Ich entlief den Türken, um auf den Mauern Konstantinopels zu sterben. Ihr könnt nicht mehr Gefahren in mein Leben bringen, als mich stets bedrohten und noch immer bedrohen.«

»Seid still«, entgegnete sie. »Versprecht wenigstens, mir nicht zu folgen. Wir haben schon genug Aufsehen erregt.«

Sie zog den zerrissenen Schleier vors Gesicht und kehrte mir den Rücken.

Diener in blau-weißen Livreen holten sie ab. Sie folgte ihnen, ohne mir einen Blick zu gönnen, und ich rührte mich nicht von der Stelle. Als sie aber fort war, fühlte ich mich so schwach, als hätte ich aus vielen Wunden geblutet.

14. Dezember 1452.

Heute stimmten in der Kirche der Heiligen Jungfrau am Hafen Abgesandte verschiedener Völker mit Kaiser Konstantin an der Spitze mit einer Mehrheit von einundzwanzig Stimmen gegen die Venezianer für die Beschlagnahme der im Hafen liegenden venezianischen Schiffe zur Verteidigung der Stadt. Trevisano legte im Namen der Reeder dagegen Protest ein. Die Schiffe durften ihre Ladungen behalten, nachdem die Kapitäne mit einem Kuß auf das Kreuz geschworen hatten, mit ihren Schiffen keine Fluchtversuche zu unternehmen. Die Heuer für die Schiffe wurde auf vierhundert Byzantiner monatlich festgesetzt. Ein Wucherpreis – aber Venedig versteht aus jeder Lage Gewinn zu ziehen –, und warum sollte ein Ertrinkender sein Gold noch zählen?

Der Kaiser hatte mit Gregorios Mammas, den das Volk den Marionettenpatriarchen nennt, und den Bischöfen und Äbten der Klöster über die Einschmelzung von Kirchengerät zur Münzprägung beraten. Diese Ausplünderung der Kirchen und Klöster gilt bei den Mönchen als das erste wahre Zeichen der Union und ihrer Anerkennung.

Land- und Hausbesitz sind nun für einen Pappenstiel feil. Die Zinsen selbst kurzfristiger Anleihen sind binnen wenigen Tagen auf vierzig Prozent gestiegen; langfristige Anleihen sind nicht zu haben. Für einen einzigen kleinen Diamanten kaufte ich Teppiche und Möbel im Werte von sechzigtausend Dukaten. Ich richte nun das Haus, das ich gemietet habe, ein und schmücke es aus; der Besitzer will es billig verkaufen, aber was hätte es für einen Sinn, es zu erstehen? Die Zukunft dieser Stadt zählt nur noch nach Monaten.

Die beiden letzten Nächte habe ich wenig geschlafen. Meine frühere Schlaflosigkeit hat sich wieder eingestellt; meine Unruhe drängt mich hinaus auf die Straßen, aber ich bleibe daheim für den Fall, daß jemand nach mir fragt. Lesen ist unmöglich. Ich habe schon genug gelesen, um zu erkennen, wie eitel alles Wissen ist. Mein griechischer Diener überwacht mich auf Schritt und Tritt, doch das ist nur natürlich und hat mich bisher nicht gestört. Wie können sie einem Mann trauen, der in türkischen Diensten stand? Mein Diener ist ein armer Greis und verdient Mitleid. Ich gönne ihm seinen Nebenverdienst.

15. Dezember 1452.

Nur ein gefalteter Zettel. Ein Grünzeugkrämer brachte ihn heute morgen. *Heute nachmittag in der Kirche der Heiligen Apostel.* Nicht mehr. Zu Mittag erklärte ich, ich wolle zum Hafen hinab, und schickte meinen Diener zum Aufräumen in den Keller. Ich versperrte die Tür hinter ihm; heute wollte ich keine Spione um mich haben.

Die Kirche der Apostel erhebt sich auf dem höchsten Hügel im Mittelpunkt der Stadt. Sie eignete sich gar wohl zu einem zarten Stelldichein, denn es waren nur wenige schwarzgekleidete Frauen dort, die, tief in ihre Andacht versunken, am Gitter vor den heiligen Ikonen knieten. Meine Tracht erregte kein Aufsehen, weil die Kirche oft von lateinischen Matrosen aufgesucht wird, welche die Kaisergräber und die Reliquien sehen wollen. Gleich rechts an der Tür steht, umgeben von einem schlichten Holzgitter, ein Stück der Säule, an die unser Heiland gebunden wurde, als die römischen Soldaten ihn geißelten.

In dieser Kirche mußte ich zwei Stunden warten, und sie schlichen träge dahin. Niemand aber bemerkte mich, während ich dort wartete. Die Zeit bedeutet in Konstantinopel nichts mehr. Die Beterinnen hatten in ihrer Verzückung die Welt um sich her vergessen. Als sie sich endlich ermannten, blickten sie um sich, als erwachten sie aus dem Schlafe, und die unauslöschliche Schwermut, die dieser ganzen sterbenden Stadt anhaftet, kehrte in ihre Augen zurück. Sie verschleierten sich wieder und gingen gesenkten Blickes hinaus.

Nach der Kälte draußen war es in der Kirche warm. Unter ihrem Marmorfußboden laufen Heißluftkanäle nach altrömischer Bauweise hin. Selbst der Frost, der mein Herz umklammerte, taute auf. Freudige Erwartung zwang mich in die Knie, um zu beten, was ich gar lange Zeit nicht mehr getan hatte. Ich kniete am Gitter vor dem Altar und betete in meinem Herzen:

»Allmächtiger Gott, der du in deinem Sohne auf unergründliche Weise Fleisch angenommen hast, um uns von unseren Sünden zu erlösen, erbarme dich meiner! Erbarme dich meiner Zweifel und meines Unglaubens, den weder dein eigenes Wort noch die Werke der Väter noch die Philosophie der Welt zu überwinden vermochten. Du hast mich durch die Welt geführt, wie es dir gut dünkte, und mich alle deine Gaben kennenlernen lassen: Weisheit und Einfalt, Reichtum und Armut, Macht und Sklaverei, Leidenschaften und Seelenruhe, Verlangen und Entsagen, Feder und Schwert; doch nichts von alledem konnte mich heilen. Du hast mich aus einer Verzweiflung in die andere getrieben, wie der barmherzige Jäger das ermattete Wild, bis ich in meiner Schuld keinen anderen Ausweg mehr sah, als mein Leben in deinem Namen aufs Spiel zu setzen. Doch nicht einmal dies Opfer wolltest du annehmen. Was willst du nun von mir, allerheiligster, unergründlichster Gott?«

Als ich aber so gebetet hatte, erkannte ich, daß nur mein unbezähmbarer Stolz mir die Worte eingegeben hatte, und beschämt betete ich abermals in meinem Herzen:

»Du, der du bist, erbarme dich meiner! Vergib mir meine Sünden, nicht um meiner Verdienste willen, sondern durch deine Gnade, und erlöse mich von meiner furchtbaren Schuld, ehe sie mich zermalmt.«

Nach diesem Gebet war ich wieder kalt geworden – brennend kalt, wie ein Stück Eis. Ich spürte Kraft in meinen Gliedern und Stärke im Rückgrat, und zum erstenmal wieder nach langen Jahren erlebte ich die Freude, am Leben zu sein. Ich liebte, ich wartete, und meine ganze Vergangenheit fiel wie Asche von mir ab, als hätte ich noch nie zuvor geliebt und gewartet. Nur wie eines Schattens entsann ich mich des Mädchens in Ferrara, das Perlen im Haar trug und im Garten der Philosophie lustwandelte, einen Vogelkäfig aus Golddraht in der erhobenen Hand, wie eine Laterne, deren Licht ihre Züge erhellen sollte.

Und später. Ich hatte eine Unbekannte begraben, deren Gesicht die Füchse des Waldes angefressen hatten. Sie kam zu mir, auf der Suche nach ihrer Gürtelschnalle. Ich pflegte damals Pestkranke in einem geteerten Schuppen, weil mich die endlosen Dispute über den Buchstaben des Glaubens zur Verzweiflung getrieben hatten. Auch sie verzweifelte, jenes liebliche, unergründliche Mädchen. Ich hatte ihr die pestverseuchten Kleider abgenommen und im Ofen des Salzkaufmanns verbrannt. Dann lagen wir beisammen und erwärmten einander, obgleich ich geglaubt hatte, derlei könne mir nicht widerfahren. Sie war die Tochter eines Herzogs, ich nur Übersetzer im Sekretariat des Papstes. Es ist nun fast fünfzehn Jahre her, und nichts regte sich in mir, als ich an sie dachte; selbst auf ihren Namen mußte ich mich erst besinnen. Beatrice. Der Herzog bewunderte Dante und las französische Ritterromane. Er hatte seinen Sohn wegen Ehebruchs enthaupten lassen und seine eigene Tochter verführt. In Ferrara. Deshalb fand ich das Mädchen aus dem Garten in der Pesthütte.

Eine Frau mit perlengesticktem Schleier vor dem Gesicht kam herein und nahm ihren Platz neben mir. Sie war fast so groß wie ich und trug wegen der Kälte einen Pelzmantel. Ich spürte den Duft von Hyazinthen. Sie war gekommen, meine Geliebte.

»Euer Gesicht«, flehte ich. »Zeigt mir Euer Gesicht, damit ich weiß, daß Ihr es wirklich seid.«

»Ich tue nicht recht«, sagte sie. Sie war totenbleich, und in ihren Augen lag Angst vor mir.

»Was ist recht und was unrecht?« fragte ich. »Wir leben in den Tagen des Jüngsten Gerichts; was liegt also an dem, was wir jetzt tun?«

»Ihr seid ein Lateiner«, entgegnete sie vorwurfsvoll. »Ihr eßt ungesäuertes Brot. Nur ein Franke kann so reden. Ein Mensch fühlt im Herzen, was recht und was unrecht ist – Sokrates wußte das. Aber Ihr seid ein Spötter wie Pilatus, der fragte, was Wahrheit sei.«

»Bei Christi Wunden!« fluchte ich. »Weib, bist du gekommen, mich die Philosophie zu lehren? Wahrlich, du bist eine Griechin!«

Sie brach in Tränen der Angst und Erregung aus, und ich ließ sie weinen und sich beruhigen, denn sie war so erschrokken, daß sie trotz der Wärme in der Kirche und ihres dicken Pelzmantels zitterte. Sie war gekommen; sie weinte um meinet- und ihretwillen. Welches Beweises bedurfte es noch, daß ich sie in tiefster Seele bewegt hatte, so wie sie die Steine von den Gräbern in meinem Herzen weggewälzt hatte?

Endlich legte ich ihr die Hand auf die Schulter und sprach: »Alles ist von geringem Wert. Leben, Wissenschaft, Philosophie – selbst der Glaube. Alles wird nur entflammt, brennt ein Weilchen lichterloh und erlischt. Wir wollen zwei erwachsene Menschen sein, die durch ein Wunder einander am Blick erkannt haben und offen miteinander sprechen können. Ich bin nicht gekommen, um mit Euch zu streiten.«

»Warum seid Ihr gekommen?«

»Ich liebe Euch«, antwortete ich.

»Obwohl Ihr nicht wißt, wer ich bin, und mich nur einmal gesehen habt?« warf sie ein. Ich breitete die Hände aus: was gab es da zu sagen? Sie schlug die Augen nieder und begann wieder zu zittern, während sie flüsterte: »Ich war keineswegs überzeugt, daß Ihr kommen würdet.«

»O meine Geliebte!« erwiderte ich; ein süßeres Liebesgeständnis hatte ich ja nie von Frauenlippen vernommen. Und abermals wurde mir bewußt, wie so wenig sich in Worte fassen läßt. Und doch glauben die Menschen, selbst die Weisen und Gelehrten, sie könnten das Wesen Gottes mit Worten erklären.

Ich streckte ihr beide Hände entgegen, und sie ließ es vertrauensvoll zu, daß ich ihre kalten Hände in meine nahm. Sie hatte schlanke, feste Finger, die aber nie schwere Arbeit getan hatten. Lange standen wir so von Angesicht zu Angesicht, Hand in Hand. Wir bedurften keiner Worte. Ihre traurigen braunen Augen wanderten mir über Haar, Stirn, Wangen und Hals, als wolle sie in unersättlicher Neugier jeden Zug ihrem Gedächtnis einprägen. Mein Gesicht ist von Wind und Wetter gezeichnet, meine Wangen sind vom Fasten eingefallen, Enttäuschung hat mir tiefe Linien um die Mundwinkel gegraben, und meine Stirn ist vom Denken gefurcht. Allein ich schämte mich meines Gesichtes nicht. Es gleicht einer Wachstafel, die von einem harten Griffel, dem Leben, dicht beschrieben wurde. Ich ließ sie gern die Schrift darin lesen.

»Ich will alles über Euch wissen«, sagte sie, indem sie meine harten Finger drückte. »Ihr schert Euch den Bart. Das macht Euch so fremd und furchterregend wie einen lateinischen Priester. Seid Ihr ein Gelehrter oder ein Soldat?«

»Ich bin von Land zu Land gezogen, wie ein Funke, den der Wind treibt, bald reich, bald arm, bald dies und bald jenes«, antwortete ich. »Auf meinem inneren Weg habe ich Tiefen durchschritten und Höhen erklommen. Ich habe die Philosophie mit ihrem Nominalismus und Realismus sowie die Schriften der Alten studiert. Dann begann ich, der Worte überdrüssig geworden, Gedanken in Buchstaben und Zahlen auszudrücken, wie Raymondus. Und immer noch blieb mir die Klarheit versagt. So wählte ich denn das Schwert und nahm das Kreuz.«

Sogleich fuhr ich fort: »Einst war ich ein Großkaufmann. Ich erlernte jene doppelte Buchführung, die den Reichtum zur Illusion macht. Heutzutage besteht der Reichtum nur mehr in Schriftzeichen auf Papier, wie die Philosophie und die heiligen Geheimnisse.«

Nach einigem Zögern setzte ich mit leiser Stimme hinzu: »Mein Vater war ein Grieche, obwohl ich im Avignon der Päpste aufwuchs.«

Sie fuhr zusammen und ließ meine Hände los.

»Dachte ich's doch«, sagte sie. »Wenn Ihr Euch den Bart wachsen ließet, wäre Euer Antlitz das eines Griechen. War das der einzige Grund, warum Ihr mir im ersten Augenblick so vertraut schient, als hätte ich Euch schon gekannt und suchte Euer früheres Gesicht hinter dem gegenwärtigen?«

»Nein«, entgegnete ich. »Nein. Das war nicht der Grund.«

Sie sah sich ängstlich um und verbarg Mund und Kinn hinter dem Schleier.

»Erzählt mir alles über Euch«, bat sie, »aber wir wollen dabei umhergehen und so tun, als bewunderten wir die Sehenswürdigkeiten, damit wir nicht auffallen. Es könnte mich jemand erkennen.«

Sie legte mir vertrauensvoll die Hand auf den Arm, und wir schlenderten durch die Kirche und betrachteten die Sarkophage der Kaiser, die Ikonen und die silbernen Reliquienschreine. Unser Gang, unsere Schritte stimmten überein. Es war, als hätte mich eine glühende Feder gestreift, als sie mir die Hand auf den Arm legte; allein der Schmerz war süß. Halblaut begann ich ihr meine Geschichte zu erzählen.

»Meine Kindheit habe ich vergessen. Sie ist wie ein Traum, und ich weiß nicht mehr recht, was daran Traum und was Wirklichkeit ist. Als ich aber zu Avignon mit den anderen Knaben an der Stadtmauer oder am Flußufer spielte, hielt ich ihnen gerne lange Predigten auf griechisch und lateinisch. Ich wußte vieles auswendig, was ich nicht verstand, weil ich meinem Vater nach seiner Erblindung den ganzen Tag aus seinen Büchern laut vorlesen mußte.«

»Erblindung?« fragte sie.

»Er unternahm eine lange Reise, als ich acht oder neun Jahre zählte«, erwiderte ich und suchte mühsam in meinem Gedächtnis. Ich hatte alles dies so vollständig aus meinem Denken verbannt, als hätte ich es nie gewußt; nun aber überkamen mich die Schrecken meiner Kinderzeit wieder wie ein böser Traum. »Er blieb ein ganzes Jahr fort; auf dem Heimweg wurde er von Räubern überfallen. Sie blendeten ihn, damit er sie nicht wiedererkennen und etwa gegen sie zeugen könne.«

»Blendeten ihn«, fiel sie verwundert ein. »Hier in Konstantinopel werden nur abgesetzte Kaiser geblendet oder Söhne, die sich gegen ihre Väter auflehnen. Die Türkenherrscher lernten diesen Brauch von uns.«

»Mein Vater war ein Grieche«, wiederholte ich. »In Avignon hieß er Andronikos der Grieche und in seinen letzten Lebensjahren nur der blinde Grieche.«

»Wie kam Euer Vater denn ins Land der Franken?« fragte sie überrascht.

»Ich weiß es nicht«, antwortete ich. Ich wußte es gar wohl, behielt es aber für mich. »Er verbrachte den Rest seines Lebens in Avignon. Ich war dreizehn, als er von dem Felsen hinter dem päpstlichen Palast stürzte und den Hals brach. Ihr fragtet nach meiner Kinderzeit. Ich hatte als Kind oft Visionen von Engeln und hielt sie für wirklich; schließlich heiße ich ja Johannes Angelos. Ich weiß selbst nicht mehr viel davon, aber beim Prozeß wurde mir das alles vorgehalten.«

»Beim Prozeß?« Sie runzelte die Stirn.

»Mit dreizehn Jahren wurde ich des Mordes an meinem Vater schuldig befunden und verurteilt«, sagte ich unvermittelt. »Leute bezeugten, daß ich meinen blinden Vater an den Rand des Abgrunds geführt und ihn hinabgestürzt hätte, um sein Vermögen zu erben. Es gab keine Augenzeugen, daher geißelten sie mich, um mich zu einem Geständnis zu zwingen. Endlich wurde ich verurteilt: ich sollte gerädert und gevierteilt werden. Ich war dreizehn Jahre alt. Das war meine Kindheit.«

Sie faßte rasch nach meiner Hand, sah mir in die Augen und sprach: »Das sind nicht die Augen eines Mörders. Erzählt weiter – es tut Euch wohl.«

»Ich habe seit vielen Jahren nicht mehr an diese Dinge gedacht«, erwiderte ich. »Ich wollte zu keinem Menschen je davon sprechen. Ich hatte sie aus meinem Gedächtnis gelöscht. Zu Euch aber zu sprechen fällt mir leicht. Es ist lange her: ich bin heute vierzig Jahre und habe seither viele Leben gelebt. Aber ich habe meinen Vater nicht ermordet. Mag sein, daß er streng und reizbar war – mag sein, daß er mich manchmal schlug; aber in seinen besten Stunden war er gut zu mir. Ich liebte ihn. Er war mein Vater. Von meiner Mutter weiß ich nichts – sie starb bei meiner Geburt, vergeblich einen wundertätigen Stein umkrampfend . . .

Vielleicht wurde mein Vater des Lebens überdrüssig, weil er blind war. So dachte ich später, als ich erwachsen war. Am Morgen jenes Tages hatte er mir aufgetragen, mich nicht zu sorgen, was auch geschehe. Er besitze eine große Summe Geldes, nicht weniger als dreitausend Dukaten, die der Goldschmied Gerolamo in sicherer Verwahrung halte. Er hatte alles mir vermacht und Gerolamo als meinen Vormund bestellt, bis ich das Alter von sechzehn Jahren erreichte. Das war im Frühling. Dann bat er mich, ihn auf den Felsen hinter dem Palast zu führen: er wollte den Wind und die Stimmen der Vögel hören, die in Scharen von Süden kamen. Er sagte, er habe eine Verabredung mit den Engeln, und ich sollte ihn bis zur Vesperstunde allein lassen.«

»Hatte Euer Vater seinen griechischen Glauben preisgegeben?« fragte sie scharf. Sie war eine echte Tochter Konstantinopels.

»Er ging zur Messe und zur Beichte, nahm das lateinische Abendmahl und kaufte Ablässe, um seine Zeit im Fegefeuer zu verkürzen«, entgegnete ich. »Es kam mir nie in den Sinn, daß er einer anderen Religion anhängen könnte als alle übrigen. Er sagte, er habe eine Verabredung mit den Engeln, und ich fand ihn tot am Fuß des Felsens. Er war des Lebens überdrüssig – er war blind und unglücklich.«

»Aber wie konnte man das Euch zur Last legen?«

»Sie schoben mir alles in die Schuhe«, versetzte ich. »Alles, alles. Ich hätte es auf sein Geld abgesehen, hieß es, und Meister Gerolamo war der eifrigste Belastungszeuge gegen mich. Mit eigenen Augen hätte er angesehen, wie ich meinen Vater in die Hand biß, als er mich verbleute. Und was das Geld betraf, so war keines da; es war die Einbildung eines Greises. Gerolamo habe wohl eine kleine Summe erhalten, als mein Vater geblendet wurde, allein die sei längst für seinen Unterhalt aufgebraucht worden. Aus Mitleid habe er, Gerolamo, uns auch weiterhin Vorräte von seinem Gut zukommen lassen. Der blinde Grieche war genügsam und fastete oft. Dieser Unterhalt dürfe nicht als Zinsen auf eine hinterlegte Summe angesehen werden, wie der Blinde wohl gedacht habe. Es sei schlechtweg ein Werk der Nächstenliebe gewesen. Geld zu Wucherzinsen zu leihen, wäre eine schwere Sünde für beide Teile gewesen. Dennoch versprach Meister Gerolamo, zum Zeichen seines guten Willens, der Kirche im Gedenken an meinen Vater einen silbernen Leuchter zu spenden, obwohl seine Bücher klar erwiesen, daß mein Vater im Lauf der Jahre sein Schuldner geworden sei. Aus purer Großmut schlage er vor, ich solle die Schuld mit den Büchern meines Vaters begleichen, obwohl kein Mensch sie lesen könne. Aber ich langweile Euch wohl.«

»Nein, keineswegs«, entgegnete sie. »Erzählt mir, wie Ihr Euer Leben rettetet.«

»Ich war der Sohn des blinden Griechen, ein Ausländer. Daher erhob sich keine Stimme zu meiner Verteidigung. Aber der Bischof erfuhr von den dreitausend Dukaten und verlangte, ich solle vor ein geistliches Gericht gestellt werden. Die formelle Anklage bezog sich auf meine Visionen während der Geißelung, denn ich war von Schmerzen von Sinnen gewesen und hatte von Engeln phantasiert wie als Kind. Vor dem weltlichen Gericht hatte man die theologische Seite des Falles rasch übergangen und im Protokoll nur vermerkt, daß ich von Sinnen sei. Die Richter hofften, den Versucher leicht aus meinem Herzen vertreiben zu können, wenn sie mich vor der Hinrichtung an eine Mauer im Turm ketten und täglich geißeln ließen. Aber die Geldfrage komplizierte den Fall, und die Anklage auf Vatermord löste sich bald in einen Streit zwischen den weltlichen und geistlichen Behörden über das Recht auf den Prozeß auf – wer von ihnen nämlich berechtigt sei, das Urteil über mich zu fällen und meines Vaters Vermögen einzuziehen.«

»Aber wie kamt Ihr mit dem Leben davon?« fragte sie ungeduldig.

»Das weiß ich nicht«, gestand ich wahrheitsgemäß. »Ich kann nicht behaupten, daß meine Engel mich retteten, aber eines Tages wurden mir ohne jede Begründung die Fesseln abgenommen, und früh am folgenden Morgen bemerkte ich, daß man das Tor zum Turm unversperrt gelassen hatte. So floh ich denn. Das Tageslicht blendete mich nach der langen Dunkelheit. Am westlichen Stadttor begegnete ich einem fahrenden Händler, der mich fragte, ob ich mit ihm gehen wolle;

er schien mich zu kennen, weil er mir sogleich mit neugierigen Fragen über meine Visionen zuzusetzen begann. Als wir im tiefen Wald angelangt waren, zog er ein Buch hervor, das er unter seinem Trödelkram versteckt hatte: es war eine Übersetzung der vier Evangelien ins Französische. Er bat mich, es ihm laut vorzulesen, und so schloß ich mich der Bruderschaft vom Freien Geiste an. Vielleicht war sie es, die mich befreit hatte, weil ihr viele angehören, von denen man es nie argwöhnen würde.«

»Die Bruderschaft vom Freien Geiste«, meinte sie erstaunt. »Was ist das?«

»Ich möchte Euch nicht langweilen«, wich ich aus. »Ich will Euch ein andermal davon erzählen.«

»Wie wollt Ihr wissen, ob wir uns noch ein andermal begegnen?« fragte sie. »Es bereitete mir große Schwierigkeiten, dies Treffen zu bewerkstelligen – größere als Ihr wohl denkt, da Ihr an die freieren Sitten des Westens gewöhnt seid. Wenn man den Geschichten glauben darf, so hat es selbst eine Türkin leichter, ein Stelldichein zu gewähren, als eine Griechin.«

»In den Geschichten überlistet die Frau stets ihre Wächter«, erwiderte ich. »Ihr müßt sie nur aufmerksam lesen. Vielleicht könntet Ihr daraus lernen.«

»Aber Ihr«, meinte sie, »Ihr habt das natürlich alles gelernt?«

»Ihr braucht nicht eifersüchtig zu sein«, entgegnete ich. »Ich hatte im Serail des Sultans ganz andere Dinge zu tun.«

»Ich, eifersüchtig?« versetzte sie und errötete vor Entrüstung. »Und wie soll ich denn wissen, ob Ihr nicht ein gemeiner Verführer seid, wie andere Franken? Vielleicht kommt Euch, wie Ihnen, die Bekanntschaft einer neugierigen Frau zugute, indem Ihr mit Eurer glänzenden Eroberung auf Schiffen und in den Schenken prahlen könnt.«

»So! So steht's also?« fragte ich und packte sie hart am Handgelenk. »Von dieser Seite kennt Ihr die Franken! Das sieht Euch ähnlich. Habt keine Angst – ich kann reinen Mund halten. Ich habe mich einfach in Euch getäuscht, und es wird besser sein, wenn wir uns nicht mehr sehen. Zweifellos werdet Ihr leicht einen Kapitän oder Offizier der Lateiner finden, der Euch an meiner Statt Gesellschaft leistet.«

Sie entzog mir ungestüm ihre Hand und rieb sich das Handgelenk.

»Ja, allerdings«, sagte sie. »Es wäre gewiß besser, wenn wir uns nicht mehr sähen.« Sie atmete schnell und sah mich aus finsteren Augen und mit zurückgeworfenem Kopfe an. »Geht wieder hinab zum Hafen – dort findet Ihr genug Weiber, die leichter zu gewinnen sind und Euch besser zusagen werden. Betrinkt Euch und brecht eine Schlägerei vom Zaun, wie alle Franken! Ihr werdet schon eine finden, die Euch tröstet. Und nun, Gott mit Euch!«

»Und mit Euch!« versetzte ich, nicht weniger ergrimmt als sie.

Sie entfernte sich mit eiligen Schritten über den schimmernden Marmorboden. Ihre Bewegungen waren anmutig. Ich schluckte und schmeckte Blut; so fest hatte ich mir auf die Lippen gebissen, um sie nicht zurückzurufen. Ihre Schritte wurden langsamer, und am Tor angelangt, konnte sie es sich nicht versagen, sich umzudrehen. Als sie gewahrte, daß ich mich nicht von der Stelle gerührt und keine Anstalten gemacht hatte, ihr nachzueilen, geriet sie so in Harnisch, daß sie umkehrte, auf mich zulief und mir eine kräftige Ohrfeige versetzte. Mein eines Ohr war taub, und meine eine Wange brannte, aber im Herzen frohlockte ich. Sie hatte mich nämlich nicht blindwütig geschlagen, sondern sich erst vergewissert, daß uns niemand sah.

Ich stand still und sagte nichts. Nach einer Weile wandte sie sich abermals ab und ließ mich stehen, während ich mich nicht von der Stelle rührte und ihr nachsah. Als sie im Mittelschiff war, zwang mein Wille sie zur Besinnung; sie verlangsamte den Schritt, blieb stehen und wandte sich um. Nun lächelte sie, und ihre braunen Augen funkelten vergnügt.

»Vergebt mir, lieber Herr«, sagte sie. »Ich bin schlecht erzogen, nun aber bin ich demütig und zerknirscht. Leider besitze ich keine Bücher mit türkischen Geschichten; vielleicht könntet Ihr mir eins leihen, damit ich lerne, wie Frauenlist über den Verstand der Männer triumphiert.« Sie nahm meine Hand, küßte sie und drückte sie an ihr Gesicht. »Fühlt nur, wie heiß meine Wangen sind.«

»Tut das nicht«, warnte ich sie. »Und meine eine Wange ist jedenfalls noch heißer. Die List aber braucht Ihr nicht erst zu lernen: ich glaube, die Türken können Euch nichts mehr lehren.«

»Wie konntet Ihr mich gehen lassen, ohne mir nachzueilen?« fragte sie. »Ihr habt mich tief verletzt.«

»Noch ist es nur ein Spiel«, erwiderte ich mit brennenden Augen. »Ihr könnt immer noch zurücktreten – ich werde Euch nicht behelligen. Ich werde Euch nicht folgen. Ihr müßt wählen.«

»Ich habe keine Wahl mehr«, antwortete sie. »Ich wählte, als ich einige Worte auf einen Zettel schrieb. Ich wählte, als ich Euch in der Sophienkirche nicht fortschickte. Ich wählte, als Ihr mir in die Augen saht. Nun könnte ich nicht mehr zurück, selbst wenn ich wollte. Aber macht es mir nicht zu schwer.«

Hand in Hand verließen wir die Kirche, und ich merkte, daß sie erschrak, als sie gewahrte, daß die Dämmerung schon hereinbrach.

»Wir müssen uns unverzüglich trennen«, sagte sie.

»Darf ich Euch nicht ein kleines Stück begleiten?« bat ich unwillkürlich. Und sie konnte es mir nicht abschlagen, obwohl es unvorsichtig war. Wir schritten Seite an Seite dahin, während die Dämmerung auf die grünen Kuppen der Kirchen herabsank und Laternen vor den vornehmen Häusern in den Hauptstraßen entzündet wurden. Hinter uns schlich ein dürrer, gelber Hund, der sich mir aus einem unerfindlichen Grund angeschlossen hatte; er war mir schon von meinem

Haus zur Apostelkirche gefolgt und hatte zitternd gewartet, bis ich herauskam.

Sie bog nicht nach dem Blachernenpalast ein, wie ich erwartet hatte, sondern in der entgegengesetzten Richtung. Wir kamen an den Ruinen des Hippodroms vorüber. Auf dieser alten Rennbahn üben sich die jungen Griechen im Bogenschießen, oder sie spielen zu Pferd Ball, mit Stöcken in den Händen. Die verfallenen Bauten nahmen sich im Zwielicht noch größer aus. Die gewaltige Kuppel der Sophienkirche ragte in den Himmel, während vor uns der Kaiserpalast düster dräute. Kein einziges Licht brannte darin; seine verlassenen Säle wurden nun nur für seltene Feiern benützt. Die barmherzige Dämmerung verbarg eine sterbende Stadt. Ihre Marmorsäulen waren gelb vor Alter, ihre Mauern voll von Rissen und Sprüngen, ihre Springbrunnen sandten keine Strahlen mehr empor, und welke Platanenblätter füllten die moosüberwachsenen Becken in den verwilderten Gärten. In geheimem Einverständnis verlangsamten wir unsere Schritte. Der Abendstern leuchtete bereits am Horizont, als wir im Schatten der Säulen des alten Palastes hielten.

»Ich muß nun gehen«, sprach sie. »Ihr dürft nicht weiter mitkommen.«

»Aber Euer Pelzmantel könnte Räuber oder Bettler anlokken«, warf ich ein.

Sie hob stolz das Haupt. »In Konstantinopel gibt es weder Räuber noch Bettler. Vielleicht unten am Hafen oder drüben in Pera. Aber nicht in der Stadt selbst.«

Das ist wahr. In Konstantinopel sind selbst die Bettler hager und stolz. Es gibt ihrer einige, und sie hocken hier und da an den Kirchen und starren verschleierten Blicks vor sich hin, als schauten sie in eine tausendjährige Vergangenheit. Wenn sie von einem Lateiner Almosen erhalten, murmeln sie einen Segensspruch; kaum hat er ihnen aber den Rücken gekehrt, spucken sie auf den Boden und reiben die Mütze an ihren Lumpen, um sie von seiner Berührung zu reinigen. Verarmte

Männer und Frauen gehen lieber ins Kloster als unter die Bettler.

»Ich muß gehen«, wiederholte sie. Dann schlang sie plötzlich die Arme um mich und drückte ihren Kopf fest an meine Brust, so daß ich den Hyazinthenduft ihrer Haut in der kühlen Luft wahrnahm.

Ich suchte weder ihre Wange noch ihren Mund; ich wollte sie nicht mit nur fleischlicher Lust beleidigen.

»Wann können wir uns wiedersehen?« fragte ich. Der Mund war mir so trocken, daß meine Stimme rauh klang.

Sie erwiderte ratlos: »Ich weiß es nicht. Ich weiß es wahrhaftig nicht. Mir ist es noch nie so ergangen.«

»Könnt Ihr nicht in mein Haus kommen?« fragte ich. »Heimlich, ohne daß es jemand sieht. Ich habe nur einen einzigen Diener; er spioniert mir nach, aber ich kann ihn loswerden. Ich bin's gewöhnt, mich ohne Diener zu behelfen.«

Sie stand so lange stumm, daß ich ängstlich wurde.

»Ich habe Euch doch nicht etwa beleidigt? Ich glaube, Ihr dürft mir vertrauen. Ich führe nichts Böses im Schilde.«

Sie antwortete: »Entlaßt Euren Diener nicht; das würde nur Verdacht erregen. Jeder Fremde wird überwacht, und das würde nur bedeuten, daß man Euch auf andere und vielleicht gefährlichere Weise nachspioniert. Ich weiß einfach nicht, was wir tun sollen.«

»Bei uns im Abendland«, meinte ich zögernd, »hat eine Frau gewöhnlich eine Freundin, die sie angeblich besuchen geht. Wenn nötig, beschwört die Freundin das, um ein andermal denselben Dienst zu erbitten. Dann können Männer und Frauen auch in den öffentlichen Bädern oder Heilquellen einander unbehelligt treffen.«

»Ich habe niemand, dem ich vertrauen könnte«, sagte sie.

»Das heißt, Ihr wollt nicht kommen«, versetzte ich mürrisch.

»Heute in einer Woche komme ich in Euer Haus«, erwiderte sie und straffte sich. »Ich komme, wenn möglich, am

Vormittag. Ich werde meine Begleiterin auf dem Markt oder in den Läden der Venezianer verlieren. Ich werde es büßen müssen, das weiß ich, aber ich will kommen. Mit Eurem Diener macht, was Euch am besten dünkt.«

»Wißt Ihr, wo ich wohne?« fragte ich schnell. »Es ist nur ein kleines Holzhäuschen oberhalb des Hafens, hinter dem venezianischen Viertel. Ihr werdet es an dem steinernen Löwen an der Tür erkennen.«

»Ja, ja«, meinte sie, und ein Lächeln schwang in ihrer Stimme mit, »ich werde es an dem häßlichen, kleinen, steinernen Löwen an der Tür erkennen. Gestern beim Einkaufen ließ ich mich an Eurem Haus vorübertragen, um einen Blick auf Euch zu erhaschen. Aber ich sah Euch nicht. Gott segne Euer Haus.«

Sie schritt rasch von dannen und entschwand in der Dunkelheit.

20. Dezember 1452.

Heute war ich unten im Hafen, als das letzte Schiff nach Venedig auslief. Der Kaiser hat den Kapitän ermächtigt, die Signoria von der Beschlagnahme der großen Galeeren in Kenntnis zu setzen. Auch in Ungarn hat er sich auf verschiedenen Wegen um Hilfe gewandt. Aber der gegenwärtige Regent Hunyadi hat vor achtzehn Monaten einen dreijährigen Frieden mit Mohammed unterzeichnet und zur Bekräftigung das Kreuz geküßt. Sowohl bei Varna, im Jahre 1444, als auch bei Kossowo vor vier Jahren überzeugte Murad ihn, daß Ungarn sich keinen Krieg gegen die Türken leisten kann. Ich glaube nicht an die Hilfe, welche die Christenheit uns gewähren kann. Mohammed handelt schneller als die Christenheit.

Vergangenen Sommer sah ich den jungen Sultan mit schmutzigen Händen und über und über mit Kalkstaub bedeckt an seinen Befestigungswerken am Bosporus mitarbeiten, um seine Leute durch sein Beispiel zu größeren Anstrengungen anzuspornen. Selbst seine betagten Großvesire mußten Steine wälzen und Mörtel mischen. In so kurzer Zeit wurde wohl noch nie eine so starke Festung erbaut. Als ich aus dem Lager des Sultans floh, fehlten nur noch die Bleidächer für die Türme.

Die großen Bronzebombarden Orbans, des Kanonengießers, haben dem Druck ihrer gewaltigen Ladungen standgehalten und ihre Feuerkraft bewiesen. Seit eine einzige, riesige Steinkugel eine venezianische Galeere versenkte, ist kein Schiff aus dem Schwarzen Meer mehr hier eingelaufen. Der Kapitän jenes Schiffes weigerte sich, die Flagge zu streichen, und sein Leichnam hängt noch an einem Pfahl unweit der Festung des Sultans, während die Glieder seiner Besatzung rings um ihn auf dem Boden verwesen. Der Sultan verschonte nur vier Männer: die schickte er als Boten des Vorgefallenen in die Stadt. Das geschah vor einem Monat.

Und doch hat es den Anschein, daß Kaiser Konstantin sich entschlossen verteidigen will. Die ganze Stadtmauer entlang wird an ihrer Verstärkung gearbeitet; selbst Fliesen von den Friedhöfen draußen werden verbaut. Das ist klug, denn sonst könnten die Türken sie bei Beginn der Belagerung für ihre Zwecke verwenden. Doch will das Gerücht nicht verstummen, daß die Baumeister nachlässig arbeiten und dafür große Summen einstecken. Niemand verurteilt das, im Gegenteil, sie frohlocken alle. Der Kaiser ist ein Abtrünniger und zum Lateiner geworden; er darf daher mit Fug und Recht betrogen werden. Diese Stadt liebt die Türken wahrhaftig mehr als die Lateiner.

Und im Blachernenpalast haben sie Panagia, die wundertätige Jungfrau, in die sie ihr Vertrauen setzen. Des Bäckers Weib erzählte mir heute in allem Ernst, während der Belagerung der Stadt durch Murad, vor dreißig Jahren, sei die Heilige Jungfrau in ihrem blauen Mantel auf den Zinnen erschienen und habe den Türken solchen Schrecken eingejagt, daß sie ihre Belagerungsmaschinen und ihre Zelte in Brand steckten und in der Nacht den Rückzug antraten – als hätte Murad keine triftigeren Gründe dafür gehabt!

Wie lang eine Woche sein kann! Wie sonderbar, nun wieder zu warten, wo ich doch glaubte, ich hätte vom Leben nichts mehr zu erwarten. Selbst das Warten ist helle Freude, nun die wahnsinnige, fieberhafte Ungeduld der Jugend dahin ist. Aber ich kann nicht mehr daran glauben. Vielleicht ist sie keineswegs das, was ich in ihr erblicke. Vielleicht betrüge ich mich nur selbst. Und doch vermisse ich die Wärme eines Kohlenbeckens nicht, trotz des eiskalten Windes vom Marmarameer und des Schneegestöbers. Mein ganzer Leib ist ein Glutofen, der Hitze ausstrahlt.

22. Dezember 1452.

Das Fest der Geburt unseres Heilands steht vor der Tür. Die Venezianer und Genuesen in Pera bereiten sich darauf vor, es zu feiern. Aber die Griechen machen sich nicht viel aus Weihnachten; ihr Hauptfest ist Ostern. Nicht im Gedenken an Christi Leiden, sondern an die glorreiche Auferstehung. Ihr Glaube ist fromm, ekstatisch, mystisch und verzeihend. Sie verbrennen nicht einmal ihre Ketzer, sondern gestatten ihnen, ins Kloster zu gehen und zu bereuen. Sie haben auch Kardinal Isidor nicht gesteinigt, sondern nur gerufen: »Nehmt Euer ungesäuertes Brot wieder nach Rom mit!«

Ein so glühender, hingebungsvoller Glaube, wie er hier auf den Gesichtern der Kirchenbesucher geschrieben steht, findet sich im Westen nicht mehr. Dort erkaufen die Leute die Vergebung mit Geld.

Aber diese Stadt ist immer mehr verödet. Einst schlossen ihre riesigen Mauern eine Million Menschen ein; nun aber ist sie klein geworden; Leben herrscht nur noch auf den Hügeln rings um die großen Plätze in der Stadtmitte und auf den

Hängen am Hafen. Zwischen den bewohnten Teilen ragen Ruinen auf und zieht sich Ödland hin, eine traurige Weide für Ziegen, Esel und Pferde. Holziges Gras, Dornbüsche, verlassene Häuser ohne Dächer – und immer der Wind vom Marmarameer herauf. Unaussprechlich traurig.

Venedig hat zwei Kriegsschiffe geschickt. Papst Nikolaus von Rom hat fünfzig Söldner mit Kardinal Isidor gesandt. Davon abgesehen, haben wir nur gewaltsam beschlagnahmte Schiffe und Lateiner, die auf alle mögliche Weise zum Waffendienst gepreßt wurden. Doch ich vergaß die fünf nach byzantinischem Muster erbauten Kriegsschiffe des Kaisers; sie liegen im Hafen, halb unter Wasser, ohne Segel, und verbreiten weitum ihren Fäulnisgeruch. Ihre Bugkanonen sind grünspanüberzogen und vom Rost unbrauchbar geworden. Aber heute sah ich Männer an Bord; es scheint also, daß Lukas Notaras beabsichtigt, sie in Dienst zu stellen, obgleich der Kaiser es nicht erschwingen kann. Kriegsschiffe sind kostspielig.

Von den Ägäischen Inseln sind einige Schiffsladungen Getreide, Öl und Wein eingetroffen. Die Türken sollen die Halbinsel Morea verheert haben, so daß von dort keine Hilfe zu erwarten ist, selbst wenn Konstantin sich auf seine Brüder verlassen kann. Demetrios jedenfalls war selbst in Florenz gegen die Union, und nach Kaiser Johannes' Tod war es nur ihrer Mutter zu verdanken, daß kein Krieg zwischen ihnen ausbrach.

Ich kenne sie nicht. Ich kann den Weg zu ihren Herzen nicht finden. Sie werden mir stets Fremde bleiben; selbst ihre Zeitrechnung ist eine andere. Für sie ist dies das Jahr 6960, von der Erschaffung der Welt an gerechnt; für die Türken ist es das Jahr 856 nach der Flucht ihres Propheten. Was für eine verrückte Welt! Oder bin ich im innersten Herzen zu sehr Lateiner?

Ich habe das genuesische Pera drüben auf der anderen Seite der Bucht besucht. Niemand behelligte mich mit Fragen. Schwerbeladene Boote laufen ein und aus. Der genuesische

Handel blüht; wenn ich wollte, könnte ich als Waffenhändler rasch ein Vermögen machen. Vielleicht nähmen mich die Griechen besser auf, wenn ich ihnen veraltete Waffen zu Wucherpreisen anbieten könnte; vielleicht würden sie mir dann trauen und mich als Biedermann betrachten.

In Pera kann man in jeder Weinschenke Nachrichten kaufen oder austauschen, weil die Genuesen mit dem Sultan nicht im Kriegszustand sind. Auch das ist Wahnsinn. Aus Pera kann Mohammed alles, was in Konstantinopel vorgeht, erfahren, so wie wir die täglichen Fortschritte der Kriegsvorbereitungen des Sultans dort ermitteln können.

Sie ist nicht gekommen. Gewiß wollte sie nur Zeit gewinnen, um mich auf schickliche Art loszuwerden und ihre Spuren zu verwischen. Ich weiß nicht einmal ihren Namen.

Und sie ist Griechin – so wie ich Grieche bin durch das Blut meines Vaters – dies entartete, schlaue, verräterische, grausame byzantinische Blut! Wenn es wahr ist, daß Frauen, ob Christinnen oder Türkinnen, die schlauesten Geschöpfe auf Erden sind, dann muß eine Griechin die allerschlaueste sein. Sie kann auf eine zweitausendjährige Erfahrung zurückblicken.

Mein Herz ist schwer wie Blei und schwer wie Blei das Blut in meinen Adern. Ich hasse diese sterbende Stadt, die wie gebannt nur auf ihre Vergangenheit starrt und sich weigert, an die nahende Katastrophe zu glauben.

Ich hasse, weil ich liebe.

26. Dezember 1452.

Heute früh überraschte mich mein Diener; er kam nämlich, mich zu warnen.

»Herr, Ihr dürft nicht zu oft nach Pera fahren.«

Ich sah ihn zum erstenmal forschend und aufmerksam an. Bis dahin war er einfach ein notwendiges Übel gewesen, das zum Haus gehörte, als ich es mietete. Er hielt meine Kleider instand, kaufte meine Vorräte ein, betreute das Haus für den Hausherrn, fegte den Hof und lieferte zweifellos der Dunklen Kammer im Blachernenpalast Nachrichten über mein Verhalten und meinen Umgang.

Ich hatte nie etwas gegen ihn. Er ist ein armseliger Greis, allein ich wollte ihn nie ansehen. Nun aber betrachtete ich ihn genau. Er ist ein altes Männchen mit schütterem Bart, hat Schmerzen in den Knien und griechische Augen voll unergründlichen Kummers. Sein Gewand ist fadenscheinig und schmierig. Ich fragte ihn: »Wer hat dir befohlen, das zu sagen?«

Er war gekränkt. »Ich habe nur Euer Wohl im Auge. Ihr seid mein Herr, solange Ihr in diesem Hause wohnt.«

Ich erwiderte: »Ich bin ein Lateiner.«

Er aber widersprach eifrig: »Nein, nein – das seid Ihr nicht! Ich kenne Euer Gesicht!«

Zu meiner unaussprechlichen Überraschung warf er sich vor mir auf die Knie, erhaschte meine Hand, küßte sie und flehte: »Herr, verachtet mich nicht! Ja, ich trinke den Wein, der im Kruge zurückbleibt, und nehme auch das Kleingeld an mich, daß Ihr liegen laßt. Und von dem Öl brachte ich ein wenig meiner kranken Tante, weil meine Familie sehr arm ist. Mißfällt es Euch aber, so will ich es nicht mehr tun, dessen könnt Ihr gewiß sein, denn nun habe ich Euch erkannt.«

»Ich habe doch mit dem Wirtschaftsgeld nicht geknausert«, erwiderte ich überrascht. »Es ist das Recht des Armen, von den Brosamen zu leben, die vom Tisch des Reichen fallen. Du darfst meinetwegen deine ganze Familie auf meine Kosten erhalten, solange ich dein Herr bin. Ich achte das Geld gering. Es wird die Stunde kommen, da weder Geld noch Besitz mehr von Bedeutung sind. Im Angesicht des Todes sind wir alle gleich, und in Gottes Waagschale wiegt die Tugend einer Mücke so schwer wie die eines Elefanten.«

Ich unterhielt mich noch eine Weile mit ihm, um währenddessen den Ausdruck seines Gesichts zu beobachten. Er sah wohl ehrlich aus – aber Gesichter trügen –, und kann ein Grieche einem Griechen trauen?

Er sagte: »Ein andermal braucht Ihr mich nicht mehr im Keller einzuschließen, wenn Ihr mich nicht wissen lassen wollt, was Ihr tut oder wohin Ihr geht. Es war so kalt im Keller, daß mir die Glieder steif wurden. Seit damals leide ich an einer Erkältung und an Ohrenschmerzen, und meine Knie sind ärger als zuvor.«

»Steh auf, du Tölpel, und heil deine Schmerzen mit Wein«, sagte ich und entnahm meiner Börse einen goldenen Byzantiner. Für ihn war das ein Vermögen, denn in Konstantinopel sind die Armen bettelarm und die wenigen Reichen steinreich.

Er sah auf die Münze in meiner Hand, und sein Gesicht hellte sich auf, allein er schüttelte den Kopf: »Herr, ich klagte nicht, um zu betteln. Ihr braucht mich nicht zu bestechen. Ich werde nichts hören und sehen, was ich nicht hören oder sehen soll. Befehlt nur.«

»Ich verstehe dich nicht«, meinte ich.

Er wies auf den gelben Hund, der schon Fleisch angesetzt hatte und auf seiner zerlumpten Matte an der Tür lag, die Schnauze auf dem Boden, und jede meiner Bewegungen verfolgte.

»Gehorcht und folgt Euch nicht sogar dieser Hund?« fragte er.

»Ich verstehe dich nicht«, wiederholte ich und warf die Goldmünze vor ihn auf die Matte. Er bückte sich danach und sah mir dann in die Augen.

»Ihr braucht Euch mir nicht zu enthüllen, Herr«, sagte er. »Wie könnte ich das erwarten? Euer Geheimnis ist mir heilig. Ich nehme Euer Geld nur, weil Ihr es so befehlt. Es wird mir und meiner Familie viel Glück bringen – ein größeres Glück für mich aber ist es, Euch zu dienen.«

Seine Anspielungen trafen mich, weil er natürlich, wie andere Griechen, vermutete, ich stehe immer noch heimlich in des Sultans Diensten und hätte meine Flucht nur vorgetäuscht. Vielleicht hofft er, durch mich der Sklaverei zu entgehen, wenn der Sultan die Stadt erobert; eine solche Hoffnung könnte mir zum Vorteil sein, wenn ich etwas zu verbergen hätte. Aber wie konnte ich mich auf einen Menschen so niedriger Abkunft verlassen?

»Du irrst, wenn du auf irgendwelche Vorteile von mir hoffst«, sagte ich ihm. »Ich stehe nicht mehr in des Sultans Diensten. Das habe ich schon dutzende Male, bis an die Grenze meiner Geduld, denen gesagt, die dich dafür bezahlen, daß du mich überwachst. Aber ich sage es dir noch einmal: ich diene dem Sultan nicht mehr.«

Er antwortete: »Nein, nein – das weiß ich. Wie könntet Ihr in seinen Diensten stehen? Ich habe Euch erkannt – es ist, als hätte der Blitz neben mir eingeschlagen.«

»Bist du betrunken?« fragte ich. »Hast wohl Fieberträume? Ich weiß nicht, was du meinst.« Doch im innersten Herzen war ich seltsam bewegt.

Er verneigte sich und sagte: »Herr, ich bin betrunken. Vergebt mir. Es soll nicht wieder geschehen.«

Aber seine Anspielungen ließen mich vor einen Spiegel treten. Ich hatte aus einem gewissen Grund beschlossen, den Bartscherer nicht mehr aufzusuchen, sondern mir selbst den Bart zu schneiden, und zwar sorgfältiger als früher. Aus Gleichgültigkeit und Niedergeschlagenheit hatte ich dies die letzten paar Tage unterlassen. Nun aber hab' ich selbst meine Tracht geändert, um zu zeigen, daß ich ein Lateiner bin.

2. Januar 1453.

Sie kam. Trotz allem kam sie zu mir.

Sie trug einen hellbraunen Mantel und weiche, braune Schuhe. Vielleicht hielt sie ihre Verkleidung für gelungen, allein nicht der größte Einfaltspinsel hätte sie für eine Frau von niederer Abkunft halten können. Der Schnitt ihres Mantels, ihre Kopfbedeckung, selbst die Art, wie sie einen hauchdünnen Schleier vor ihrem Gesicht befestigt hatte, verrieten ihren Stand und ihre Herkunft.

»Willkommen, in Gottes Namen«, sagte ich, unfähig, mich der Tränen zu erwehren, die mir in die Augen stiegen. Der gelbe Hund begrüßte sie schweifwedelnd.

»Es ist Wahnsinn«, sagte sie. »Wahnsinn und Hexerei. Man wird mich entdecken, aber ich mußte einfach kommen – mußte gegen meinen Willen kommen.«

»Wie kamt Ihr herein?« fragte ich rasch. Sie hielt immer noch den Schleier vor ihr Gesicht.

»Ein kleiner, hustender Alter öffnete mir auf mein Klopfen«, erwiderte sie. »Ihr solltet Euren Diener besser kleiden und ihn Haar und Bart kämmen lassen. So aber schämte er sich seines Äußeren so sehr, daß er mir den Rücken kehrte, ohne mich anzusehen.« Sie sah sich um. »Auch Eurer Stube könnte ein Reinemachen nicht schaden.« Sie wandte rasch den Blick von einer Ecke ab.

Ich warf eine Decke über meine Liegestatt und eilte hinaus. Mein Diener stand im Hof und starrte in die Wolken.

»Ein schöner Tag«, bemerkte er mit schlauem Grinsen.

»Ein herrlicher Tag«, pflichtete ich ihm bei, indem ich mich auf griechische Art bekreuzigte. »Der schönste Tag meines ganzen Lebens. Lauf und hol Wein, Kuchen, Süßigkeiten, Braten und eingemachtes Obst. Bring viel. Kauf das Beste, was du findest – kauf einen ganzen Korb voll, so daß auch genug für dich übrigbleibt und deine Vettern und Muhmen – für deine ganze Familie! Wenn du unterwegs auf Bettler stößt, gib ihnen Almosen und deinen Segen.«

»Ist heute Euer Geburtstag, Herr?« fragte er harmlos.

»Nein, ich habe Besuch«, erklärte ich. »Ein gewöhnliches, niedriggeborenes Weib ist gekommen, mich in meiner Einsamkeit zu trösten.«

»Besuch?« wiederholte er mit gespieltem Erstaunen. »Ich sah keinen Besuch. Freilich, ein Windstoß rüttelte an der Tür, so daß es klang, als klopfe jemand, aber als ich öffnete, sah ich niemand. Ihr scherzt doch nicht?«

»Tu, was ich dir sage«, drängte ich. »Wenn du aber zu irgend jemand ein Sterbenswörtchen von einem Besuch sagst, so packe ich dich am Bart und schneide dir eigenhändig den Kopf ab.« Als er den Korb holen wollte, erhaschte ich ihn am Arme und sagte: »Ich habe noch nie nach deinem Namen gefragt. Wie heißt du?«

»Das ist mir eine große Ehre«, entgegnete er. »Ich heiße Manuel, nach dem alten Kaiser. Mein Vater stand in seinen Diensten, als Holzträger im Blachernenpalast.«

»Manuel!« rief ich. »Welch schöner Name. Manuel, heut ist der glücklichste Tag meines Lebens.« Ich erwischte ihn an den Ohren und küßte ihn auf beide bärtige Wangen, dann stieß ich ihn fort.

Als ich auf meine Stube zurückkehrte, hatte meine Besucherin den braunen Mantel abgelegt und ihr Gesicht enthüllt. Ich konnte mich an ihr nicht satt sehen; die Worte blieben mir in der Kehle stecken, und die Knie versagten mir, so daß ich vor ihr niedersank und meine Wange an ihre Knie drückte. Ich weinte vor Freude und Entzücken. Sie streichelte mir scheu das Haar.

Als ich endlich aufblickte, lächelte sie. Ihr Lächeln war wie die Sonne. Ihre Augen waren goldbraune Blumen; ihre blauen, hochgeschwungenen, ebenmäßigen Brauen erlesene Bogen; ihre Wangen Tulpen, ihre weichen Lippen Rosenblätter, ihre Zähne Perlen. Ihr Anblick blendete mich. Ich sagte ihr dies alles.

»Mein Herz ist siebzehn«, sagte ich. »Ich muß Worte von den Dichtern entlehnen, meine eigenen reichen nicht hin. Ich bin trunken von Euch. Es ist, als hätte ich nie etwas erlebt – als hätte ich keine Frau je auch nur berührt – und doch kenne ich Euch so gut, als hätte ich Euch ein Leben lang gekannt.«

»Ihr seid das ganze Byzanz für mich«, fuhr ich fort, »Ihr seid Konstantinopel, die Kaiserstadt. Um Euretwillen habe ich mich ein Leben lang danach gesehnt hierherzukommen. Von Euch träume ich, wenn ich von Eurer Stadt träume; und wie Eure Stadt tausendmal schöner war, als ich denken konnte, so seid Ihr tausendmal schöner, als ich Euch im Gedächtnis hatte. Zwei Wochen sind eine endlose Zeit – eine tote, tote Zeit. Warum kamt Ihr nicht, wie Ihr versprochen hattet? Warum ließet Ihr mich allein? Ich meinte, sterben zu müssen.«

Sie sah mich an, schloß die Augen sacht und berührte mit den Fingerspitzen meinen Mund, meine Wangen und Lippen. Dann schlug sie ihre strahlenden, lächelnden, braunen Augen wieder auf und sprach: »Fahrt fort – Ihr redet schön. Es tut wohl, Euch zu lauschen, obwohl Ihr gewiß kein Wort von alledem ernst meint. Ihr hattet mich vergessen. Ihr wart überrascht, mich zu sehen. Erkannt habt Ihr mich allerdings.«

Ich umarmte sie.

»Nein, nein«, sagte sie und stemmte beide Hände gegen meine Brust. Allein ihr Widerstand war wie eine Aufforderung. Ich küßte sie. Ihr Widerstand erlahmte, sie schwand in meinen Armen hin – bis sie mich endlich von sich stieß, sich abwandte und den Kopf in beide Hände stützte.

»Was tut Ihr mir nur an?« klagte sie und brach in Tränen aus. »Dazu bin ich nicht gekommen. O mein Kopf – mein Kopf schmerzt so.«

Ich hatte mich nicht getäuscht. Sie war in der Tat unerfahren, eine Jungfrau. Ihr Mund sagte es mir – ihr Leib sagte es meinem. Stolz, ja, vielleicht; leidenschaftlich, leicht entflammt, launenhaft und eifersüchtig bewacht; aber von der

Frucht der Sünde hatte sie nicht gekostet. Vielleicht in Gedanken, aber nicht leiblich.

Ich las ihr am Gesicht ab, daß sie Schmerzen litt. Sachte nahm ich ihren wunderschönen Kopf in die Hände und begann, ihr die Stirn zu streicheln.

»Verzeiht«, meinte sie unter Tränen. »Ich bin wohl zu empfindlich. Mir ist, als steche man mich mit glühendheißen Nadeln. Ich erschrak so, als Ihr mich so plötzlich umarmtet.«

Kraft floß aus mir in sie über – Kraft aus meinen Händen. Bald seufzte sie tief, ihre Glieder lösten sich, und sie schlug die Augen auf. »Eure Hände sind sanft«, sagte sie; sie wandte den Kopf und küßte mir sacht die Hand. »Es sind heilende Hände.«

Ich sah darauf nieder.

»Heilende und zerstörende«, sagte ich rauh. »Aber glaubt mir, ich führe nichts Böses gegen Euch im Schilde – nicht einmal vorhin. Ihr hättet es wissen müssen.«

Sie sah mich an, und wieder war ihr Blick offen und mir vertraut. Ich konnte mich darein versenken, bis alles um mich her verschwamm und unwirklich wurde.

»So habe ich mich geirrt«, sagte sie. »Vielleicht führte *ich* Böses im Schilde – aber nicht im innersten Herzen. Doch nun ist alles wieder gut. Bei Euch ist gut sein. Mein eigenes Heim ist mir fremd und langweilig geworden. Eure Stärke hat mich beständig angezogen – durch Mauern hindurch und quer durch die ganze Stadt. Habt Ihr mich etwa bezaubert?«

»Die Liebe ist Zauberei«, erwiderte ich. »Die Liebe ist der stärkste Zauber. Ihr wart es, die mich bezauberte, als Ihr mir vor der Kirche der Heiligen Weisheit in die Augen schautet.«

»Es ist Wahnsinn«, klagte sie. »Mein Vater würde mich nie einem Lateiner vermählen. Ihr kennt nicht einmal Euren eigenen Stammbaum – seid ein Fahrender, ein Abenteurer. Mein Vater würde Euch töten lassen, wenn er davon wüßte.«

Mir setzte der Herzschlag aus. Um Zeit zu gewinnen, prahlte ich:

»Mein Stammbaum steht mir im Gesicht geschrieben. Mein Vater heißt Schwert, meine Mutter Feder. Die denkenden Gestirne sind meine Brüder, Engel und Dämonen meine Anverwandten.«

Sie sah mir unverwandt in die Augen und sprach: »Ich wollte Euch nicht verletzen. Ich sagte nur die Wahrheit.«

Mir blieben die hochtrabenden Worte in der Kehle stekken. Die Wahrheit war einfacher.

»Ich bin schon vermählt«, gestand ich. »Wohl habe ich mein Weib seit fast zehn Jahren nicht mehr gesehen, doch ist sie meines Wissens gar sehr lebendig. Unser Sohn ist zwölf Jahre alt. Die Wahrheit ist, ich nahm das Kreuz, weil ich nicht mehr mit ihnen leben konnte. Sie glauben mich bei Varna gefallen. Es ist besser so.«

Sie war bei meinen ersten Worten heftig aufgefahren. Wir sahen einander nicht an. Sie fuhr sich mit dem Finger am Kragen ihres Kleides entlang und nestelte die Nadel an ihrer Brust zurecht. Die Haut an ihrem Hals war beinahe durchsichtig.

»Was macht das schon aus?« bemerkte sie endlich mit eisiger Stimme. »Dies – unsere Treffen hätten doch nicht weitergehen können.«

Sie fingerte immer noch an ihrer Nadel herum, besah ihre Hand und setzte hinzu: »Ich muß nun gehen. Wollt Ihr mir mit meinem Mantel helfen?«

Doch ich wollte sie nicht gehen lassen, und auch ihr stand der Sinn nicht danach. Sie hatte jene Worte nur gesprochen, um mir weh zu tun.

»Wir sind beide erwachsene Menschen«, sagte ich und konnte den rauhen Ton nicht aus meiner Stimme bannen. »Seid nicht so kindisch. Ihr wißt sehr wohl, was Ihr tut. Ihr kamt mit offenen Augen hierher. Was liegt mir an der Ehe – was am heiligen Sakrament der Kirche? Mich kümmern weder Himmel noch Hölle, da es Euch gibt und ich Euch gefunden habe. Himmel und Hölle sind nicht das, was wir glauben, nicht das, was man uns lehrt. Ihr seid mein und könnt es nicht leugnen. Doch abermals sage ich Euch, ich führe nichts Böses wider Euch im Schilde.«

Sie stand schweigend und sah störrisch zu Boden. Ich fuhr fort:

»Vielleicht erkennt Ihr noch gar nicht, was uns allen bevorsteht. Unter den Türken kann es für uns nur Tod oder Sklaverei geben. Eines von beiden müßt Ihr wählen. Wir haben nur noch wenige Monate – höchstens ein halbes Jahr. Dann werden die Türken hier sein. Und was liegt dann noch an Sitten oder Schicklichkeit?« brüllte ich und hieb mit der Faust so heftig auf eine Stuhllehne, daß mir die Knochen knackten und der Schmerz mich ein Weilchen blendete. »Ehe, Heim, Kinder – daran kann ein Mann denken, der sein ganzes Leben vor sich hat. Ihr und ich haben das nicht. Unserer Liebe ist von Anfang an ein Ende gesetzt. Unsere Zeit ist knapp bemessen. Aber Ihr – Ihr möchtet Euren Mantel nehmen und fortgehen, nur weil mich vor vielen Jahren Gottes Ratschluß zwang, eine Frau zu ehelichen, die älter war als ich – eine Frau, der ich aus Mitleid auch meinen Leib schenkte. Meine Seele hat sie nie besessen.«

»Was liegt mir an eurer Seele?« rief sie mit glühenden Wangen. »Eure Seele ist die eines Lateiners, wie Eure Worte beweisen. Konstantinopel kann nie fallen; einmal in jedem Menschenalter haben es die Türken vergeblich belagert. Die Heilige Gottesmutter selbst schützt unsere Mauern, und wie soll ein Jüngling sie niederreißen können – dieser Mohammed, den die Türken selber verachten?«

Es war jedoch, als hätte sie diese Worte nur gesprochen, um etwas zu sagen; so deutlich war ihr törichter Glaube an die Mauern von Konstantinopel herauszuhören.

Leiser und mit abgewandtem Blick fügte sie hinzu: »Was sagtet Ihr da von göttlichem Ratschluß? Und ist Eure Frau wirklich älter als Ihr?«

Ihre Fragen ließen mich aufs neue frohlocken, bewiesen sie

doch das Erwachen der Neugier in ihrem Frauenherzen. In diesem Augenblick kehrte mein Sklave zurück, schlug die Haustür heftig zu und trottete geräuschvoll die Stufen herauf. Ich ging ihm entgegen und nahm ihm den Korb ab.

»Ich brauche dich nun nicht mehr, Manuel«, sagte ich.

»Herr«, erwiderte er, »ich werde das Haus von der Schenke gegenüber beobachten. Glaubt mir, das ist am besten.« In seinem Eifer berührte er mich am Arm, zog mich zu sich hinab und flüsterte mir ins Ohr: »Um Gottes willen, Herr, lehrt sie, sich anders zu kleiden! In ihrer heutigen Aufmachung zieht sie aller Augen auf sich und weckt mehr Neugier, als wenn sie ohne Schleier und mit bemalten Wangen wie eine Hafendirne daherkäme.«

»Manuel«, warnte ich ihn, »mein Dolch sitzt lose in der Scheide.«

Er aber kicherte nur, als hätte ich etwas Lustiges gesagt, und rieb sich wohlwollend die Hände.

»Du bist eine Kupplerseele wie der Bartscherer«, sagte ich und stieß ihn fort. »Schäme dich deiner Gedanken.« Aber der Stoß fiel sanft aus, damit er ihn als Zeichen meiner Gunst auffasse.

Ich trug den Korb hinein, fachte das glimmende Feuer an und legte Kohlen darauf, goß Wein in einen Silberbecher, brach einen Laib Weizenbrot und füllte meine chinesische Schale mit Süßigkeiten. Sie hob abwehrend die Hände. Dann aber bekreuzigte sie sich auf griechische Art, nahm einen Schluck von dem dunklen Wein und einen Bissen Brot und aß eine Honigkaramelle an einem Stäbchen. Ebenso kostete auch ich von allem. Ich war nicht hungriger als sie.

»Nun haben wir gemeinsam Wein getrunken und Brot gebrochen«, sagte ich. »Nun wißt Ihr, daß ich Euch nichts Böses zufügen kann. Ihr seid mein Gast, und alles, was ich habe, ist Euer.«

Sie meinte lächelnd: »Wann wollt Ihr mir von dem göttlichen Ratschluß erzählen?«

»Ich habe schon zu viel geredet«, wandte ich ein. »Warum sollte ich reden, solange Ihr hier seid? Überdies gebrauchen die Menschen dieselben Worte für verschiedene Dinge; Worte säen Mißverständnisse und Mißtrauen. Es ist genug, daß Ihr hier seid. Wenn Ihr hier seid, bedarf es der Worte nicht.«

Ich wärmte ihre Hände über dem Kohlenbecken; ihre Finger fühlten sich kalt an, allein ihre Wangen glühten.

»Meine Geliebte«, sprach ich leise. »Meine Einziggeliebte. Ich dachte, der Herbst des Lebens sei angebrochen, doch es war nicht wahr. Ich danke dir, daß du lebst.«

Später erzählte sie mir, ihre Mutter sei krank gewesen; deshalb habe sie nicht früher kommen können. Ich sah, daß sie mir gerne gesagt hätte, wer sie sei, verbot es ihr aber. Ich wollte es nicht wissen. Solches Wissen vermehrt nur die Sorgen. Alles hat seine Zeit; damals genügte mir, daß sie bei mir war.

Als wir Abschied nahmen, fragte sie: »Glaubst du immer noch im Ernst, daß die Türken im Frühjahr angreifen werden?«

Ich geriet wider Willen abermals in Harnisch. »Seid ihr alle wahnsinnig, ihr Griechen? Hört zu: die Derwische und Lehrer des Islam wandern in ganz Asien von Dorf zu Dorf. Die europäischen Truppen des Sultans haben bereits ihre Marschbefehle erhalten. In Adrianopel gießen sie schwerste Geschütze. Der Sultan beabsichtigt, für diese Belagerung eurer Stadt ein größeres Heer zu sammeln, als alle seine Vorfahren – und du fragst mich: ›Will er wirklich kommen?‹

Natürlich will er!« schrie ich. »Und eilig hat er's obendrein. Nun die Union in Kraft getreten ist, wird der Papst vielleicht doch imstande sein, die Fürsten Europas zu bewegen, ihre Streitigkeiten zu begraben und zu einem neuen Kreuzzug auszuziehen. Wenn die Türken schon eine tödliche Bedrohung für euch darstellen, so ist ein Konstantinopel im Herzen des türkischen Reiches eine ebenso tödliche für den

Sultan. Du kennst die Grenzen seines Ehrgeizes nicht: er hält sich für einen zweiten Alexander.«

»Pst, pst«, meinte sie begütigend und setzte mit rätselhaftem Lächeln hinzu: »Wenn du wahr sprichst, werden wir einander nicht mehr oft treffen.«

»Was meinst du damit?« fragte ich, indem ich sie an den Händen packte.

»Wenn der Sultan wirklich von Adrianopel aufbrechen will, so wird Kaiser Konstantin die Damen des kaiserlichen Hofes auf einem Schnellsegler nach Morea in Sicherheit bringen. Auch andere vornehme Frauen werden an Bord sein; auch mein Platz ist schon gesichert.« Sie ließ ihre braunen Augen auf mir ruhen, biß sich auf die Lippen und setzte hinzu: »Das hätte ich dir wohl nicht sagen dürfen.«

»Nein«, erwiderte ich heiser. Meine Lippen waren trocken. »Ich könnte ja ein Geheimagent des Sultans sein – das meinst du doch, nicht wahr? Das argwöhnt ihr ja alle.«

»Ich vertraue dir«, sagte sie. »Du wirst dies Wissen nicht mißbrauchen. Sag, soll ich fahren?«

»Natürlich«, erwiderte ich. »Du mußt fahren. Warum solltest du nicht deine Unschuld und dein Leben retten, wenn sich die Gelegenheit bietet? Du kennst Sultan Mohammed nicht – ich aber wohl. Eure Stadt wird fallen. All ihre Schönheit, all ihre verblaßte Glorie, alle Macht und aller Reichtum ihrer großen Familien – das alles sind nur mehr leere Schatten.«

»Und du?« fragte sie.

»Ich kam hierher, um auf den Mauern Konstantinopels zu fallen«, antwortete ich. »Zu fallen für alles, was vergangen ist – für alles, was keine Macht der Welt wieder aufrichten kann. Es bricht eine neue Zeit an; ich will sie nicht erleben.«

Sie hatte ihren braunen Mantel umgelegt und spielte an ihrem Schleier.

»Willst du mich nicht zum Abschied küssen?« fragte sie.

»Das macht dir doch nur Kopfschmerzen«, erwiderte ich.

Sie streckte sich und küßte mich mit ihren weichen Lippen auf die Wangen, strich mir leicht mit der offenen Hand übers Gesicht und drückte kurz ihren Kopf an meine Brust, wie um von mir Besitz zu nehmen.

»Du machst mich eitel«, sagte sie. »Ich fange an, überheblich zu werden. Liegt dir wirklich nichts daran zu wissen, wer ich bin? Willst du mich nur als Frau zur Freundin haben? Das klingt wunderschön, aber kaum glaublich.«

»Wirst du noch einmal kommen, bevor du abfährst?«

Sie sah sich in der Stube um und tätschelte zerstreut den gelben Hund.

»Hier ist gut sein«, sagte sie endlich. »Ich werde noch einmal kommen, wenn ich kann.«

6. Januar 1453.

Nun werden endlich auch die Griechen unruhig. Schlimme Prophezeiungen gehen von Mund zu Mund; Frauen erzählen ihre Träume. Männer erblicken böse Vorzeichen. Auf den Straßen predigen fanatische Mönche mit brennenden Augen Tod und Verderben der Stadt, die den Glauben ihrer Väter preisgegeben hat.

Der Herd dieser Unruhe ist das Pantokratorkloster, von dem der Mönch Gennadios Briefe ausschickt, die den Städtern laut vorgelesen werden. Frauen vergießen Tränen, wenn sie sie hören. Er darf sich auf Befehl des Kaisers nicht öffentlich zeigen, allein ich habe eine Kundmachung gelesen, die er am Klostertor anschlagen ließ.

Unselige! Wohin habt ihr euch verirrt? Wie konntet ihr euren Glauben an Gott preisgeben und eure Hoffnungen auf die Hilfe der Franken setzen? Ihr stürzt die Stadt ins Verderben, und eure Religion mit ihr! Herr, sei du mir gnädig! Vor deinem Angesicht bezeuge ich, daß ich an dieser Sünde keinen Anteil habe. Geht in euch, ihr Elenden! Als Sklaven wollt ihr schmachten und darben, die ihr um fal-

scher Lehren willen den Glauben eurer Väter fortgeworfen habt. Wehe, wehe euch am Tage des Gerichtes!

Die brennendste Frage ist zur Zeit die, ob die päpstliche Flotte rechtzeitig einlangen und ihre Hilfe ausreichen wird. An einen allgemeinen Kreuzzug kann ich kaum glauben. Vor ihrer Niederlage bei Varna hatte die Christenheit fünf Jahre lang gerüstet. Die Ungarn werden es nicht mehr wagen, wie damals den Frieden zu brechen. Wenn nicht zur rechten Zeit Hilfe kommt, werden Bitterkeit und Verzweiflung die einzigen Früchte der Union sein. Ja, warum sollte auch das Volk von Konstantinopel auf den Trost verzichten, den sein Glaube ihm gewähren kann?

Gennadios hat das Volk hinter sich. Die Sophienkirche ist jetzt immer leer; nur der Kaiser mit seinem Gefolge geht dort zur Messe. Was die Politiker glauben, fällt nicht ins Gewicht; die würden sich mit Worten zu jedem Glauben bekennen. Aber ich glaube, die verlassene Kirche ängstigt sie. Auch einige Priester sind abgefallen, und die übrigen, die in der Sophienkirche weiter ihr Amt versehen, wurden von den Abgefallenen mit Exkommunikation und Interdikt bedroht.

8. Januar 1453.

Ein neues Gerücht bewog mich, diesen Gennadios im Kloster des Allbeherrschers aufzusuchen. Ich mußte lange warten. Er betet und geißelt sich den ganzen Tag, um die Sünden der Stadt zu sühnen. Allein er empfing mich, als er hörte, daß ich zum Gefolge des Sultans gehört hatte. Sie haben wahrhaftig die Türken lieber als die Lateiner.

Als er mein bartloses Kinn und meine lateinische Tracht gewahrte, fuhr er zurück und schrie *»anathema«* und *»apostata«*. Es war kein Wunder, daß er mich nicht erkannte, weil auch ich ihn beim ersten Blick kaum wiedererkannte, bärtig, wie er war, mit struppigem Haar und Augen, die durch Fasten und Wachen tief in ihren Höhlen lagen. Dennoch war er es, der frühere Georgios Scholarios, Geheimschreiber und Siegelbewahrer weiland Kaiser Johannes' – der Mann, der zu Florenz mit den übrigen die Union unterzeichnet hatte –, der feurige, gelehrte, ehrgeizige, lebenssprühende, junge Georgios.

»Ich bin Jean Ange«, sagte ich. »Giovanni Angelo, der Franke, dem Ihr Euch vor vielen Jahren zu Florenz gewogen zeigtet.«

Er starrte mich an, als stünde der leibhaftige Satan vor ihm.

»Mag sein, daß Georgios Euch kannte«, rief er, »aber es gibt keinen Georgios mehr. Wegen meiner Sünden habe ich meiner Stellung in der Welt entsagt – meinen Rang als Gelehrter und meinen politischen Ehrenämtern. Nur Gennadios, der Mönch, blieb zurück, und er kennt Euch nicht. Was wollt Ihr von mir?«

Sein Fieber und sein Seelenkampf waren nicht vorgetäuscht; wahrhaftig, er litt, und der Todesschweiß seines Volkes und seiner Stadt stand ihm auf der Stirn. Ich erzählte ihm in kurzen Worten meine Geschichte, damit er mir vertraute.

Dann sagte ich: »Wenn Ihr damals durch Eure Unterschrift sündigtet und nun für diese Sünde büßt, warum tut Ihr es nicht im stillen und vor Gott allein? Was zieht Ihr Euer ganzes Volk in Euren Schmerz hinein und sät Zwietracht, nun, da es gilt, alle Kräfte zu vereinen?«

Er erwiderte: »Durch meine Zunge und meine Feder wird Gott sie für ihren jämmerlichen Verrat geißeln. Hätten sie auf den Herrn vertraut und die Hilfe des Westens zurückgewiesen, so hätte der Herr selbst für sie gestritten. Nun aber ist Konstantinopel verloren. Der Mauerbau, das Anhäufen von Waffen ist ein eitles Beginnen: Gott hat sein Antlitz von uns abgewandt und uns den Türken ausgeliefert.«

»Und selbst wenn Gott aus Euch spricht«, versetzte ich, »liegt doch die Schlacht erst vor uns. Glaubt Ihr, Kaiser Konstantin würde seine Stadt aus freien Stücken preisgeben?«

Er sah mich forschend an, und in seine verzückten Augen trat der scharfe Blick des erfahrenen Staatsmannes.

»Wer spricht eigentlich aus *Euch*?« fragte er. »Der Sultan wird Leben, Unterhalt, Besitz und vor allem die Religion derer schützen, die sich unterwerfen. Unsere Kirche wird selbst im Türkenreich unter dem Schutz des Sultans fortleben und blühen. Er führt nicht gegen unseren Glauben, sondern gegen unseren Kaiser Krieg.« Da ich nichts erwiderte, setzte er hinzu: »Konstantin hat durch seine Treulosigkeit bewiesen, daß er nicht der echte Basileus ist. Er ist nicht einmal rechtmäßig gekrönt. Er ist ein schlimmerer Feind unserer Religion als Sultan Mohammed.«

»Wahnwitziger Mönch!« brauste ich auf. »Weißt du denn, was du sprichst?«

Etwas ruhiger erwiderte er: »Ich habe aus meiner Überzeugung kein Hehl gemacht. Ich habe Konstantin selbst das gleiche gesagt. Ich habe nichts zu verlieren. Aber ich stehe nicht allein: hinter mir steht das Volk und viele Edle, die Gottes Zorn fürchten. Sagt das denen, die Euch gesandt haben.«

»Ihr irrt«, entgegnete ich. »Ich stehe nicht mehr im Dienste des Sultans, doch zweifle ich nicht, daß es Euch leichtfallen wird, Eure Botschaft dem Sultan auf anderen Wegen zu Ohren zu bringen.«

10. Januar 1453.

Ich wurde abermals in den Blachernenpalast geladen. Phrantzes erwies mir viel Höflichkeit und Achtung und setzte mir Wein vor; in die Augen sah er mir freilich nie. Er drehte nur seinen Siegelring, der so groß ist wie die Hand eines Säuglings, und betrachtete seine wohlgepflegten Nägel. Er ist ein kluger, gelehrter Mann, der gewiß längst keinen Glauben mehr hat; er ist nur seinem Kaiser treu. Konstantin und er sind seit ihren Kindertagen zusammen aufgewachsen.

Er sagte unter anderem: »Dieser Winter wird die Entscheidung bringen. Großwesir Chalil in Adrianopel bemüht sich nach besten Kräften um die Erhaltung des Friedens. Er ist unser Freund. Erst kürzlich erhielten wir durch die Genuesen in Pera ermunternde Nachrichten von ihm. Ich sehe keinen Grund, sie Euch vorzuenthalten, Ihr könnt ruhig Kenntnis davon haben. Er beschwört uns, auf die Zukunft zu vertrauen und uns so gut als möglich zu rüsten; je stärker wir bewaffnet sind, um so gewisser wird die Niederlage des Sultans sein, wenn er sich wirklich auf eine Belagerung einläßt.«

»Dieser Winter wird die Entscheidung bringen«, pflichtete ich ihm bei. »Je früher der Sultan seine Kanonen fertiggegossen und sein Heer aufgeboten hat, um so früher wird Konstantinopel fallen.«

»Unsere Mauern haben vielen Belagerungen standgehalten«, meinte Phrantzes lächelnd. »Nur den Lateinern gelang die Einnahme der Stadt, und auch nur einmal, und damals kamen sie von der Seeseite. Seit damals lieben wir die Kreuzzüge nicht; wir möchten lieber mit den Türken in Frieden leben.«

»Ich nehme Euch nur Zeit weg«, versetzte ich. »Ich will Euch nicht länger stören.«

»Keineswegs«, versetzte er. »Ich hatte Euch etwas zu sagen. Wie ich höre, fahrt Ihr zu oft nach Pera hinüber und habt auch den Mönch Gennadios besucht, obwohl dieser auf Befehl des Kaisers innerhalb der Klostermauern bleiben muß. Was habt Ihr im Sinne?«

»Ich fühle mich einsam«, versetzte ich. »Niemand scheint mir zu trauen. Ich wollte nur eine alte Bekanntschaft erneuern. Aber Georgios Scholarios ist offenbar tot. Meine Unterredung mit Gennadios dem Mönch verlief nicht erfreulich.«

Phrantzes breitete beide Hände in einer gleichgültigen Gebärde aus.

»Was soll ich mit Euch streiten? Wir werden einander nie verstehen.«

»In Gottes Namen, großer Kanzler!« rief ich. »Ich bin dem Sultan entlaufen. Ich verließ eine Stellung, darum viele mich beneideten, ausdrücklich in der Absicht, für Konstantinopel zu kämpfen. Nicht für Euch, nicht für Euren Kaiser, sondern für diese Stadt, die einst das Herz der Welt war. Nur dies Herz ist von einem mächtigen Reich noch übrig, und es tut seine letzten, langsamen Schläge. Dies Herz ist auch meines. Mit diesem Herzen werde ich sterben. Werde ich gefangen, so wird der Sultan mich pfählen lassen, dessen seid sicher.«

»Kindereien!« entgegnete Phrantzes barsch. »Wäret Ihr zwanzig Jahre alt, könnte ich Euch etwa glauben. Ihr, ein Franke und Lateiner – was habt Ihr mit uns gemein?«

»Den Willen zu kämpfen«, versetzte ich, »vergeblich, angesichts des Zusammenbruchs und der Sintflut. Ich glaube nicht an den Sieg – ich kämpfe ohne Hoffnung. Doch was verschlägt das, solange ich zu kämpfen gewillt bin?«

Einen Augenblick glaubte ich, ihn überzeugt zu haben, so daß er mich endlich aus seinen politischen Berechnungen streichen und als harmlosen Eiferer betrachten würde. Dann aber schüttelte er den Kopf, und in seine blaßblauen Augen trat die Schwermut.

»Wäret Ihr gewesen wie die übrigen – wäret Ihr aus Europa gekommen, mit einem Kreuz auf der Schulter und um Geld bettelnd, wie alle Franken – hättet Ihr dafür Handelsvergünstigungen gefordert –, so hätte ich Euch vielleicht geglaubt, ja sogar vertraut. Aber Ihr seid zu sehr Gelehrter – zu erfahren und kühl –, und Eure Einstellung deutet zwangsläufig auf verborgene Beweggründe hin.«

Ich blieb vor ihm stehen. Mir brannte der Boden unter den Füßen; ich wollte fort; er aber drehte immer noch seinen Siegelring und sah mich von der Seite an; wagte freilich nicht, mir ins Gesicht zu schauen, als verabscheue er mich von ganzem Herzen.

»Als Ihr nach Basel gelangtet, woher wart Ihr da gekommen?« forschte er. »Wie erranget Ihr das Vertrauen von Doktor Nikolaus Cusanus? Warum fuhrt Ihr mit ihm nach Konstantinopel? Schon damals spracht Ihr türkisch. Warum bliebt Ihr so halsstarrig auf der Synode in Ferrara und Florenz zurück? Und wohin ginget Ihr von dort? Warum wählte Kardinal Julius Cesarini Euch zu seinem Sekretär? Wart Ihr es, der ihn bei Varna ermordete, um desto leichter zu den Türken zurückkehren zu können? Und steht nicht da und starrt mich an!« brüllte er schließlich, mit beiden Händen vor dem Gesicht fuchtelnd. »Die Türken sagen Euch eine geistige Kraft nach, die stumme Tiere Euch gehorchen läßt und Euch das Vertrauen jedes beliebigen Menschen gewinnt. Mich aber werdet Ihr nicht überwinden! Ich habe meinen Siegelring und meinen Talisman – aber das ist ja alles Unsinn. Ich verlasse mich am meisten auf meine Vernunft.«

Ich schwieg. Hier gab es nichts zu sagen. Er stand auf und stieß mich mit der Hand vor die Brust, gleichsam ärgerlich, doch tat er es nur, um mich aus der Fassung zu bringen.

»Mann, Mann!« sagte er. »Glaubt Ihr, wir wüßten nichts? Ihr wart der einzige, der mit Sultan Mohammed Schritt halten konnte, als er nach dem Tode seines Vaters einen Tag und eine Nacht hindurch von Magnesia nach Gallipoli ritt. ›Wer mich liebt, der folgt mir nach‹ – denkt daran. Ihr folgtet ihm, und es heißt, er traute seinen Augen nicht, als Ihr ihn in Gallipoli einholtet.«

»Ich hatte ein gutes Pferd«, sagte ich. »Und ich war bei den Derwischen in die Lehre gegangen. Ich habe meinen Leib abgehärtet und kann alle Entbehrungen ertragen. Wenn Ihr es wünscht, so nehme ich eine glühende Kohle aus dem Becken, ohne mich zu verbrennen.«

Ich trat einen Schritt auf ihn zu, und es gelang mir endlich, seinen Blick zu bannen; ich stellte ihn auf die Probe, und er versagte. Gereizt winkte er ab; er wagte nicht zu befehlen, daß ich es versuchte. Wäre es mir gelungen, so hätte er nicht mehr gewußt, was er von mir halten sollte, so abergläubisch war er – abergläubisch, weil er an nichts mehr glaubte.

»Ja, ich liebte allerdings Mohammed«, fuhr ich fort, »wie man ein prächtiges Raubtier liebt und doch um seine Heimtücke weiß. In seiner Jugend glich er einem siedenden Kessel, der eines schweren Deckels bedarf, damit er nicht überläuft. Dieser Deckel war bisweilen ich, auf Befehl Murads. Aber Murad haßte ihn, weil sein Lieblingssohn Alladin ertrunken war. Als Vater und Sohn kamen die beiden nie miteinander aus; insgeheim aber war Murad stolz auf ihn. Murad wünschte, daß er Mäßigung, Gerechtigkeit und Selbstbeherrschung lerne. Murad wünschte, daß er sich vor dem Einen erniedrige, die Eitelkeit aller Macht und dieses Lebens begreifen lerne. Und Mohammed hat Mäßigung gelernt, um unmäßig zu sein, Gerechtigkeit, um sie zu mißbrauchen, und Selbstbeherrschung, um seinen Lüsten zu frönen – und alles nach seinem Willen zu lenken. Er verrichtet seine Andachten, im Herzen aber glaubt er an nichts. Alle Religionen gelten ihm als gleich wertlos. Er kann Griechisch und Lateinisch, Arabisch und Persisch lesen. Er beherrscht die Mathematik, kennt die Weltkarte, die Geschichte und die Philosophie. Konstantinopel ist sein Prüfstein, und er träumt seit seiner Knabenzeit davon, es zu erobern. Durch die Unterwerfung dieser Stadt kann er sich selbst beweisen, daß er größer ist als seine Vorfahren. Versteht Ihr die Bedeutung dieser Zeichen zu lesen? Er ist der Eine, der da kommen wird. In seiner Zeit will ich nicht leben.«

Phrantzes blinzelte und richtete sich auf, wie aus dem Schlafe.

»Mohammed ist ein leidenschaftlicher, ungeduldiger junger Mann«, sagte er. »Wir haben auf unserer Seite eine Staatskunst, die seit vielen Jahrhunderten erprobt und bewährt ist. Ältere und weisere Männer sowohl hier im Blachernenpalast als auch in seinem eigenen Serail erwarten, daß er selbst den Hals brechen wird, und frohlocken in der Vorfreude darauf. Die Zeit ist auf unsrer Seite.«

»Die Zeit ist um. Die Sanduhr ist abgelaufen«, erwiderte

ich Abschied nehmend. »Der Friede sei mit Euch.«

Er geleitete mich zum Tor des Palastes, indem er an meiner Seite den kühlen steinernen Flur entlangschritt, während jeder Schritt an den Wänden düster widerhallte. Über dem Tor prangte der Doppeladler mit seinen zischenden Köpfen.

»Verlaßt Euer Haus nicht zu oft«, warnte mich Phrantzes, »und rudert nicht nach Pera hinüber. Sucht auch nicht die Gesellschaft bekannter Männer, sonst müßtet Ihr etwa Euer behagliches Holzhaus mit dem Marmorturm vertauschen. Das ist ein wohlgemeinter Rat, Johannes Angelos, den ich Euch zu Eurem eigenen Besten gebe.«

Plötzlich packte er mich vorn am Kleid und schleuderte mir seine letzte Frage entgegen: »Und der Megadux, Lukas Notaras! Er hat Euch seine Freundschaft angetragen!«

Es war ein Versuch, mich unversehens zu fangen. Als ich nicht antwortete, sagte er: »Seid auf der Hut, daß uns nicht zu Ohren komme, Ihr hättet versucht, mit ihm in Fühlung zu treten. Wenn sich das beweisen läßt, seid Ihr verloren!«

Der Torhüter führte meinen Mietgaul herbei, und ich sprengte im Galopp die Hauptstraße hinab, ohne der Menge und der entgegenkommenden Reisenden zu achten. Wer nicht rechtzeitig beiseite sprang, würde sich selbst die Schuld beimessen müssen. Aber die Leute hörten den donnernden Hufschlag meines Pferdes auf dem ausgetretenen, holprigen Pflaster schon von weitem, brüllten, schrien, fluchten und trieben ihre Esel mit Peitschenhieben zur Seite. Vom Palast bis zum Hippodrom raste ich so mit lockerem Zügel dahin, bis meinem Tier die Schaumflocken am Zaum standen. Ich war wie von Sinnen und fieberhaft erregt.

»Lieber den türkischen Turban als die päpstliche Mitra!« klang es mir in den Ohren. Der Großherzog, Oberbefehlshaber der Flotte, der mächtigste Mann von Konstantinopel nach dem Kaiser – Lukas Notaras. Auch er!

16. Januar 1453.

Ich bleibe jetzt zu Hause, aber es wimmelt von Gerüchten; keiner kann ihnen Halt gebieten. Sie durchdringen alle Wände.

Der Sultan baut in allen Häfen Asiens Schiffe.

Die Serben wurden durch ihren Bündnisvertrag gezwungen, dem Heer des Sultans Reiterei zu stellen. Christen kommen, um Christen zu belagern.

Ich bin allein. Ich bin verdächtig und daher unnütz.

Die Zeit verrinnt. Unbarmherzig, unwiderruflich folgt ein Tag dem anderen. Sie will also nicht mehr kommen, sonst hätte sie es schon getan.

Selbst die Ärmsten der Armen . . . An sonnigen Tagen liegen sie einander in den Armen, auf den verwelkten Hängen der Akropolis, auf dem kalten Boden unter den Bäumen. Männer und Frauen in Lumpen, unbekümmert um Zuschauer. Oh, wärst du doch arm, meine Geliebte, zerlumpt und häßlich! Dann würde uns niemand hindern. Aber ich würde dich an deinen Augen erkennen – deine braunen Augen hätten mir gesagt, wer du bist – selbst, wenn du alt wärest – selbst, wenn du schmutzig wärest und deine Hände von schwerer Arbeit hart wie Holz.

Hättest du wirklich gewollt, so wärest du gekommen.

21. Januar 1543.

Seit drei Tagen bin ich unter den Arbeitern, die am Sankt-Romanos-Tor die Mauer verstärken. Ich habe Steine gewälzt und Mörtel getragen; ich bin voll Staub und Schrammen. Mein Haar ist verfilzt vom Kalkstaub.

Wieder auf meiner Stube eingeschlossen, erhole ich mich. Ich muß meinen Leib stark und meine Arme sehnig erhalten, um einen Bogen spannen und ein Schwert führen zu können, wenn die Zeit kommt. Half ich nicht einen Sommer lang mit, des Sultans Festung am Bosporus zu erbauen? Ich will den Taglohn nicht nehmen, teile aber mit den Arbeitern Brot, Öl und Dörrfleisch. Sie halten mich für verrückt.

23. Januar 1453.

Heute ritt der Kaiser Konstantin mit seinem Gefolge die Stadtmauern ab. Er unterhielt sich freundlich mit seinen Baumeistern und Vorarbeitern. Mein Gesicht war schmutzig, und ich hielt den Kopf gesenkt; er aber wandte sich, nachdem er mit den anderen gesprochen hatte, an mich, sah mir ins Gesicht und meinte: »Geht heim. Diese Arbeit geziemt Eurer Stellung nicht.«

Es war kein Zufall. Ich las ihm am Gesicht ab, daß er mir die Weisung nur widerstrebend erteilte. An ihm ist kein Falsch, und daher versieht er sich auch von anderen nicht sogleich einer Unwahrheit; aber Phrantzes und die übrigen führen ihn am Gängelband.

Um mich zu trösten, setzte er hinzu: »Eurer harren würdigere Aufgaben.« Aber es war nicht wahr. Er meinte es nicht ernst. Er wollte mir nur die Demütigung erleichtern.

Vor fünfzehn Jahren noch war er so halsstarrig und hochmütig wie die übrigen Brüder aus der Palaiologosfamilie, allein die Zeit ist nicht spurlos an ihm vorübergegangen. Er ist jetzt neunundvierzig Jahre alt, und sein Bart ist grau. Er ist auch kinderlos. Noch in jungen Jahren verlor er zwei Frauen, und seit dem Tod des Kaisers Johannes trägt er sich schon mit dem Plan einer dritten Ehe. Es heißt, er habe Murads Witwe Mara, der Mohammed die Heimkehr nach Serbien gestattete, um ihre Hand gebeten. Sie aber zog das Kloster vor. Murad hatte ihr erlaubt, ihren Christenglauben beizubehalten, und sie hatte sogar den jungen Mohammed die griechischen Gebete gelehrt.

Die Jahre haben Konstantin arg mitgenommen. Er ist ein sehr einsamer Mensch, und in seinem Leben geschieht alles zu spät. Der Doge von Venedig wollte ihm seine Tochter geben, wodurch er eine starke Stütze im Westen gefunden hätte – aber er wagte es nicht, eine Lateinerin zu freien. Der Kaiser von Trapezunt war viel zu arm und überdies bereits des Sultans Verbündeter. Endlich fanden sie eine Barbarenprinzessin an den fernen Küsten des Schwarzen Meeres. Der Fürst von Georgien bekennt sich zum wahren Glauben und verhieß auch eine ausreichende Mitgift; er wollte sogar seine berühmten Krieger zur Verstärkung nach Konstantinopel senden. Allein es war zu spät. Phrantzes kehrte von der Werbung erst ganz kurz vor der Vollendung der Festung des Sultans heim. Nun ist der Bosporus gesperrt. Keine Prinzessin kann mehr übers Schwarze Meer hierhergelangen, keine Mitgift, keine grimmen Krieger. Konstantin wurde unter einem Unstern geboren. Sein eigenes Volk haßt ihn wegen der Union. Aber es ist kein Falsch an ihm; auch grausam ist er nicht. Nach Kriegsausbruch ließ er alle Türken in der Stadt einkerkern, am dritten Tage darauf aber ihrer Wege ziehen.

Sie könnten mich ins Gefängnis werfen lassen und mich mit allen herkömmlichen Mitteln foltern, um mir das Geständnis abzuringen, das sie brauchen. Aber Konstantin will es nicht zulassen, und Phrantzes wagt es nicht. Ich könnte wirklich ein Geheimagent des Sultans sein, und einen solchen Mann schleppt man nicht in die Folterkammer, wenn der Feind vor den Toren steht.

Aber er ist schlaff, träge ... Konstantin ist sehr bedächtig, wo er handeln soll, und auf seine Würde als Basileus bedacht. Wie könnte der göttergleiche Kaiser aus dem Sattel steigen, um Steine zu wuchten oder die Kelle zu führen, Seite an Seite mit den gemeinen Arbeitern, um sie anzuspornen, wie der junge Sultan es am Bosporus tat? Und doch, wie würde es sie mitreißen! So ist die Arbeit nichts als ein seelenloser Alltagstrott, langsam und gleichgültig.

Ich darf also nicht einmal Steine legen und Mörtel tragen, um diese ewigen Mauern zu verstärken. Ich hasse Konstantin nicht; allein dies kann ich ihm nur schwer verzeihen.

Ich kehrte heim, badete, ließ mir von Manuel das Haar waschen und legte meine eigenen Kleider an. Als ich ihm erzählte, daß ich Kaiser Konstantin begegnet war und dem göttergleichen Basileus von Angesicht zu Angesicht gegenübergestanden hatte, brach mein Diener Manuel in sein schlaues, piepsendes Lachen aus. Ich trank Wein und gab auch ihm davon, und er erzählte von dem Gemach, dessen Wände mit den ersten Porphyrplatten ausgekleidet sind, die je von Rom geholt wurden. Nur wenige haben es gesehen. In diesem Purpurgemach werden die Kaiser von Byzanz geboren, und ihre Geburt wird dem Volke von einem kleinen Balkon hoch oben an der vorderen Mauer verkündet.

»Auf deinen kaiserlichen Namen, Manuel!« sagte ich, während ich ihm Wein in den irdenen Becher goß.

»Auf Euren, Herr Johannes!« versetzte er und trank so begierig, daß er den Wein verschüttete.

24. Januar 1453.

Wäre sie abgereist, wüßte ich gewiß davon. Selbst wenn das Schiff heimlich ausgelaufen wäre, hätte das Gerücht es später ausgeplaudert; von den niedrigen Hügeln in der Stadt kann jeder sehen, was im Hafen vor sich geht, und hier bleibt nichts geheim.

Die Küste Asiens schimmert blau von jenseits des Wassers herüber. Sehnsucht wühlt mir im Herzen.

Wäre ich namenlos, ohne Ehre, ohne Vergangenheit, ich tauchte im Strom der Menge unter. Ich würde in den Tag hineinleben, zufrieden, und meine Zeit abwarten. Allein ich habe das bittere Brot des Wissens verkostet; mein Wille liegt träge in mir wie ein Stein.

26. Januar 1453.

Es ist etwas Unerwartetes geschehen. Heute schlüpften zwei vollgetakelte große Kriegsschiffe in den Hafen, und während die Matrosen die Segel refften, strömten unsere Leute die Hügel hinan und erkletterten die Hafenmauer, um sie mit Winken und Rufen zu begrüßen. Das größere der beiden ist ein gewaltiges Schiff, einem venezianischen vergleichbar.

Es steht unter dem Befehl von Giovanni Giustiniani, einem Genuesen, früherem Podesta in Kaffa und erprobtem Berufssoldaten. Er hat siebenhundert kriegserfahrene Söldner mitgebracht. Die Städter wissen sich vor Freude kam zu fassen, obwohl diese Truppen Lateiner sind. Ihre Ausrüstung ist untadelig: viele führen Bihänder, und jeder von ihnen ist in seinem Panzer zehn Leichtbewaffnete in geschlitzten Wämsern wert. Sie sind an strenge Zucht gewöhnt und achten ihren Befehlshaber; das zeigte sich, als sie in guter Ordnung an Land gingen und in klirrender Rüstung durch die Stadt zum Blachernenpalast marschierten.

Der Kaiser besichtigte diese Truppe. Wenn er von ihrer Ankunft schon vorher wußte, so hat er sein Geheimnis wohl gehütet; in der Regel sickert – für den Meistbietenden – selbst aus den geheimsten Beratungen etwas durch.

Vielleicht haben die Völker des Abendlandes Konstantinopel doch nicht vergessen. Giustiniani muß mit Zustimmung der Genuesen gekommen sein; wie hätte er sonst die Mittel aufgebracht, Schiffe auszurüsten und seine Männer zu besolden?

Aber die Janitscharen des Sultans zählen schon zwölftausend, und bei Varna konnte ihnen nicht einmal die gepanzerte Reiterei Einhalt gebieten.

Sie kam. Sie kam trotz allem wieder. Sie hatte mich nicht vergessen.

Sie war schlanker und sehr bleich; in ihren braunen Augen lauerte die Angst. Sie hatte gelitten. Worte und Fragen erstarben mir auf den Lippen; was hatte ich zu fragen? Sie war gekommen.

»Meine Geliebte«, sagte ich nur. »Meine Geliebte.«

»Warum bist du hierhergekommen?« rief sie. »Warum bist du nicht bei deinem Sultan geblieben? Warum quälst du mich – warum entläßt du mich nicht aus der Macht deines Willens? Es ist eine Schande. Ich war stets glücklich und selbstbewußt; nun habe ich keinen eigenen Willen mehr. Meine Füße tragen mich dorthin, wo ich nicht will. Und du – ein Lateiner, verheiratet und ein Abenteurer! Du machst, daß ich mich hassen muß!«

Ich konnte nichts erwidern.

»Wie wenig selbst die beste, vornehmste Erziehung einem nützen kann«, klagte sie. »Wie wenig vermag da Gelehrsamkeit, Besonnenheit, Geburt, Stolz und Reichtum! Ich bin dir auf Gnade und Ungnade ausgeliefert, wie eine Sklavin, und erröte vor Scham über jeden Schritt, der mich hierherführte ... Und du hast mich nicht einmal berührt! Allein es brausen dunkle Wirbel in meinem Blut – das Dunkle in meinem Leibe schreit laut auf. Einst sah ich klar – einst war ich rein. Nun weiß ich nicht mehr, was ich bin und was ich will. Einen Dolch in deine Brust, Gift in deinen Becher!« rief sie. »Du wärest besser tot. Dir das zu sagen, bin ich gekommen.«

Ich schloß sie in die Arme und küßte sie auf den Mund. Nun fühlte sie die Kopfschmerzen nicht mehr; in diesen Tagen der Trennung war sie zur Frau geworden. Sie bebte in meinen Armen.

Wie ich dies Beben haßte! Wie ich die Röte der Lust verabscheute, die ihre Wangen entstellte. Ich hatte das alles so oft erlebt. Aber es gibt keine Liebe ohne das Fleisch – nein, keine Liebe ohne Wollust.

»Ich werde nicht mit dir schlafen«, sagte ich. »Alles zu seiner Zeit. Das war es nicht, weshalb ich dich vermißte.«

»Wenn du versuchtest, mich so zu entehren, würde ich dich töten!« rief sie. »Soviel bin ich mir und meiner Familie schuldig. Und sprich nicht in diesem Ton mit mir.«

»Spare die Blüte deiner Unschuld für den Türken auf«, erwiderte ich. »Ich wollte sie nicht brechen.«

»Ich hasse dich!« keuchte sie und drückte hart meinen Arm. »Johannes Angelos, Johannes Angelos, Johannes Angelos!« wiederholte sie immer wieder, indem sie ihr Gesicht eng an meine Schulter preßte und in krampfhaftes Schluchzen ausbrach.

Ich nahm ihr Gesicht zwischen beide Hände, küßte ihr lachend Augen und Wangen und tröstete sie, als wäre sie ein kleines Mädchen gewesen. Ich hieß sie sich setzen und bot ihr Wein an. Bald lächelte auch sie.

»Ich habe meine Wangen nicht geschminkt, bevor ich kam«, meinte sie. »So vernünftig war ich schon. Ich weiß, du – du bringst mich immer zum Weinen; es wäre nur Zeitvergeudung gewesen. Natürlich will ich in deinen Augen schön sein, aber was liegt dir schon daran? Du willst ja nur meine Augen. So nimm sie hin«, sagte sie und lehnte sich an mich. »Du kannst sie haben, wenn du mich nur in Frieden läßt.«

Dies war um die Stunde des Sonnenuntergangs; draußen leuchtete das Abendrot, und in meiner Kammer war es dämmerig.

»Wie gelang es dir zu kommen?« fragte ich.

»Die ganze Stadt ist auf den Beinen«, erwiderte sie lachend. »Alles feiert die Ankunft der Genuesen. Denk nur, siebenhundert Gepanzerte! Nun haben wir ausgesorgt. Wer möchte an einem solchen Tag sich den Kopf zerbrechen, wie er seine Tochter behüten soll? Selbst wenn sie einem Lateiner

Gesellschaft leistete, würde ihr vergeben werden.«

»Ich habe dich noch nie etwas über Konstantinopel gefragt«, erwiderte ich. »Nun möchte ich es aber tun. Nicht, daß es von Bedeutung wäre, allein ich bin aus gewissen Gründen neugierig. Kennst du den Megadux, Lukas Notaras?«

Sie fuhr heftig auf und starrte mich entsetzt an.

»Warum fragst du?«

»Ich wollte nur wissen, was er für ein Mensch ist«, versetzte ich. Und da sie mich immer noch fassungslos ansah, setzte ich ungeduldig hinzu: »Würde er sich wirklich eher für den Sultan als für seinen eigenen Kaiser entscheiden? Du hörtest, was er dem Volke zurief, an dem Tage, da wir einander begegneten. So sag mir, wenn du ihn nämlich kennst: könnte er wirklich zum Verräter werden?«

»Was redest du da?« flüsterte sie. »Wie kannst du es wagen? Du sprichst vom Megadux.« Leidenschaftlich fuhr sie fort: »Ich kenne ihn und auch seine Familie gar wohl. Er stammt aus einem uralten Haus – stolz, ehrgeizig und heißblütig. Seine Tochter genoß eine kaiserliche Erziehung, und er wollte sie Konstantin vermählen; als aber Konstantin Basileus wurde, war die Tochter eines Großherzogs nicht mehr gut genug. Das war eine Beleidigung, die er nur schwer verbiß. Der Megadux ist zwar kein Anhänger der Politik des Kaisers, aber ein Gegner der Union muß ja deshalb noch kein Verräter sein. Nein, er ist kein Verräter und könnte es nie werden: wäre er es, würde er seine Ansichten nicht so öffentlich vertreten.«

Ich entgegnete: »Du weißt nichts von den Leidenschaften, welche die Menschheit bewegen. Die Macht ist eine furchtbare Verlockung. Ein schlauer, ehrgeiziger Mann, der Konstantins Politik mißbilligt, könnte sich etwa ein Konstantinopel vorstellen, an dessen Spitze ein Megadux unter dem Sultan als oberstem Lehnsherrn steht. Diese Stadt hat schon früher Aufwiegler und Usurpatoren gesehen, und selbst der Mönch Gennadios predigt offen die

Unterwerfung unter den Sultan.«

Sie flüsterte: »Du erschreckst und entsetzt mich.«

»Aber der Gedanke ist verheißungsvoll«, fuhr ich fort, »nicht wahr? Ein kurzer Aufruhr, ein kleines Blutvergießen, und die Tore können dem Sultan göffnet werden. Besser, daß wenige sterben, als daß alles verloren ist und eure ganze Kultur und Religion mit der Stadt untergehen. Glaub mir, der richtige Mann könnte sein Tun mit vielen triftigen Gründen rechtfertigen.«

»Wer bist du?« fragte sie, indem sie zurückwich. »Warum sprichst du so?«

»Weil der richtige Augenblick unwiederbringlich dahin ist«, antwortete ich. »Heute hat der Kaiser siebenhundert schwerbewaffnete Lateiner neben seinen eigenen Leibwachen, und gegen sie wäre selbst der größte Pöbelhaufen machtlos, selbst wenn Gennadios den Aufstand segnen und Megadux Notaras das Volk gegen den Blachernenpalast führen wollte.«

»So stehen die Dinge nun«, fuhr ich fort. »Die Ankunft Giovanni Giustinianis hat das Schicksal Konstantinopels besiegelt. Sein Fall ist nun unvermeidlich, und wir dürfen erleichtert aufseufzen. Denn Sultan Mohammed ist nicht wie sein Vater Murad. Seinem Wort ist nicht zu trauen. Jeder, der sich ihm im Vertrauen auf seine Versprechungen ergibt, kniet vor seinem Henker.«

Sie wandte ein: »Ich verstehe dich nicht. Ich verstehe dich wahrhaftig nicht. Du sprichst, als wolltest du unsere Stadt fallen sehen – du sprichst wie der Engel des Todes.«

Das Abendrot war erloschen; es war nun so dunkel in meiner Kammer, daß unsere Gesichter sich wie blasse Flecken in der Dämmerung ausnahmen.

»Und weißt du denn, ob ich es nicht bin?« entgegnete ich. »Zuweilen habe ich mich ganz dasselbe gefragt . . . Eines Tages, vor langer Zeit, verließ ich die Bruderschaft vom Freien Geiste«, fuhr ich im Dunkel fort. »Ihr blinder Eifer glich einem überfüllten Pferch. Ihre Unduldsamkeit war ärger als die der Mönche und Priester. Nachdem ich sie verlassen hatte, erwachte ich eines frühen Morgens unter einer alten Linde an einer Friedhofsmauer. Auf diese Mauer hatte eine Hand einen Totentanz gemalt, und ein Gerippe war das erste, worauf mein Blick beim Erwachen fiel. Es führte einen Bischof, einen Kaiser, einen Kaufherrn und eine schöne Frau zum Tanz. Es war an einem taufrischen Morgen, unweit vom brausenden Rhein; eine Nachtigall schlug. In diesem Augenblick kam mir eine Erleuchtung; seit jenem Morgen ist der Tod mein Bruder, und ich habe ihn nicht gefürchtet.

Diese eure Stadt gleicht einem alten Juwelenkästchen, dessen kostbare Steine ausgefallen und dessen Ecken und Ränder voll Schrammen sind. Drinnen aber ruht aller Zauber der Vergangenheit. Die letzten griechischen Philosophen, die Verzückung des Glaubens, die ursprüngliche Kirche Christi. Uralte Schriften, goldene Mosaiken. Ich will sie nicht untergehen sehen. Ich liebe sie, schmerzlich, hoffnungslos, von ganzem Herzen – und doch steht die Stunde ihres Untergangs vor der Tür. Wer möchte wohl dies Juwelenkästchen gutwillig einem Räuber überlassen? Soll es lieber in Blut und Staub dahinsinken. Dies ist das letzte Rom. In dir und mir atmen und leben tausend Jahre. Besser also die Krone des Todes – Christi Dornenkrone – als der türkische Turban. Verstehst du nun?«

»Wer bist du?« flüsterte sie. »Warum redest du im Dunkel zu mir?«

Ich hatte gesagt, was zu sagen war. Ich schlug Feuer und zündete die Kerzen an. Die gelben Topase in ihrem Halsband leuchteten an ihrem weißen Hals; die gelben Topase des Schützen. Sie beschützen ihren Träger vor Niedertracht.

»Wer ich bin?« wiederholte ich.»Ein verheirateter Mann, ein Lateiner, ein Abenteurer, wie du selber sagtest. Warum fragst du?«

Sie nestelte mit ungelenken Fingern an ihrem Kragen.

»Deine Augen versengen mir den Hals«, klagte sie.

»Meine Einsamkeit versengt dich«, versetzte ich. »Mein Herz brennt zu Asche, wenn ich dein Gesicht im Kerzenschein erblicke. Dein Antlitz leuchtet wie Silber und deine Augen gleichen dunklen Blumen.

So heißt es in einem Gedicht«, sagte ich. »Ich kenne viele Worte, viele schöne Worte. Ich kann sie den Alten und den Neuen entlehnen. Wer ich bin ...? Ich bin Abendland und Morgenland, die unwiederbringliche Vergangenheit, ich bin der Glaube ohne Hoffnung. Ich bin das Blut Griechenlands in den Adern des Abendlandes. Soll ich fortfahren?«

»Ich muß nun gehen«, meinte sie, erhob sich und hüllte sich in ihren Mantel, ohne meine Hilfe abzuwarten.

»Ich hole eine Laterne und begleite dich«, erwiderte ich. »Auf den Straßen herrscht Lärm und Getümmel, und ich möchte nicht, daß du betrunkenen Genuesen in die Hände fällst. Bald wird Zank und Streit anheben – es ist Söldnerbrauch. Heute nacht kannst du nicht allein gehen – die Lateiner sind da!«

Sie zögerte.

»Wie du willst«, meinte sie endlich kurz. Ihre Stimme klang leblos, ihre Miene war steinern. »Nun ist ja alles gleichgültig geworden.«

Ich schnallte den türkischen Säbel um. Seine Schneide konnte eine fallende Feder zertrennen oder jedes abendländische Schwert schartig machen. Solche Waffen werden für die Janitscharen geschmiedet.

»Heute abend«, begann ich, allein die Worte blieben mir in der Kehle stecken. »Heute abend«, hob ich wieder an, kam aber nicht weiter. Aus den verborgenen Quellen meines Herzens wallte plötzliche, brennende Wut über meine Enttäuschung empor. Viele Jahre lang hatte ich unter den Derwischen studiert; ich hatte mich des Fleisches enthalten, hatte keinem einzigen beseelten Lebewesen ein Leid tun wollen. Heute abend aber brannte ich darauf, zu schlagen und zu töten – einen Menschen, einen Ebenbürtigen zu töten. Mein griechisches Blut haßte die Lateiner, und es war, als sei etwas in meinem Innern entzweigespalten worden, heftiger als je zuvor. Eine wahre Mordlust brannte in mir, und die hatte ich nie empfunden. Sie kam mit der Liebe. Das Erdbeben der Liebe hatte alle diese Geheimnisse aus den Tiefen meines Herzens ans Licht gebracht. Nein, ich kannte mich selber nicht mehr.

Sie packte mich, nun wieder voll Leben, am Arm.

»Nimm dein Schwert nicht«, sagte sie. »Es würde dich nur reuen.« Eine seltsame, triumphierende Freude schwang in ihren Worten mit; sie kannte mich besser als ich selbst. Es war kaum zu glauben. Meine Kraft verließ mich, als sie mich am Arm berührte, und ich schnallte grimmig das Schwert los und schleuderte es klirrend auf den Boden hin.

»Wie du willst«, versetzte ich, »wie du willst – ganz wie du willst.«

Wir stiegen den Hügel hinan. Am Hafen torkelten die Genuesen brüllend, Arm in Arm, in langen Reihen durch die Straßen. Sie haschten nach den Frauen und begrüßten die Vorübergehenden mit Zoten in vielen Sprachen. Allein, sie zeigten sich nicht feindselig; niemand hatte sie herausgefordert, und sie hatten ihre Waffen in den Kasernen gelassen. Uns beiden machten sie wortlos Platz. An ihrem Gang und der Haltung ihres Kopfes erkannten sie in ihr die Frau von Stand, obwohl ihr Gesicht verschleiert war. Was mich betrifft, so hatten schon lange vor Varna selbst die betrunkenen Soldaten angefangen, mir aus dem Wege zu gehen.

Die Griechen hatten sich in ihre Häuser zurückgezogen, und als wir oben auf dem Hügel anlangten, war alles still. Nur die Nachtwachen machten zu zweit mit brennenden Laternen die Runde und kündeten vorsichtig ihr Herannahen schon von weitem an. Auf der Reede waren die Schiffsmasten mit Laternen erleuchtet, und geräuschvolle Musik schallte über das Wasser hin. Von den Landungsplätzen kam der Lärm von Trommeln und Pfeifen. Jenseits der Bucht flimmerten die Hänge von Pera, wie übersät mit Glühwürmchen.

Aber auf dem stillen Hügel ragte die Kuppel der Sophienkirche stumm und majestätisch in den Himmel. Abermals lag die dunkle Masse des alten Kaiserpalastes vor uns. Die Mondsichel stand über dem Hippodrom, dessen unschätzbare Skulpturen lateinische Kreuzfahrer vor langer Zeit gestohlen und Münzen daraus geprägt hatten. Doch in der Mitte waren immer noch die züngelnden Köpfe der delphischen Schlangen zu sehen, die nach der Schlacht bei Salamis aus den Schnäbeln der persischen Schiffe in Bronze gegossen worden waren.

Ich blieb stehen.

»Wenn du willst, kannst du von hier aus ungefährdet allein weitergehen«, sagte ich. »Behalt die Laterne; ich finde meinen Weg auch ohne sie.«

Sie antwortete: »Ich sagte schon, nach diesem Abend ist alles gleichgültig geworden. Es ist nicht mehr weit.«

Ein schmales, gewundenes Gäßchen führte uns hinab an die Küste des Marmarameeres, unweit der Mauer. Wir schritten an den gewaltigen Bogen vorbei, die das Hippodrom auf der Seeseite tragen, und näherten uns dem verlassenen, verfallenen Hafen, der Bukoleon heißt. Unweit davon erhob sich ein hoher Hügel, den die Griechen nur zu gerne den Lateinern zeigen: es sind die aufgehäuften Gebeine von Kreuzfahrern, die auf ihrem Heimweg in Konstantinopel überfallen wurden. Die Griechen lockten sie unbewaffnet in den Gang zwischen den Mauern und machten sie dort bis auf den letzten Mann nieder, aus Rache für ihre Erpressungen, ihre Anmaßungen, ihre Räubereien und Vergewaltigungen. So behaupten wenigstens die Griechen.

Nahe diesem Grabhügel, an der seeseitigen Mauer, langten wir vor ihrem Heim an: einem schönen, stattlichen Steinhaus. Über den eisenbeschlagenen Toren schwelten Fackeln in eisernen Ringen und erhellten die schmalen Erkerfenster im Obergeschoß. Das Erdgeschoß hatte keine Fenster und glich einer Festung. Sie blieb stehen und wies auf das Wappen über dem Tor.

»Falls du es nicht schon wußtest«, meinte sie, »ich bin Anna Notaras – ich bin Anna Notaras«, wiederholte sie, »die einzige Tochter des Megadux. Nun weißt du's.«

Ihre Stimme klang spröde wie Glas. Sie packte den Klopfer und ließ drei dröhnende Schläge ertönen. Ganz so dröhnen die letzten drei Schaufeln Erde schließlich selbst auf den prächtigsten Sarg.

Für sie gab es keine Seitentür, keinen verstohlenen Einlaß. Das Tor öffnete sich. Der blau-weiße Rock des Pförtners war mit Silberstickerei überladen. Sie wandte sich noch einmal hocherhobenen Hauptes um und sprach, wie zu einem Fremden: »Ich danke Euch, Herr Johannes, für das Geleit nach meines Vaters Haus. Geht mit Gott.«

Das Tor schloß sich hinter ihr. Nun wußte ich's.

Ihre Mutter ist eine serbische Prinzessin, die Nichte des alten Despoten. Daher ist sie eine Base der Witwe des verstorbenen Sultans. Sie hat zwei jüngere Brüder. Ihr Vater ist der Megadux, der Großherzog, und sie wurde als Braut des Kaisers erzogen; aber Konstantin löste die Verlobung. Warum, warum mußte ich gerade ihr begegnen?

Anna Notaras. Gottes furchtbares Blindekuhspiel hat mich hierhergeführt; dafür also habe ich gelebt. Alle Gräber meines Herzens stehen offen.

Mein Vater ging den Engeln entgegen, aber sein Sohn kehrte zurück, ein reifer Mann von vierzig Jahren. Ungeblendet.

Warum bin ich so erstaunt? Ich hatte es gewußt, vom ersten Augenblick, da ich sie sah; ich weigerte mich nur, es zu glauben. Nun ist das Spiel aus; mag der grausame Ernst beginnen.

1. Februar 1453.

Heute ging ich nach vielen schlaflosen Nächten auf das Forum Konstantins des Großen. Seine Marmorfliesen haben Wagenräder zu Staub zermahlen. Die Bauten sind zerfallen, und verwitterte Holzhäuschen kleben wie Schwalbennester am Boden an den vergilbten Marmorwänden.

Ich stieg die abgenutzte, ausgetretene Wendeltreppe zur Spitze der Säule empor. Schlaflosigkeit und Fasten hatten mich so erschöpft, daß mir der Atem stockte; mich schwindelte, und ich mußte öfter stehenbleiben und mich an die Wand lehnen. Die halbverfallene Treppe ist gefährlich. Als ich oben stand, sah ich ganz Konstantinopel zu meinen Füßen liegen.

Früher trug diese Säule eine riesige Reiterstatue des Kaisers. Sie leuchtete in der Sonne wie ein goldenes Wahrzeichen weit übers Marmarameer hin – funkelte golden nach Asiens Küste hinüber und wies mit dem Schwerte nach Osten ...

Vor zweihundertfünfzig Jahren stürzten lateinische Kreuzfahrer nach der Einnahme Konstantinopels diese Statue herab. Ihre Herrschaft währte nur ein Menschenalter – einen kurzen Tag in der tausendjährigen Geschichte meiner Stadt. Später diente die Säule lange als Hinrichtungsstätte. Von ihrer schwindelnden Höhe wurden Verräter auf das Pflaster herabgestürzt. Endlich erwählte ein heiliger Mönch die Säule zu seiner Behausung und verließ sie nicht mehr, bis sein von der Sonne ausgedörrter und von der Winterkälte eingeschrumpfter Leichnam an Stricken herniedergelassen wurde. Er predigte den Zorn Gottes und schilderte seine Geschichte der Menge, die sich unten zu versammeln und hinaufzustarren pflegte. Seine heiseren Rufe, Beschwörungen und Segenswünsche verflogen im Wind; aber ein Menschenalter lang gehörte er zu den Sehenswürdigkeiten der Stadt.

Nun war nichts mehr oben auf der Säule – gar nichts mehr.

Ihre Steine hatten sich zu lockern begonnen. Der Welttag hatte sich seinem feuerumlohten Abend zugeneigt. Unter dem Druck meines Fußes kollerte ein Stein über den Rand; viel später hörte ich einen schwachen Aufprall auf dem Boden. Der Platz unten lag verlassen da.

Auch meine Stadt war an ihrem Abend angelangt. Verschwunden war der Schimmer des Porphyrs, der Glanz des Goldes. Verschwunden die Heiligkeit; die Lieder der Engelschöre waren verstummt. Nur die Lust des Fleisches und der Tod des Herzens waren geblieben. Kälte, Gleichgültigkeit, Krämergier und politische Ränke. Meine Stadt lag in ihren letzten Zügen. Ihr Geist verflüchtigte sich in die dumpfe Luft ihrer Klöster und verbarg sich in ihren Bibliotheken, in vergilbten Kodizes, darin eisgraue Männer blättern.

Der dunkle Mantel der Nacht lag über meiner Stadt; die Schatten der Nacht zogen sich nach Westen hin.

»Leuchte auf, meine Stadt!« rief ich aus dem Abgrund meines Herzens. »Leuchte auf und brenne aufs neue! Leuchte auf und brenne zum letztenmal. Leuchte an den Toren der Nacht – entfache dein heiliges Feuer! Tausend Jahre haben deine Seele versteint; aber entringe noch dem Stein einen Geist, zum letztenmal. Presse die letzten Tropfen deines heiligen Öls aus dem Stein. Setze die Dornenkrone auf, leg zum letztenmal deinen Purpurmantel an und zeige dich so deiner wert!«

Tief unten zu meinen Füßen lagen die Schiffe aus dem Westen regungslos in der langen Bucht. Über das Marmarameer hin jagten ruhelose Wellen, und kreischende Vogelschwärme flatterten über den ausgebreiteten Fischnetzen. Zu meinen Füßen ragten die grünen Kuppeln der Kirchen auf, und zwischen ihnen zog sich von einem Abhang zum anderen eine graue Häusermasse hin. Und die Mauern, die unüberwindlichen, befestigten Mauern, zogen sich im Bogen von einer Küste zur anderen hin und hielten meine Stadt schützend umfangen.

Nein, ich stürzte mich nicht hinab auf das Pflaster des Forums. Ich fand mich damit ab, ein Mensch zu sein. Ich fand mich ab mit meinen Sklavenketten, den Fesseln von Zeit und Raum. Wie sollte ein Sklave etwas besitzen? Ich möchte es nicht, selbst wenn ich es könnte. Mein Wissen ist beschränkt, meine Worte reichen nicht aus, die Ungewißheit ist meine einzige Gewißheit. Darum hegte ich keine Zweifel.

»Lebe wohl, Anna Notaras«, sprach ich in meinem Herzen. »Lebe wohl, meine Geliebte. Du weißt nicht, wer ich bin, und sollst es nie wissen. Möge dein Vater als Pascha von Konstantinopel und Lehensmann des Sultans regieren, wenn er es so wünscht. Mir gilt es gleich. Konstantin hat dich verschmäht, aber vielleicht wird Mohammed diese Zurücksetzung wieder gutmachen und dich selbst ins Brautgemach führen, um deinen Vater an sich zu binden. Er hat viele Frauen, und unter ihnen wird auch für dich Platz sein, griechisches Edelfräulein.«

Nach den vielen schlaflosen Nächten, nach der großen Versuchung war nun wieder Friede in meine Seele eingezogen, und mein Herz schmolz in der Leere Gottes dahin, und mit ihm alle Bitterkeit. Alles Gefühl wich aus meinen Gliedern, mein Herzschlag wurde langsamer, und ich sank in der Haltung, die ich gelernt hatte, nieder, senkte den Kopf und schloß die Augen.

»Lebe wohl, meine Geliebte, wenn wir einander nie mehr sehen sollten«, sprach ich in meinem Herzen. »Dir war keine gleich. Du bist mir Schwester und blutsverwandt, du mein einziger Glücksstern. Ich segne dich, daß ich dir begegnet bin. Ich segne deine sterblichen Augen, deinen sterblichen Leib. Alles an dir segne ich.«

Mit geschlossenen Augen betrachtete ich den Stern in meinem innersten Wesen. Die Grenzen der Zeit und des Raumes schwanden dahin, mein Pulsschlag wurde schwächer, meine Glieder erkalteten.

Aber Gott ist nicht die Kälte.

Die Sterne in meinem Inneren leuchteten auf, blendend, grenzenlos. Brennende Verzückung durchschauerte mich in zitternden Wellen.

Aber Gott ist nicht die Hitze.

Ich verschmolz mit dem grellen Schein – ich war die Klarheit der Klarheit, das Licht des Lichtes.

Aber Gott ist nicht das Licht.

Und die Finsternis brach herein. Finsterer als alle irdische Finsternis, stiller als jede Stille. Barmherziger als die Barmherzigkeit.

Aber Gott ist nicht die Finsternis.

Auf einmal waren Kälte und Hitze, Licht und Finsternis dahin. Nur das Nicht-Sein war geblieben. Gott war in mir. Ich in Gott.

Gott war.

Ich hielt ein Steinchen in der Hand; als meine Finger sich aus der Starre lösten, fiel es mir zwischen die Knie. Der Aufprall von Stein auf Stein weckte mich. Nur den Augenblick lang, dessen der Stein zu seinem Fall bedurfte, hielt die Zeitlosigkeit meiner Verzückung an. Wenn der Mensch Gott erlebt, so ist ihm ein Augenblick wie die Ohnmacht eines Tages und einer Nacht. In Gottes Wirklichkeit gibt es keine Zeit.

Vielleicht ward ich ein anderer. Vielleicht ging eine Kraft von mir aus. Vielleicht hatte ich in jenem Augenblick Kranke geheilt oder einen Sterbenden zu neuem Leben erweckt. Allein ich brauchte das nicht zu tun, um mir zu beweisen, wer ich bin. Sich überzeugen heißt zweifeln. Zweifel und Ungewißheit sind Menschenlos. Ich zweifelte nicht; ich war mit den Engeln im Bunde. Doch ich kehrte aus meiner Freiheit in die Fesseln von Zeit und Raum zurück. Und nun war meine Sklaverei keine Bürde mehr, sondern ein Geschenk.

2. Februar 1453.

Ich schlief bis zum Abend und besuchte dann Giovanni Giustiniani, den Feldhauptmann der genuesischen Truppe. Er war weder an Bord seines Schiffes, noch im Blachernenpalast; ich fand ihn endlich im Arsenal an den Schmelzöfen. Er stand auf seinen Bihänder gestützt: ein breitschultriger, geröteter, beleibter Mann, der alle anderen, mich nicht ausgenommen, um Hauptesländge überragte. Seine Stimme glich dem Dröhnen eines Fasses, wenn er den kaiserlichen Gießmeistern und Arbeitern Befehle zubrüllte. Kaiser Konstantin hat ihn bereits zum Protostrator ernannt, zum Befehlshaber der Stadtverteidigung. Er war in bester Laune, weil ihm der Kaiser die Herzogswürde und die Insel Lemnos für sich und seine Nachkommen auf ewig versprochen hat, wenn es ihm gelingt, die Türken abzuwehren. Er vertraut auf sich und seinen Beruf; das ging aus seinen Befehlen und Fragen hervor, als er sich nach Größe und Zahl der Geschütze und Katapulte erkundigte, die das Arsenal herstellen könne, wenn bis zur Ankunft der Türken Tag und Nacht gearbeitet würde.

»Protostrator«, sagte ich, »nehmt mich in Euren Dienst. Ich bin den Türken entlaufen und kann ein Schwert führen und einen Bogen spannen.«

Er hatte einen harten, unbarmherzigen Blick, obwohl ein Lächeln auf seinem aufgedunsenen Gesicht lag, als er mich betrachtete.

»Ihr seid kein gemeiner Soldat«, erwiderte er.

»Nein, ich bin kein gemeiner Soldat.«

»Ihr sprecht mit toskanischem Akzent«, meinte er argwöhnisch; ich hatte nämlich italienisch gesprochen, um sein Vertrauen zu gewinnen.

»Ich habe jahrelang in Florenz gelebt«, entgegnete ich, »bin aber zu Avignon geboren. Ich spreche Französisch und Italienisch, Lateinisch und Griechisch, Türkisch und etwas Arabisch und Deutsch. Ich kann Proviantlisten aufstellen. Ich verstehe mich wohl auf Schießpulver und Geschütze. Ich kann ein Katapult auf verschiedene Weiten einstellen. Mein Name ist Jean Ange. Auch kranke Hunde und Pferde kann ich behandeln.«

»Jean Ange«, wiederholte er, während er mich aus einen vorquellenden Glotzaugen anstarrte. »Wenn Ihr wahr redet, so seid Ihr ein Wunder. Doch warum ließet Ihr Euch nicht unter des Kaisers Heer aufnehmen? Warum sucht Ihr in meine Dienste zu treten?«

»Ihr seid der Protostrator«, entgegnete ich.

»Ihr verbergt etwas«, versetzte er. »Ich merke wohl, Ihr habt vergeblich versucht, ins kaiserliche Heer zu treten. Nun kommt Ihr zu mir. Aber warum sollte ich Euch mehr vertrauen als der Basileus?«

»Mir geht es nicht um das Geld«, meinte ich, um ihn zu versuchen. »Ich bin nicht arm – keine armselige Kupfermünze will ich von Euch. Es ist um Christi willen, um Konstantinopels willen. Ich trage ein Kreuz am Arm, wenn auch unsichtbar.«

Er brach in lautes Lachen aus und schlug sich auf den Schenkel.

»Zur Hölle solltet Ihr fahren ob solcher Lügen! Als schlauer Bursche in Eurem Alter strebt man nicht nach der Märtyrerkrone. Natürlich hat Kardinal Isidor mir und meinen Leuten bei allem, was ihm heilig ist, geschworen, Sankt Petrus werde jeden Mann, der bei der Verteidigung der Stadt auf den Wällen fällt, stracks an den Haaren in den Himmel emporziehen. Aber mir soll's genug Himmel sein, wenn ich Lemnos erhalte und dazu statt der Dornenkrone eine Herzogskrone. Was wollt Ihr also wirklich? Sagt mir's offen, oder geht Eures Weges und behelligt mich nicht länger. Heute sind andere Zeiten.«

»Giovanni Giustiniani«, beschwor ich ihn, »mein Vater war ein Grieche. Das Blut dieser Stadt fließt in meinen Adern. Sollte ich den Türken abermals in die Hände fallen, so wird

Sultan Mohammed mich pfählen lassen. Warum sollte ich da nicht lieber mein Leben so billig wie möglich verkaufen?«

Allein er wollte mir nicht glauben. Endlich mußte ich mich verstohlen umsehen und mit gesenkter Stimme sagen: »Als ich dem Sultan entkam, stahl ich einen Beutel Juwelen. Ich habe das noch keinem zu sagen gewagt. Nun begreift Ihr wohl, warum ich ihm um keinen Preis in die Hände fallen will.«

Er war ein Genuese; er schluckte den Köder. Ein grünlicher Schimmer trat in seine Augen. Nun sah er sich um und nahm mich dann freundlich am Arm. Er beugte sich vor, blies mir ganze Schwaden von Weindunst ins Gesicht und flüsterte: »Wolltet Ihr mir die Juwelen zeigen, so könnte ich Euch etwa glauben und vertrauen.«

»Mein Haus liegt am Weg nach dem Hafen«, erwiderte ich, »und Ihr haust immer noch an Bord Eures Schiffes.«

Schwerfällig bestieg er sein gewaltiges Roß. Zwei Fackelträger leuchteten uns voran, und seine Leibwache folgte uns klirrend. Ich schritt ehrerbietig neben ihm her, die Hand an seinem Steigbügel.

Mein Diener Manuel öffnete entsetzt die Tür, als die Bewaffneten daran trommelten. Giustiniani stolperte über den steinernen Löwen und fluchte. Die Laterne zitterten in Manuels Hand.

»Bring kaltes Fleisch und Gurken«, sagte ich. »Bring Wein und meine größten Becher.«

Giustiniani lachte schallend und hieß seine Leute draußen auf der Straße warten. Die Treppe knarrte unter seinem Gewicht. Ich zündete alle Kerzen an, ehe ich den kleinen Lederbeutel aus seinem Versteck hervorzog, und als ich ihn umstülpte, schossen Rubine, Smaragde und Diamanten rote, grüne und weiße Blitze im Kerzenschein.

»Heilige Mutter Gottes!« flüsterte Giustiniani mit einem Blick auf mich und streckte zögernd die schwere Hand aus, ohne jedoch die Steine zu berühren.

»Nehmt, welchen Ihr wollt«, sagte ich. »Das verpflichtet Euch zu nichts. Es ist nur ein Beweis meiner Freundschaft, kein Versuch, mir Eure Gunst oder Euer Vertrauen zu erkaufen.«

Erst wollte er mir nicht glauben; dann aber wählte er einen blutroten Rubin – nicht den größten, aber den schönsten. Er hatte schon früher Edelsteine in Händen gehabt.

»Dies ist wahrhaft fürstlich von Euch«, sagte er, indem er den Rubin zwischen seinen Fingerspitzen bewunderte. Er sprach nun aus einem anderen Ton; er wußte nicht, was er von mir halten sollte.

Ich sagte nichts; er sah mich abermals aus seinen hellen Augen forschend an, senkte dann den Blick und strich sich über seine abgetragene, lederne Hose.

»Männer zu beurteilen, gehört zu meinem Handwerk«, meinte er dann. »Die Spreu wegzublasen und den Weizen zu behalten. Eine Stimme sagt mir, daß Ihr kein Dieb seid, und ich fühle mich bewogen, Euch zu trauen. Nicht nur wegen des Rubins. Solche Gefühle sind gefährlich.«

»Wir wollen zusammen Wein trinken«, schlug ich vor.

Manuel brachte das Fleisch, das hölzerne Gurkenfäßchen, den Wein und meine größten Becher. Giustiniani trank mir zu: »Auf Euer Glück, Fürst!«

»Wollt Ihr mich zum Narren halten?« fragte ich.

»Behüte! Ich weiß, was ich sage – weiß es immer, selbst wenn ich zu tief ins Glas geguckt habe. Ein schlichter Kerl gleich mir kann sich eine Krone aufsetzen, allein das macht ihn nicht zum Fürsten. Andere tragen ein fürstliches Diadem in sich. Eure Stirn, Euer Blick, Eure ganze Art sagen mir, was für ein Mensch Ihr seid. Aber seid unbesorgt: ich verstehe zu schweigen. Was wünscht Ihr von mir?«

Ich fragte: »Protostrator, glaubt Ihr, Konstantinopel verteidigen zu können?«

Er antwortete mit einer Gegenfrage: »Habt Ihr ein Kartenspiel?«

Ich nahm ein handgedrucktes Kartenspiel heraus, wie Matrosen sie im Hafen verkaufen. Er mischte es zerstreut und fing an, die Karten mit der Bildseite nach oben aufzulegen.

Dann sprach er: »Ich hätte nie so lang leben oder meine gegenwärtige Stellung erreichen können, wenn ich nicht Karten spielen könnte. Das Schicksal teilt uns unsere Karten zu. Ein erfahrener Mann nimmt die seinen auf, untersucht sie sorgfältig und faßt seinen Entschluß, bevor er noch ausspielt. Er braucht nicht jede Runde zu spielen; er kann immer auf eine bessere Hand warten. Ein wahrer Spieler wird sich auch vom höchsten Einsatz nicht hinreißen lassen, wenn er schlechte Karten hat. Man kann dem Partner natürlich nicht in die Karten sehen, allein man kann alle Möglichkeiten erwägen und vermuten. Außer guten Karten erfordert es auch Geschick und vor allem Glück. Bisher habe ich Glück gehabt, Herr Jean Ange.

Ja, ich habe Glück im Kartenspiel gehabt«, fuhr er fort und leerte seinen Becher in wenigen tiefen Zügen. »Bisher, wie gesagt. Nicht einmal eine Herzogskrone könnte mich zu einem schlechten Spiel verleiten; aber ich habe die Stadtmauern geprüft. Sie haben den Türken seit vielen Menschenaltern Trotz geboten – warum nicht noch einmal? Ich habe die Arsenale und die kaiserlichen Truppen besichtigt und setze nun erst nach sorgfältiger Überlegung meinen guten Namen und mein Leben aufs Spiel. Daraus werdet Ihr erkennen, daß ich glaube, leidliche Karten in der Hand zu haben.«

»Ihr habt auch Eure Schiffe«, bemerkte ich.

»Ganz recht«, räumte er ohne jede Verlegenheit ein. »Ich habe die Schiffe. Die letzte Karte, wenn es zum Schlimmsten kommt. Aber seid unbesorgt: wenn sich Giovanni Giustiniani einmal zum Kampf entschließt, so kämpft er, wie Ehre und Vernunft es gebieten. Er kämpft, solange noch ein Schimmer von Hoffnung besteht. Aber nicht länger – nicht länger. Das Leben ist ein hoher Einsatz. Einen höheren könnte niemand verlangen. Auch der schwerste Brustharnisch kann kein Wurfgeschoß aufhalten, und ein Speer kann zwischen Beinschiene und Harnisch die Lende durchbohren. Erhebt man den Arm zum Hieb, so muß man die Achselhöhle ungeschützt darbieten. Ein Pfeil kann durch ein Helmvisier eindringen, und gegen flüssiges Feuer und geschmolzenes Blei ist jeder Panzer nutzlos. Ich weiß, worauf ich mich einlasse; es gehört zu meinem Beruf, das zu wissen. Und ich habe meine Ehre, die mich drängt, so lange zu kämpfen, als Aussicht besteht. Aber nicht länger, nein, nicht länger.«

Ich schenkte ihm von neuem ein.

»Giustiniani, um welchen Preis würdet Ihr Eure Schiffe versenken?« fragte ich obenhin.

Er fuhr auf und bekreuzigte sich nach Lateinerart. »Was redet Ihr da? Dergleichen würde ich nie tun.«

»Diese Steine«, bemerkte ich, indem ich sie auf dem Tisch zu einem kleinen Häufchen scharrte; »damit könntet Ihr zu Genua zehn neue Schiffe ausrüsten.«

»Das mag sein«, versetzte er, hingerissen den blutroten Glanz der Rubine und das blauweiße Feuer der Diamanten zwischen meinen Fingern bewundernd. »Das mag sein. Wenn ich sie in Genua hätte. Nein, Jean Age, wir sind nicht in Genua. Wenn ich meine Schiffe versenkte, so könnten diese Steine vielleicht ganz und gar wertlos für mich sein, und wenn Ihr mir zehnmal - hundertmal - den Wert meiner Schiffe dafür bötet, ich würde sie nicht versenken.«

»So also vertraut Ihr Euren Karten!«

Er erwiderte: »Ich glaube an sie und werde sie ausspielen. Aber ich habe auch Vernunft.« Er strich sich übers gedunsene Gesicht und bemerkte schmunzelnd: »Na, na, wir müssen wohl schon angeheitert sein, derlei Zeug zu schwatzen.«

Allein es war nicht wahr; er war stark wie ein Stier und hätte wohl auch ein Viertelfaß Wein vertragen, ohne mit der Wimper zu zucken.

Ich raffte die Steine mit beiden Händen zusammen.

»Für mich sind sie wertlos«, sagte ich. »Ich habe mein

Schiff versenkt. So wertlos!« und ich warf sie von mir, so daß sie wie Hagelkörner gegen die Wände und zu Boden fielen. »Da habt Ihr sie – nehmt sie, wenn Ihr wollt; es sind nur Steine.«

»Ihr seid betrunken«, meinte er. »Ihr wißt nicht, was Ihr tut. Morgen früh werdet Ihr Euch an den Kopf greifen und es bitter bereuen.«

Mich schmerzte die Kehle; ich konnte nicht sprechen. Ich schüttelte den Kopf.

»Nehmt sie«, stieß ich endlich hervor. »Sie sind der Preis meines Blutes. Nehmt mich in Dienst, laßt mich neben Euren Männern kämpfen. Mehr verlange ich nicht.«

Er starrte mich offenen Mundes an; dann trat ein argwöhnischer Glanz in seine Augen.

»Sind diese Steine echt?« fragte er kopfschüttelnd. »Oder sind es farbige Glassplitter, wie die Venezianer sie den Negern anhängen?«

Ich beugte mich nieder und hob einen großen, unbeholfen geschliffenen Diamanten auf, trat ans Fenster und machte einen tiefen Schnitt von oben nach unten durch die grüne Scheibe; es kreischte so, daß mir die Zähne klapperten. Dann warf ich den Diamanten fort.

»Ihr seid ein Wahnsinniger«, meinte er, indem er abermals den schweren Kopf schüttelte. »Es wäre unbillig, wollte ich mir Euren Dusel zunutze machen. Schlaft Euch aus; dann wollen wir wieder darüber reden.«

»Habt Ihr Euch je selbst in einer Vision gesehen?« fragte ich. Vielleicht war ich etwas angetrunken, da ich den Wein nicht gewöhnt war. »Ich wohl. Einmal, in Ungarn, vor der Schlacht bei Varna, geriet ich in ein Erdbeben. Pferde scheuten und zerrissen ihre Stränge – Vögel flatterten in aufgescheuchten Schwärmen empor – Zelte stürzten ein. Die Erde zitterte und bebte. Da erschien mir der Engel des Todes zum erstenmal. Er war ein blutloser, dunkler Geselle – er war mein Ebenbild. Mir war, als sähe ich mich selbst auf mich zukommen. Er sagte: ›Wir sehen uns wieder.‹

Im Sumpf bei Varna sah ich ihn zum zweitenmal«, fuhr ich fort. »Er stand hinter mir, als die fliehenden Ungarn Kardinal Cesarini niedermachten. Als ich den Kopf wandte, stand der Engel des Todes hinter mir – mein Ebenbild. ›Wir sehen uns wieder‹, sagte er, ›wir sehen uns wieder am Sankt-Romanos-Tor.‹ Damals bedeuteten mir seine Worte nichts; nun aber fange ich allmählich an, sie zu verstehen.

Ich bin kein Dieb«, fuhr ich fort. »Des Sultans Gunst kann einen Sklaven reicher machen als alle Fürsten des Abendlandes. Nach der Schlacht wurde ich mit anderen Gefangenen vor Sultan Murad geführt. Sein Sieg hatte an einem Haar gehangen, und seine schlaffen Wangen und schweren Tränensäcke zitterten noch von dem eben ausgestandenen Schrekken. Er war ein kleiner Mann – einen Kopf kleiner als ich – und von Müßiggang und Wohlleben schon schwerfällig geworden. Viele streckten ihm die Hände entgegen und boten ihm, laut weinend, Lösegeld für ihr Leben an; allein in seinen Augen waren wir alle Meineidige und Vertragsbrüchige. So fest hatte er an einen dauernden Frieden geglaubt, daß er zugunsten seines Sohnes Mohammed auf den Thron verzichtet und sich in die Gärten von Magnesia zurückgezogen hatte, wo er seinen Lebensabend verbringen wollte. Nun ließ er uns zwischen dem Islam und dem Tode wählen. Der Boden war besudelt vom Blute derer, die vor dem Scharfrichter gekniet hatten. Viele fürchteten sich angesichts der rollenden Köpfe – sie weinten und bekannten sich laut zum Gotte des Islams und zu seinem Propheten. Selbst einige Mönche gestanden, sie hätten ihren Glauben verloren, da Gott den Türken den Sieg verliehen habe.

Aber Murad war müde und vorzeitig gealtert«, erzählte ich weiter. »Sein Lieblingssohn war ertrunken, und seit damals hatte ihm nicht mehr viel daran gelegen, seine Macht auszuüben. Er hatte angefangen, seinen Kummer im Wein zu ersäufen, in Gesellschaft von Gelehrten und Dichtern. Als ich an die Reihe kam, sah er mich an; mein Gesicht gefiel ihm, und er sagte: ›Du bist noch jung. Warum solltest du den Tod verkosten? Bekenne dich zum Propheten!‹ Ich antwortete: ›Ich bin noch jung, aber bereit, die Schuld abzutragen, die wir Menschen alle zahlen müssen, und die auch du, großer Sultan, eines Tages wirst bezahlen müssen.‹ Meine Rede gefiel ihm, und er bestand nicht länger darauf, daß ich den Islam annähme. ›Du hast recht‹, sagte er. ›Es wird der Tag kommen, da eine unbekannte Hand meinen göttlichen Staub mit dem Staub der Erde vermischen wird.‹ Er gab ein Zeichen, mein Leben zu schonen. Es war nichts als eine Laune: meine Worte hatten in seinem Innern einen Vers erblühen lassen. Möchtet Ihr Sultan Murads Gedicht nach der Schlacht von Varna hören, Giovanni Giustiniani?«

Govanni schüttelte seinen Stierkopf, zum Zeichen, daß er sich aus Gedichten nicht viel machte, schenkte sich von neuem ein und fing an, an einem Stück kalten Fleisches zu kauen. Ich schob ihm das Gurkenfäßchen zu und sagte das unvergeßliche Gedicht auf türkisch her, wobei ich seinen Rhythmus mit den Fingern unterstrich, als griffe ich in die Saiten einer Laute. Dann übersetzte ich es ihm:

»Mundschenk, kredenz mir von neuem den gestrigen Wein;
Spielt, Musikanten, spielt! Lasset vergessen mein Herz.
Kurz ist das Leben, doch süß seine Ruh, seine Freude,
Bald wird eine unbekannte Hand
Meinen göttlichen Staub mit dem Staub der Erde vermischen.«

»So war Murad«, fuhr ich fort. »Er festigte die türkische Macht und führte einen Krieg um den anderen, um einen dauernden Frieden herbeizuführen. Zweimal dankte er zugunsten Mohammeds ab. Das erstemal zwangen ihn die Christen, den Thron wieder zu besteigen; das zweitemal rief ihn der Großwesir Chalil zurück, nachdem die Janitscharen den Basar von Adrianopel in Brand gesteckt hatten. Hierauf fand Murad sich mit seiner fortdauernden Herrscherrolle ab und regierte, ohne weitere Kriege zu führen, bis an seinen Tod. Zweimal wöchentlich zechte er mit Dichtern und Philosophen, und bei diesen Gelagen pflegte er seinen Freunden Ehrenkaftane, Land und Edelsteine zu schenken. Auch forderte er sie nie tags darauf zurück. Einige dieser Juwelen erhielt ich von Sultan Murad als Geschenk. Behaltet sie, Giovanni, wenn Ihr wollt. Ich bedarf ihrer nicht und werde sie auch morgen nicht zurückfordern.«

Giustiniani steckte sich eine halbe Gurke in den Mund, wischte sich an seiner ledernen Hose das Salzwasser von den Händen, bekreuzigte sich fromm und ließ sich schwerfällig zu meinen Füßen auf alle viere nieder.

»Ich bin ein armer Mann und ein schlichter Soldat«, sagte er. »Ich kann es mir nicht leisten zu prahlen ... Ich erniedrige mich gern in einer guten Sache.«

Damit begann er auf dem Boden umherzukriechen und die Edelsteine aufzuheben, während ich ihm die Laterne hielt, damit er keinen übersehe. Er schnaufte und stöhnte dabei, meinte aber: »Helft mir nicht, ich bitte Euch. Diese Mühe schmeckt meinen Gliedern süßer, als wenn ich mit der schönsten Frau der Welt zu ringen hätte.«

Ich reichte ihm den Lederbeutel, in den er die aufgelesenen Steine sorgfältig sammelte; dann erhob er sich endlich, schnürte den Beutel zu und steckte ihn in den Busen.

»Ich bin kein Geizhals«, meinte er dann. »Einige kleinere Steine mögen wohl in eine Ritze oder unter einen Teppich geraten sein, aber Euer Diener wird sie finden, wenn er die Stube fegt. Ich danke Euch.« Er legte den Kopf schief und beobachtete mich mit freundlicheren Augen, während er fortfuhr: »Ich bin zuweilen heiligen Männern begegnet – Geistersehern und vielen anderen Verrückten – und ich wäre selbst verrückt, wollte ich nicht gestehen, daß auf dieser Welt vieles geschieht, was den menschlichen Verstand übersteigt. Mein Zusammentreffen mit Euch ist ein solches Ereignis.« Er streckte seine breite Hand aus und umschloß meine in ungeheuchelter Dankbarkeit. »Von heute an seid Ihr mein Freund, Herr Jean Ange«, versicherte er mir. »Ich werde keinem Klatsch, den ich über Euch etwa höre, mein Ohr leihen. Morgen, sogleich nach dem Wecken, will ich Euch unter meine Leute aufnehmen lassen, und Ihr müßt zur Stelle sein. Ihr werdet Pferd und Waffen und Rüstung erhalten – und seid überzeugt, ich werde Euch genug zu tun geben, so daß Ihr Euch an meine Kriegszucht gewöhnen könnt. Ich drille meine Leute strenger, als die Türken dies zu tun pflegen.«

Er stieß mich nicht in den Rücken und klopfte mir nicht auf die Schulter, wie das ein weniger erfahrener Mann etwa getan hätte. Er verneigte sich im Gegenteil beim Abschied ehrerbietig und sagte: »Wahrt Euer Geheimnis. Ich bin nicht neugierig. Ihr würdet Euch anders verhalten, wenn Ihr Böses im Schilde führtet. Ich vertraue Euch.«

Die Griechen wiesen mich ab, ein Lateiner nahm mich auf. Giovanni Giustiniani verstand mich besser als die Griechen.

5. Februar 1453.

Man gab mir eine Waffenrüstung und ein Pferd. Die ersten paar Tage stellte Giovanni Giustiniani mich und mein Können auf die Probe. Ich begleitete ihn bei einer Besichtigung der Mauern und jener Truppen des Verteidigungsheeres, die aus unausgebildeten griechischen Handwerkern und jungen Mönchen bestehen. Er schüttelte seinen Stierkopf und lachte bei ihrem Anblick.

Er hat mit dem Kaiser, mit Phrantzes, den venezianischen Schiffskapitänen und denen von den griechischen Inseln, dem Podesta in Pera und dem venezianischen Bailo Kriegsrat gehalten. Mit ihnen allen redete er unumwunden und entschlossen und erzählte ihnen viele Geschichten von Feldzügen und Belagerungen, die er mitgemacht hat. Er bricht sich

Bahn durch Zwietracht, Neid und Vorurteil wie ein breites Schiff. Die Menschen vertrauen ihm. Sie müssen: er ist der Eckstein, das Fundament, auf dem die wachsende Verteidigungsmacht der Stadt ruht. Er trinkt tüchtig Wein, leert die größten Becher in zwei tiefen Zügen, und die einzige Spur, die sie hinterlassen, sind tiefe Ringe um die Augen.

Seine Langsamkeit und der unablässige Redeschwall, hinter dem er seine List und seine Menschenkenntnis verbirgt, ärgerten mich zuerst, bis ich anfing, die Dinge mit seinen vorquellenden Glotzaugen zu sehen. Nun ist mir, als sähe ich, wie eine von einem gelehrten Mathematiker entworfene Maschine in Gang gesetzt wird – kreischend und klirrend zwar und mit krachenden, knarrenden Zahnrädern, doch immer unwiderstehlicher. Eine Maschine, die ihren Zweck erfüllt, an der jeder Teil die übrigen stützt und stärkt.

Ich muß ihn bewundern, wie seine eigenen Leute ihn bewundern und jeden seiner Befehle in der Gewißheit befolgen, daß kein einziger unnötig ist.

Auch ich kann mich nützlich machen. Ich habe ihm von der Ausbildung der Janitscharen erzählt, von ihrer Kriegszucht, ihren Waffen und Kampfmethoden. Ich habe ihm Sultan Mohammeds Charakter beschrieben und den der Männer seiner nächsten Umgebung, die Kriegspartei und die Friedenspartei im Serail und die Kluft zwischen jung und alt, die sich nach Sultan Murads Tod auftat und die Sultan Mohammed absichtlich erweitert und vertieft, um Chalil als Großwesir zu stürzen.

»Er kann nie vergessen, wie er noch als halber Knabe zweimal gezwungen wurde, den Thron zu räumen – zuerst mit zwölf und dann mit vierzehn Jahren«, sagte ich. »Das ist der Schlüssel zu seiner Verbitterung, seinem Fanatismus und seinem Ehrgeiz. Beim erstenmal, als die Kreuzfahrer überraschend angriffen und auf Varna vorrückten, brach er zusammen. Das war in Adrianopel. Er weinte, kreischte, verfiel in Angstkrämpfe und versteckte sich im Harem. So erzählt man sich. Wäre nicht der alte Sultan Murad aus Magnesia zurückgekehrt und hätte binnen wenigen Tagen ein Heer aus dem Boden Asiens gestampft, das türkische Reich wäre zusammengebrochen.

Das zweitemal«, fuhr ich fort, »waren es seine eigenen Leute, seine Veteranen, die rebellierten. Sie weigerten sich, einem schmächtigen, fahrigen Jungen zu gehorchen, der unfähig war, sie in der Schlacht zu befehligen. Sie plünderten den Basar zu Adrianopel und steckten ihn in Brand, und Mohammed mußte abermals im unbetretbaren Harem Zuflucht suchen. Chalil wandte sich aus eigenem Antrieb an Murad, und das hat Mohammed ihm nie verzeihen können.

Ihr kennt Mohammed nicht«, sagte ich ihm, wie ich es so oft und so vergeblich anderen gesagt hatte. »Gekränkter Knabenstolz kann so übermächtig werden, daß er Königreiche zerschmettert. Vergeßt nicht, daß es zweimal geschah! Seit damals hat Mohammed seine Lehrzeit hinter sich gebracht. Sein Ehrgeiz kennt keine Grenzen. Um die Unbill auszulöschen, die er erlitten hat, fühlt er sich gezwungen, alle seine Vorgänger zu übertrumpfen, und Konstantinopel soll seine Bewährungsprobe werden. Er hat seine Eroberung seit Jahren geplant und ihr den Frieden seiner Tage, die Ruhe seiner Nächte geopfert. Noch vor dem Tod seines Vaters hatte er den Plan unserer Befestigungswerke bis ins kleinste auswendig gelernt, bis er jede Bastion aus dem Gedächtnis zeichnen konnte. Er fand seinen Weg in Konstantinopel mit verbundenen Augen. Er soll als Jüngling hier gewesen und verkleidet durch die Straßen gewandert sein. Er spricht Griechisch und kennt die Sitten und Gebete der Christen.

Nein, Ihr kennt Mohammed nicht«, wiederholte ich. »Er ist erst zweiundzwanzig Jahre alt, aber schon zur Zeit, da sein Vater starb, war er kein Knabe mehr. Der Fürst von Karaman machte einmal wie gewöhnlich Schwierigkeiten und besetzte versuchsweise ein paar türkische Provinzen in Asien. Er ist ein Blutsverwandter Mohammeds. Mohammed sammelte ein Heer und stand binnen zwei Wochen mit seinen Janitscharen an der karamanischen Grenze. Der Fürst hielt es für klüger nachzugeben und ritt Mohammed mit zahlreichem Gefolge entgegen; lachend erklärte er ihm, er habe nur einen Scherz gemacht, um den jungen Sultan auf die Probe zu stellen. Mohammed hat gelernt, seine Gefühle zu verbergen, und handelt nicht mehr unüberlegt. Er kann vor Wut schäumen, allein selbst das geschieht mit Absicht, um einen Gegner einzuschüchtern. Er ist ein Schauspieler, wie ich noch keinen sah.«

Meine Worte verfehlten ihren Eindruck auf Giustiniani nicht ganz. Er muß schon vieles von dem, was ich ihm erzählte, gewußt haben, hatte es aber noch nie von einem Augenzeugen gehört.

»Und die Janitscharen?« fragte er. »Ich meine nicht die Gemeinen, sondern ihre Befehlshaber.«

»Die Janitscharen wollen natürlich den Krieg«, antwortete ich. »Das ist ja ihr einziger Beruf. Sie sind Christensöhne, aber im Islam erzogen und daher fanatischere Gläubige als die Türken selber. Sie dürfen nicht heiraten, ihre Quartiere nicht verlassen, sie dürfen nicht einmal ein Gewerbe oder ein Handwerk erlernen. Sie waren natürlich empört, als der Fürst von Karaman sich unterwarf und sie so um den erhofften Krieg betrog. Mohammed ließ sie toben und ihre Kochtöpfe umherstoßen, während er sich drei ganze Tage in seinem Zelt einschloß. Kaufleute hatten ihm eine griechische Sklavin verkauft, die man von einer der Inseln entführt hatte. Sie war achtzehn, schön wie der junge Tag. Ihr Name war Irene. Der Sultan verbrachte drei Tage in ihrer Gesellschaft, ohne sich jemand zu zeigen. Die Janitscharen brüllten und schmähten ihn vor seinem Zelt. Sie wollten keinen Sultan, der die Freuden der Liebe der Schlacht vorzog und selbst seine Gebete um einer Sklavin willen vernachlässigte. Die Offiziere waren machtlos; vielleicht bemühten sie sich auch gar nicht um Zucht und Ordnung.«

»Ich habe von dem Vorfall gehört«, versetzte Giustiniani. »Er beweist nur Mohammeds Ungestüm und Grausamkeit.«

»Grausamkeit, ja, aber nicht Ungestüm«, entgegnete ich. »Es war die wohlüberlegte Geste eines großen Schauspielers. Als die Janitscharen ihre Kochkessel umgestürzt und sich in blinde Wut gesteigert hatten, trat er endlich aus seinem Zelt, eine Rose in der Hand. Die Augen waren ihm schwer vom Schlaf, und jede seiner Bewegungen verriet den beschämten, verlegenen Jüngling. Die Janitscharen heulten vor Lachen, warfen mit Erdschollen und Pferdemist, freilich sorgfältig darauf bedacht, ihn nicht zu treffen, und brüllten: ›Was bist du für ein Sultan, daß du dein Schwert mit einer Rose vertauscht?‹ Mohammed antwortete mit lauter Stimme: ›Ach, Brüder, Brüder, ihr wißt nicht, was ihr sagt! Wenn ihr sie sähet, würdet ihr mich nicht schelten.‹ Die Janitscharen wurden noch ausgelassener und riefen: ›Zeig uns deine Griechin, vielleicht glauben wir dir.‹ Mohammed gähnte verschlafen, trat wieder ins Zelt und schleppte das scheue, verstörte Mädchen heraus, das, halbnackt und schamrot, sein Gesicht in den Händen zu bergen suchte.

Ich werde jenes Bild nie vergessen«, fuhr ich fort. »Die geschorenen Schädel der Janitscharen, jeder mit seiner einzigen Locke drauf – denn sie hatten ihre Filzmützen zu Boden geworfen und trampelten darauf herum –, Mohammeds gieriges Gesicht und seine gelbschimmernden Raubtieraugen, und das Mädchen, schöner als der Frühling in Karaman. Mohammed riß ihr die Hände vom Gesicht und die letzten Hüllen vom Leibe und stieß sie nach den Janitscharen hin, so daß sie, geblendet von der Schönheit ihres Gesichtes und der Vollkommenheit ihrer Glieder, zurückwichen. ›Seht euch satt an ihr!‹ rief Mohammed. ›Schaut und gesteht, daß sie der Liebe eures Sultans wert ist!‹ Dann verfärbte sich sein Gesicht vor Wut, er warf die Rose fort und befahl: ›Bringt mir mein Schwert!‹ Das Mädchen kniete gesenkten Hauptes auf dem Boden, bestrebt, ihre Blöße mit ihren Händen zu bedekken. Mohammed packte sein Schwert, ergriff sie an den Haaren und trennte ihr mit einem einzigen Streich den Kopf vom Rumpfe, so daß die umstehenden Janitscharen vom Blut bespritzt wurden. Sie trauten ihren Augen nicht und stöhnten vor Schmerz. Dann drängten sie sich blindlings unter ihre Kameraden, um Mohammed so weit als möglich auszuweichen. Aber Mohammed sagte nur: ›Mein Schwert kann die Bande der Liebe trennen. Vertraut meinem Schwert.‹ Hierauf fragte er: ›Wer ist euer Befehlshaber?‹ Die Janitscharen holten eilends ihren Obersten herbei, der sich in seinem Zelt versteckt hatte. Als er kam, entriß ihm Mohammed den silbernen Löffel, das Zeichen seines Ranges, und versetzte ihm vor aller Augen einen so gewaltigen Hieb ins Gesicht, daß er ihm das Nasenbein brach und ein Auge ausschlug. Die Janitscharen aber blieben stumm und eingeschüchtert und unternahmen nichts, ihrem Befehlshaber zu helfen.

Die Janitscharen werden kein zweitesmal meutern«, sagte ich. »Mohammed hat ihre Truppe neu geordnet und sie, den geltenden Vorschriften zum Trotz, um seine sechstausend Mann Freiwilliger verstärkt. Janitscharen werden nach ihrem Alter befördert, und deshalb konnte er nicht alle ihre früheren Offiziere entlassen, obwohl er eine Anzahl von ihnen in jener Nacht hinrichten ließ. Seid aber überzeugt, daß er ihnen bei der Belagerung Konstantinopels den Ehrenplatz einräumen wird. Er wird sie gut brauchen können. Die Offiziere und stolzen alten Stoldaten, die er bei sich zum Tod verurteilt hat, werden vor unseren Wällen fallen. Mohammed vergibt nie eine Beleidigung, aber er hat gelernt, seine Zeit abzuwarten.«

Ich wußte nicht, ob ich fortfahren sollte, weil ich mich fragte, ob Giustiniani verstehen würde, was ich meinte. Endlich aber setzte ich hinzu: »Mohammed ist kein Mensch.«

Giustiniani runzelte die Stirn und sah mich aus blutunterlaufenen Augen an. Sein dröhnendes, gutmütiges Lachen blieb ihm in der Kehle stecken.

»Mohammed ist kein Mensch«, wiederholte ich. »Vielleicht ist er der Engel der Finsternis. Vielleicht ist er der eine, der kommen soll. Er trägt alle Zeichen an sich. Aber mißversteht mich nicht«, fügte ich rasch hinzu, »wenn er ein Mensch ist, so ist er der neue Mensch – der erste seines Schlages. Mit ihm beginnt eine neue Zeit, eine Zeit, die ganz andere Menschen hervorbringen wird als den Schlag, den wir kennen. Beherrscher der Erde, Beherrscher der Nacht, die in ihrem kühnen Trotz und ihrer Anmaßung den Himmel verwerfen und die Welt wählen. Sie glauben an nichts als das, was sie mit Augen sehen können und was die Vernunft ihnen sagt. Im Herzen anerkennen sie keine Gesetze, seien es menschliche oder göttliche; ihr Ziel gilt ihnen als ihr einziges Gesetz. Sie bringen die Hitze und Kälte der Hölle an die Erdoberfläche und halten selbst die Naturgewalten in ihrem Bann. Sie fürchten weder die Unermeßlichkeit des Ozeans noch die Höhen des Himmels. Wenn sie Land und Meer sich unterworfen haben, werden sie sich in ihrer verblendeten Machtgier Flügel bauen, um sich zu den Sternen emporzuschwingen und auch sie zu unterwerfen. Mohammed ist der erste Mensch dieses Schlages. Wie könnt Ihr glauben, ihm zu widerstehen?«

Giustiniani griff sich an den Kopf.

»Bei den heiligen Wunden!« klagte er. »Hören wir nicht schon genug über den Weltuntergang von den Mönchen dieser Stadt, die mit Schaum vor dem Mund davon predigen? Muß einer meiner eigenen Offiziere noch anfangen, Gesichte zu haben und dummes Zeug zu schwatzen? Mir zerspringt der Schädel, wenn Ihr noch ein einziges Wort sagt.«

Aber er sprach nun nicht mehr von Mohammed als einem jungen Heißsporn, der mit dem Kopf durch die Wand will. Er war vorsichtig geworden und warnte seine Leute, in den Schenken nicht allzu laut zu prahlen und auch die Stärke der Türken nicht zu unterschätzen. Er ging sogar zur lateinischen Messe, beichtete und empfing demütig die Absolution, obwohl ihm Kardinal Isidor schon vorher versichert hatte, seine Sünden seien ihm in dem Augenblick vergeben worden, da er die Würde des Protostrators von Konstantinopel annahm. Um ganz sicherzugehen, bat er darum, seine Absolution möge schriftlich niedergelegt werden, und dies Dokument trägt er nun ständig bei sich.

»Nun werde ich dem heiligen Petrus etwas vorzuweisen haben, wenn ich an die Himmelstür klopfe«, sagte er. »Der Alte ist, höre ich, aus verschiedenen Gründen mit uns Genuesen strenger geworden. Vielleicht haben ihn die Venezianer bestochen.«

7. Februar 1453.

In Adrianopel wurde ein Schuß gelöst, der die Welt erschüttern wird.

Orban, der Ungar, hat sein Versprechen wahr gemacht und die größte Bombarde aller Zeiten gegossen.

Als ich nach einem beschwerlichen Tag heimkam, lief mir mein Diener Manuel entgegen; er rang die Hände, seine Wangen bebten und zuckten, und er fragte: »Herr, ist's wahr, daß die Türken eine Kanone haben, welche die Mauern Konstantinopels mit einem einzigen Schuß niederlegen kann?«

So rasch verbreitet sich ein Gerücht in dieser Stadt! Erst heute morgen empfing Giustiniani die ersten ausführlichen Berichte über das Probeschießen.

»Es ist nicht wahr«, versetzte ich. »Kein Mensch könnte eine solche Kanone gießen. Um die Mauern Konstantinopels niederzulegen, bedürfte es eines Erdbebens.«

»Aber es heißt, die Kugel sei tausend Schritte weit geflogen und habe ein tiefes Loch in den Boden gerissen«, stammelte Manuel, er schien ganz verstört. »Und die Erde erbebte auf zehntausend Schritte im Umkreis. Viele Häuser in Adrianopel stürzten ein, und viele Frauen entbanden zu früh.«

»Eitles Geschwätz, Manuel«, meinte ich. »Das siehst du doch gewiß ein.«

»Aber es ist wahr«, versicherte er. »Schon die Kanone, die Orban für des Sultans Festung goß, konnte ein Schiff mit einem einzigen Schuß versenken. Ein Kaufmann, der aus Adrianopel eingetroffen ist, maß eine der neuen Steinkugeln der neuen Bombarde. Er sagt, nicht der stärkste Mann könne sie mit den Armen umschlingen. Er ist immer noch taub von dem Schuß und zittert wie ein Greis, obgleich er noch nicht fünfzig ist.«

»Er zittert gewiß vom Wein und nicht von Kanonenschüssen«, rief ich barsch. »Er hat zu viele neugierige Zuhörer gehabt, die ihm tüchtig zu trinken vorsetzten, und die Kanone wurde mit jedem Becher ein paar Fuß größer. Morgen wird sie so hoch wie ein Kirchturm sein.«

Manuel fiel vor mir auf die Knie. Sein Bart zitterte, er haschte nach meiner Hand, um sie zu küssen, und sagte schlicht: »Herr, ich fürchte mich.«

Er ist ein alter Mann. Seine wässerigen Augen spiegelten den bodenlosen Kummer des griechischen Konstantinopel wider, und ich begriff. Die Türken würden ihn töten, weil er für die Sklaverei zu alt ist.

»Steh auf, Bursche – sei ein Mann!« sagte ich. »Wir kennen die Maße der Kanone, und die Waffenmeister des Kaisers sind eben daran, das Gewicht ihrer Geschosse und deren mögliche Wirkung auf unsere Mauern zu berechnen. Es ist gewiß eine furchtbare Waffe, die viel Schaden anrichten kann, aber doch keineswegs so groß, wie das Gerücht sie gemacht hat. Überdies ist Orban ein ungebildeter Mensch und unfähig, Tragweite und Flugbahn zu berechnen. Die Waffenmeister des Kaisers halten es für unmöglich, daß er imstande ist, den Laderaum im Verhältnis zum Rohr und zum Gewicht der Kugel richtig zu berechnen. Seine Bombarde mag ein paar Schüsse überstehen, muß aber doch früher oder später explodieren und unter den Türken schlimmere Verheerungen anrichten als unter uns. Orban stand einst in kaiserlichen Diensten; unsere Waffenmeister kennen ihn und wissen, was er kann und was nicht. Erzähl das deinen Basen und Muhmen und deiner ganzen Familie; sie sollen es weitererzählen, damit die Leute in der Stadt sich beruhigen.«

»Wie könnten sie Dinge erzählen, die sie nicht verstehen?« seufzte Manuel. »Was sollten sie von Ladung und Wurfbahn wissen? Sie würden lieber Dinge weitergeben, die sie begreifen – und die fürchterlich klingen. Eine Frau hier in der Stadt hatte eine Frühgeburt auf die bloße Nachricht von diesem Geschütz hin. Was wird erst geschehen, wenn sie vor unseren Mauern donnert und sie in Trümmer schießt?«

»Sag ihnen, sie sollen bei ihrer Panagia Hilfe suchen«, erwiderte ich, um ihn loszuwerden. Aber der Zweifel hatte in Manuel Wurzeln geschlagen.

»Selbst die Heilige Jungfrau wird sich nun kaum auf den Mauern zeigen, um die Türken mit ihrem blauen Mantel zu verscheuchen«, sagte er. »Das letzte Mal waren ihre Kanonen noch nicht so groß. Geschütze von der Größe dieser Bombarde würden selbst der Heiligen Jungfrau Angst einjagen.« Er lächelte mit bebenden Lippen. »Ist etwas Wahres daran, daß sie schon von Adrianopel hierher unterwegs ist? Daß sie von fünfzig Ochsenpaaren gezogen wird und tausend Männer die Straßen freimachen und Brücken für sie schlagen? Ist das auch alles Übertreibung?«

»Nein, Manuel«, gab ich zu, »es ist wahr. Die Bombarde ist unterwegs. Der Frühling steht vor der Tür; bald werden die Tauben gurren und Vogelschwärme nordwärts über die Stadt ziehen. Wenn der Frühling in voller Blüte steht, wird der Sultan vor den Toren Konstantinopels stehen; keine Macht der Erde kann es verhindern.«

»Und wie lange«, fragte er, »wie lange werden wir dann aushalten?«

Warum sollte ich ihn belügen? Er ist alt. Er ist ein Grieche. Ich bin kein Arzt – aber ein Mensch – sein Mitmensch.

»Vielleicht einen Monat«, erwiderte ich. »Mag sein, auch zwei ... Giustiniani ist ein hervorragender Soldat. Drei Monate, wenn er an seiner Aufgabe wächst, was ich glaube. Aber kaum länger. Kaum länger als bestenfalls drei Monate.«

Manuel zitterte nun nicht mehr. Er schaute mir in die Augen.

»Und die Länder im Westen?« fragte er. »Die Union?«

»Mit Konstantinopel werden auch die abendländischen Völker von der Nacht verschlungen werden. Konstantinopel ist die letzte Lampe, die letzte Hoffnung der Christenheit. Wenn sie duldet, daß die ausgelöscht wird, so hat sie ihr Schicksal verdient.«

»Und was wird ihr Schicksal sein?« fragte er. »Verzeiht, Herr, aber ich möchte es wissen, damit ich mich im Herzen darauf vorbereiten kann.«

»Fleisch ohne Geist«, antwortete ich. »Leben ohne Hoffnung, die Sklaverei der Menschheit – eine so hoffnungslose Knechtschaft, daß die Sklaven nicht mehr wissen werden, daß sie Sklaven sind. Reichtum ohne Glückseligkeit, Überfluß ohne die Fähigkeit, ihn zu genießen. Der Tod des Geistes.«

10. Februar 1453.

Ich bin schon allen begegnet, ausgenommen dem Megadux Lukas Notaras. Es scheint, als wohne er absichtlich so weit wie möglich vom Blachernenpalast entfernt, denn sein Haus steht am anderen Ende der Stadt, im alten Stadtviertel, im Schatten der Sophienkirche, des Hippodroms und des alten Kaiserpalastes. Er schließt sich ab. Seine beiden jungen Söhne bekleiden ehrenhalber Ämter am Hof, sind aber nie dort zu sehen. Ich habe sie beobachtet, als sie im Hippodrom zu Pferd Ball spielten. Es sind stattliche Jünglinge; ihre Gesichter hat derselbe Stolz geprägt wie das ihres Vaters.

Als Admiral der Flotte weigert sich der Megadux, mit Giustiniani zusammenzuarbeiten, und hat die fünf alten Schnellruderer des Kaisers auf eigene Kosten instand setzen lassen. Heute legten sie zu aller Erstaunen die Riemen ein und glitten aus dem Hafen, vorbei an den großen Schiffen aus dem Westen.

Draußen auf dem Marmarameer hißten sie neue Segel, formierten sich in Schlachtordnung und fuhren der asiatischen Küste zu. Es war ein trüber, bewölkter, böiger Tag. Die Matrosen waren solche Übungen noch nicht gewöhnt; die Ruderer gerieten aus dem Takt und behinderten einander fortwährend mit den Riemen.

Konstantinopels letzte Flotte war auf See. Venezianische und griechische Kapitäne schlugen sich lachend auf die Schenkel.

Aber was mag wohl das Ziel dieser Manöver sein? Es kann sich nicht um eine bloße Übungsfahrt handeln, weil die Schnellruderer bei Einbruch der Dämmerung noch nicht zurückgekehrt waren.

Giustiniani ritt zum Palast und trat geradewegs, aller Zeremonien nicht achtend und Leibwachen und Eunuchen beiseite stoßend, in die Gemächer des Kaisers. Er gebärdete sich sehr entrüstet, obwohl er in Wahrheit nur neugierig war. Er hält gar wenig auf die kaiserlichen Schiffe; ein schweres, westliches Kriegsschiff könnte sie, so meint er, alle versenken. Aber als Protostrator ist er natürlich verstimmt, daß sie nicht seinem Oberbefehl unterstellt wurden.

Kaiser Konstantin entschuldigte sich:

»Megadux Notaras ist nicht der Mann, müßig dazusitzen und die Daumen zu drehen. Die Türken haben das Land verwüstet und Selymbria und unsere anderen noch verbliebenen Stützpunkte eingekreist. Daher will der Megadux zum Angriff übergehen und es ihnen mit eigener Münze heimzahlen, solange der Seeweg noch offen ist.«

Giustiniani erwiderte: »Ich habe Ausfalltore in die Mauern

brechen lassen und Euch oft gebeten, die verstreuten türkischen Plünderscharen anzugreifen. Ihre Unverschämtheit ist unerträglich geworden: sie reiten auf Pfeilschußweite an die Wälle heran, brüllen meinen Leuten Beschimpfungen zu und drohen ihnen, sie würden ihrer aller habhaft werden. Das setzt die Manneszucht meiner Truppe herab.«

Der Kaiser erwiderte: »Wir können es uns nicht leisten, auch nur einen einzigen Mann zu verlieren. Die türkischen *asaps* könnten die Truppen, die einen Ausfall unternehmen, in einen Hinterhalt locken und sie vernichten.«

Giustiniani entgegnete: »Aus diesem Grund habe ich auch Eurem Befehl gehorcht. Aber Megadux Notaras macht sich offenbar nichts daraus.«

Der Kaiser antwortete: »Er kündigte plötzlich sein Vorhaben an, auf Manöver auszulaufen; ich konnte doch kaum den venezianischen und kretischen Schiffen befehlen, ihn daran zu hindern. Aber ein so eigenmächtiges Vorgehen soll nicht wieder vorkommen.«

Phrantzes warf beschwichtigend ein: »Der Megadux hat die Galeeren auf eigene Kosten instand setzen lassen und besoldet auch die Mannschaften. Wir können ihn nicht beleidigen.«

Aber dies alles war bloßes Gerede – sie wußten es selbst. Giustiniani hieb mit seinem Amtsstab auf den Tisch und fragte: »Wie könnt Ihr wissen, ob er mit seinen Schiffen und Mannschaften zurückkehren wird?«

Kaiser Konstantin senkte den Kopf und erwiderte leise: »Vielleicht wäre es für uns alle besser, er kehrte nicht zurück.«

Später schilderte mir Giustiniani die ganze Unterredung und bemerkte: »Ich verstehe diese verwickelte griechische Politik nicht. Bisher hat der Basileus jede Angriffshandlung streng vermieden. Auf jeden Schlag ins Gesicht, den er vom Sultan empfing, hat er mit übertriebener christlicher Langmut ihm die andere Wange geboten. Damit will er zweifellos vor dem Abendland und der Nachwelt beweisen, daß der Sultan der Angreifer und er der Mann des Friedens ist. Aber wozu? Jeder halbwegs Kluge weiß das längst. Nun hat Megadux Notaras das Gesetz des Handelns an sich gerissen und den Krieg begonnen. Er wird zurückkommen, glaubt mir, und auch seine Schiffe mitbringen – aber wo er hinauswill, das kann ich nicht ergründen. Ihr kennt die Griechen; vielleicht könnt Ihr es mir erklären.«

»Ich kenne Lukas Notaras nicht«, antwortete ich. »Wer errät, was einen stolzen, ehrgeizigen Mann bewegt? Vielleicht will er einen Fleck von seiner Ehre abwaschen. Seit dem Aufruhr vor der Sophienkirche gilt er im Blachernenpalast als unzuverlässig und türkenfreundlich. Vielleicht will er deshalb der erste sein, der die Feindseligkeiten eröffnet, im Gegensatz zu dem Zaudern des Kaisers.«

»Aber was nützt solch ein Überfall auf die türkische Küste?« klagte Giustiniani. »Ausgerechnet jetzt, wo die Derwische in ganz Asien den Krieg predigen und der Sultan sein Heer mobilisiert? Mohammed könnte sich nichts Besseres wünschen. Der Mann spielt ihm geradewegs in die Hände.«

»Das könnt Ihr nicht beweisen«, entgegnete ich. »Wir können nur jeden Vorfall für sich selbst beurteilen und müssen ihm die beste Erklärung zubilligen, bis diese von Tatsachen widerlegt wird.«

Giustiniani betrachtete mich aus seinen vorquellenden Augen, kratzte sich den Hals und fragte: »Warum verteidigt Ihr Lukas Notaras? Ihr tätet klüger daran, den Mund zu halten«, fuhr er freundlich fort. »Phrantzes nahm mich beim Fortgehen abermals beiseite und beschwor mich, ein wachsames Auge auf Euch zu haben. Ihr seid ein gefährlicher Mann, meint er. Ihr hättet beim Sultan Tag und Nacht freien Zutritt gehabt. Es würde nicht schaden, vorsichtig zu sein, sagte er mir.« Damit überreichte er mir ein kupfernes Schreibzeug und ernannte mich zu seinem Adjutanten. So werde ich von nun an seine Geheimakten bearbeiten.

11. Februar 1453.

Vergangene Nacht weckte mich mein Diener Manuel voll Entsetzen und flüsterte: »Herr, in der Stadt ist's nicht geheuer!«

Auf den Straßen bewegten sich Laternen und Fackeln; halb angekleidet standen die Leute vor ihren Häusern. Alle sahen zu dem Feuerschein am Himmel auf.

Ich warf meinen Pelzmantel um und stieg mit der Menge zur Akropolis hinauf. Jenseits der Meerenge war der bewölkte Nachthimmel vom Schein ferner Feuer gerötet. Der Wind war feucht, und die nasse Erde entsandte einen starken Duft. Die Finsternis des Frühlings war um uns her.

Schwarzgekleidete Frauen sanken in die Knie, um zu beten, und die Männer bekreuzigten sich. Dann lief ein geflüsterter Name von Mund zu Mund. »Lukas Notaras!« murmelte es. »Lukas Notaras!«

Jenseits des Meeres standen türkische Dörfer in Flammen, aber die Massen frohlockten nicht. Es war, als hielte sie eine düstere Angst lähmend in ihrem Bann, als erkennten sie erst jetzt, daß der Krieg begonnen hatte. Der scharfe Nachtwind erschwerte das Atmen.

Wer zum Schwerte greift, wird durch das Schwert umkommen. Und die Unschuldigen werden mit den Schuldigen untergehen.

12. Februar 1453.

Feindliche Truppen haben den St.-Stephans-Turm genommen und die Besatzung hingerichtet, weil sie es gewagt hatte, Widerstand zu leisten.

Heute zwang ein fürchterlicher Hagelschlag Freund und Feind unter schützende Dächer. Viele Hausdächer wurden beschädigt. Nachts wurde ein seltsames Donnerrollen aus den unterirdischen Zisternen hörbar; selbst der Boden erbebte. Viele haben Blitze den Himmel spalten sehen, ohne daß der geringste Laut darauf folgte, und glühende Scheiben durch die Luft sausen.

Nicht nur die große Bombarde, sondern die gesamte Artillerie des Sultans ist nun auf dem Marsch von Adrianopel nach Konstantinopel. Zehntausend Reiter begleiten sie.

In Adrianopel hat der Sultan vor dem versammelten Diwan eine große Rede gehalten. Er hat die Jungen begeistert, den Älteren und Besonneren Eide abgenommen. Sowohl der venezianische Bailo, als auch der Podesta von Pera sind über den Inhalt seiner Ansprache genau unterrichtet; Mohammed verkündete darin:

»Die Macht des Basileus ist gebrochen! Es bedarf nur mehr einer letzten Anstrengung, um das tausend Jahre alte Reich des Nachfolgers Konstantins des Großen hinwegzufegen. Konstantinopel, die Königin aller Städte, kann nun erstürmt werden; und der Erfolg ist uns gewiß, dank unserer Waffen und dem Kampfgeist unseres Heeres. Allein wir müssen rasch zuschlagen, bevor die Christenheit sich erhebt und Konstantin ihre Schiffe zu Hilfe schickt. Die Stunde ist da! Wir wollen sie nicht ungenützt verstreichen lassen.«

Es heißt, der Sultan habe vor dieser Rede Großwesir Chalil, den Führer der Friedenspartei, zu sich ins Zelt gerufen, um mit ihm abzurechnen. Und Chalil wagte es diesmal nicht, für die Sache des Friedens auch nur den Mund zu öffnen.

Seit mir die Papiere in Giustinianis eiserner Truhe zugänglich sind, konnte ich mich überzeugen, daß Chalil noch immer in heimlicher Verbindung mit Kaiser Konstantin steht. Wäre dem nicht so, wir wüßten nicht, was wir in der Tat über die Bewaffnung der Türken und die Finanzierung des Krieges wissen.

Kaum war die Flotte ausgelaufen, da sandte der Kaiser einen letzten Appell nach Adrianopel. Er verfaßte ihn selbst, ohne Phrantzes zu Rate zu ziehen. Eine Abschrift dieses Briefes liegt in Giustinianis Truhe, und ich habe sie oft gelesen. Sie bewegte mich tief und machte mich unsäglich traurig. Mehr nämlich als alle seine anderen Taten beweist dieser Brief, daß Konstantin ein wahrer Kaiser ist. Er schrieb an Sultan Mohammed:

Es liegt auf der Hand, daß Ihr den Krieg dem Frieden vorzieht. Sei es denn, wie Ihr wünscht; es ist mir nicht gelungen, Euch von meinen friedlichen Absichten zu überzeugen, obwohl ich mich frei von jeder Hinterlist und bereit gezeigt habe, dem Namen nach Euer Vasall zu werden. Nun wende ich mich an den Herrn; Er ist mein einziger Hort. Sollte es Sein Wille sein, daß meine Stadt in Eure Hand fällt, wie könnte ich mich dagegen wehren? Sollte Er Euch zum Frieden stimmen, so wäre ich glücklich. Allein ich entbinde Euch hiermit aller Versprechungen und Abmachungen, die wir miteinander getroffen haben. Ich habe die Tore meiner Stadt geschlossen und will mein Volk bis zu meinem letzten Blutstropfen verteidigen. Möget Ihr glücklich regieren bis zu dem Tage, da der gerechte Gott, unser Höchster Richter, uns beide vor sich rufen wird.

Es ist ein trockener Brief; nichts von der hochtrabenden Redekunst Griechenlands, nichts von Phrantzes' höflichen, gedrechselten Phrasen liegt darin, und doch packt er mich. Es ist der Brief eines Kaisers. Und vergeblich, ach, so vergeblich. Aber vielleicht schrieb Konstantin in seinem verlassenen Palast vor allem für die Nachwelt, und vielleicht zeigt der Brief mehr von seinem wahren Wesen als die schönsten Schilderungen der Geschichtsschreiber. Es ist nicht seine Schuld, daß er unter einem Unstern geboren ward.

13. Februar 1453.

Die Flotte ist zurückgekehrt. Notaras' Palast am Meer hütet seine Geheimnisse wie ein grimmiger Wächter. Ich ertrage diese Ungewißheit nicht länger; mehr als zwei Wochen sind vergangen, seit wir uns sahen, und ich weiß nicht einmal, ob sie noch in der Stadt ist.

Vergeblich ritt ich durch die Straßen und die Mauern entlang. Vergeblich habe ich versucht, meine Furcht durch fieberhafte Arbeit zu übertäuben. Sie gibt mich nicht frei. Ihre strahlenden Augen suchen meine Träume heim, ihr Stolz und kühler Trotz verzehren mir das Herz.

Und wenn sie die Tochter eines Großherzogs und einer serbischen Prinzessin ist, wenn ihr Stammbaum älter ist als selbst der des Kaisers – was weiter? Ich bin der Sohn meines Vaters.

Vierzig Jahre – und ich glaubte, den Herbst meines Lebens erreicht zu haben ...

Warum sollte ich nicht versuchen, sie zu treffen? Wir haben nur mehr diese kurzen Tage; die Zeit verstreicht mit Windeseile und ist verloren. Pfeilschnell schießen diese Tage dahin, mit ihren Aufgaben, ihren Geschäften, ihren Vorratsverzeichnissen, ihrer Leere.

Heute morgen trat ich aus meinem düsteren Haus in die Helle hinaus. Die Sonne schien. Der Himmel breitete sich wie ein blanker Baldachin über Konstantinopel hin, und tiefes Entzücken erfüllte mich, als ich aufbrach – nicht zu Pferd, sondern zu Fuß, wie der ärmste Pilger. Weit, weit draußen schimmerten die Marmortürme des Goldenen Tors im Frühnebel.

Wieder sah ich die glatte Steinmauer, die schmalen Erkerfenster im Obergeschoß, das Wappen über dem Tor. Ich klopfte.

»Mein Name ist Jean Ange, Adjutant des Protostrators Giovanni Giustiniani.«

»Der Megadux ist auf See, und seine beiden Söhne mit ihm. Die Dame des Hauses liegt krank zu Bett.«

»Ich möchte mit seiner Tochter, Anna Notaras, sprechen.«

Sie kam, gefolgt von einem ältlichen Eunuchen, aus dem abgeschlossenen Frauentrakt des Hauses. Sie hat eine kaiserliche Erziehung genossen – sie ist eine freie Griechin. Der Eunuch war grau und verrunzelt wie ein alter Apfel, zahnlos und schwerhörig. Dafür aber war seine Tracht um so kostbarer.

Sie kam. Schöner denn je und unverschleiert. Sie lächelte, als sie kam.

»Ich habe Euch schon erwartet«, sagte sie. »Lange schon habe ich Euch erwartet. Aber ich bin nicht mehr stolz, daß Ihr gekommen seid. Setzt Euch, Jean Ange.«

Der Eunuch schüttelte mißbilligend den Kopf, hob abwehrend beide Arme, barg das Gesicht in den Händen und ließ sich in einer Ecke nieder; er wusch gleichsam seine Hände in Unschuld.

Eine Dienerin brachte einen goldenen Becher auf silbernem Teller. Der Becher war altgriechische Arbeit; rundum verfolgte ein Satyr fliehende Nymphen. Ein frivoler Becher. Sie setzte ihn an die Lippen und reichte ihn mir.

»Auf unsere Freundschaft«, sagte sie. »Ihr könnt nicht in böser Absicht hierhergekommen sein.«

Ich trank von ihres Vaters Wein.

»Auf die Verzweiflung«, erwiderte ich. »Auf Vergessenheit und Finsternis – auf Zeit und Raum. Auf unsere Fesseln – unsere süßen Fesseln, weil Ihr lebt, Anna Notaras.«

Prächtige Teppiche in allen Farben des Orients leuchteten auf dem Porphyrboden. Draußen vor den schmalen Erkerfenstern funkelte das Marmarameer. Ihre braunen Augen leuchteten, ihr Gesicht war wie von Gold und Elfenbein. Sie lächelte noch immer.

»Rede«, meinte sie. »Sag, was du willst. Sprich drauflos, als hättest du mir Wichtiges zu sagen. Der Eunuch kann dich nicht hören, aber je schneller du redest, desto beruhigter wird er sein.«

Es war schwer. Ich hätte sie lieber nur angesehen.

»Der Hyazinthenduft deiner Wangen«, sagte ich. »Der Hyazinthenduft deiner Wangen.«

»Fängst du wieder von vorne an?« sagte sie.

»Ja, von vorne«, erwiderte ich. »Dein Kleid schimmert von Goldfäden und ist wunderbar, aber du bist wunderbarer. Deine Gewänder hüten deine Schönheit gar zu eifersüchtig. Haben Mönche sie entworfen? Die Frauentracht ist anders geworden seit den Tagen meiner Jugend. In Frankreich tragen die Damen ihre Brüste zur Schau, damit die Männer sie bewundern können, wie König Karls liebliche Agnes Sorel. Hier aber verbergt ihr alles, selbst eure Gesichter.

Könnten wir nur einmal ins freie Abendland reisen«, fuhr ich fort. »Die erste Frau, die mich die Geheimnisse der fleischlichen Liebe lehrte, traf ich im Bad an der Quelle der Jugend am Rhein. Am Morgen jenes Tages hatte die Nachtigall geschlagen, und mein Bruder, der Tod, hatte an der Kirchhofsmauer getanzt. Sie war eine vollerblühte Frau, älter als ich, und verbarg nichts von ihrer Schönheit. Sie saß nackt am Rande des Weihers, während edle Frauen und Herren sich im Wasser vergnügten und an schwimmenden Tischen speisten. Ihr Name war Madame Dorothea. Sie gab mir einen Empfehlungsbrief an Aeneas Silvius in Basel, wenn du weißt, wer das ist. Dies alles geschah, nachdem ich die Bruderschaft vom Freien Geiste verlassen hatte. Bis dahin hatte ich nur unter Büschen im Finstern geliebt. Diese edle Frau aber führte mich zu Daunenkissen und entzündete Kerzen rund um das Bett, um ja nichts zu missen.«

Anna Notaras errötete, und ihre Lippen zuckten.

»Warum redest du so zu mir?« fragte sie. »Es gleicht dir gar nicht. Ich hätte es nicht von dir erwartet.«

»Weil ich dich begehre«, entgegnete ich. »Die Fleischeslust ist vielleicht nicht Liebe, allein es gibt keine Liebe ohne sie.

Aber vergiß eines nicht: Nie sprach ich so zu dir, wenn wir allein waren und du in meiner Macht warst. Du hättest mich auch damals nicht erdolcht, weißt du, wenn ich dich berührt hätte – nein, nein – das sehe ich an deinem Blick. Aber mein Verlangen ist so rein wie eine Flamme. Wenn die Zeit kommt, sollst du mir die Blüte deiner Unschuld darbieten; ich werde sie nicht mit Gewalt pflücken.

Anna Notaras«, fuhr ich fort. »Anna Notaras, wie teuer du mir bist! Hör nicht zu, denn ich weiß nicht, was ich sage. Ich bin nur glücklich. Du machst mich glücklich.«

Ich nahm meine Erzählung wieder auf. »Die Bruderschaft vom Freien Geiste anerkennt nur die vier Evangelien. Sie verwirft die Taufe. Sie besitzen alles gemeinsam. Sie sind unter den Armen ebenso zu finden wie unter den Reichen und da, wo man sie am wenigsten erwarten würde, und sie erkennen einander durch Geheimzeichen. Es gibt ihrer einige in jedem Lande, unter verschiedenen Namen – selbst unter den Derwischen. Ich verdanke ihnen mein Leben. Darum nahm ich am Krieg in Frankreich teil, weil sich ihrer viele um die Jungfrau scharten. Als ich aber vierundzwanzig Jahre alt war, sagte ich mich von ihnen los, weil ihr blinder Eifer und ihr Haß ärger waren als jede andere Frömmelei. Später wanderte ich auf vielen Straßen.«

»Und dann sagtest du dich von allem los und vermähltest dich«, neckte sie mich. »Das weiß ich bereits. Erzähl mir von deiner Ehe, und wie glücklich du damals warst. Vielleicht sogar glücklicher als mit der nackten Frau im Bade? Erzähl nur ungescheut.«

Ich dachte an Florenz in der Sommerhitze, an die gelben Wellen des Flusses und die ausgedörrten Hügel. Meine leichtfertige Glückseligkeit schwand dahin.

»Ich habe dir doch gewiß von Florenz und Ferrara erzählt?« fragte ich. »Und wie die gelehrtesten Männer unserer Zeit sich zwei ganze Jahre lang um drei Buchstaben des Alphabets zankten?«

»Warum diese Ausflüchte, Johannes Angelos?« warf sie ein. »Tut es dir so weh, von deiner Ehe zu sprechen? Welche Freude, dich so zu verletzen, wie du mich verletzt hast!«

»Warum müssen wir immer von mir sprechen?« entgegnete ich störrisch. »Warum können wir nicht von dir reden?«

Sie hob die Hand. Ihre braunen Augen blitzten.

»Ich bin Anna Notaras«, sagte sie. »Das ist genug. Mehr ist von mir nicht zu sagen.«

Sie hatte recht. Sie hatte ihr ganzes Leben im Schutz der Mauern des Palastes und in den Gärten am Bosporus verbracht. Sie war in einer Sänfte getragen worden, damit der Straßenkot ihre Schuhe nicht beschmutzte. Ehrwürdige Philosophen waren ihre Lehrer gewesen. Zerstreut hatte sie in großen Foliobänden geblättert und die farbensprühenden Initialen in Gold, Blau und Scharlachrot betrachtet. Sie war Anna Notaras. Sie war als Braut des Kaisers erzogen worden. Was ist weiter von ihr zu sagen?

»Sie hieß Madame Ghita«, hob ich an. »Sie wohnte in einer Gasse, die zum Franziskanerkloster führte. In der grauen Mauer ihres Hauses gab es nur ein vergittertes Fenster und eine eisenbeschlagene Tür. Hinter dem Gitter hauste sie in einer Kammer, die so dürftig war wie die Zelle einer Nonne. Den lieben langen Tag leierte sie Gebete her, sang geistliche Lieder und rief den Vorüberkommenden schrille Schmähworte nach. Ihr Gesicht flößte Entsetzen ein: sie hatte eine Krankheit überstanden, die es pockennarbig und leblos gemacht hatte. Es glich einer häßlichen Maske. Nur ihre Augen lebten.

Zum Zeitvertreib ging sie oft in die Stadt einkaufen«, fuhr ich fort, »begleitet von einer schwarzen Sklavin, die ihren Korb trug. Auf diesen Gängen trug sie einen Mantel aus buntfarbigen Flicken, der – wie auch ihre Haube – mit winzigen Heiligenstatuetten und Medaillen so dicht behangen war, daß man es schon in einiger Entfernung klingeln hörte. Im Gehen kicherte sie und murmelte in sich hinein; blieb aber einer stehen, um sie näher zu betrachten, so geriet sie in helle Wut und überschüttete ihn mit Schimpfworten. Sie nannte sich Gottes Närrin. Die Franziskaner schützten sie, weil sie reich war. Ihre Familie ließ sie nach ihrem eigenen Gutdünken leben, weil sie Witwe und ihr Vermögen in einem Woll- und Bankgeschäft sicher angelegt war. Jedes Kind in Florenz kannte sie, nur ich nicht, weil ich ein Fremder war.

Ich wußte nicht das geringste von ihr, als wir einander zum erstenmal begegneten. Sie sah mich eines Tages auf dem Ponte Vecchio und fing an, mir zu folgen. Ich hielt sie für schwachsinnig. Sie wollte mir ein Geschenk aufdrängen – eine kleine Elfenbeinstatue, die ich bei einem Stand bewundert hatte. Aber du kannst das nicht begreifen. Wie soll ich erklären, was zwischen uns vorfiel?

Ich war noch jung. Ich war fünfundzwanzig, an der Schwelle der Mannheit. Doch hatte ich damals schon alle Hoffnung aufgegeben. Bittere Enttäuschung hatte mich die schwarzen Mäntel und bärtigen Gesichter der Griechen hassen gelehrt. Ich haßte Bessarions runden Schädel und massigen Leib. In meiner Behausung erwachte ich jeden Morgen im Gestank von Schweiß, Schmutz und Unrat. Es war ein glühendheißer Sommer. In Ferrara hatte ich Pest und Liebe überstanden, und nun glaubte ich an nichts mehr. Ich haßte sogar mich selber. Die Sklaverei, die Fesseln, den Kerker des Fleisches. Begreifst du?

Sie lud mich in ihr Haus ein. In ihrer Zelle stand eine Holzbank, darauf sie schlief, und ein irdener Krug mit Wasser; die stinkenden Reste einer Mahlzeit lagen auf dem Boden. Hinter dieser Zelle aber lagen viele schöne und herrlich ausgestattete Gemächer und ein umfriedeter Garten mit murmelnden Bächlein, grünen Bäumen und Käfigen mit Singvögeln. Auf dieselbe Weise enthüllte sich hinter all ihrem Geplapper und Gekicher eine kluge, verzweifelte Frau, die sich aus Seelenpein zur Närrin Gottes gemacht hatte.

In ihrer Jugend war sie sehr schön gewesen, eine reiche,

glückliche Frau. Aber ihr Gatte und ihre beiden Kinder waren binnen wenigen Tagen gestorben, und dieselbe Krankheit hatte ihre Schönheit zerstört. Sie hatte der Ungewißheit des menschlichen Lebens und der entsetzlichen Unsicherheit ins Auge gesehen, die hinter allem äußeren Glück lauert. Wie zum Hohn hatte Gott sie zu Boden geschlagen und ihr Gesicht in den Staub gedrückt. Sie war wahrscheinlich eine Zeitlang nicht recht bei Sinnen gewesen, fuhr aber auch nach ihrer Genesung fort, sich in der Öffentlichkeit weiter so zu gebärden, aus Verzweiflung und Gott und den Menschen zum Trotz. Sie lästerte Gott, wenn sie betete: sie betete, wenn sie Gott lästerte, und ihr Blick war durchdringend und von Qual erfüllt. Nein, ich weiß nicht, ob du das wirklich begreifen kannst. Sie war erst fünfunddreißig; aber ihr Gesicht gab ihr das Aussehen einer welken Greisin. Ihre Lippen waren aufgesprungen; in den wunden Mundwinkeln stand ihr der Schaum, wenn sie sprach. Aber ihre Augen . . .«

Anna Notaras hatte den Blick gesenkt und krampfte die gefalteten Hände ineinander, während sie lauschte. Auf dem schwarz-roten Teppichmuster leuchtete das Sonnenlicht. In der Ecke streckte der Eunuch sein graues, runzeliges Gesicht vor, sah von einem zum anderen, murmelte und versuchte, mir die Worte vom Munde abzulesen. Ich fuhr fort.

»Sie gab mir Speise und Trank. Mit den Augen verschlang sie förmlich mein Gesicht. Als ich sie einige Male besucht und mit ihr gesprochen hatte, erfaßte mich unbeschreibliches Mitleid. Mitleid ist nicht Liebe, Anna Notaras, aber zuweilen kann Liebe Mitleid sein, so etwa, wenn ein Menschenwesen dem anderen durch seine bloße Gegenwart Mitleid erzeigt. Bedenke, damals wußte ich noch nicht, daß sie reich war; ich vermutete nur, sie müsse wohlhabend sein, weil die Franziskaner sie schützten. Sie wollte mir neue Kleider schenken; sie schickte sie mir zu und eine Börse voll Silbergeld obendrein. Ich aber wollte ihre Geschenke nicht annehmen – nicht einmal, um ihr einen Gefallen zu tun.

Dann zeigte sie mir einmal ein Bild von sich in ihrer Jugend. Ich sah, wie sie einst gewesen war, und begriff endlich. Gott hatte ihr Glück zerstört und sie dann in der Hölle ihres eigenen Leibes eingeschlossen. Als sie mich auf der Brücke erblickte, hatte sie sich blindlings in mich verliebt und mich begehrt, obgleich sie es nicht einmal sich selbst eingestehen wollte.

Je nun, da hatte ich's!« rief ich, brennend vor Verlegenheit. »Ich schlief bei ihr; ich erzeigte ihr Mitleid mit meinem Leibe, weil ich darauf keinen Wert mehr legte. Ich teilte ihre Hölle und bildete mir ein, ein gutes Werk zu tun. Drei Nächte lang. Dann verkaufte ich alles, was ich hatte, meine Schreibertracht, selbst meinen Homer, verteilte mein Geld unter die Armen und floh aus Florenz.

Gottes Ratschluß ereilte mich im selben Herbst auf der Bergstraße nach Assisi«, schloß ich. »Madame Ghita war meinen Spuren in ihrer Sänfte gefolgt und hatte einen Franziskaner und einen tüchtigen Anwalt mitgebracht. Ich hatte sie geschwängert, und darin erblickte sie ein Wunder. Da erst entdeckte ich, wer sie war, und erkannte, in welcher Schlinge der Herr mich gefangen hatte. Nie zuvor in meinem Leben war ich so vom Donner gerührt gewesen.«

Ich konnte nicht mehr stillsitzen. Ich stand auf und sah durch das blaßgrüne Fenster auf die drohenden Zinnen der Hafenmauer und auf das blitzende Marmarameer dahinter hinaus.

»Man hat mich gewarnt, irgendwelche Verbindungen mit diesem Hause zu unterhalten«, sagte ich. »Vielleicht werde ich nach diesem Besuch im Marmorturm eingesperrt werden – vielleicht wird mich nicht einmal mein Amt bei Giustiniani retten. Aber du hast mich schon in der Hand, denn diesen Abschnitt meines Lebens kennt kein anderer Mensch. Siehst du, Anna Notaras, Madame Ghita gehörte der Familie der Bardi an, und durch meine Ehe mit ihr wurde ich zu einem der reichsten Männer in Florenz. Schon beim bloßen Klang dieses Namens hätte sich jeder Geldwechsler von Antwerpen bis Kairo, von Damaskus bis Toledo tief vor mir verneigt.

Wieviel sie den Mönchen und dem Papste selbst zahlen mußte, um ihr Vermögen und sich selbst vor ihren Verwandten zu sichern und unsere Ehe gültig erklären zu lassen, danach fragte ich nie. Die Dokumente über meinen Vater und meine Abstammung lagen bei Gerolamo, dem Goldschmied, in Avignon, und der leugnete, sie je erhalten zu haben. Aber der Anwalt ordnete alles, und ich erhielt einen neuen Namen. Jean Ange war vergessen. Zuerst zogen wir in ihr Haus in Fiesole – das heißt, bis zur Geburt unseres Sohnes. Als ich mir den Bart wachsen ließ, mein Haar kräuselte und mich wie ein Edelmann mit dem Degen an der Seite kleidete, hätte niemand mehr den armen französischen Schreiber von der Synode erkannt. Ich ertrug es vier Jahre lang. Ich hatte alles, was mein Herz begehrte: Falken, Rennpferde, Bücher; lustige Gesellschaft und gelehrte Bekannte. Selbst die Medici duldeten mich; freilich nicht um ihretwillen. Ich war nur meines Vaters Sohn; mein Sohn aber war ein Bardi.

Madame Ghita wurde ruhig und gelassen; nach der Geburt unseres Sohnes war sie wie verwandelt. Sie wurde fromm, lästerte Gott nicht mehr, baute eine Kirche. Sie liebte mich ohne Zweifel; über alles aber liebte sie unseren Sohn.

Vier Jahre lang ertrug ich es. Dann nahm ich das Kreuz, um Giulio Cesarini nach Ungarn zu geleiten. Ich hinterließ einen Brief an meine Frau und floh heimlich – was ich oft getan habe. Sie und mein Sohn glauben mich in der Schlacht bei Varna gefallen.«

Alles hatte ich freilich nicht erzählt. Ich verschwieg, daß ich vor meinem Aufbruch nach Ungarn nach Avignon gereist war, Gerolamo am Barte gepackt und ihm das Messer an die Kehle gesetzt hatte. Davon schwieg ich und hatte nie vor, es zu erzählen; das ist ein Geheimnis zwischen Gott und mir, Gerolamo konnte nämlich nicht griechisch lesen und wagte die Dokumente keinem zu zeigen, der es konnte.

Was war noch zu sagen?

»Meine Ehe bedeutete Gottes Urteil über mich«, fuhr ich fort. »Ich mußte verschwenderischen Reichtum und die damit verbundene Herrlichkeit erst erleben, um ihnen entsagen zu können. Goldene Käfige sind schwerer zu durchbrechen als selbst die Gefängnisgitter der Bücher, der Vernunft und der Philosophie. Als Kind saß ich in einem finsteren Turm zu Avignon eingeschlossen; seit damals war mein Leben eine einzige Flucht von einem Gefängnis zum anderen. Nun ist nur noch eines übriggeblieben: das Gefängnis meines Leibes – meines Wissens, Willens und Herzens. Allein ich weiß, bald werde ich auch daraus erlöst werden; die Zeit ist nicht mehr fern.«

Anna Notaras schüttelte leicht den Kopf.

»Du bist ein seltsamer Mensch«, meinte sie. »Ich begreife dich nicht. Du flößt mir Furcht ein.«

»Die Furcht ist auch nur ein solches Gefängnis«, erwiderte ich. »Auch aus der Furcht gibt es eine Erlösung. Man kann sich bedanken und Abschied nehmen, in der Gewißheit, daß man nichts als seine Ketten zu verlieren hat. Furcht ist die Angst, etwas zu verlieren – und was besitzt ein Sklave schon?«

»Und ich?« fragte sie leise. »Warum bist du zu mir gekommen?«

»Du mußt wählen, nicht ich«, antwortete ich. »So einfach ist das.«

Sie krampfte die Hände ineinander und erwiderte, heftig den Kopf schüttelnd: »Nein, nein. Das kann nicht dein Ernst sein.«

Ich zuckte die Achseln.

»Warum, glaubst du wohl, habe ich dir so viel von mir erzählt? Etwa zum Zeitvertreib oder um mich vor dir aufzuspielen? Ich dachte, du kenntest mich besser. Nein. Ich wollte dir zeigen, daß nichts das bedeutet, wofür du es hältst oder es zu halten erzogen worden bist. Reichtum und Armut, Macht und Furcht, Ehre und Schande, Weisheit und Torheit, Häßlichkeit und Schönheit. Gut und Böse – alle diese Dinge bedeuten an sich nichts. Wirklich von Bedeutung ist nur, was wir aus uns machen und was wir sein wollen. Die einzige wirkliche Sünde ist der Verrat: eine Wahrheit zu kennen und ihr untreu zu sein. Ich habe alles von mir abgetan. Ich bin nichts. Und das ist für mich das Höchste, was Sterbliche erreichen können – dieses gelassene Bewußtsein meiner Herrschaft und Macht. Ich habe nichts anderes zu bieten. Du mußt wählen.«

Sie war erregt. Sie biß sich auf die Lippen, aus denen die Farbe wich, und kalter Haß trat in ihre Augen; nun war sie nicht einmal schön.

»Und ich?« fragte sie abermals. »Was willst du nun eigentlich von mir?«

»Als ich deine Augen sah, wußte ich, daß jeder Mensch trotz allem einen Mitmenschen, einen Gefährten braucht. Täusche dich nicht – auch du weißt das. Derlei geschieht nur einmal, und manchen Menschen wird es nie zuteil. Ich habe dir von mir erzählt, um dir zu zeigen, daß alles, was du bisher gehabt hast – alles, was du zu besitzen dachtest – unsicher und eitel ist. Du würdest nichts verlieren, wolltest du darauf verzichten. Wenn die Türken kommen, wirst du vieles lassen müssen. Um deinetwillen möchte ich wünschen, du hättest im Herzen schon allem Lebewohl gesagt, was du früher oder später doch preisgeben mußt.«

»Worte!« rief sie und begann zu beben. »Worte, Worte – nichts als Worte.«

»Auch ich bin der Worte satt«, versetzte ich, »aber ich kann dich nicht vor den Augen deines Eunuchen in die Arme schließen. Du weißt, in meinen Armen würdest du alles begreifen; dann bedürften wir der Worte nicht.«

»Du bist ja wahnsinnig«, erwiderte sie und wich zurück. Aber unsere Augen begegneten einander, ganz wie vor der Sophienkirche. Unsere Augen tauschten unverhüllte Blicke.

»Anna, meine Geliebte«, drang ich in sie. »Unsere Zeit schwindet dahin; nutzlos läuft die Sanduhr ab. Als ich dich zum erstenmal erblickte, erkannte ich dich; es mußte so geschehen. Vielleicht sind wir einander schon in einem früheren Leben begegnet. Doch davon können wir nichts wissen – gewiß ist nur eines: wir sind einander nun begegnet, und es mußte sein. Doch etwa ist dies unsere einzige Gelegenheit – der einzige Ort im Weltall, die einzige Stunde im Weltgeschehen, da unsere Wege sich kreuzen dürfen. Was zögerst du? Was betrügst du dich selbst?«

Sie hob die Hand und legte sie über die Augen; sie wandte sich ab – heim zu ihren Teppichen, Fenstern, zum Porphyrboden, zu ihrer eigenen Zeit, ihrer Erziehung und der vertrauten Umwelt.

»Mein Vater steht zwischen uns«, meinte sie leise.

Ich hatte verloren. Auch ich trat, wie von weit her kommend, wieder in die Gegenwart zurück.

»Er stach in See«, sagte ich. »Warum?«

»Warum?« fuhr sie auf. »Das fragst du? Weil er die schwächliche Politik eines unfähigen Kaisers satt hat! Weil er sich nicht vor dem Sultan beugen will wie Konstantin. Er führt Krieg, da nun einmal Krieg sein soll. Warum, fragst du. Weil er der einzige wahre Mann in der Stadt ist, der einzige echte Grieche. Er will sich nicht auf die Hilfe der Lateiner verlassen. Er baut auf sich selbst und seine Schnellruderer.«

Was sollte ich erwidern? Ob Recht oder Unrecht, sie liebt ihren Vater. Sie ist Anna Notaras.

»Du hast also gewählt«, sagte ich. »Du wirst deinem Vater von mir erzählen.«

»Ja«, erwiderte sie. »Ich werde meinem Vater von dir erzählen.«

Ich war aus freien Stücken in die Falle gegangen. Ich sagte nichts mehr; ich wollte sie nicht einmal ansehen. Aber selbst dies war vorherbestimmt.

15. Februar 1453.

Gestern lief die Flotte wieder ein, alle fünf Schnellruderer. Wimpel flatterten, Matrosen rührten die Trommeln und bliesen ihre Pfeifen, und die kleine Bronzekanone schoß Salut. Die Städter stürzten eiligen Laufes zum Hafen hinab oder winkten mit weißen Tüchern von den Mauern.

Heute wurden auf dem Markt türkische Sklaven feilgeboten. Fischer, alte, langbärtige Burschen, schmächtige Jungen, weinende Frauen, die ihre Gesichter in ihren fadenscheinigen Gewändern zu bergen suchten. Wahrhaftig ein glänzender Sieg, den Notaras da über die Türken davongetragen hat.

Es gelang ihm, zwei Dörfer an der asiatischen Küste überraschend zu überfallen und die Bewohner gefangenzunehmen. Aus anderen Dörfern flohen die Einwohner, allein er steckte ihre Häuser in Brand. Er segelte bis Gallipoli und konnte ein türkisches Frachtschiff versenken. Als die türkischen Kriegsgaleeren ausliefen, um ihm zu begegnen, kehrte er in den Hafen zurück.

Welch ein Frohlocken! Was die griechischen Matrosen gefeiert wurden! Wie die Menge brüllte, als der Megadux nach seinem Hause ritt! Giustiniani und seine Lateiner sind in den Schatten gestellt, und Lukas Notaras ist den ganzen Tag lang der Held von Konstantinopel.

Aber auf dem Sklavenmarkt wollte niemand die türkischen Gefangenen erstehen. Niemand verspottete oder schmähte sie, und die neugierigen Gaffer verliefen sich bald. Beschämt blickten die Leute zu Boden vor diesen Elendsgestalten, die sich aneinander klammerten und Koranverse murmelten, um den Mut nicht zu verlieren.

18. Februar 1453.

Das Echo aus Adrianopel hat geantwortet. Sultan Mohammed hat Kaiser Konstantins Brief als Beweis griechischer Hinterlist öffentlich verlesen und sodann mit Füßen treten lassen. Seine eisenbeschuhten Läufer haben die Kunde davon in alle türkischen Städte getragen. Derwische und Priester predigen Rache, und die Friedenspartei wurde zum Schweigen gebracht. Mohammed ruft selbst das Abendland zum Zeugen an:

Immer wieder haben die Griechen ihre Eide und Verträge gebrochen, sobald sich die Gelegenheit bot. Als Kaiser Konstantin seine Kirche dem Papst auslieferte, zerriß er die letzten Freundschaftsbande zwischen Türken und Griechen. Sein einziges Ziel ist es, das Abendland gegen die Türken zu entflammen. Mit trügerischen Worten und geheuchelter Aufrichtigkeit versucht er immer noch, seine Ränke zu verbergen, allein die osmanischen Dörfer, die nun entlang der Küste des Marmarameeres in Flammen stehen, haben seine blutrünstigen Pläne in grellem Lichte gezeigt. Die Eroberungslust der Byzantiner bedroht unser nacktes Leben; die List und Grausamkeit der Griechen schreit nach Rache. Um dieser beständigen Drohung ein Ende zu setzen, um unser Reich von der lauernden Gefahr der Griechen zu befreien, ist es die Pflicht jedes Gläubigen, in den Heiligen Krieg zu ziehen. Wer die Griechen immer noch reinwaschen möchte, brandmarkt sich als Feind seines eigenen Volkes. Das strafende Schwert des Sultans muß aus der Scheide, um jene Gläubigen zu rächen, die ermordet, gefoltert, lebend verbrannt oder in die Sklaverei verschleppt wurden.

Um die letzten Spuren der Unentschlossenheit zu beseitigen, hat der Sultan angeordnet, daß die Namen der hingemordeten Türken in allen Moscheen beim Freitagsgebet laut verlesen werden.

Der Überfall zur See hat Mohammed die einzige Waffe in die Hand gedrückt, deren er bedurfte, die Friedenspartei zu vernichten und den Widerstand Großwesir Chalils zu brechen. Wer immer sich nun der Belagerung widersetzt, läuft Gefahr, seinen Kopf zu verlieren. Nicht einmal Chalil ist sicher, wenn er auch selbst Großwesir und mit zwei anderen Wesiren blutsverwandt ist.

21. Februar 1453.

Im Pantokratorkloster geschehen Wunder. In den Morgenstunden sammelt sich an feuchten Tagen der Nebel auf den heiligen Ikonen zu Tropfen, und die Mönche erklären, das sei der Angstschweiß der Heiligen. Eine Nonne hat geschworen, sie habe in der Blachernenkirche die Heilige Jungfrau blutige Tränen weinen sehen, und das Volk glaubt ihr, obwohl der Kaiser Kardinal Isidor, den Marionettenpatriarchen Gregorios und mit ihnen gelehrte Philosophen aufgefordert hat, das Bild zu untersuchen, und sie keine Spur von Blut daran entdecken konnten. Abtrünnigen glaubt das Volk eben nicht; unwissend und fanatisch hängt es verbissener denn je am hergebrachten Glauben.

Junge Mönche, Handwerker, Bürger und Kaufleute, die noch jüngst einen Schwertknauf nicht von einer Klinge unterscheiden konnte, üben sich nun in Gruppen zu zehn und hundert unter der Anleitung von Giustinianis erprobten Kriegern im Waffenhandwerk. Sie wollen für ihren Glauben kämpfen; sie brennen darauf, sich nötigenfalls den Lateinern ebenbürtig zu erweisen. Sie wollen ihre Stadt halten.

Einen Bogen mögen sie ja spannen können, aber die Pfeile fliegen hierhin und dorthin. Sie fällen die Lanzen und rennen mit Begeisterung gegen aufgehängte Säcke voll Heu an; aber ihre mangelnde Übung macht sie ungeschickt. Einige haben sich klaffende Wunden an den Beinen zugefügt, als sie über ihren eigenen Mantel stolperten. Und doch sind kräftige Burschen darunter. Sie werden sich am besten dazu eignen,

Steine von den Mauern zu schleudern, wenn die Türken angreifen.

Die Freiwilligen und die vom Kaiser Eingezogenen werden nicht alle Helme erhalten, ja nicht einmal Lederkoller. Wer einen Helm empfangen hat, nimmt ihn bei der ersten Gelegenheit ab und klagt, daß er am Kopf drücke und ihn wundreibe. Die Riemen ihrer Harnische schnüren sie ein, so meinen sie, und mit Beinschienen können sie sich kaum bewegen.

Ich will sie nicht tadeln. Sie geben ihr Bestes. Sie sind in friedlichen Beschäftigungen erzogen worden, im vollen Vertrauen auf ihre Stadtmauern und auf die Söldner des Kaisers. Im Handgemenge würde ein einziger Janitschar im Nu mit zehn solchen Freiwilligen fertig.

Ich habe die schönen, weißen Hände betrachtet, die so meisterhafte Elfenbeinschnitzereien anfertigen können; Augen habe ich gesehen, geschärft durch lange Übung im Gravieren von Heiligenbildern in Karneol. Männer, die lesen und schreiben können; Männer, die mit haarfeinen Pinseln die Initialen in liturgischen Handschriften in Scharlachrot und Gold ausmalen.

Nun müssen sie lernen, ein Schwert in ungeschützte Lenden zu stoßen, mit der Lanze auf eines Menschen Gesicht zu zielen, Pfeile in Augen zu schießen, die Himmel und Erde erschauen können.

Welch eine wahnsinnige Welt – welch eine wahnsinnige Zeit!

Vom Arsenal wurden leichte Drehbassen für die Wälle und auch schwere schmiedeeiserne Kanonen geholt, weil der Kaiser zu arm ist, sie in Bronze gießen zu lassen. Die neueingezogenen Rekruten scheuen die Kanonen mehr als die Türken und werfen sich, die Hände an den Ohren, zu Boden, wenn sie abgefeuert werden. Sie klagen, daß der Geschützdonner und das Mündungsfeuer sie taub und blind macht. Zum größten Unglück zerbarst am ersten Tag eine kleine, eiserne Kanone und verstümmelte zwei Mann.

24. Februar 1453.

Giustiniani hat seinen Verteidigungsplan fertiggestellt. Die Lateiner hat er nach ihrer Volkszugehörigkeit aufgeteilt und sie an die gefährdetsten Stellen entlang der Mauer und an den Toren postiert. Venezianer und Genuesen werden miteinander um den Ruhm wetteifern; selbst aus Pera sind junge Männer eingetroffen, die unter Giustiniani dienen wollen. Ihr Gewissen ertrug die Schande nicht, müßig diesem Krieg zuzusehen, der schließlich das Schicksal des Abendlandes entscheiden wird.

Giustiniani vertraut nur auf die Lateiner und auf die kaiserlichen Artilleristen und Waffenmeister. Die übrigen Griechen sind als Lückenbüßer auf den Mauern gedacht. Aber sie sind notwendig. Die landseitige Mauer allein – die höchste – mißt zehntausend Schritte und hat hundert Türme. Die beiden anderen Seiten dieses riesigen Festungsdreiecks, die seeseitige und die Hafenmauer, sind gleich lang, werden aber kaum ebenso arg bedroht werden. Den Hafen schützen die westlichen Kriegsschiffe, die den türkischen weit überlegen sind; die seeseitige Mauer wird kaum gefährdet werden, weil das griechische Feuer noch auf Pfeilschußweite die türkischen Schiffe lichterloh in Brand setzen kann. Zu diesem Zweck besitzen die kaiserlichen Waffenmeister besondere Geschosse, die kleinen, fliegenden Kanonen gleichen. Aber sie hüten ihre Geheimnisse eifersüchtig und wollen sie den Lateinern nicht verraten.

Giustiniani erwartet jedenfalls den eigentlichen, heißen Strauß entlang der landseitigen Mauer. In deren Mitte befindet sich das Tor des heiligen Romanos, im Tale Lykos, dessen Verteidigung er sich selbst und seinen eisengepanzerten Genuesen vorbehalten hat. Von dort aus kann er auch am raschesten Verstärkungen an gefährdete Stellen entlang der Mauer entsenden. Die endgültige Aufstellung der Verteidiger wird freilich vom Angriffsplan des Sultans abhängen.

Das Schlimmste an diesen überstürzten Vorbereitungen ist vorüber. Die Mauern werden immer noch verstärkt, aber alles schreitet zielbewußt vorwärts, und jeder einzelne Mann weiß Stunde für Stunde des Tages genau, was er zu tun hat. Auch die Ausbildung im Waffenhandwerk schreitet auf dieselbe Weise fort, obwohl die Mittagspause durch die riesige Ausdehnung der Stadt ungebührlich in die Länge gezogen wird, weil die Freiwilligen zu den Mahlzeiten nach Hause gehen müssen.

Giustiniani hat seine abgewetzten Lederhosen abgelegt, sein Haar auf griechische Art sorgfältig frisieren und wellen lassen; seinen Bart rot gefärbt und mit Goldfäden durchwirkt; und wenn er sich auch nicht, gleich den jungen Offizieren der kaiserlichen Leibwache, die Augenwinkel blau und die Lippen rot schminkt, so prunkt er doch mit goldenen Halsketten und ist in griechischer Gesellschaft bereits heimisch geworden. Die Damen vom Blachernenpalast schmeicheln ihm mit Aufmerksamkeiten.

Er ist ein herkulisch gebauter Mann, der die meisten Griechen um Haupteslänge überragt. Er putzt seinen Küraß spiegelblank und vertauscht abends die Halskette des Protostrators, die der Kaiser ihm verliehen hat, mit einer Kette von Amethysten, in der Hoffnung, diese Steine könnten verhindern, daß er sich betrinke.

Der Kaiser hat in einem Chrysobull sein Versprechen bekräftigt, Giustiniani das Herzogtum Lemnos zu verleihen, wenn es ihm gelingt, die Türken zurückzuschlagen. Das Siegel allein ist viele Byzantiner wert, und der Kaiser hat das Dokument eigenhändig mit seinem dreifachen Kreuz unterzeichnet.

Megadux Notaras ist seit seiner Unternehmung zur See zurückgezogen in seinem Haus geblieben, und der Kaiser hat ihm auf Giustinianis Rat streng untersagt, seine Schnellruderer abermals in See stechen zu lassen. Notaras beharrt nicht weniger unbeugsam darauf, daß er recht gehandelt habe, und zeiht den Kaiser der Feigheit und Kriecherei vor den Lateinern.

Er hat zu verstehen gegeben, daß er von Giustiniani erwartet, dieser würde sich mit ihm über die Verteidigung der Stadt und die Aufstellung der Truppen beraten. Als Megadux und Admiral der kaiserlichen Flotte hält er sich Giustiniani zumindest für ebenbürtig, obwohl dieser den Rang des Protostrators bekleidet. Vor allem möchte er natürlich gerne wissen, welche Rolle Giustiniani ihm in seinem Verteidigungsplan zugedacht hat. Er kann nicht übergangen werden; dazu steht er zu viel zu hoch und ist er zu einflußreich. Dennoch haben die lateinischen Schiffskapitäne die unumschränkte Befehlsgewalt über ihre Schiffe inne und empfangen ihre Befehle unmittelbar vom Kaiser; daher verfügt Notaras in Wirklichkeit nur über jene fünf trägen, wassersüchtigen »Schnellruderer«, und selbst die gehören dem Namen nach dem Kaiser, obwohl der Megadux sie auf eigene Kosten überholen und ausrüsten ließ.

Trotz der Volksgunst, die er errungen hat, ist Lukas Notaras nun ein sehr einsamer Mann – wenigstens, was den Blachernenpalast betrifft.

Giustiniani läßt ihn immer noch warten. Giustiniani ist ein Abenteurer, der zum Protostrator erhoben wurde, und ist sich daher seines Ranges vielleicht stärker bewußt als ein erblicher Großherzog. Soll auch hier derselbe, widerlich kindische Streit herrschen, der die beiden Männer bestimmt, ihre Throne gegenseitig mit der Elle zu messen?

Tatsächlich ist die ganze Stadt vollkommen in der Gewalt der Lateiner; die Griechen sind machtlos, obwohl der Kaiser dies anscheinend noch nicht erkannt hat. Den Hafen beherrschen die Schiffe der Lateiner, während die Schlüsselstellungen in der Stadt und auf den Bastionen von den Geharnischten Giustinianis und der Venezianer besetzt sind.

Kann es sein, daß Giustiniani insgeheim politische Pläne schmiedet? Er hat Verbindungen mit den einflußreichsten lateinisch gesinnten Griechen aufgenommen, fallweise auch durch deren Frauen. Sollte der türkische Ansturm fehlschlagen und Sultan Mohammed eine Niederlage erleiden – sollten die Flotten Venedigs und des Papstes mit ihren lateinischen Hilfstruppen rechtzeitig eintreffen – so würde sich Konstantinopel als bloßer Stützpunkt für die Lateiner zur Eroberung des Schwarzmeerhandels und zur Unterdrückung eines zerrissenen türkischen Staatsgebildes erweisen. Die Union ist bereits verkündet. Könnte etwa wieder ein Lateiner Kaiser werden, neben dem man dem griechischen Marionettenkaiser großmütig erlauben würde, seinen Thron beizubehalten?

Würde sich der Sieger mit seinem Lehensherzogtum Lemnos zufriedengeben?

Das griechische Blut in meinen Adern läßt mich einfach nicht mehr an den äußeren Anschein der Dinge glauben. Es ist ein vom Zweifel vergiftetes Blut, das Blut von einem Jahrtausend politischer Ränkespiele. Tag für Tag fällt das, was an mir lateinisch ist, mehr und mehr ab. Ich bin meines Vaters Sohn; mein Blut treibt mich heim.

25. Februar 1453.

Angst und Schrecken gehen in der ganzen Stadt um. Das Volk ist stumm geworden; argwöhnisch belauern sie einander. Viele beten in den Kirchen. Die Reichen packen ihre Truhen und vergraben ihre Kostbarkeiten oder verstecken sie in Brunnen. Keller werden vermauert. So mancher Archont hat von ungewohnter Arbeit schwielige Hände bekommen; das Schuldbewußtsein liegt diesen Männern im Blick, und verräterische Mörtelspritzer haften an ihren Ärmeln.

»Es geht etwas vor«, meinte mein Diener Manuel heute. »Ich sehe es, höre es, rieche es – aber was es ist, weiß ich nicht. Sagt es mir, Herr.«

Auch ich fühle, es liegt etwas Fremdes in der Luft. Im Hafen herrscht Unrast; Boote rudern zwischen den Schiffen hin und her. Der venezianische Rat der Zwölf tagt hinter verschlossenen Türen.

26. Februar 1453.

Ich hatte mich schon entkleidet, als mein Diener Manuel mir einen jungen Griechen meldete. Ich nahm mir nicht die Mühe, nochmals aufzustehen; ich war müde.

Der Junge trat, ohne sich zu verneigen, ein und sah sich neugierig um; er rümpfte die Nase über den Geruch von Leder, Papier, Siegellack und Metallpolitur. Ich erkannte ihn; ich hatte ihn zu Pferd im Hippodrom gesehen. Es war Anna Notaras' jüngerer Bruder.

Ich war ernüchtert. Heftige Windstöße rüttelten an den Fensterläden.

»Es ist finster draußen«, sagte der Junge. »Der Himmel ist bedeckt. Man kann kaum die Hand vor den Augen sehen.«

Er ist siebzehn und ein schöner Jüngling; sehr stolz auf seine Schönheit und seinen Stand, jedoch in einnehmender Weise. Er schien neugierig auf mich zu sein.

»Ihr seid den Türken entflohen«, sagte er. »Man spricht viel von Euch in der Stadt. Ihr wurdet mir gezeigt, als Ihr vorbeirittet. Mein Vater möchte Euch gern empfangen, wenn es Euch nicht zu viele Umstände macht.« Er blickte zur Seite. »Wie gesagt, es ist eine finstere Nacht. Man sieht gar nichts.«

»Ich gehe nicht gern im Dunkeln aus«, erwiderte ich, »kann aber natürlich nicht verfehlen, einem Befehl Eures Vaters zu gehorchen.«

»Es ist kein Befehl«, wandte er ein. »Wie könnte mein Vater Euch Befehle erteilen? Ihr dient unter Giustiniani. Er will Euch nicht als Soldaten begegnen; ihr sollt sein Gast sein – vielleicht auch sein Freund. Mag sein, daß Ihr ihm wertvolle

Nachrichten übermitteln könnt, und er wundert sich, daß Ihr ihm aus dem Wege geht; er ist begierig, Euch kennenzulernen. Freilich würde er es Euch auch nicht verübeln, wenn Ihr es für das beste hieltet, nicht zu kommen.«

Er redete unbekümmert und munter drauflos, um seine Verlegenheit über den erhaltenen Auftrag zu verbergen. Er war ein offener, gewinnender Junge – und auch er ging nicht gern im Dunkeln aus. Warum hielt sein Vater diese Einladung so geheim, daß er nicht einmal einem Diener vertrauen wollte, sondern seinen eigenen Sohn schickte?

Ein Lamm für die Schlachtbank, dachte ich. Ein ausgewachsener Widder auf dem Altar des Ehrgeizes. Er ist also bereit, im Notfall den eigenen Sohn zu opfern.

Aber hier stand der Bruder Anna Notaras'. Ich lächelte ihm herzlich zu und strich ihm, als ich angekleidet war, leicht mit der Hand über die Schulter. Er stutzte und errötete, lächelte aber dann zurück: er betrachtete mich offensichtlich nicht als einen Mann von niederer Herkunft.

Der Nordwind heulte durch die Nacht, raubte uns den Atem und wickelte uns dicht in unsere Mäntel. Es war stockdunkel. Zwischen den ziehenden Wolken blinkten ab und zu Sterne vom schwarzen Himmel herab. Der gelbe Hund folgte mir, obwohl ich ihn daheimbleiben hieß. Allein er verschwand bald im Dunkel. Ich nahm Manuel die Laterne ab und reichte sie dem Jungen; der sah darin offenbar eine Zumutung, trug sie aber ohne Widerrede. Für wen hielt er mich? Der Hund folgte uns auf dem ganzen Weg, als wollte er mich selbst gegen meinen Willen beschützen.

Es war finster in Notaras' Palast. Wir traten durch ein Hinterpförtchen in einem Winkel an der Seemauer ein. Kein Mensch war zu sehen, und doch dünkte mich die Nacht voll verborgener Augen. Der sausende, seufzende Wind sprach zu mir, doch ich konnte seine Worte nicht verstehen. Selbst in meinem Kopf sauste und brauste es, als hätte der Sturm mir den Verstand verwirrt.

Totenstille herrschte auf dem schmalen Korridor. Warme Luft kam uns entgegen. Wir erstiegen eine Treppe. In dem Gemach, in das ich geführt wurde, stand ein Schreibtisch mit Gänsefedern und Papier und große, schöngebundene Bücher. Vor dem Ikon der Heiligen Drei Könige brannte ein Lämpchen mit wohlriechendem Öl.

Er hielt den Kopf gesenkt, wie in schweres Grübeln versunken. Er lächelte nicht und nahm meinen Gruß als natürliche Ehrenbezeigung entgegen.

Zu seinem Sohn meinte er nur: »Ich werde dich nicht mehr brauchen.« Der Junge war verletzt, ließ es sich jedoch nicht anmerken. Er war sehr neugierig gewesen mitanzuhören, was wir einander zu sagen hätten; nun aber neigte er gehorsam den schönen Kopf, wünschte mir eine gute Nacht und verließ uns dann.

Kaum war er draußen, da kam Leben in Lukas Notaras; er sah mich forschend an und bemerkte: »Ich weiß alles über Euch, Johannes Angelos; darum will ich offen reden.«

Ich erkannte, daß er von meiner griechischen Abstammung wußte; daran war zwar nichts Überraschendes, allein es flößte mir doch Unbehagen ein.

»Ihr wollt also offen reden«, bemerkte ich. »Das sagt ein Mann nur, wenn er seine wahren Gedanken verbergen will. Wagt Ihr es denn, zu Euch selbst offen zu sein?«

»Ihr wart Sultan Mohammeds vertrauter Berater«, erwiderte er. »Ihr floht im vergangenen Herbst aus seinem Lager. Ein Mann, der es zu einer solchen Stellung gebracht hat, handelt nicht ohne Ziel, so wie Ihr.«

»Es geht hier um Eure Absichten, Megadux, nicht um meine«, wich ich aus. »Ihr hättet mich nicht heimlich zu Euch geladen, wenn Ihr mich nicht für brauchbar zu deren Ausführung hieltet.«

Er machte eine ungeduldige Gebärde. Auch sein Siegelring war so groß wie die Hand eines kleinen Kindes. Die Ärmel seines grünen Überkleides reichten ihm bis auf die Ellbogen, und die Unterärmel waren von reiner Seide und goldgestickt, wie die des Kaisers.

»Und doch habt Ihr von Anfang an versucht, mit mir in Verbindung zu treten«, sagte er. »Ihr seid sehr vorsichtig gewesen. Das war verständlich und recht so, sowohl von Eurem als auch von meinem Standpunkt aus. Es war sehr klug von Euch, anscheinend zufällig die Bekanntschaft meiner Tochter zu machen. Dann begleitetet Ihr sie eines Tages, da sie ihre Zofe verloren hatte, nach Hause. Als ich auf hoher See weilte, wagtet Ihr, am hellen Tage mein Haus aufzusuchen. Ihr wolltet meine Tochter sehen. Das war sehr schlau von Euch.«

»Sie versprach, mir von Euch zu erzählen«, gestand ich.

»Meine Tochter mag Euch gut leiden.« Er lächelte. »Sie weiß nicht, wer Ihr seid, und ahnt nichts von Euren Absichten. Sie ist sehr feinfühlig und stolz – sie weiß nichts. Ihr versteht.«

»Sie ist sehr schön«, erwiderte ich. Der Megadux winkte abermals ab.

»Über diese Art Versuchung seid Ihr erhaben. Meine Tochter ist nicht für Euch bestimmt.«

»So sicher möchte ich das nicht behaupten, Megadux«, antwortete ich.

Zum erstenmal ertappte ich ihn auf einem überraschten Blick.

»Jeder Tag hat genug an seiner eigenen Plage«, sagte er. »Euer Spiel ist zu gefährlich, um eine Frau hineinzuziehen. Vielleicht um des äußeren Anscheins willen; jedoch nicht weiter. Ihr bewegt Euch auf des Messers Schneide, Johannes Angelos; Ihr könnt es Euch nicht leisten zu stolpern.«

»Ihr wißt und kennt viel, Megadux«, bemerkte ich, »aber mich kennt Ihr nicht.«

»Ich weiß viel«, stimmte er bei. »Mehr als Ihr denkt. Nicht einmal das Zelt Eures Sultans ist vor Lauschern sicher. Auch dort haben die Wände Ohren. Ich weiß, daß Ihr nicht im Zorn vom Sultan geschieden seid; ich weiß, daß er Euch ein fürstliches Geschenk von kostbaren Steinen machte. Leider wissen das auch der Kaiser und der Siegelbewahrer Phrantzes. Daher hat man Euch seit Eurer Ankunft in Konstantinopel auf Schritt und Tritt beobachtet. Ich will nicht wissen, welchen Preis Ihr für Euren Einstand unter Giustiniani berappen mußtet; alle Lateiner sind käuflich. Aber nicht einmal Giustiniani kann Euch retten, wenn Ihr den geringsten Fehler begeht.«

Er warf abermals die Hände empor.

»Es ist lächerlich«, setzte er hinzu, »Sultan Mohammeds Ansehen ist also hier in Konstantinopel Euer einziger Schutz; so tief ist das Zweite Rom gesunken. Sie wagen es nicht, die Hand gegen Euch zu erheben, weil sie Eure Absichten noch nicht durchschaut haben.«

»Ihr habt wahrlich recht«, erwiderte ich. »Es ist in der Tat zum Lachen. Selbst nun, da ich dem Sultan entlaufen bin und ihn verraten habe, ist es seine Macht, die mich schützt; das ist mir täglich und stündlich bewußt geworden. Wir leben in einer verrückten Zeit.«

Er lächelte dünn.

»Ich bin nicht so verrückt, daß ich glauben würde, Ihr wagtet es, selbst mir Eure Pläne zu enthüllen. Ich bin schließlich ein Grieche. Es ist auch gar nicht nötig. Mir sagt der gesunde Verstand, daß Ihr nach der Eroberung der Stadt im Dienste des Sultans eine noch höhere Stellung einnehmen werdet – wenn nicht öffentlich, so im geheimen. Daher könnte ein gegenseitiges Übereinkommen, ja selbst eine Zusammenarbeit in gewissen Grenzen uns beiden nützen.«

Er sah mich fragend an.

»Ihr habt es gesagt«, erwiderte ich vorsichtig.

»Es gibt nur zwei Möglichkeiten«, fuhr er fort. »Entweder die Belagerung glückt, und der Sultan erstürmt Konstantinopel; oder sie schlägt fehl, und dann werden wir auf ewige Zeiten Vasallen der Lateiner sein.«

Er stand auf, streckte sich und sprach mit erhobener Stimme. »Wir haben schon einmal unsere Erfahrungen mit der lateinischen Herrschaft gemacht. Sie dauerte ein Menschenalter, und Konstantinopel hat sich heute, dreihundert Jahre später, noch immer nicht davon erholt. Die Lateiner sind Räuber, grausamer als selbst die Türken, und haben den wahren Glauben verfälscht. Die Türken lassen wenigstens unseren Glauben und unsere Überlieferung unangetastet. Daher steht nun selbst die Panagia auf seiten der Türken, obwohl sie über unsere Schwachheit blutige Tränen weint.«

»Ihr redet hier nicht zum Pöbel, Megadux«, erinnerte ich ihn.

Er erwiderte mit Nachdruck: »Mißversteht mich nicht. Was immer Ihr auch tun mögt, mißversteht mich nicht. Ich bin ein Grieche: ich will für meine Stadt kämpfen, solange irgendeine Hoffnung auf Unabhängigkeit bleibt. Aber nie will ich sie in die Hände der Lateiner fallen lassen; das hätte nichts als unablässiges Morden auf Jahrzehnte hinaus im Gefolge; Konstantinopel würde zum lateinischen Bollwerk Europas werden – und so würde unsere letzte Kraft allmählich versiegen. Wir haben Europa und die Lateiner satt. Neben diesen Barbaren sind selbst die Türken gebildete Menschen, dank ihres arabischen und persischen Erbes. Die Macht des Sultans wird Konstantinopel zu neuer Blüte emporheben. An der Grenze zwischen Osten und Westen wird Konstantinopel wieder die Welt beherrschen. Der Sultan verlangt von uns nicht den Verrat an unserem Glauben, nur Freundschaft mit den Türken. Warum sollten wir nicht mit ihm die Welt erobern und unsere uralte griechische Kultur als Sauerteig für ihre robustere Zivilisation wirken lassen? Laßt doch das Dritte Rom entstehen! Eines Sultans Rom, wo Griechen und Türken Brüder sind und einer den Glauben des anderen achtet.«

»Wahrhaftig ein begeisternder Traum, den Ihr da träumt«, entgegnete ich. »Nicht um die Welt möchte ich den Eifer dämpfen, der Euch erfüllt – aber Träume sind Schäume. Bleiben wir bei der nackten Wahrheit. Ihr kennt Mohammed nicht; und doch hofft Ihr darauf, daß Eure Stadt eingenommen werde und in seine Hand falle.«

»Ich hoffe nicht darauf«, erwiderte er. »Ich *weiß,* daß Konstantinopel fallen wird. Nicht umsonst bin ich Stratege.

Ein lebendiger Hund ist besser als ein toter Löwe«, fuhr er fort. »Kaiser Konstantin hat sein Schicksal selbst gewählt, denn er konnte nicht anders handeln. Er wird ohne Zweifel den Tod auf den Wällen suchen, wenn er alles verloren sieht. Aber wie kann ein toter Patriot seinem Volke helfen? Sollte es mein Schicksal sein zu fallen, so werde ich auf den Mauern Konstantinopels fallen – aber ich möchte mein Leben lieber schonen und zum Wohle meines Volkes arbeiten. Die Zeit der Palaiologen ist um; der Sultan wird der einzige Kaiser sein. Aber um die Griechen zu beherrschen und griechische Angelegenheiten zu regeln, wird er der Griechen bedürfen. Nach der Eroberung der Stadt wird dies unvermeidlich sein; er wird die höheren Ämter mit Männern besetzen müssen, die mit dem Hofzeremoniell und der Verwaltungsarbeit vertraut sind. Daher bedarf Konstantinopel der Patrioten, die ihre Landsleute lieben – die ihr altgriechisches Erbe mehr lieben als ihren eigenen Ruf. Wenn ich als Hund meinem Volk dienen kann, frage ich nichts nach dem Tode eines Löwen. Ich brauche nur den Sultan von meiner Ehrlichkeit zu überzeugen, und wenn der Ruf: ›Die Stadt ist verloren!‹ um die Mauern läuft, wird die Stunde dasein, da ich das Schicksal meines Volkes in die Hand nehme und es den rechten Weg führe.«

Er schwieg und sah mich erwartungsvoll an.

»Eure Rede war lang, schön, überzeugend und macht Euch große Ehre«, sagte ich. »Zwar umfaßt das altgriechische Erbe, von dem Ihr spracht, auch Leonidas und die Thermopylen, aber ich weiß, was Ihr meint. Ihr wollt den Sultan von Eurer Ehrlichkeit überzeugen – aber habt Ihr die nicht schon zur Genüge bewiesen? Ihr führtet die Gegner der Union, Ihr entfachtet den Haß gegen die Lateiner und andere Zwiste innerhalb der Stadt und schwächtet so die Verteidigung. Ihr stacht in See und liefertet durch einen nutzlosen Überfall dem Sultan den Vorwand, den er brauchte. Gut und schön. Warum schreibt Ihr nun nicht unmittelbar an den Sultan und bietet ihm Eure Dienste an?«

Er antwortete: »Ihr wißt sehr wohl, daß ein Mann in meiner Stellung dergleichen nicht tun kann. Ich bin ein Grieche. Ich muß für meine Stadt kämpfen, obwohl ich weiß, daß der Kampf vergeblich sein wird. Ich behalte mir aber das Recht vor, den Umständen entsprechend für das Wohl meines Volkes zu handeln. Warum sollten meine Landsleute fallen oder in die Sklaverei verschleppt werden, wenn ich es verhindern kann?«

»Ihr kennt Mohammed nicht«, wiederholte ich. Mein Widerspruch schien ihn zu stören.

»Ich bin kein Verräter«, sagte er. »Ich bin ein Politiker. Sowohl der Sultan als auch Ihr müßt das verstehen. Vor meinem Volk und meinem Gewissen, vor dem Richterstuhl Gottes will ich für meine Gedanken und Werke einstehen, ungeachtet meiner Verleumder. Mein politischer Verstand sagt mir, daß man in der Schicksalsstunde einen Mann wie mich brauchen wird. Meine Beweggründe sind rein und frei von Selbstsucht. Besser, daß meine Landsleute es irgendwie überleben, als gänzlich zugrunde gehen. Der Geist Griechenlands, seine Kultur und sein Glaube bedeuten nicht nur die Stadtmauern, den Kaiserpalast, das Forum, den Senat und die Archonten; das alles sind nur äußere Formen – und obwohl die Formen mit der Zeit wechseln, bleibt doch der Geist unverändert.«

Ich versetzte: »Politische Weisheit und göttliche Weisheit sind zwei verschiedene Dinge.«

Er wies mich zurecht. »Wenn Gott dem Menschen die Gabe verliehen hat, politisch zu denken, so liegt es gewiß in seiner Absicht, daß wir diese Gabe nützen.«

»Ihr habt deutlich genug gesprochen, Megadux Lukas Notaras«, meinte ich bitter. »Nach dem Fall Konstantinopels werden Männer Eures Schlages die Welt beherrschen. Ich kann Euch versichern, Sultan Mohammed kennt Eure Anschauungen und bewertet Eure selbstlosen Beweggründe richtig. Er wird Euch zweifellos zu geeigneter Zeit seine Wünsche mitteilen lassen und Euch kundtun, wie Ihr ihm während der Belagerung am besten dienen könnt.«

Er neigte leicht den Kopf, als erkenne er mich als Sultan Mohammeds Gesandten und meine Worte als Botschaft von ihm an. So sehr kann ein Mensch zum Sklaven seiner eigenen Wünsche werden.

Seine Spannung löste sich, und er machte eine freundliche Geste mit beiden Armen, als ich mich eben verabschieden wollte.

»Geht noch nicht«, bat er. »Wir haben eine überaus förmliche Unterredung gehabt, aber ich möchte auch Eure Freundschaft gewinnen. Ihr dient einem Herrn, dessen Entschlossenheit und Weitblick ich trotz seiner Jugend von ganzem Herzen achte.«

Er trat rasch an einen Tisch, schenkte Wein in zwei Gläser und bot mir eines an. Ich nahm es nicht.

»Ich habe schon von Eurem Wein getrunken«, sagte ich. »In Gesellschaft Eurer schönen Tochter habe ich ein Glas davon verkostet. Erlaubt, daß ich diesmal einen kühlen Kopf bewahre. Ich bin den Wein nicht gewöhnt.«

Er lächelte, da er meine Weigerung mißverstand.

»Die Gebote des Korans haben ihr Gutes«, meinte er leichthin. »Ich zweifle nicht, daß Mohammed ein großer Prophet war. Heutzutage anerkennt jeder denkende Mensch das Gute an anderen Religionen, während er doch seiner eigenen treu bleibt. Ich begreife jene Christen sehr wohl, die aus freien Stücken den Islam angenommen haben; achte ich doch in Glaubenssachen jede ehrliche Überzeugung.«

»Ich bin nicht zum Islam bekehrt worden«, antwortete ich. »Ich will meinen Christenglauben vor der blanken Klinge behaupten. Ich bin nicht beschnitten. Dennoch möchte ich lieber kühlen Kopf bewahren.«

Sein Gesicht verfinsterte sich wieder.

»Überdies habe ich Euch versichert und wiederhole meine Versicherung, daß ich aus des Sultans Dienst geschieden bin«, setzte ich leichthin hinzu. »Ich bin nach Konstantinopel gekommen, um für die Stadt zu sterben. Andere Ziele habe ich nicht. Ich danke Euch für Euer Vertrauen und will es nicht mißbrauchen. Jedermann hat das Recht, bei sich politische Berechnungen anzustellen; niemand kann Euch daraus einen Vorwurf machen, solange Ihr sie für Euch behaltet. Kaiser Konstantin und seine Berater sind zweifellos auf solche Berechnungen Eurerseits gefaßt. Seid also vorsichtig – so vorsichtig, wie Ihr bisher gewesen seid.«

Er setzte den Wein wieder hin, ohne davon gekostet zu haben.

»Ihr traut mir nicht«, klagte er. »Ihr habt natürlich Euren eigenen Auftrag und Aufgaben, die mich nichts angehen. Seid also auch Ihr vorsichtig. Ihr werdet vielleicht mit mir wieder in Verbindung treten wollen, wenn Ihr die Zeit für gekommen erachtet. Ihr kennt meine Ansichten. Ihr wißt, was Ihr von mir zu erwarten habt – und was nicht. Ich bin ein Grieche. Ich werde für meine Stadt kämpfen.«

»Wie ich«, sagte ich. »Dies wenigstens haben wir gemeinsam. Wir wollen beide kämpfen, obwohl wir wissen, daß Konstantinopel fallen muß; wir hoffen nicht mehr auf Wunder.«

»Die Zeit ist schon uralt«, erwiderte er. »Das Zeitalter der Wunder ist vorbei. Gott greift nicht mehr ein. Aber er ist Zeuge unserer Gedanken und Taten.«

Er wandte sich dem Bild der Heiligen Drei Könige und dem wohlriechenden Lämpchen zu, hob die Hand und sprach diesen Eid:

»Bei Gott dem Herrn und Seinem eingeborenen Sohn, bei der Muttergottes und allen Heiligen schwöre ich, daß ich frei von Selbstsucht bin und nur das Wohl meines Volkes im Auge habe. Ich strebe nicht nach der Macht. Es ist eine schwere Prüfung, der ich mich unterziehen will, allein für die Zukunft meines Geschlechtes, meiner Verwandten und meiner Stadt muß ich handeln, wie ich zu handeln entschlossen bin.«

Er schwor diesen Eid so feierlich und überzeugend, daß ich ihm glauben mußte. Er ist nicht nur ein berechnender Politiker: er glaubt wirklich, daß er recht handelt. Er hat Schimpf erduldet, sein feinfühliger Stolz wurde verletzt, er haßt die Lateiner, und man hat ihn beiseite geschoben. Darum hat er nun diese seine Überzeugung gefaßt und glaubt daran.

»Eure Tochter Anna Notaras«, sagte ich. »Werdet Ihr mir nun noch erlauben, sie zu sehen?«

»Was hat das nun noch für einen Sinn?« fragte er überrascht. »Es würde doch nur unnötige Aufmerksamkeit erregen. Wie könnte sie sich denn in Gesellschaft eines Mannes zeigen, den alle für einen geheimen Sendboten des Sultans halten?«

»Ich sitze noch nicht im Marmorturm«, entgegnete ich. »Wenn Giustiniani sich mit den Damen vom Blachernenpalast vergnügen darf, warum sollte ich nicht der Tochter des Megadux meine Aufwartung machen dürfen?«

»Meine Tochter muß auf ihren Ruf bedacht sein.« Seine Stimme klang kalt und abweisend.

»Die Zeit ändert sich von Grund auf«, versetzte ich. »Mit den Lateinern kommen die freieren Sitten des Abendlandes zu uns. Eure Tochter ist erwachsen und weiß, was sie will. Warum solltet Ihr nicht Sängern und Musikern gestatten, sie zu unterhalten? Warum sollte ich nicht neben ihrer Sänfte zur Kirche reiten? Warum sollte ich sie nicht an einem sonnigen Tag zu einer Ruderfahrt im Hafen einladen? Euer Haus ist düster. Warum wollt Ihr ihr nicht ein wenig Freude und Heiterkeit gönnen, bevor die schweren Tage hereinbrechen? Was habt Ihr dagegen, Megadux?«

Er streckte die Hand aus.

»Zu spät«, sagte er. »Ich schicke meine Tochter fort, weg aus der Stadt.«

Ich sah zu Boden, um mein Gesicht zu verbergen. Ich hatte es gewußt; es war keine unerwartete Neuigkeit; und doch brannte ich vor Bitterkeit über meinen Verlust.

»Wie Ihr wollt«, meinte ich. »Dennoch will ich Eure Tochter vor ihrer Abreise noch einmal sehen.«

Er warf mir einen schnellen Blick zu, und in seine großen, glänzenden Augen trat ein Ausdruck von Geistesabwesenheit, als sähe er einen Augenblick Möglichkeiten sich auftun, mit denen er früher nicht gerechnet hatte. Dann aber winkte er ihnen gleichsam mit der Hand ab und blickte zum Fenster hin, als wollte er durch die Scheibe und den knarrenden Fensterladen auf die dunkle See hinausspähen.

»Zu spät«, wiederholte er. »Es tut mir leid, allein ich glaube, das Schiff ist schon ausgelaufen. Heute nacht ist der Wind besonders günstig. Heute nachmittag wurde sie heimlich mit Gepäck und Gefolge zu einem kretischen Schiff hinausgerudert.«

Ich wandte mich ab und stürzte blindlings hinaus, erhaschte meine Laterne vom Haken an der Pforte, stieß nicht ohne Mühe das Tor auf und rannte aus dem Haus in die Finsternis hinein. Der Wind heulte, die See toste jenseits der Mauer, und Wogen schlugen über den Kai herauf. Der Sturm wickelte mir den Mantel dicht um den Leib und verschlug mir den Atem. Ich verlor alle Beherrschung: ich schleuderte die flackernde Laterne fort; sie flog im Bogen durch das Dunkel, schlug klirrend auf und verlöschte.

Das rettete mir das Leben. Mein Schutzengel war auf der Wacht – und der Hund. Von hinten fuhr mir unter dem linken Arm ein Dolch in den Leib und glitt an meinen Rippen ab. Dann stolperte der Angreifer über den Hund, heulte auf, als dieser zuschnappte, und stach blindlings mit dem Messer um sich. Ein jämmerliches Geheul sagte mir, daß der Hund eine tödliche Wunde davongetragen hatte, und helle Wut packte mich. Mit einem Ringergriff, den ich von den Türken gelernt hatte, packte ich einen schmierigen Hals – ich roch den Knoblauch in dem keuchenden Atem und den Gestank schmutziger Lumpen. Dann drückte ich den Hals auf den Boden und bohrte meinen Dolch in einen aufbäumenden Leib. Der Mann stieß ein greuliches Röcheln aus, als ihm die Klinge ins Fleisch drang. Dann beugte ich mich über den Hund, der versuchte, mir die Hand zu lecken. Sein Kopf fiel zur Seite.

»Warum folgtest du mir, als ich dir's verbot?« fragte ich leise. »Nicht du hast mich gerettet, sondern mein Schutzengel. Du bist umsonst für mich gestorben, mein Freund.«

Es war nur ein entlaufener, gelber Hund. Er hatte sich mir aus freien Stücken zugesellt, hatte mich erkannt und nun diese Bekanntschaft mit dem Tode bezahlt.

In einem Fenster des Palastes schimmerte Licht; das Tor wurde geräuschvoll entriegelt. Ich fing zu laufen an, rannte aber tränenblind stracks gegen eine Mauer und schürfte mir das Gesicht daran auf. Ich wischte mir das Blut ab und suchte tastend den Weg nach dem Hippodrom. Meine linke Seite war durchtränkt von Blut. Zwischen fliegenden Wolken erspähte ich dann und wann einige Sterne, und meine Augen gewöhnten sich allmählich an die Dunkelheit. In meinem betäubten Kopf hämmerte nur ein Gedanke: »Phrantzes, nicht Konstantin. Phrantzes, nicht Konstantin.«

Hielten sie mich für so gefährlich, daß sie mich lieber meuchlings ermorden als im Marmorturm einkerkern wollten? Phrantzes hatte mich vor Notaras' Haus gewarnt.

Aber diese nutzlosen Grübeleien verflogen, als ich am Hippodrom vorbei den Hügel hinaufstieg. Ich taumelte an der riesigen Kuppel der Sophienkirche vorüber und hinab zum Hafen, die Hand an die Seite gedrückt. Mein Puls hämmerte. »Sie ist fort, sie ist fort . . .«

Anna Notaras hatte die Stadt verlassen. Sie hatte gewählt.

Sie war die gehorsame Tochter ihres Vaters. Was hatte ich mir auch anderes vorgestellt. Ohne Nachricht, ohne Abschied.

Mein Diener Manuel war wach geblieben, hatte mich erwartet und die Lampe in meiner Kammer brennen lassen. Über mein mitgenommenes Gesicht und das Blut an meinen Kleidern war er nicht überrascht. Im Nu hatte er reines Wasser, Verbandzeug und Salben geholt. Er half mir beim Entkleiden und wusch die Wunde, die mir vom Schulterblatt über die linke Seite lief. Sie schmerzte heftig, aber der Schmerz tat meiner Seele wohl.

Ich gab ihm eine Wundnadel und einen seidenen Faden und zeigte ihm, wie er die klaffende Wunde nähen sollte. Ich wies ihn an, sie in starkem Wein zu waschen und Spinnweben und Schimmel zu sammeln, um das Wundfieber zu verhüten. Erst nachdem er mich verbunden und zu Bett gebracht hatte, begann ich zu frösteln. Ich zitterte, daß das Bett knarrte.

»Hund«, murmelte ich mit zitternder Stimme. »Dürrer, gelber Hund – möchte wissen, wer du warst.«

Ich lag lange wach. So war ich also wieder allein. Aber ich betete nicht um Gnade. Anna Notaras hatte ihre Wahl getroffen, und wer war ich, daß ich mich zu ihrem Richter aufwerfen durfte?

Aber an meinem Todestag will ich im Hyazinthenduft deiner Wangen entschlafen. Das kannst du nicht hindern.

28. Februar 1453.

Während des Nordsturms in der vergangenen Nacht flohen mehrere Schiffe aus dem Hafen: die großen Schiffe des Venezianers Piero Davenzo und sechs vollbeladene kretische Fahrzeuge. Nicht einmal der Eid, den sie geschworen, das Kreuz, das sie geküßt hatten, und die drohenden Geldstrafen hatten sie hier halten können. Die Kapitäne haben zwölfhundert Kisten Soda, Kupfer, Indigo, Wachs, Mastix und Gewürze für Venedig und die Eigentümer auf Kreta gerettet. Überdies retteten sie Hunderte reicher Flüchtlinge, die jeden gewünschten Fahrpreis entrichteten. Dieser Exodus war scheinbar schon tagelang ein offenes Geheimnis im Hafen.

Keinen einzigen Schuß feuerten die Türken in Gallipoli auf diese Schiffe ab, keine einzige Kriegsgaleere schickten sie ihnen nach. Auch das war also durch neutrale Vermittler in Pera vorher abgekartet. Und warum sollte sich schließlich auch der Sultan über ein paar Kisten Soda und Gewürze den Kopf zerbrechen, wenn er auf diese Art die Zahl der dem Kaiser zur Verfügung stehenden Schiffe verringern und so die Verteidigung des Hafens schwächen kann?

Der Megadux, der Admiral der Flotte, muß auch von der Flucht gewußt und seine Tochter an Bord eines dieser Schiffe in Sicherheit gebracht haben. Aber auch die Damen des kaiserlichen Hofes sind verschwunden, obwohl kein Mensch weiß, wann sie abgereist sind.

Den noch verbliebenen Schiffskapitänen hat der Kaiser neue Eide und die Versicherung abverlangt, ohne seine Erlaubnis den Hafen nicht zu verlassen. Was kann er sonst auch tun? Die Venezianer weigern sich, ihre wertvollen Ladungen zu löschen; das aber wäre der einzige sichere Weg, sie hier festzuhalten.

1. März 1453.

Giustiniani hat mich besucht, da ich mich noch nicht außer Haus zeigen will. Meine Wunden schmerzen, das ganze Gesicht brennt mir wie Feuer, und ich habe Fieber.

Als er von seinem großen Pferd stieg, sammelte sich sogleich eine Menschenmenge um ihn. Die Griechen bewundern ihn, obwohl er ein Lateiner ist. Jungen betasteten ehrfürchtig Zaum und Zügel. Der Kaiser hat ihm einen goldverzierten Sattel und einen edelsteinbesetzen Harnisch geschenkt. Sein Besuch war eine große Ehre für mich. Wir hatten eine lange Unterredung, und ich legte ihm meine Philosophie dar – die Gedanken meines Lehrers Cusanus, daß Recht und Unrecht, Wahrheit und Lügen, Gut und Böse einander nicht ausschließen. Daß es kein absolutes Recht oder Unrecht, Gut oder Böse, keine absolute Wahrheit oder Falschheit gibt – daß alles auf dieser beschränkten Welt relativ sei und in der Zeitlosigkeit sich miteinander versöhne. Das begriff er nicht.

Er schüttelte den Kopf und schnalzte erfreut mit der Zunge, als er eintrat und meine Stirn und die abgeschundene Nase sah.

»Nur eine Rauferei in einer Schenke«, erklärte ich ihm.

»Aber Ihr hieltet Euch wacker?«

»Ich schlug zurück und machte mich dann davon.«

»Wenn das wahr ist, soll Euch die Strafe erlassen sein«, meinte er. »Bisher wenigstens hat mir noch niemand geklagt, daß Ihr Euch gegen Zucht und Sitte betrunken hättet. Darf ich Eure Wunde sehen?«

Er ließ Manuel meinen Verband abnehmen und fingerte ungelenk mit seinem dicken Zeigefinger an den geschwollenen Wundrändern.

»Ein Dolchstich in den Rücken«, sagte er. »Eine Fingerbreite am Tod vorbei. Den habt Ihr nicht bei einer Wirtshausrauferei erhalten, obwohl Euer Gesicht auf etwas Derartiges schließen ließe.«

»Ich habe nicht viele Freunde in der Stadt«, gab ich zu.

»Ihr solltet ein Panzerhemd tragen«, versetzte er. »Ein leichtes Kettenhemd würde einem Schwert die Spitze abbrechen und selbst den schmalsten Dolch nicht zu weit eindringen lassen.«

»Ich brauche es nicht«, meinte ich. »Ich bin gefeit genug, wenn ich nur bei klarem Verstand bleibe.«

Er wurde neugierig.

»Seid Ihr wirklich gefeit?« fragte er. »Habt Ihr einen Talisman? Habt Ihr Euch besprechen lassen oder führt Ihr Eisenkraut im Beutel? Alle Methoden nützen, wenn Ihr nur daran glaubt.«

Ich nahm eine lange Silbernadel vom Tisch neben meinem Bett.

»Seht her«, sagte ich, murmelte eine arabische Formel der Torlak-Derwische und stieß mir die Nadel rasch durch den Muskel des Arms, daß die Spitze an der anderen Seite zum Vorschein kam. Kein Tropfen Blut zeigte sich. Er schüttelte abermals seinen massigen Kopf.

»Warum hat Euch dann Eure Wunde Fieber verursacht?« fragte er mißtrauisch. »Warum heilt sie nicht von selber und wächst zusammen, wenn Ihr so gefeit seid, wie Ihr sagt?«

»Weil ich erregt war und mich vergaß«, entgegnete ich. »Seid unbesorgt, die Wunde wird heilen. Übermorgen werde ich wieder diensttauglich sein.«

Dann ging er, und die Hufschläge seines Pferdes dröhnten hohl auf dem Pflaster. Die schweren Hufe des Rosses der Zeit trampeln mein Herz in Stücke.

2. März 1453.

Es ist warm in der Sonne. In Gärten und an Straßenecken verbrennen die Leute Gerümpel. Blaßgrüne Grashalme sprießen aus den Mauerritzen hervor, und die Hänge der Akropolis sind bunt von Frühlingsblumen. Im Hafen dauern Lärm und Zechgelage bis tief in die Nacht, und in der Abendstille kann ich die Musik noch in meinem Hause hören. Nie, nie habe ich so strahlend schöne Sonnenuntergänge gesehen wie diese, wo die Kuppeln wie in Flammen stehen und die Bucht schwarz wie Tinte zwischen den Hügeln und dem hohen Ufer eingebettet liegt. Auf der anderen Seite leuchten blaßrot die Mauern und Türme von Pera und spiegeln sich in den dunklen Wassern.

Als ich so saß, den Sonnenuntergang betrachtete und bitteren Herzens über meinen Verlust grübelte, trat mein Diener Manuel heran und überschüttete mich mit einem beredten Wortschwall.

»Herr, der Frühling ist gekommen, die Türken aber nicht. Die Vögel jagen einander wie närrisch im wilden Fieber des Frühlings, und das Gurren der Tauben stört die Ruhe der Menschen. In den Ställen des Patriarchen schreien die Esel so laut, daß jeder, der sie hört, auch verrückt wird. Herr, es ist nicht gut, daß der Mensch allein sei.«

»Was soll das?« rief ich erstaunt. »Du denkst doch nicht etwa ans Heiraten – du mit deinem grauen Bart? Oder willst du mich etwa um einen Beitrag zur Aussteuer einer Tochter deiner Base erleichtern?«

»Herr, ich denke nur an Euer eigenes Wohl«, erwiderte er gekränkt. »Ich kenne Euch, ich kenne Euren Rang und verstehe, was sich für Euch schickt und was nicht. Aber der Frühling kann das Blut selbst des Höchsten entzünden, und darin unterscheidet sich der Kaiser nicht vom Ziegenhirten . . . Ich will Euch nicht wieder blutbesudelt heimtaumeln sehen, so daß Ihr mich vor Schreck halb von Sinnen bringt. Glaubt mir, dunkle Toreinfahrten und ummauerte Höfe sind gefährlich in dieser Stadt.«

Er rieb sich die Hände und wich meinem Blick aus, während er nach geeigneten Worten suchte.

»Aber alles läßt sich einrichten«, meinte er schließlich bedeutungsvoll. »Ihr seid niedergeschlagen und schlaft schlecht, und das betrübt mich. Natürlich will ich mich nicht in Eure Angelegenheiten mischen; ich weiß, daß ich nur Euer Diener bin. Doch konnte ich nicht umhin zu bemerken, daß Ihr schon lange nicht den Besuch jenes willkommenen Gastes empfinget, der Euer Antlitz vor Freude leuchten machte. Ja, weit entfernt davon: Ihr kamt heim, blutbesprengt vom

Scheitel bis zur Sohle, woraus ich schließe, daß alles entdeckt wurde und Ihr nun an den Qualen erzwungener Trennung leidet. Aber die Zeit heilt alle Wunden; für alle Wunden gibt es linden Balsam – selbst für die des Herzens.«

»Genug«, fiel ich ihm ins Wort. »Hätte mich der Sonnenuntergang nicht schwermütig gemacht, ich hätte dich wohl schon aufs Maul geschlagen.«

»Versteht mich nicht falsch, Herr, ich bitte Euch«, erwiderte er hastig. »Aber ein Mann in Eurem Alter braucht eine Frau, er sei denn ein Mönch oder sonstwie frommer Enthaltsamkeit ergeben. Es ist ein Naturgesetz. Warum solltet Ihr Euch nicht des Lebens freuen, in der kurzen Zeit, die noch bleibt? Ich habe Euch einen Vorschlag zu machen, wenn Ihr mich nur nicht falsch verstehen wollt.«

Er zog sich vorsichtig einige Schritte zurück, machte sich noch kleiner und fuhr fort: »Eine Base von mir hat eine Tochter – eine junge, blühende Witwe, die ihren Gatten so früh verlor, daß sie eigentlich noch Jungfrau ist. Sie hat Euch durch die Stadt reiten sehen und sich so in Euch verliebt, daß sie mir unausgesetzt in den Ohren liegt, sie hier einzulassen und Euch vorzustellen. Sie ist ein stattliches, hübsches Mädel; Ihr würdet sie glücklich machen und unserer ganzen Familie die größte Ehre erweisen, wenn Ihr ihr ein paar Nächte Eure Gunst erzeigen wolltet. Sie will nicht mehr als das, und wenn Ihr ihrer müde seid, gebt Ihr, was Ihr für angemessen haltet. So tätet Ihr ein gutes Werk und verschafftet zugleich Eurem Körper die Ruhe, die er braucht.«

»Manuel«, versetzte ich, »ich danke dir für deinen guten Willen, aber wenn ich der Verlockung jeder Frau, die mich mit Blicken verfolgt, nachgeben sollte, würde ich sie nie los. Seit meiner Jugend leide ich unter dem Fluch, daß ich mehr begehrt werde als ich selber begehre. Doch jedesmal, wenn ich mich nach etwas sehnte, sehnte der andere Teil sich nicht nach demselben. Das ist meine Strafe. Glaube mir, ich würde die Tochter deiner Base nur betrüben und kränken, führte ich sie in mein Bett, um mich zu erwärmen, ohne sie zu begehren.«

Manuel pflichtete mir sogleich bei.

»Das wollte ich ihr auch einhämmern, aber Ihr wißt ja, wie Frauen sind – die Halsstarrigkeit in Person. Aber ich habe noch einen anderen Vorschlag. Eine Tante von mir hat einen Bekannten – einen Ehrenmann von unbedingter Verschwiegenheit –, der gerne hoch und niedrig in ihren Sorgen hilft. Zu diesem Zweck hat er unweit vom Blachernenpalast ein Haus erbaut – nach außen hin ein unscheinbares Haus, drinnen aber überaus geschmackvoll ausgestattet und eingerichtet. Darin wohnen junge Sklavinnen aus vielen Ländern; man kann dort heiße Bäder und Massagen erhalten. Selbst verbrauchte, impotente alte Archonten haben das Haus höchst zufrieden mit den ihnen dort erwiesenen Diensten verlassen und hinterher auf viele Arten ihrem Wohltäter ihren Dank bewiesen. Das Haus ist Eures Ranges würdig, und Ihr würdet Euch nichts vergeben, wenn Ihr die verschiedenen dort gebotenen Möglichkeiten erkunden wolltet.«

Er bemerkte meine Entrüstung und blickte beschämt drein, während er eilends erklärte: »Natürlich möchte ich damit nicht um die Welt sagen, daß Ihr verbraucht oder alt seid, Herr. Ihr seid im Gegenteil ein Mann in der Blüte des Lebens. In diesem Haus kann man bei strengster Abgeschiedenheit und Verschwiegenheit mit vornehmen Damen zusammentreffen, die Abwechslung brauchen oder wegen der Knauserei ihres Gatten etwas Nadelgeld benötigen. Ihr glaubt mir vielleicht nicht, aber selbst Damen aus dem Blachernenpalast haben dies Haus ohne unliebsame Folgen besucht. Im Gegenteil: der Freund meiner Tante besitzt umfassende, tiefschürfende Menschenkenntnis und ist überaus verständnisvoll. Er wählt seine Kunden äußerst sorgfältig aus.«

»Ich werde den Sittenverfall in dieser sterbenden Stadt in keiner Weise unterstützen«, entgegnete ich. »Nein, Manuel. Du verstehst mich nicht.«

Manuel schien tief gekränkt.

»Wie könnt Ihr von Sittenverfall sprechen, Herr, wo es sich doch nur darum dreht, die Gesellschaft vernünftiger, gebildeter Menschen desselben Standes aufzusuchen? Dünkt es Euch sittlicher und weniger verworfen, in dunklen Nächten Mauern zu erklimmen oder vornehmen Damen hinter dem Rücken schamlose Anträge zuzuflüstern? Wenn schon gesündigt sein muß, warum dann nicht fröhlich, aristokratisch und mit gutem Gewissen? Ihr müßt schon sehr lateinisch denken und fühlen, wenn Ihr das nicht einseht.«

»Nicht die Sünde ist es, die ich vermisse, Manuel«, antwortete ich. »Ich vermisse nur die Liebe, die ich verloren habe.«

Manuel schüttelte den Kopf; er wurde abermals unterwürfig und schwermütig.

»Sünde ist stets Sünde, in welcher Verkleidung auch immer sie auftreten mag, und ob man sie Liebe oder Lust nennt. Das Ergebnis ist dasselbe. Ihr erschöpft Euch nur, Herr, indem Ihr Eure Gefühle so entbrennen laßt. Nicht einmal die lockendste Sünde ist es wert, daß man sich hinterher die Haut mit Nadel und Faden zusammennähen muß. Ihr enttäuscht mich, Herr; ich hielt Euch für vernünftiger. Aber gesunder Verstand wird einem nicht in die Wiege gelegt, selbst wenn man in Purpurschuhen geboren wird.«

Im selben Augenblick packte ich ihn am Kragen und zwang ihn, seine eigenen Knie zu küssen. Mein Dolch blitzte rot in der Abendsonne – aber ich bezwang mich.

»Was hast du da gesagt?« herrschte ich ihn an. »Sag es noch einmal, wenn du es wagst!«

Manuel war schreckensbleich, und sein dürrer Hals zuckte unter meinem Griff. Doch war es, als nähme er nach dem ersten Schrecken meine Heftigkeit als Ehre hin. Er hob seine wässerigen Augen und den staubigen Bart, sah mich trotzigschlau an und versicherte mir: »Ich wollte Euch nicht kränken, Herr. Ich dachte nicht, daß ein Scherz Euch so in Harnisch bringen könnte.«

Aber er hatte die Worte zu klug gewählt, als daß ich ihm glauben konnte. Am Ende seiner langen Rede hatte er mir einen Köder hingelegt, um zu sehen, ob ich danach schnappen würde. Was war aus meiner Selbstbeherrschung geworden? Wo war meine Ruhe? Ich stieß den Dolch wieder in die Scheide.

»Du weißt nicht, was du redest, Manuel«, sagte ich. »Einen Augenblick lang stand der Engel des Todes hinter dir.«

Er blieb vor mir knien, als genieße er diese demütigende Stellung.

»Herr!« rief er. Seine Augen leuchteten, die bleichen Wangen röteten sich allmählich. »Ihr habt die Hand an meinen Kopf gelegt, und meine Ohrenschmerzen sind weg. Die Knie schmerzen auch nicht mehr, obwohl ich hier auf dem feuchten Boden knie. Herr, ist das nicht Beweis genug, wer Ihr seid?«

»Du redest irre«, entgegnete ich. »Du hattest Angst vor meinem Dolch. Ein plötzlicher Schreck vertreibt andere Schmerzen.«

Er ließ den Kopf hängen, nahm eine Handvoll Erde auf und ließ sie wieder fallen. Seine Stimme war so leise, daß ich die Worte kaum vernahm.

»Als kleiner Junge sah ich oft den Kaiser Manuel«, flüsterte er. »Herr, ich will Euch nie verraten.« Er hob die Hände, als wollte er mich an den Hüften berühren, und starrte wie gebannt auf meine Füße. »Purpurschuhe«, flüsterte er bei sich. »Ihr legtet mir die Hand auf, und die Schmerzen meines gebrechlichen Alters sind dahin.«

Der letzte blutrote Sonnenschein verblaßte; der Abend brachte Dämmerung und Kühle. Ich konnte Manuels Gesicht nicht mehr erkennen. Ich sagte nichts. Ich war sehr einsam. Ich wandte mich um und kehrte in die Wärme meines Hauses zurück.

Tinte und Papier. Früher liebte ich den angenehmen Tintenduft und das trockene Rascheln des Papiers; nun hasse ich sie. Worte sind nur Gleichnisse, wie alle weltlichen Dinge – nur schwerfällige Symbole für geistige Dinge, die jeder nach Belieben, nach seinem Wesen und seiner Natur auslegt. Keine Worte können das Unendliche ausdrücken.

Es liegen immer noch Schiffe im Hafen, und mit Glück kann ein abendländisches Schiff noch unbehelligt durch die Dardanellen und hinaus ins Ägäische Meer segeln. Es gibt keinen Lateiner, der nicht käuflich wäre. Was mich aber bewog, Giustiniani die Juwelen hinzuwerfen, war das Fieber in meinem Herzen, das mich abermals zwang, mich meiner Reichtümer zu entledigen wie eines engen Gewandes. Nun bin ich zu arm, einen Schiffskapitän zu bestechen und ihr zu folgen. War es das, was ich fürchtete? Warf ich deshalb meine kostbaren Steine weg? Nichts kommt von ungefähr zustande – nichts. Alles folgt einem vorbestimmten Lauf, und keiner kann seinem Schicksal entgehen. Der Mensch erfüllt sein Schicksal mit schlafwandlerischer Sicherheit, wenn er seine Wahl einmal getroffen hat.

Fürchtete ich mich vor mir? Mißtraute ich mir selbst? Kannte Mohammed mich besser als ich selbst, als er mir beim Abschied den Lederbeutel in die Hand drückte? Mußte ich mich deshalb von seinem Geschenk befreien?

Sultan Mohammed der Eroberer! Ich brauchte nur die Fähre hinüber nach Pera zu nehmen, das Haus mit dem Taubenschlag im Hof betreten – und verraten. Wieder verraten.

So abgrundtiefe Verzweiflung wie diese habe ich nie gekannt. Die Entscheidung ist nie ein für allemal abgetan, sondern drängt sich stündlich von neuem auf, bis zum letzten Atemzug. Das Tor steht immer offen: das Tor zur Flucht, zum Verrat, zum Selbstbetrug.

Im Sumpf bei Varna sagte der Engel des Todes zu mir: »Wir werden uns am Sankt-Romanos-Tor treffen.« Diese Worte waren bisher mein Trost. Aber er sagte mir nicht, auf welcher Seite des Tores. Er sagte es nicht.

Er brauchte es auch nicht. Mein ganzes Leben bin ich aus

einem Gefängnis ins andere geflohen. Aus diesem letzten Kerker will ich nicht fliehen – nicht aus diesem, dessen Mauern die Mauern von Konstantinopel sind. Ich bin der Sohn meines Vaters; dieser Kerker ist meine einzige Heimat.

7. März 1453.

Am frühen Morgen vor Sonnenaufgang zog eine Schar schwarzgekleideter Mönche, Nonnen und armer Frauen mit brennenden Fackeln zur Kirche des Choraklosters, unweit vom Blachernenpalast und dem Charisiostor. Sie sangen, aber ihr Gesang ging im Schweigen der Stadt und der Dämmerung unter. Dach und Mauern der Kirche bilden ein einziges, riesiges Mosaik: die bunten Steine blitzten auf goldenem Grund im Schein zahlloser Wachskerzen; es duftete nach Weihrauch. Die glühende Andacht der Beter war Balsam für mein Herz.

Warum zog ich mit ihnen? Warum kniete ich an ihrer Seite? Ich habe schon viele Mönche und Nonnen gesehen; sie ziehen mit ihren Bettelnäpfen paarweise von Haus zu Haus und sammeln Almosen für die armen Flüchtlinge, die auf der Flucht vor den Türken in die Stadt strömten.

Alle Nonnen gleichen einander und sind unmöglich voneinander zu unterscheiden. Unter ihnen gibt es sowohl adelige Frauen als auch solche niederer Herkunft: einsame Frauen aus wohlhabenden Familien, die sich in einem Konvent eingekauft haben, oder Laienschwestern, welche die Arbeit ihrer Hände aufopfern, ohne den Schleier zu nehmen. Sie genießen mehr Freiheit als die Nonnen im Abendland. Die Griechen gestatten ja auch ihren Priestern, zu heiraten und Bärte zu tragen.

Alle Nonnen gleichen einander: sie tragen denselben schwarzen Habit, der die Linien ihrer Gestalt verbirgt, und denselben Schleier, der das Gesicht bis auf die Augen verhüllt. Und doch bemerkte ich unbewußt und ohne hinzusehen eine Nonne, die mir auf der Straße folgte und stehenblieb, als ich mich umwandte. Sie kam mit ihrer Gefährtin an meinem Haus vorbei und hielt bei dem kleinen steinernen Löwen inne, um nach meinen Fenstern zu sehen. Allein sie klopfte nicht an, um Almosen zu erbitten.

Seither habe ich jede Nonne, der ich begegnete, forschend betrachtet. Etwas in ihrer Kopfhaltung, am Gang und an den Händen, die sich in den weiten Ärmeln verbergen, würde sie mich unter allen anderen erkennen lassen.

Ich habe Träume und Gesichte. Die Verzweiflung hat mich blind gemacht, und ich glaube an das Unmögliche. Eine Hoffnung, die ich mir nicht einzugestehen wage, versengt mir gleich einer Kerzenflamme die Seele.

10. März 1453.

Die letzten Tage her lebe ich in Träumen und im Wahn. Heute morgen kamen die beiden Nonnen wieder an meinem Haus vorbei, blieben stehen und sahen zu meinen Fenstern empor, als erwarteten sie, mich kommen zu sehen. Ich stürzte hinab, stieß die Tür auf und stand keuchend vor ihnen, unfähig zu sprechen. Sie wichen zurück und senkten die Köpfe. Die eine hielt mir ihren Holznapf entgegen und murmelte das übliche Gebet.

»Tretet bei mir ein, Schwestern«, sagte ich. »Ich habe meine Börse drinnen.«

Hinter der älteren Nonne versteckt, hielt sie den Kopf gesenkt, daß ich ihre Augen nicht sehen sollte, und beide Frauen versuchten, sich zu entfernen. Da verließ mich die Beherrschung; ich packte sie am Arm; sie konnte nicht widerstehen. Manuel kam entsetzt herbeigelaufen.

»Herr, seid Ihr von Sinnen?« rief er. »Der Pöbel wird Euch steinigen, wenn Ihr eine Nonne belästigt.«

Die Ältere versetzte mir mit ihrer knochigen Faust einen groben Schlag ins Gesicht und fing an, mit dem Holznapf auf meinen Kopf zu hämmern, wagte aber dennoch nicht zu schreien.

»Kommt herein«, bat ich. »Wir erregen Aufsehen.«

»Euer Befehlshaber wird Euch hängen lassen«, erwiderte die ältere Nonne drohend, wandte sich aber gleichwohl zweifelnd um und sah ihre Gefährtin an. Die nickte; sie konnte auch nicht anders, da ich sie am Arm festhielt.

Als Manuel die Tür hinter uns geschlossen hatte, sagte ich: »Ich erkannte dich – unter Tausenden erkannte ich dich! Bist du es wirklich? Wie ist das möglich?«

Sie riß sich zitternd los und meinte hastig zur anderen: »Das muß ein Irrtum, ein Mißverständnis sein. Ich muß es aufklären. Bleib, bitte, hier.«

Daraus erkannte ich, daß sie keine wirkliche Nonne war – sie hatte kein Gelübde abgelegt, sonst wäre sie nicht mit mir allein geblieben. Ich führte sie in meine Kammer und verriegelte die Tür. Ich riß ihr den Schleier vom Gesicht und schloß sie in die Arme.

Schloß sie in die Arme.

Nun erst begann auch ich zu zittern und brach in Tränen aus. So schrecklich waren meine Verzweiflung, mein Verlangen und meine Zweifel gewesen. Nun brach alles hervor. Ich bin vierzig, stehe an der Schwelle zum Herbst meines Lebens. Allein mich schüttelte ein krampfhaftes Schluchzen wie ein Kind, das aus einem Alptraum erwacht und sich sicher und geborgen in seinem Bettchen findet.

»Meine Geliebte«, sagte ich endlich. »Wie konntest du mir dies antun?«

Sie ließ den Schleier fallen und warf die schwarze Kutte ab, als schäme sie sich ihrer. Sie war totenblaß. Sie hatte ihr Haar wachsen lassen. Nun zitterte sie nicht mehr. Reines Gold strahlte aus ihren Augen, stolz und neugierig blickten sie. Sie streichelte mir die Wangen mit den Fingerspitzen und betrachtete sie verwundert, da sie naß waren.

»Was ist denn geschehen, Johannes Angelos?« fragte sie. »Weinst du? War ich garstig zu dir?«

Mir versagten die Worte; ich konnte sie nur ansehen und wußte, mein Gesicht leuchtete wie in den Tagen meiner Jugend. Sie schlug unter meinem Blick die braunen Augen nieder.

»Ich glaubte wirklich, dich los zu sein.« Sie wollte weitersprechen, aber es würgte sie in der Kehle, und die Röte schoß ihr in Wangen und Hals. Sie kehrte mir den Rücken und vertraute sich mir willenlos. Ich legte ihr die Hände auf die Schultern; meine Hände glitten auf ihre Brüste herab, und atemlos fühlte ich ihre junge Schönheit und das bebende Erwachen ihres Leibes. Ich zog sie an mich, und ihr stolzer Kopf lag an meiner Schulter. Ich küßte sie auf den Mund, und es war, als legte sie ihre ganze Seele in diesen Kuß. Eine neue, pulsende Freude durchflutete mich ganz; nichts war mehr dunkel. Mein Verlangen war klar wie der junge Frühling, rein wie eine Flamme.

Ich sprach: »Du bist zu mir zurückgekommen.«

»Laß mich los«, bat sie. »Mir zittern die Knie. Ich kann mich nicht auf den Beinen halten.«

Sie sank in einen Stuhl, stützte die Ellbogen auf den Tisch und die Stirn in die Hände. Nach einer Weile hob sie den Blick. So vertraut, so offen schauten die braunen Augen in meine.

»Nun fühle ich mich besser«, meinte sie, immer noch mit bebender Stimme. »Einen Augenblick fürchtete ich schon, ich müßte in deinen Armen sterben. Ich wußte nicht – konnte nicht ahnen, daß es so sein würde.«

»Oder vielleicht wußte ich es doch«, fuhr sie fort und schaute mich an, als könne sie sich nicht satt sehen, »und blieb deshalb in der Stadt, obwohl ich geschworen hatte, dich nie wiederzusehen. Ich schwor, damit ich meinem Schwur zum Trotz es wagen konnte zu bleiben. Ich war kindisch genug zu glauben, ich könnte mich selbst betrügen.«

Sie schüttelte den Kopf. Ihr Haar war wie Gold, ihre Haut wie Elfenbein. Die hochgeschwungenen blauen Bogen ihrer Brauen, die goldbraune Zärtlichkeit in ihrem Blick . . .

»Ich mied dich, wollte dir ausweichen – aber ich mußte dich wenigstens ab und zu sehen, wenn auch nur aus der Ferne. Bald wäre ich wohl aus freien Stücken zu dir gekommen. Als Nonne genieße ich mehr Freiheit als je zuvor in meinem Leben. Ich kann mich frei bewegen, kann ungehindert mit den Armen reden, den Staub der Straße unter den Füßen spüren, meinen Holznapf den Leuten entgegenstrekken und für einen Segensspruch Almosen empfangen. Johannes Angelos, ich habe in diesen Tagen viel gelernt. Ohne es zu ahnen, habe ich mich auf dich vorbereitet, all die Tage her.«

Sie streckte den bloßen Fuß vor. Die Ledersohle der Sandale war mit Lederriemen um den Knöchel befestigt, und die Riemen hatten ihre weiße Haut aufgescheuert. Ihr Fuß war vom Straßenstaub bedeckt; es war der lebendige Fuß eines lebendigen Wesens. Sie war kein bemaltes Götterbild mehr; sie war eine andere geworden.

»Aber wie ist das möglich?« fragte ich. »Ich besuchte deinen Vater an jenem Abend. Er sandte nach mir und erzählte mir, du seist abgesegelt.«

»Vater weiß es nicht«, erwiderte sie schlicht. »Er glaubt immer noch, ich sei abgereist. Ich kaufte mich in ein Nonnenkloster ein, wohin vornehme Damen sich ab und zu zurückziehen. Dort bin ich nur ein zahlender Gast und heiße Anna; niemand fragt mich nach Namen oder Familie. Es wäre schlimm für das Kloster, wenn man mich dort entdeckte; daher ist mein Geheimnis auch ihr Geheimnis. Wollte ich mein Leben lang dort bleiben, so erhielte ich einen neuen Namen – ich würde gleichsam neu geboren, und kein Mensch brauchte je zu erfahren, wer ich einst war. Du allein weißt es – und das war nicht zu vermeiden.«

»Du hast doch nicht vor, auf immer im Kloster zu bleiben!« rief ich entsetzt.

Sie sah mich durch ihre Wimpern arglos an: »Ich habe eine schwere Sünde begangen«, meinte sie mit gespieltem Schuldbewußtsein. »Ich habe meinen Vater betrogen. Vielleicht muß ich Buße tun.«

Ich begriff noch immer nicht, wie sie, die so eifersüchtig bewacht wurde, hatte entkommen können. Sie erzählte mir, ihr Vater habe sie nach Kreta schicken wollen, um sie nicht als Gefangene in die Hände der Türken oder der Lateiner fallen zu lassen. Allein ihre Mutter lag noch immer krank und konnte nicht mitreisen; deshalb widerstrebte ihr der ganze Plan von Anfang an. Sie wurde im Schutz der Dunkelheit mit Gepäck und Gefolge zum Schiff hinausgerudert, fand es aber gedrängt voll von Flüchtlingen, die Riesensummen für die Überfahrt berappt hatten. In der allgemeinen Verwirrung war sie zum Boot zurückgeschlichen und hatte sich zurück an die Küste rudern lassen. Als das Schiff die Anker lichtete, wähnte ihre Dienerschaft sie noch an Bord, und es würde lange dauern, bis ihr Vater von ihrem Verschwinden erführe.

»Ich bin frei«, sagte sie. »Mögen sie nur glauben, ich sei über Bord gefallen und ertrunken; es wäre ja ein größerer Schmerz für meinen Vater zu wissen, daß ich ihn betrogen habe. Daran wage ich nicht einmal zu denken.«

Wir saßen lange stumm und sahen einander an. Es war genug. Mir war, als müßte beim geringsten weiteren Schritt – einem Lächeln, einer Berührung – mein Herz zerspringen. Ich begriff nun, was sie meinte, als sie sagte, sie habe gefürchtet, in meinen Armen sterben zu müssen.

Die knochige Faust hämmerte an die Tür, und die rauhe Stimme der älteren Nonne rief besorgt: »Bist du noch da, Schwester Anna?«

Ich hörte, wie Manuel vergeblich versuchte, sie zu beruhigen.

»Ich komme schon«, rief Anna zurück; dann wandte sie

sich zu mir, berührte meine Wange und sagte mit strahlendem Blick: »Nun muß ich gehen.«

Aber sie konnte nicht gleich fort. Sie hob sich auf die Zehenspitzen, um mir besser in die Augen zu sehen, und fragte leise: »Bist du glücklich, Johannes Angelos?«

Ich antwortete: »Ich bin glücklich. Und du, Anna Notaras – bist du auch glücklich?«

Sie erwiderte: »Ich bin sehr, sehr glücklich.«

Sie öffnete die Tür, und die ältere Nonne stürzte mit gezücktem Holznapf herein. Anna nahm sie begütigend am Arm und führte sie fort. Ich nahm Manuels Kopf zwischen die Hände und küßte ihn auf beide Wangen.

»Der Herr segne und schütze dich«, sagte ich.

»Auch Euch, und er sei Eurer Seele gnädig«, versetzte er, nachdem er sich von seinem Staunen erholt hatte. »Eine Nonne!« meinte er dann, und das Lachen stand ihm in den Augen, und er schüttelte den Kopf. »Eine Nonne in Eurer Kammer! Bedeutet das, daß Ihr endlich die Lateiner verlaßt und den einzig wahren Glauben annehmt?«

15. März 1453.

Allenthalben in der Stadt ist der Frühling erblüht. An den Straßenecken verkaufen barfüßige Kinder Blumen, und zwischen den verfallenen Mauern blasen die Jungen auf ihren Rohrpfeifen. Nichts klingt schöner und wehmütiger als diese Musik. Ich segne jeden Tag, der verstreicht – ich segne jeden Tag, den ich noch erleben darf.

Die ältere Nonne heißt Chariklea; ihr Vater war Schuhmacher und des Lesens kundig. Aber ihr Gesicht paßt nicht zu ihrem Namen, meint mein Diener Manuel. Beim Essen entblößt sie ohne Scheu ihr Gesicht vor ihm, erzählt er mir. Sie ißt gern Fleisch und trinkt gern Wein. Sie ist nur eine Laienschwester und ist froh, ihren Bettelnapf so mühelos voll zu bekommen. Manuel hat ihr erklärt, ich wolle, bevor die Türken kämen, meiner lateinischen Irrlehre abschwören, auf daß ich den Leib Christi in ungesäuertem Brot empfangen und das einzig wahre Glaubensbekenntnis ohne falsche Einschübe beten könne. Zu diesem Zweck, sagt er, würde ich von Schwester Anna unterrichtet.

Ich weiß nicht, was sie von uns hält, aber sie hat Schwester Anna unter ihre Fittiche genommen und betrachtet sie als eine gelehrte, vornehme Dame, deren Lebenswandel zu bemängeln einer Laienschwester übel anstehen würde.

Heute schickte mich Giustiniani ans Goldene Tor, um das Exerzieren zu beaufsichtigen, und Anna und Chariklea brachten mir Essen in einem Korb. Das fiel nicht weiter auf; auch vielen anderen wurde das Mittagsmahl gebracht, denn von den Marmortürmen am Tor ist es ein weiter Weg in die Stadt. Die jungen Mönche dürfen im Kloster des heiligen Johannes des Täufers essen; sie sind vom Fasten enthoben und sind durch das Exerzieren sonnverbrannt und kräftig geworden. Eifrig krempeln sie die Ärmel auf und schlagen die schwarzen Kutten hoch, während sie den großmäuligen Anweisungen ihrer Ausbildner lauschen. Während der Ruhepausen singen sie mehrstimmig griechische geistliche Chöre. Es klingt wunderschön.

Nur kaiserliche Triumphzüge dürfen durch das Goldene Tor ziehen; seit Menschengedenken ist es nicht mehr geöffnet worden. Nun hat man es auf die Dauer der Belagerung vermauert. Wir saßen auf dem Rasen im Schatten der Wälle; wir brachen das Brot, aßen und tranken zusammen. Chariklea wurde schläfrig; sie trollte sich abseits und legte sich schlafen, den Schleier über dem Gesicht. Anna legte ihre Sandalen ab – das harte Leder hatte ihre Füße blutig gescheuert – und steckte ihre weißen Zehen ins Gras.

»So frei und glücklich wie jetzt war ich seit Kindertagen nicht mehr«, meinte sie.

Ein Falke kreiste hoch oben im strahlenden, blauen Frühlingshimmel. Bisweilen werfen die kaiserlichen Falkner ihre Vögel hoch, zur Jagd auf ägyptische Tauben. Als nützte uns das. Langsam, suchend kreiste der Falke zu unseren Häupten.

Anna strich mit dem schlanken Zeigefinger durch das Gras und meinte, ohne mich anzusehen: »Ich habe das Mitleid mit den Armen gelernt.« Nach einer Weile fuhr sie fort: »Die Leute vertrauen der Nonnenkutte. Sie vertrauen mir ihre Nöte und Sorgen an – sie reden wie mit ihresgleichen, was mir ein ganz neues Erlebnis ist. Wozu das alles? so fragen sie. Die Krieger des Sultans sind nicht zu zählen. Seine Artillerie kann die stärksten Mauern mit einem einzigen Schuß umlegen. Kaiser Konstantin ist ein Abtrünniger und hat sich dem Papst ausgeliefert. Er hat seine Erstgeburt und seine Stadt um ein Linsengericht verschachert. Und wozu? Der Sultan bedroht unsere Religion nicht; in seinen Städten steht den griechischen Priestern die Seelsorge in ihren Gemeinden frei. Nur die Kirchen- und Klosterglocken verbietet er. Unter dem Schutz des Sultans wäre unser Glaube sicher vor den lateinischen Ketzern. Die Türken behelligen die Armen nie, solange sie ihre Steuern entrichten – und die Steuern des Sultans sind bei weitem nicht so drückend wie die des Kaisers. Warum sollte ein Volk zugrunde gehen oder versklavt werden, nur zugunsten des Kaisers und der Lateiner? Nur die Reichen und Vornehmen haben Grund, die Türken zu fürchten. So ungeschminkt reden viele Leute.«

Sie sah mich noch immer nicht an, und in mir regte sich leise Abwehr. Was wollte sie von mir – warum sprach sie so?

»*Muß* unsere Stadt entweder geplündert werden oder zur Vasallenstadt der Lateiner herabsinken?« fragte sie. »Alle diese kleinen Leute wollen nur leben – wollen arbeiten mit ihren geschickten Händen, Kinder in die Welt setzen und ihrem Glauben leben. Gibt es eine so große Sache überhaupt, die wert wäre, daß man dafür stirbt? Sie haben nur dies eine Leben – dies eine, kleine, sterbliche Leben. Mich dauern sie.«

»Du sprichst wie eine Frau«, entgegnete ich.

Nun war sie es, in deren Haltung sich Abwehr ausdrückte.

»Ich bin eine Frau – und was weiter?« fragte sie. »Selbst eine Frau kann Weisheit und Vernunft haben. Es hat Zeiten gegeben, da diese Stadt von Frauen regiert wurde, und diese Zeiten gehörten zu unseren glücklichsten. Wenn heute Frauen an der Macht wären, würden wir die Lateiner mit ihren Kanonen und Galeeren fortschicken und den Kaiser dazu.«

»Lieber den türkischen Turban als die päpstliche Mitra«, warf ich spöttisch ein. »Redet etwa dein Vater aus dir?« Als ich sie nun ansah, befiel mich ein schlimmer Verdacht.

»Anna«, sagte ich, »ich glaubte dich zu kennen, doch vielleicht irre ich. Ist es wahr, daß du ohne Wissen deines Vaters in der Stadt bliebst? Willst du es beschwören?«

»Das ist eine Kränkung!« rief sie. »Wozu sollte ich schwören? Ist mein Wort nicht gut genug? Wenn ich rede wie mein Vater, so deshalb, weil ich ihn besser verstehen gelernt habe als früher. Er überragt als Staatsmann den Kaiser und liebt sein Volk mehr als jene, die um der Lateiner willen die Stadt in Trümmer legen und das Volk zugrunde gehen lassen wollen. Er ist mein Vater. Kein anderer würde es wagen, dem Kaiser zu trotzen und seine Überzeugung laut zu bekennen, wie er es tat an dem Tage, da wir einander begegneten. Erlaube, daß ich stolz bin auf meinen Vater.«

Mein Gesicht war wie erstarrt; selbst die Lippen waren mir kalt und steif.

»Das war ein billiges Taschenspielerstück eines Volksverführers«, entgegnete ich leise. »Unwürdiges Haschen nach der Volksgunst. Er trotzte dabei niemand. Im Gegenteil, er beschloß, mit dem Strom zu schwimmen. Er errang einen vorübergehenden Vorteil, auf Kosten seiner Seele; es war nämlich kein echtes Aufbrausen, es war ein wohlüberlegter Versuch, das Volk aufzuwiegeln.«

Anna starrte mich ungläubig an.

»So bist du also ein Anhänger der Union?« fragte sie. »Bist du im Herzen ein Lateiner, und ist dein griechisches Blut eine Lüge?«

»Und wenn es so wäre«, erwiderte ich, »wen würdest du wählen, deinen Vater oder mich?«

Ihre Wangen waren bleich und ihr Mund zusammengekniffen, so daß sie förmlich häßlich war. Einen Augenblick dachte ich, sie würde mich schlagen; allein sie ließ die Hand fallen und machte eine hilflose Gebärde.

»Ich glaube dir nicht; du bist kein Lateiner. Aber was hast du gegen meinen Vater.«

Nagender, eifersüchtiger Zweifel und Wut beraubten mich der Beherrschung.

»Fragt er das, oder fragst du?« herrschte ich sie an. »Hat er dich geschickt, um mich zu versuchen, weil er mich nicht für sich gewinnen konnte?«

Anna sprang auf und fegte mit heftiger Gebärde ein paar Grashalme von ihren Händen, als wollte sie mich abschütteln. Die Verachtung, die aus ihren braunen Augen funkelte, schnitt mir ins Herz. Sie war den Tränen nahe.

»Das werde ich dir nie verzeihen!« rief sie und stürzte blindlings fort, ohne an ihre Sandalen zu denken; sie stieß mit dem bloßen Fuß an einen Stein, fiel hin und begann zu weinen. Ich beeilte mich nicht, ihr zu helfen; ihre Tränen ließen mich kalt. In trüben, nebligen Wirbeln kochte der Argwohn in mir und stieg mir wie Galle in die Kehle. Vielleicht spielte sie mir etwas vor. Vielleicht hoffte sie, ich würde in mich gehen, mich zu ihr beugen und ihre trügerischen Tränen trocknen.

Sie erhob sich bald, ließ den Kopf hängen und wischte sich mit dem Ärmel das Gesicht. Chariklea setzte sich auf und starrte uns verwundert an.

»Ich habe meine Sandalen vergessen«, sagte Anna tonlos und beugte sich nieder, sie aufzuheben. Ich setzte meinen Fuß darauf. Ihre Füße bluteten, und ich wandte den Blick ab.

»Warte noch«, sagte ich. »Wir müssen dies noch besprechen. Du kennst mich, aber du weißt nicht alles von mir, kannst es nie wissen. Ich habe das Recht, jedem zu mißtrauen – selbst dir.«

»Es war meine eigene Schuld«, sagte sie mit zusammengebissenen Zähnen, während sie versuchte, die Sandalen an sich zu ziehen. »Närrin, die ich war; es war meine eigene Schuld. Ich glaubte, du liebtest mich.«

Ich nahm ihren Kopf zwischen die Hände und zwang sie, sich vor mir aufzurichten, obwohl sie sich sträubte. Sie ist stärker, als ich dachte, aber ich zwang sie, mir ihr Gesicht zuzuwenden. Sie schloß die Augen, um mich nicht sehen zu müssen; so bitter haßte sie mich in jenem Augenblick. Sie hätte mir gewiß ins Gesicht gespuckt, wäre sie nicht so gut erzogen worden.

»Wir müssen dieser Sache auf den Grund gehen«, sagte ich. »Du vertraust mir also nicht, Anna Notaras.«

Sie zischte mich hilflos an, während ihr die Tränen zwischen den geschlossenen Lidern hervordrangen und über die Wangen liefen. Doch stieß sie hervor: »Wie kann ich dir vertrauen, wenn du mir nicht vertraust? Das hätte ich nie von dir gedacht.«

»Warum sagtest du dann, was du eben vorhin sagtest?« versetzte ich. »Vielleicht sprachst du nicht im Auftrag deines Vaters; ich nehme das zurück und bitte dich um Vergebung. Aber glaubst du selbst im innersten Herzen, ich stände noch immer im Dienst des Sultans? Wie dein Vater – wie sie es alle glauben? Das heißt, alle, bis auf Giustiniani, der klüger ist als ihr alle. Du mußt es wohl glauben, sonst hättest du nie so zu mir gesprochen. Du wolltest mich auf die Probe stellen.«

Sie gab unmerklich nach.

»Was ich sagte, hatte Hand und Fuß und war vernünftig«, entgegnete sie. »Ich wollte mit mir über meine eigenen Gedanken ins reine kommen – vielleicht wollte ich auch deine kennenlernen. Ich meinte es nicht böse. Die Leute reden jedenfalls so; du kannst es nicht ändern.«

Ich ließ sie los und bereute meine Heftigkeit. Sie hob ihre Sandalen nicht auf.

»Solches Gerede muß aufhören«, sagte ich scharf. »Wer so spricht, ist ein Verräter, wenn auch unbewußt. Es nützt niemand als dem Sultan – und der kennt keine Gnade. Ich zweifle nicht, daß er es an Anspielungen und Versprechungen nicht fehlen läßt und sie durch seine Abgesandten im Ausland verbreitet; sie zu halten aber beabsichtigt er nur insoweit, als es in seine Pläne paßt. Mut ist das einzige, was ihm Achtung abnötigt. Nachgiebigkeit hält er für Feigheit, und für die Feigen und Schwachen ist in seinem Reich kein Platz. Wer von Unterwerfung spricht oder seine Hoffnung auf den Sultan setzt, gräbt sich selbst sein Grab.

Begreifst du denn nicht, Geliebte?« rief ich und schüttelte sie an den Schultern. »Er will Konstantinopel zu seiner Hauptstadt machen – es in eine türkische Stadt verwandeln und seine Kirchen in Moscheen! In seinem Konstantinopel wird für Griechen kein Platz sein, es sei denn als Sklaven; darum wird er den griechischen Staat vollkommen hinwegfegen müssen. Das will er denn auch, mit weniger wird er sich nicht begnügen – und warum sollte er auch? Er kann den Osten und den Westen beherrschen. Daher bleibt uns keine andere Wahl, als zu kämpfen, auch wenn alle Hoffnung geschwunden ist. Wenn das tausendjährige Reich fallen soll, so falle es in Ehren! Das ist die einzige Wahrheit. Die Mütter in dieser Stadt täten besser, ihren Kleinen die Köpfe an Steinen einzuschlagen, als von Unterwerfung zu reden. Wer sich vor dem Sultan beugt, beugt sich vor dem Henkerschwert, sei er nun reich oder arm. Glaube mir, Geliebte – bitte, glaube mir! Ich kenne Sultan Mohammed, und ich will lieber hier unter euch sterben, als ihm folgen. Ich will das griechische Konstantinopel nicht überleben.«

Sie schüttelte den Kopf; Tränen des Zorns und der Demütigung blitzten noch in ihren Augen. Ihre Wangen glühten.

Sie glich einem jungen Mädchen, das von seinem Lehrer zu Unrecht gescholten wurde.

»Ich glaube dir«, sagte sie. »Ich muß wohl. Aber ich begreife es nicht.«

Sie wies in die Ferne: dort erhob sich über dem weiten Gewirr grauer und gelber Häuser die riesige Kuppel der Sophienkirche. Sie zeigte mit der Hand im Umkreis: jenseits der Trümmerfelder thronten andere Kuppeln über dem Häusermeer. Und dicht neben uns ragten die großen, sonnenbeschienenen Wälle empor, höher als die höchsten Steinhäuser, goldbraun vor Alter, und zogen sich über Hügel und Täler nach Norden hin, bis an den Horizont; die ganze ungeheure Stadt hielten sie schützend umfangen.

»Ich begreife es nicht«, wiederholte sie. »Diese Stadt ist viel zu groß, viel zu alt, viel zu reich noch in ihrer Armut und im Verfall, als daß sie zerstört und hinweggefegt werden könnte. Hunderttausende Menschen wohnen hier; sie können nicht alle hingemordet oder als Sklaven verkauft werden. Konstantinopel ist viel zu groß, als daß die Türken es ausfüllen könnten. Vor hundert oder zweihundert Jahren waren sie noch Räuber und Hirten; sie brauchen uns, wenn sie ein dauerhaftes Reich errichten wollen. Der Sultan ist ein gebildeter Mann; er spricht Griechisch und Lateinisch. Warum sollte er uns übelwollen, wenn es ihm gelingt, die Stadt zu erobern? Warum sollte er seine eigenen Untertanen hinmetzeln? Ich begreife es nicht. Wir leben ja nicht mehr in den Zeiten Dschingis-Khans oder Tamerlans.«

»Du kennst Mohammed nicht.« Ich konnte nicht mehr sagen; mochte es vergeblich klingen. »Er hat alles über Alexander den Großen gelesen, die griechische Geschichte und die arabischen Sagen studiert. Der gordische Knoten war so verwickelt, daß er nicht gelöst werden konnte. Konstantinopel ist der gordische Knoten der Türken: ein Gewirr aus Ost und West, Haß und Argwohn, öffentlichen und heimlichen Ränken, gehaltenen und gebrochenen Verträgen – die ganze verschlungene, jahrhundertealte Politik von Byzanz. Dieser Knoten kann nur mit einem Schwertstreich zerhauen werden. Hier gibt es nicht Schuldige und Unschuldige – hier steht nur ein Volk im Schatten des Schwertes.«

Ich mußte an Mohammeds glühendes Gesicht und das Funkeln in seinen Augen denken, als er die griechische Erzählung vom Gordischen Knoten las und mich ab und zu nach dem Sinn eines Wortes fragte, das er nicht verstand. Damals lebte Sultan Murad noch: ein dicker, schwermütiger kleiner Mann mit blauen Lippen und Wangen, aufgeschwemmt vom Trunk und in steter Atemnot. Er starb an der festlich gedeckten Tafel inmitten seiner geliebten Dichter und Gelehrten. Er war gerecht und barmherzig und schonte selbst seine Feinde, da er kriegsmüde geworden war. Er hatte Thessalonike erobert, hatte Konstantinopel belagern müssen, hatte bei Varna gesiegt: und doch hatte er den Krieg nie gesucht. Er verabscheute ihn. Aber er hatte ein wildes Tier als seinen Nachfolger gezeugt, und in seinen letzten Lebensjahren wußte er das auch. Es fiel ihm schwer, seinem Sohn auch nur in die Augen zu schauen, so fremd war er ihm.

Aber wie hätte ich das alles erklären sollen, wo es in sieben langen Jahren von mir erfahren und erlebt worden war?

»Sultan Murad hielt nichts von der Macht«, fuhr ich fort. »In seinen Augen war ein Herrscher nicht viel mehr als ein Blinder, der Blinde führen soll. Ein Werkzeug, ein Mittel im Dienst widerstreitender Kräfte, ein Werkzeug, das den Gang der Ereignisse weder lenken noch ihm ausweichen konnte. Er genoß die Freuden des Lebens, er liebte Frauen, Gedichte und den Wein. Im Alter pflegte er umherzuschlendern, Weindunst im Kopf und eine Rose in der Hand, und selbst dann war alle Schönheit in seinen Augen eitel. Er hielt sich für nichts als Staub. Das Weltall hielt er für ein Staubkorn im Strudel des Unendlichen. Dennoch verrichtete er seine Andachten, ehrte den Islam und seine Lehrer, baute Moscheen und gründete eine Universität zu Adrianopel. Seine Zeitgenossen betrachteten ihn als frommen Mann und Baumeister des Staates. Aber er lächelte nur traurig, wenn man seine Siege und seine Staatskunst pries.

Murad hielt nichts von der Macht«, wiederholte ich. »Für ihn war das Leben – selbst das Leben eines Herrschers – nichts als ein Funke, den der Wind ins Dunkel weht, wo er erlischt. Aber Mohammed glaubt an die Macht. Er glaubt, mit seinem Willen den Gang der Ereignisse lenken zu können. Er hat mehr Verstand und Einsicht als Murad. Er weiß um die Dinge. Für ihn gibt es weder Recht noch Unrecht, weder Wahrheit noch Lügen. Er ist bereit, im Blute zu waten, wenn seine Pläne es erfordern.

Und er ist klug«, fuhr ich leiser fort. »Er hat recht. Das Leid und der Tod von hundert, tausend, ja von hunderttausend Menschen ist nicht mehr als Leid und Tod eines einzigen. Zahlen können nur begrenzte Dinge ausdrücken – sie sind ein bloßes Rechenkunststück. Der einzige Maßstab für Leiden und Tod ist der Mensch, der Kelch, der einen Ozean in sich birgt. Daher konnte auch Christus mit seinem Leiden und seinem Tod die Sünden der Welt hinwegnehmen. Im Reiche Christi verschlägt es nichts, ob ein Grieche oder zweihunderttausend Griechen durch das Schwert umkommen. Zahlen und Ziffern bedeuten nur dem etwas, der diese begrenzte Welt regieren möchte: einem solchen Mann gelten Menschen nur als Zahlen, die er im Verhältnis zu anderen Zahlen sieht, aber nicht als lebendige Menschen.«

Anna hob den Kopf.

»Was willst du damit beweisen?« fragte sie ungeduldig.

»Geliebte«, antwortete ich. »Ich versuche nur, dir mit schwachen, unzulänglichen Worten zu sagen, daß ich dich mehr liebe als alles auf der Welt. Du bist mein Griechenland, du mein Konstantinopel. Wenn die Zeit reif ist, muß Konstantinopel fallen, so wie du eines Tages zu Staub zerfallen mußt. Darum ist die irdische Liebe so trostlos. Wenn wir lieben, empfinden wir die Fesseln von Zeit und Raum schmerzlicher als je sonst. In dir lebt die verzweifelte Sehnsucht alles Irdischen – die Sehnsucht nach Dauer und Bestand.

Geliebte«, fuhr ich fort. »Wenn ich dich ansehe, kann ich durch deine Wangen hindurch die Form deines Schädels erkennen. Durch dein zartes Fleisch sehe ich das Gerippe, wie in meiner Jugend, als mich die Nachtigall an der Friedhofsmauer weckte. Die Liebe ist ein langsamer Tod. Wenn ich dich in die Arme schließe, dich auf den Mund küsse, küsse ich den Tod. So wahnsinnig, so furchtbar liebe ich dich.«

Aber sie verstand mich nicht.

So meinte ich denn: »Du hast dir um meinetwillen den Fuß verletzt. Ich bringe dir nichts als Schmerzen und Leiden. Laß mich dir helfen.«

Ich hob ihre Sandalen auf; sie stützte sich auf meinen Arm, und ich führte sie zur großen Zisterne. Sie konnte nur mühsam gehen, und die Disteln zerstachen ihre zarten Fußsohlen. Ich stützte sie und sie traute mir – ihr Körper traute mir, obgleich ihre stolzen, trotzigen Gedanken sich auflehnten.

Ich verhalf ihr zu einem bequemen Sitz am Rande der verfallenen Zisterne und wusch ihr die Füße. Ich wusch das Blut von ihren wunden Füßen. Ich badete ihre bloßen Füße – bis sie plötzlich, wie von einem inneren Schmerz, erbleichte und sie zurückzog.

»Tu das nicht«, bat sie. »Tu es nicht – ich ertrage es nicht.«

Sie war in meiner Macht. Irgendwo in der Ferne blies ein Ziegenhirt seine Rohrflöte; die dünnen, schrillen Klänge schnitten mir ins Herz. Die Sonne brannte hernieder. Ich berührte ihre Wade; ihre weiße Haut war lebendig und warm. Hätte ich sie damals an mich gedrückt und geküßt, sie hätte nicht widerstehen können, selbst wenn sie wollte. Aber sie fürchtete sich nicht vor mir. Sie schaute mich mit ihren braunen Augen unverwandt an.

»Steh auf«, sagte ich. »Lehn dich an mich, während ich deine Sandalen zubinde.«

»Mir brennt das Gesicht«, sagte sie. »Es wird rot und sonnverbrannt werden, weil ich es vor dir nicht verschleiert habe. Auch meine Füße sind nun rot, weil ich bei jedem Wetter barfuß gehe.«

Ich segne jeden Tag, den ich erleben darf.

Als sie fort war und die Ausbildung wieder begonnen hatte, feuerten wir oben auf der Mauer ein schweres Geschütz ab. Giustiniani wollte die Rekruten an den Abschußknall, den Blitz und den Rauch gewöhnen, um ihnen zu zeigen, daß Geschützfeuer mehr beunruhigend als gefährlich ist, wie er selbst glaubt. Einer von den kaiserlichen Waffenmeistern hatte das Geschütz so fest als möglich auf der Mauer eingebettet; der Schuß fiel denn auch entsprechend den Berechnungen und schleuderte eine kopfgroße Steinkugel in hohem Bogen über die Außenmauer und den Graben; dort fiel sie herab, und der Boden erzitterte. Mehr aber erzitterte die große Mauer. Ein langer Sprung klaffte darin, große Steine polterten zu Boden; und obwohl niemand verletzt wurde, bestätigte der Vorfall doch Giustinianis Urteil, daß Kanonen denen, die sie abfeuerten, gefährlicher seien als dem Feinde. Die Wirkung war niederschmetternd; Mönche und Handwerker starrten den Riß in der Mauer an und trauten ihren Augen nicht; bewies er doch, wie trügerisch die Hoffnungen auf die Uneinnehmbarkeit der Mauern waren.

Jenseits der Mauern liegt das Land verwüstet, so weit das Auge reicht. Bäume wurden gefällt, um ein klares Schußfeld zu gewähren, und die Stümpfe der Zypressen und Platanen schimmern weiß auf dem braunen und grünen Boden. Selbst die Obstbäume wurden gefällt und alle Häuser niedergerissen, um den Belagerern weder Unterschlupf noch Baustoffe zu liefern. Fern am Horizont stieg eine blaue Rauchsäule empor, wie von einem brennenden Haus; sonst war keine Spur von Leben in der ganzen verlassenen Landschaft zu entdekken.

Die Zugbrücke ist noch nicht zerstört; daher ließ ich das teilweise verrammelte Tor öffnen und schickte ein paar Leute aus, die Kanonenkugel einzuholen. Selbst der tüchtigste Steinmetz braucht wenigstens einen Tag dazu, harten Stein zu einer Kugel von gegebenem Durchmesser zu meißeln. Ich verteilte Bogenschützen auf den Türmen und hinter den Zinnen der Außenmauer, als hätten wir einen wirklichen Ausfall vor. Die Leute, die ich geschickt hatte, fühlten sich schutzlos und sahen sich, kaum außerhalb der schützenden Mauer, ängstlich nach allen Seiten um. Bald aber faßten sie Mut, gingen hin, gruben die Kugel aus und brachten sie zurück.

Ein paar von ihnen gönnten sich ein erfrischendes Schwimmbad im Graben; da dieser erst kürzlich fertiggestellt wurde, ist das Wasser noch rein. Dieser Graben ist gute dreißig Schritt breit und ebenso tief; er wird durch eine geschickt angelegte unterirdische Leitung von der See her und aus großen Wasserbehältern an verschiedenen Stellen der Stadt gespeist. Er ist in Abständen durch Dämme abgeteilt, so daß er nicht versiegen kann, und liegt wie eine Kette von Teichen zwischen der Stadt und der angrenzenden Landschaft. Vor dem Blachernenpalast endet er, denn hier fällt der Boden steil zur Bucht ab. Dafür sind an dieser Stelle Wälle und Bastionen verstärkt, und die Palastbauten sind in die Umwallung einbezogen, so daß das Ganze einen ununterbrochenen Festungsgürtel bis zur Küste hinab darstellt.

Aber die große Mauer barst heute vom Schuß einer einzigen Kanone, die oben hinter den Zinnen abgefeuert wurde.

18. März 1453.

Wir sprechen nicht mehr über Politik, sie und ich; wir behalten unsere Gedanken für uns. Ihr Fleisch glaubt mir, ihr Geist nicht.

Ich hielt es für meine Pflicht, Giustiniani von der Stimmung in der Stadt zu unterrichten. Das ließ ihn ganz ungerührt. Er schaute mich an wie einen, der nicht bei Sinnen ist.

»Natürlich wünscht kein vernünftiger Mensch einen Krieg«, sagte er. »Nur natürlich, daß Frauen ihre Kinder und Männer, ihr Heim und ihre Habe behalten wollen. Wäre ich ein Kaufmann oder Bauer, Elfenbeinschnitzer oder Seidenweber, so könnte mich nichts dazu verleiten, einen Krieg zu beginnen. Ich habe genug davon gesehen, Aber wenn es darauf ankommt, so zählt das Volk nicht. Zehn Geharnischte können bis zu tausend biedere Bürger in Schach halten; das haben uns die Römer gelehrt. Das Volk zählt da nicht; die schreien, was man ihnen vorschreit; die gleichen Ochsen, die mit verbundenen Augen zur Schlachtbank geführt werden.

Als ich den Stab des Protostrators empfing«, fuhr er fort, »war mein erster Schritt, alle in der Stadt vorhandenen Waffen einsammeln und verzeichnen zu lassen. Dieser Befehl betraf reich und arm gleichermaßen. Die Söhne der Archonten mußten ihre schönen, mit Elfenbein eingelegten Armbrüste abliefern, die Fleischer ihre Schlachtbeile. Heute müssen die Waffen Tag für Tag nach der Ausbildung wieder abgegeben werden; nur die Wachtposten dürfen ihre Ausrüstung behalten. Jeder darf mit den Waffen seiner Wahl üben, sie aber nicht mit heimnehmen. Eine unbewaffnete Bevölkerung ist nicht gefährlich. Als ich hierherkam, gärten in der Stadt Haß und Mißtrauen gegen die Lateiner; nun habe ich sie in eine ruhige, ordentliche Stadt verwandelt, deren Einwohner sich nun grimmig und entschlossen unter Anleitung der Lateiner für ihren Verteidigungskampf schulen. Das ist allein schon eine militärische Leistung, nicht wahr? Nein, seid unbesorgt wegen der Städter, Jean Ange. Sie werden um ihr Leben kämpfen, und ich werde dafür sorgen, daß keiner mehr auf Verrat sinnt, wenn die Schlacht erst entbrannt ist.

Unsere eigenen Matrosen, die zum Müßiggang gezwungen sind, bilden eine weit größere Gefahr«, fuhr er fort. »Ihre unbesonnenen Gewalttaten stiften Schaden und machen sowohl bei den Lateinern wie auch bei den Griechen böses Blut.« Er warf mir einen verschmitzten Blick zu und rieb sich die großen Hände. »Es kostet mich viel Mühe, den Kaiser zu überreden, sie zur Arbeit einzusetzen. Warum sollte er Müßiggänger um dreitausend Dukaten monatlich anwerben? Die griechischen Arbeiter fordern ihren Lohn für jeden Stein, den sie an die Wälle schleppen, und für jeden Korb voll Erde, den sie tragen. Das ist nur recht und billig; es sind arme Leute, die sich und ihre Familien ernähren müssen. Aber jeder Spatenstich kostet dem Kaiser Geld, während die Matrosen nichts tun als Flöte spielen und den lieben langen Tag an Deck auf und ab stolzieren. Der Kaiser will sich auf keinen Fall mit den venezianischen Kapitänen überwerfen, und die wieder schützen ihre Leute vor jeder Arbeit, die nicht unmittelbar den Schiffen zugute kommt. Aber endlich hatte ich es fertiggebracht, Aloisio Diedo den Befehl über die Flotte zu übertragen.

Den Befehl über die gesamte Flotte und den Hafen«, wiederholte er nachdrücklich. »Das heißt, daß alle großen Galeeren am frühen Morgen ins Goldene Horn gerudert und am Blachernenpalast, im Hafen Kynegion, Anker werfen werden. Dort liegen Hauen, Schaufeln und Körbe bereit. Aufgabe der Schiffsbesatzungen wird es sein, einen Graben vom Hölzernen Tor zum Anemasturm auszuheben, wo der Boden eben ist. Es wäre Wahnsinn, die Türken auf dem Bauch so nahe an den Hafen herankriechen zu lassen, fast bis an die Mauern des Blachernenpalastes, und vielleicht Stollen unter den Palast zu treiben. Ich habe gehört, daß der Sultan nicht nur serbische Reiterei, sondern auch serbische Sappeure angefordert hat.«

Es liegt auf der Hand, daß Giustiniani weitere Nachrichten über des Sultans Pläne empfangen hatte, da er es nun für nötig hält, in elfter Stunde eine so gewaltige Aufgabe wie das Ausheben eines neuen Grabens zu beginnen. Allein ich achtete wenig darauf; die überraschendste Neuigkeit war, daß man Lukas Notaras beiseite geschoben hatte. Die lateinischen Schiffseigentümer und Kapitäne erkennen natürlich die Autorität der Griechen nicht an, aber ich staunte, daß der Kaiser es bei diesem Stand der Dinge wagte, den Großherzog so schwer zu kränken.

»Woche für Woche erwartet Euch Lukas Notaras nun schon, um mit Euch zu beraten«, meinte ich daher, »und nun habt Ihr ihn beiseite geschoben, ohne ihn zu fragen. Wie könnt Ihr das wagen?«

Giustiniani warf die Arme empor und rief eifrig: »Keineswegs, keineswegs! Kaiser Konstantin, seine Berater und ich waren uns vollkommen darin einig, daß einem so berühmten und erfahrenen Strategen wie Lukas Notaras eine würdigere Rolle bei der Verteidigung der Stadt zukomme. Was kann er mit seinen wurmstichigen Schnellruderern schon beginnen, wo doch die Lateiner entschlossen sind, den Befehl über ihre eigenen Schiffe nicht aufzugeben? Nein, er ist befördert worden. Er wird ein beachtliches Stück der Mauer zu verteidigen haben.«

Ich traute meinen Ohren kaum.

»Seid ihr alle wahnsinnig?« schrie ich. »Was führt ihr ihn in diese Versuchung? Es ist ein Unrecht, gegen ihn sowohl wie gegen die Stadt. Er hat offen erklärt, er wolle sich lieber dem Sultan als dem Papst unterwerfen.«

Giustiniani betrachtete mich heiter schmunzelnd.

»Daran ist nichts zu ändern«, versetzte er. »Es ist ein vollkommen freiwilliger, einstimmiger Beschluß. Lukas Notaras wird ein gutes Viertel des Mauerumfanges befehligen. Wer sind wir denn, daß wir jemand um seiner ehrlichen Überzeugung willen abweisen sollten? Fort mit dem gegenseitigen Mißtrauen! Wir strecken ihm die Bruderhand entgegen – Schulter an Schulter werden wir diese erhabene Stadt verteidigen.«

»Seid Ihr betrunken?« fragte ich. »Hat denn Kaiser Konstantin nun den Verstand ganz verloren?«

Giustiniani tat, als wische er sich eine Träne aus dem Auge. Er beherrschte sich nur mit Mühe.

»Diese Beförderung wird Megadux Notaras helfen, den Verlust seiner Schnellruderer zu verschmerzen«, fuhr er, immer noch unter Grimassen, fort. »Aloisio Diedos erste Maßnahme zur Sicherung des Hafens war die Entfernung aller kleinen, unbrauchbaren Fahrzeuge; die Galeeren des Kaisers werden daher abgetakelt und an den Strand gezogen werden; sollten sie sich nämlich von ihrer Vertäuung losreißen oder während der Schlacht Feuer fangen, so könnten sie die Kriegsschiffe beschädigen. Überdies können sie, wenn sie erst unbrauchbar gemacht sind, niemand mehr in Versuchung führen, zu fliehen, falls die Dinge eine Wendung zum Bösen nehmen. So wird alles klar und einfach sein. Aloisio Diedo ist ein schlauer Bursche, wenngleich er Venezianer ist.«

»Ihr treibt also in der Tat den Megadux dem Sultan in die Arme«, bemerkte ich. »Ihr versucht ihn mit einem Weg, den er als Grieche und Patriot sonst vielleicht einzuschlagen gezögert hätte. Ihr nehmt ihm den Hafen weg – Ihr nehmt ihm die Schiffe, die er auf eigene Kosten ausgerüstet hat. Ihr verbittert einen schon Verbitterten noch ärger. Diese Handlungsweise begreife ich nicht – Euch nicht und den Kaiser nicht.«

»Wir nehmen ihm doch nicht den Hafen weg«, versetzte Giustiniani mit scheinheiliger Unschuldsmiene. »Im Gegenteil, er soll ja die Hafenmauer verteidigen. Sein Abschnitt reicht von der venezianischen Niederlassung bis zum Blachernenpalast – erstreckt sich also über die ganze Länge der inneren Hafenmauer: mindestens fünftausend Schritte. Ich begnüge mich mit bescheidenen tausend Schritten der landseitigen Mauer.«

Ich brauchte nicht erst die Landkarte einzusehen, um zu begreifen. Da die lateinischen Schiffe die Hafeneinfahrt bewachten, konnte kein Angriff die innere Mauer entlang des Goldenen Horns bedrohen; ein paar Wachtposten würden genügen, sie in ihrer ganzen Länge zu bewachen und die

Schiffahrt im Auge zu behalten. Dieser Teil des gesamten Mauerumfangs würde der sicherste von allen sein, außer es wüchsen den Türken Flügel, und der Befehl über diesen Abschnitt würde einen bloßen Ehrenposten darstellen.

Als ich das endlich begriff, brach Giustiniani in brüllendes Gelächter aus; er krümmte sich, stöhnte und schlug sich mit beiden Fäusten auf die Knie.

»*Jetzt* seht Ihr wohl?« ächzte er, indem er sich die Tränen aus den Augen wischte. »Es ist ein ungeheurer Abschnitt – viel länger, als jeder andere Offizier ihn befehligt. Notaras wird gute Miene dazu machen müssen, selbst wenn er erkennt, was das bedeutet. Und erkennen wird er's natürlich; er ist ja kein Narr.«

»Ihr habt ihm Euer Mißtrauen gegen ihn greifbar vor Augen gerückt, dürftig verhüllt, als Auszeichnung verkleidet«, bemerkte ich. »Vielleicht tut Ihr klug daran. Vielleicht.«

Giustiniani hörte zu lachen auf und betrachtete mich fragend. »Wir nehmen Notaras die Gelegenheit zum Verrat«, meinte er ernst. »Hat die Belagerung einmal begonnen, so wird er an diese Mauer gebunden sein, unfähig, uns hinterrücks den Dolchstoß zu versetzen, selbst wenn er es wollte. Warum freut Ihr Euch nicht? Ihr wart es doch, der mich vor ihm gewarnt hat.«

Im Grunde genommen hat er recht. Richtig überlegt, ist er auf die schonendste Art verfallen, Notaras harmlos zu machen. Warum bin ich also unzufrieden?

19. März 1453.

Heute wurden die großen Galeeren in den Hafen Kynegion gerudert, mit flatternden Wimpeln, Hörnerschall und Trommelschlag. Matrosen und Soldaten gingen in guter Ordnung an Land, empfingen Hauen, Schaufeln und Körbe und wurden unter ihren eigenen Fähnlein truppweise zur Arbeit geführt; sie marschierten durch das Tor beim Hebdomon-Palast hinaus. Hier erwartete sie Kaiser Konstantin zu Pferd, in Purpur und Gold gekleidet, und hieß sie willkommen.

Der Graben, der gute hundert Schritt lang werden soll, war bereits vermessen und abgesteckt, und die Schiffskapitäne stießen ihre Fähnlein an den ihnen zugewiesenen Stellen in den Boden. Er sollte acht Fuß breit und acht Fuß tief werden: wahrhaftig keine schwere Aufgabe für fast zweitausend Mann. Auf ein Zeichen des Kaisers brachen wartende Diener ganze Reihen von Weinkrügen auf, worauf jeder Mann hingehen und sich eine Maß Wein einschenken durfte. Kein Wunder, daß sie singend an die Arbeit gingen und um die Wette gruben und ihre Körbe füllten, die andere im Laufschritt zur Verstärkung der Außenmauer fortschafften. Die Anwesenheit des Kaisers spornte selbst die Kapitäne, Maaten und Schiffseigentümer zum Zupacken an.

Bei Sonnenuntergang war die Arbeit fast vollendet, und nur ein kleines Stück ebener Boden trennte das Ende des Grabens vom Wasser. Gewiß ist dieser Graben nicht mit dem großen Festungsgraben mit seinen Ziegelwänden zu vergleichen, obwohl auch seine Wände mit Steinen und Balken verstärkt werden sollen, um der Unterwaschung durch das Wasser vorzubeugen.

25. März 1453.

Vorgestern marschierte der Sultan von Adrianopel ab. Nun handelt es sich nur mehr um Tage.

26. März 1453.

Heute sagte Anna Notaras: »So kann es nicht weitergehen.«

Wir zanken nun nicht mehr; zu düster hängen die Wolken des Schicksals über uns. Die Ahnung des Bevorstehenden würgt jeden in der Kehle und lastet wie Stein auf allen Herzen. Ganz so erwartete ich vor langer Zeit, an einen Stein gekettet, die herannahenden Schritte des Todes. Damals hatte ich nichts zu verlieren, nichts zu besorgen. Nun kann es sein, daß ich sie verlieren muß.

»Nein, es kann nicht so weitergehen«, stimmte ich bei. »Es könnte jemand Verdacht schöpfen. Du könntest erkannt werden. Die Straße hat Augen, Säulen haben Ohren, und dein Vater könnte dich heimholen.«

»Ich fürchte mich nicht vor meinem Vater«, meinte sie. »Meine Nonnenkutte schützt mich. Das ist es nicht, was ich meinte.«

Wir waren im Schatten der Platanen der Akropolis zur Landspitze hinausgewandert und lagen nun auf den gelben Marmorstufen in der Sonne. Eine Eidechse huschte über einen Stein. Unter uns schimmerte silbern das Marmarameer, und der Bosporus breitete sich wie ein dunkelblaues Band zwischen frühlingsgrünen Hügeln aus. Auf der anderen Seite des Hafens stiegen die Mauern von Pera empor. Das Kreuz von Genua flatterte vom Turm.

Chariklea war nicht bei uns; sie wusch in meinem Hause die Wäsche und unterhielt mit reichem Wortschwall Manuel mit frommen Heiligenlegenden. In jüngster Zeit wurde daheim ein beträchtliches Quantum Wein vertilgt.

Aber Anna und mir wollte es in meiner Kammer nicht behagen; die Unruhe trieb uns hinaus unter den freien Himmel. Wir vertrauten trotz der Gefahr einer Entdeckung auf unser Glück.

»Nein, das meinte ich nicht«, wiederholte sie. »Du weißt recht gut, was ich wirklich meine.«

Die Sonne hatte ihre Stirn gerötet; sie streckte die Beine aus und spielte mit den Zehen im Gras. Ihre Wangen glühten und ihr Mund lächelte; aber ihre braunen Augen blickten traurig.

»Diese Kutte ist nur eine Verkleidung«, meinte sie. »Ich bin keine Nonne. Nun ich mein Heim, meine Gepflogenheiten, meine Familie und meine Erziehung hinter mir gelassen habe, fühle ich mich wohler und glücklicher als je zuvor. Das Essen schmeckt mir. Nie hat mir der Wind so herrlich die Lungen gefüllt. Ich lebe. Ich atme. Ich habe einen Leib – und der macht mir Sorgen.«

»Ich habe dein geistliches Kleid geachtet«, erwiderte ich steif.

»Ja, allerdings – nur zu sehr«, versetzte sie vorwurfsvoll. »Du fürchtest dich, es zu entweihen, und wagst mich nicht zu berühren.«

»Du genügst mir, wie du bist«, antwortete ich. »Wir sind zusammen. Ich bin vierzig. Ich liebe dich. Es gibt keine Liebe ohne Begierde, allein meine Begierde ist eine reine Flamme. Ich brauche dich nicht zu berühren.«

Sie fingerte an ihrem Ärmel herum.

»Keine Liebe ohne Begierde«, wiederholte sie. »Mir fehlt dein Alter und deine Erfahrung. Du magst recht haben: vielleicht ist es nicht der Mühe wert. Aber mein schamloser Leib sagt mir, es sei doch der Mühe wert. Wenn du mir die Hand aufs Knie legst, zittere ich am ganzen Körper. Warum tust du es nicht mehr?«

»Ich bin kein Engel«, entgegnete ich. »Glaube nur das nicht.«

»Du verstehst dich sehr wohl zu beherrschen«, meinte sie. »Ich führe dich also nicht in Versuchung?«

Sie zog ein Bein an sich und streichelte ihr bloßes Knie, während sie mich hinter gesenkten Lidern hervor betrachtete. Hätte ich sie aber berührt, so hätte sie sich losgerissen – das wußte ich. Sie sprach nur so, um mich zu quälen.

»Ich beging eine große Sünde, als ich das Vertrauen meines Vaters mißbrauchte«, sagte sie. »Ich dachte, ich könnte sie abbüßen, indem ich die Kutte nahm und mich an den Klostergebeten beteiligte. Ich wollte dich nie mehr sehen. Ich spielte mit dem Gedanken, mir später das Haar schneiden zu lassen und den Schleier zu nehmen. Sag mir, Geliebter, belügen sich die Menschen immer, um zu erlangen, was sie begehren?«

»Die Menschen sind unverbesserliche Lügner«, antwortete ich. »Sie glauben an das, was sie erhoffen, und reden sich ein, ihre Wünsche seien berechtigt. Im innersten Herzen aber kann sich kein Mensch betrügen.«

»Johannes Angelos«, meinte sie nachdenklich, »ich glaube, es wäre vielleicht besser für uns beide, wenn du mich heiratetest.« Sie legte mir die Hand auf den Mund, daß ich schweigen sollte. »Du bist zwar nach dem lateinischen Ritus getraut worden, und deine Frau lebt noch. Aber was macht das aus? Wenn du deiner Ketzerei abschwören und den einzig wahren Glauben annehmen willst, kannst du ein zweites Mal getauft werden. Es gibt viele Priester, die in diesem Fall deine frühere Ehe als nichtig betrachten und uns trauen würden, und sei es auch nur, um den Lateinern einen Streich zu spielen.«

»Aber was würde das bedeuten?« fragte ich. »Im Herzen bin ich mit Ghita vermählt. Ich will das Sakrament nicht brechen. Nicht einmal der Papst könnte mich bei mir selbst von einer Ehe lossprechen, die ich aus freien Stücken einging.«

Anna sah mich unter gesenkten Lidern haßerfüllt an.

»Dann bedeutet sie dir mehr als ich«, entgegnete sie. »Ist es meine Schuld, daß du dein Leben in den Armen fremder Frauen vertrödelt hast und es dann satt geworden bist? Du kannst nicht einmal lachen; wenn du es könntest, würdest du mich heiraten. Warum gönnst du mir meinen Seelenfrieden nicht? Dein eigenes Gewissen wird nie den Frieden kennen, was du auch tun magst.«

»Auch deines würde ihn nicht kennen«, antwortete ich.

»Eine solche Ehe wäre sinnlos. Sie würde ohne Zustimmung deiner Eltern und unter falschem oder unvollständigem Namen geschlossen werden. Sie könnte jederzeit angefochten werden, sei es nach weltlichem oder kirchlichem Recht.«

»Angefochten, ja«, sagte sie. »Aber daraus würde ein verwickelter Rechtsfall. Warum sollten wir nicht in gutem Glauben heiraten, und sei es auch heimlich? Ich könnte in dein Haus ziehen. Am Morgen würden wir nackt unter derselben Decke erwachen. Wäre das nicht wert, dein unsinnig starres Gewissen ein wenig zu lockern?«

Ich starrte sie nur an.

»Du bist meine Sünde«, sagte ich. »Und meine Sünde wird nur um so größer sein, wenn ich um deinetwillen das Sakrament breche. Im Herzen beging ich schon Ehebruch, wenn ich dich nur ansah oder deine Hand berührte. Als ich zum erstenmal in deine Augen sah, da erkannte ich dich und öffnete mein Herz der Sünde. Warum willst du mich nicht begreifen?«

»Warum willst du dich nicht darein finden, ein Mensch zu sein und mit deinem Gewissen ein wenig zu feilschen?« versetzte sie störrisch. Doch zugleich färbte sich die Röte auf ihren Wangen immer tiefer und breitete sich über Gesicht und Hals aus. »Es ist wahr, ich liebe dich, sooft ich dich ansehe«, gestand sie. »Es ist wahr. Im Herzen habe ich bereits mit dir gesündigt, obwohl ich nach dem Gesetz der Welt kein Unrecht begangen habe. Siehst du denn nicht, daß ich Sicherheit wünsche für dich und mich, so daß keiner uns zu Recht anklagen kann, wenn – wenn zwischen uns etwas vorfallen sollte?«

»Gott sei uns gnädig!« rief ich. »Unsere Sünde wird weder schwerer noch leichter, wenn wir beisammen schlafen, sei unser Bund nun gesegnet oder nicht. Das geht nur dich und mich an – wir sind einander verantwortlich. Aber habe ich auch nur einmal versucht, dich zu verführen? Dessen wenigstens kannst du mich nicht bezichtigen.«

»Doch, du hast es«, erklärte sie. »Mit deinen Augen. Mit deinen Händen. Und dieser Streit ist ohnehin töricht und unnötig, da wir von verschiedenen Dingen reden. Du setzt dich aufs hohe Roß, wie das Männer immer gern tun, und sprichst von Grundsätzen, während ich aber als praktische Frau davon spreche, wie sich die Sache am besten einrichten läßt, ohne mehr als nötig gegen Tugend und Anstand zu verstoßen.«

Ich konnte sie nur groß ansehen.

»Du glaubst also, es sei eine ausgemachte Sache?« fragte ich.

»Aber natürlich«, erwiderte sie und betrachtete mich hinter gesenkten Wimpern hervor, als weidete sie sich herzlich an meiner Erregung.

»Wenn dem so ist«, sagte ich, »was zum Teufel haben dann Tugend und Anstand damit zu tun? Wir sind erwachsene Menschen. Bald werden die Türken vor den Toren stehen – bald werden die Kanonen brüllen. Dann kommen Schrecken und Tod. Angesichts des Todes verschlägt es doch gewiß nichts mehr, ob wir gesetzlich vermählt sind oder nicht.«

»Oh, danke, Liebling, danke!« meinte sie mit gespieltem Entzücken. »Wenn es dir wirklich gleichgültig ist, so will ich als Frau mich natürlich für die Ehe entscheiden.«

Ich haschte nach ihr, sie aber wich zur Seite aus und zog mich mit sich zu Boden. Spott lag in ihren Augen, und sie lachte laut, während sie sich aus Leibeskräften wehrte. Als ich sie zu Boden drückte, spannte sie ihren ganzen Körper an, stieß mit dem Kopf gegen meine Brust und flüsterte mit geschlossenen Augen: »Nein, Johannes Angelos, nie im Leben. Nie wirst du mich mit Gewalt gewinnen – nicht, bevor du deiner lateinischen Ketzerei abgeschworen hast und ein griechischer Priester unseren Bund gesegnet hat.«

Süß war unser Ringen, und wir entbrannten darüber. Dann lag sie plötzlich still, blaß und starr – sie schlug die Augen auf und sah mich aus geweiteten Pupillen groß an. Dann grub sie mir blitzschnell die Zähne in den Arm und biß zu, als wollte sie ein Stück Fleisch losreißen. Ich schrie vor Schmerz auf und ließ sie los.

»Da!« murmelte sie. »Glaubst du mir nun? Wirst du nun aufhören, mich zu quälen?«

Sie setzte sich auf, glättete ihr Haar und blieb regungslos sitzen, beide Hände an die Wangen gedrückt. »Bin das ich?« murmelte sie, indem sie vor sich hinstarrte. »Kann dies Anna Notaras sein – im Gras herumkugelnd, in den Armen eines Lateiners, wie ein Schenkmädchen in einem Stall? Nie, nie hätte ich das von mir gedacht.«

Sie schüttelte den Kopf. Plötzlich schlug sie mir ins Gesicht und stand auf. Ich begriff. Die Schuld war mein.

»Nie, nie will ich dich mehr sehen«, murmelte sie zwischen zusammengebissenen Zähnen. »Ich hasse dich mehr als alles auf der Welt. Ich hasse deine Augen und deinen Mund und deine Hände. Mehr als alles andere aber hasse ich dein Gewissen und deine ›reine Flamme‹! Wie kannst du dich erdreisten, so schändlichen Unsinn zu reden?«

Ich ordnete stumm meine Kleider.

»Du hast recht, Anna«, gestand ich endlich. »So kann es nicht weitergehen.«

Sagte ich, wir zankten nun nicht mehr?

31. März 1453.

Der letzte Tag dieses Monats. Bald wird alles vorbei sein.

Der Kaiser wagte nicht länger zu zögern, und heute hoben die Matrosen das noch fehlende Grabenstück aus und ließen das Wasser einströmen. Vielleicht werden die Balken und das steinerne Mauerwerk dem Wasser so lange als nötig widerstehen.

Während der Arbeit sahen die Männer oft flüchtig zu den Hügeln empor. Nun waren weder Pfeifen noch Trommeln mehr zu hören, und die Fahnen waren fort. Der Kaiser ritt in silberner Rüstung, gefolgt von seiner Leibwache, einen Hügel hinauf. Allein von den Türken war nichts zu sehen. Ihr Heer ist ungeheuer und daher langsam auf dem Marsch.

Heute schritten die Venezianer, voran der Rat der Zwölf, in feierlichem Zuge zum kaiserlichen Palast. Der Kaiser hat sie mit der Verteidigung der vier Tore des Blachernenpalastes betraut und ihnen die Schlüssel dazu überreicht. Konstantin selbst befehligt dem Namen nach am Sankt-Romanos-Tor, obwohl in Wirklichkeit Giustiniani sowohl dafür wie auch für das Lykostal bis zum Charisiostor die Verantwortung trägt. Heute haben wir alle Vorbereitungen abgeschlossen, und die Wachen wurden um ein Vielfaches ihrer ursprünglichen Zahl verstärkt. Dennoch ist die Mehrzahl der Soldaten immer noch in der Stadt einquartiert.

Nach unserem letzten Zusammentreffen verließ Anna Notaras das Kloster drei Tage lang nicht. Wen wollte sie dadurch strafen: sich selbst oder mich? Ich weiß es nicht recht. Am dritten Tag kam Chariklea allein mit dem Bettelnapf, richtete sich am Küchentisch häuslich ein und fing an, über die Launenhaftigkeit junger Frauen zu jammern. Manuel holte ihr Essen aus der gegenüberliegenden Schenke, und sie hieb nach wortreichen Einwänden weidlich ein. Sie dachte offenbar, sie mißbrauche meine Gastfreundschaft, wenn sie ohne Anna komme, und ich schenkte ihr selbst Wein ein, um ihr zu zeigen, daß sie willkommen war. Sie hob abwehrend die Hände, bekreuzigte sich und trank drei große, volle Gläser davon.

»Schwester Anna betet um geistlichen Rat«, meinte sie. »Schwester Anna fürchtet, in Eurem Hause der Versuchung zu erliegen.«

»Wer sich vor der Versuchung fürchtet, ist ihr schon verfallen«, erwiderte ich. »Es betrübt mich aufrichtig, das zu hören, Schwester Chariklea. Sagt ihr, es liegt mir fern, einen Menschen zu versuchen oder zugrunde zu richten; sagt ihr, meinetwegen möge sie nur meinem Haus fernbleiben.«

»A-rrh!« brummte Schwester Chariklea, denn das war gar nicht nach ihrem Geschmack. »Es ist ja nur eine Laune. Welche Frau weiß denn je, was sie will? Es ist unser Schicksal, in dieser Welt vielen Versuchungen und Verführungen zu widerstehen. Da ist es doch besser, ihnen kühn und erhobenen Hauptes zu begegnen, als ihnen feige auszuweichen.«

Charikleas Vater hat ihr alle griechischen Geschichten und Sagen erzählt, die sie kannte. Sie hat eine rege Einbildungskraft und malt sich mit wahrer Freude die Fortsetzung der Geschichte von Anna und mir aus. Wie alle Frauen, ist sie im Herzen eine geborene Kupplerin. Allein sie meinte es wirklich gut.

Ich weiß nicht, was sie Anna erzählt hat, allein tags darauf kam Anna mit ihr. Sie hatte kaum meine Kammer betreten, als sie erhobenen Hauptes ihre Kutte abwarf; sie hatte sich wieder als vornehme Dame gekleidet. Sie hatte sich Lippen und Wangen geschminkt und Brauen und Lider blau gefärbt. Sie gab sich hochmütig und redete mich wie einen Fremden an.

»Schwester Chariklea erzählte mir, Ihr grämet Euch über meine Abwesenheit«, meinte sie kühl. »Sie sagte, Ihr seiet binnen zwei Tagen dünn und bleich geworden und blicktet wild und fiebrig drein. Ich wünsche natürlich nicht, Euch um meinetwillen krank zu sehen.«

»So hat sie also gelogen«, erwiderte ich ebenso kühl. »Ich habe nichts vermißt. Im Gegenteil, ich habe nach vielen Tagen wieder einmal Ruhe und Frieden genossen. Alle Nadelstiche und der nutzlose Schmerz, den sie verursachen, blieben mir erspart.«

»Ganz recht«, meinte sie mit zusammengebissenen Zähnen. »Was habe ich hier verloren? Euch fehlt anscheinend nichts. Es ist wohl besser, wenn ich gehe; ich wollte mich nur vergewissern, daß Ihr nicht krank seid.«

»Bleibt noch«, fiel ich hastig ein. »Manuel hat Mus und Backwerk für Chariklea aufgehoben. Laßt die arme Frau es verzehren. Die Klosterkost ist karg genug – Ihr habt selbst eingefallene Wangen und seht aus, als hättet Ihr nicht geschlafen.«

Sie trat rasch an meinen venezianischen Spiegel.

»Ich bemerke davon nichts«, meinte sie.

»Eure Augen leuchten so«, fuhr ich fort. »Ihr habt doch nicht etwa Fieber? Laßt mich Euren Hals fühlen.«

Sie wich zurück.

»Untersteht Euch! Ich schlage zu, wenn Ihr es versucht.«

Dann lag sie in meinen Armen. Wir küßten und liebkosten einander in unstillbarem Durst. Wir küßten uns, bis es schien, als schlügen Flammen durch das Dach zum Himmel empor. Im Fieber brennenden Verlangens küßten wir uns, bis Zeit und Raum ins Nichts versanken. Nun trug sie ja keine Kutte, die sie schützen konnte. Keuchend und glühend küßte sie mich, streichelte mir Kopf und Schultern, schlang mir die Arme um die Hüften. Allein mein Verlangen brannte vergebens: ihr Wille und ihre Jungfräulichkeit hielten Wacht, selbst wenn sie die Augen geschlossen hatte. Erst als ich zu ermüden begann, schlug sie sie auf, schob mich fort und sagte stolz und triumphierend: »Nun, siehst du – ich kann dich wenigstens quälen, wenn schon nichts anderes.«

»Du quälst dich nicht weniger«, antwortete ich; Tränen der Leidenschaft standen mir noch in den Augen.

»Glaube das nicht«, versetzte sie. »Wenn ich nur weiß, daß ich deine Freude in Schmerz verwandeln kann, werde ich mich nur freuen. Du sollst sehen, wer der Stärkere von uns beiden ist. Erst war ich verlegen und bestürzt; war ich doch unerfahren. Nun habe ich einiges von euren abendländischen Sitten gelernt.«

Sie begann, mit zitternden Händen Kleid und Haar vor dem Spiegel zu glätten.

»Halte mich nicht für so unschuldig, daß du nach Belieben mit mir umspringen könntest«, meinte sie mit trotzigem Lächeln. »Zuerst beging ich freilich diesen Fehler, und du spieltest auf mir wie auf einer Kithara. Nun aber bin ich an der Reihe, auf dir zu spielen. Wir werden sehen, wie lange du das erträgst. Ich bin eine Frau von Rang und Stand – und obendrein erwachsen, wie du oft bemerkt hast. Ich lasse mich nicht wie eine Schenkdirne verführen.«

Sie schien verwandelt. Selbst ihre Stimme klang scharf und verächtlich. Ich zitterte immer noch; ich konnte nicht antworten, sondern sie nur ansehen. Sie warf mir einen verführerischen Blick über die Schulter zu. Ah, ihr schlanker weißer Hals, die blauen Bogen ihrer Brauen ... gleich einer Blume erhob sich ihr Haupt aus dem reichen Kleid; der Hyazinthenduft ihrer Wangen haftete noch an meinen Händen.

»Ich erkenne dich nicht wieder«, sprach ich endlich.

»Ich erkenne mich kaum selbst wieder«, bekannte sie, einen Augenblick aufrichtig. »Ich wußte nie, daß so viele Wesen in mir schlummerten; Ihr habt mich anscheinend in eine Frau verwandelt, Herr Johannes Angelos.«

Sie lief auf mich zu, packte mich mit beiden Händen an den Haaren, schüttelte heftig meinen Kopf und küßte mich auf den Mund – dann ließ sie mich ebenso plötzlich wieder los.

»Du hast mich so verwandelt«, sagte sie leise. »Du weckst meine üblen Eigenschaften. Aber das Erwachen ist nicht unangenehm; ich brenne darauf, mich selbst kennenzulernen.«

Sie ergriff meine Hand, die kraftlos herabhing, und begann, nachdenklich damit zu spielen, indem sie sie mit ihren weichen Fingerspitzen streichelte.

»Ich habe von den Sitten im Abendland gehört«, sprach sie. »Du hast mir einiges davon erzählt – du sagtest, auch hochgeborene Männer und Frauen dürfen in aller Öffentlichkeit zusammen baden und spielen. Schöne Damen lassen ihre Brüste unbedeckt und erlauben ihren Freunden, zum höflichen Gruß einen Kuß darauf zu drücken. Heitere Zecher unterhalten sich in Paaren, und selbst Ehemänner erlauben ihren Frauen, mit einem guten Freund zu schlafen und sich von ihm liebkosen zu lassen, wenn nur nichts Schlimmeres daraus folgt.«

»Sonderbare Ansichten hast du über das Abendland«, entgegnete ich. »In allen Ländern gibt es Wüstlinge und Schwelger, und die haben ihre eigenen Sitten und Bräuche, seien sie nun Christen oder Türken, in Venedig oder in Konstantinopel. Darum reisen solche Leute gerne unter verschiedenen Vorwänden von einem Ort zum anderen. Selbst eine Wallfahrt gilt manchen nur als Vorwand, in verworrenen, entarteten Zeiten, wenn die Religion tot und nur ihre äußere Hülle noch übrig ist. Je eifriger ein Mensch dem Vergnügen nachjagt, um so schwerer wird es für ihn, neue Freuden zu entdekken. In diesen Dingen ist der menschlichen Erfindungsgabe eine Grenze gesetzt; er muß sich mit der verzweifelt engbegrenzten Welt der Sinne begnügen. Ein Mensch, der keine anderen Begierden kennt, muß ewig unzufrieden bleiben. Sonderbare Ansichten hast du über das Abendland«, wiederholte ich. »Ich bin heiligen Männern begegnet – Reichen, die ihren Reichtum unter den Armen verteilen und ins Kloster gehen, Männern von Rang und Stand, die darauf verzichten, um von Almosen zu leben, Gelehrten, die ihr Augenlicht über dem Entziffern uralter Schriften verderben, Fürsten, die für eine von Ratten angenagte Handschrift Vermögen bezahlen, Astrologen, die ihr Leben daran wenden, die Bahn der Himmelskörper und ihren Einfluß auf das Schicksal des Menschen zu berechnen, Kaufleuten, welche die doppelte Buchhaltung erfunden haben, so daß sie jederzeit eine vollkommene Bilanz ihres Vermögens erstellen können. Auch einfältige Sänger und Spieler gibt es in jedem Land. Nur die Art des Umgangs zwischen Männern und Frauen ist verschieden.«

Sie schien kaum zu hören. Sie drehte und wendete sich vor dem Spiegel und löste nun eine Nadel in ihrem Kleid, das sie über die Schultern herabließ, bis ihre Brüste bloßlagen. Sie legte den Kopf zur Seite und betrachtete ihr Spiegelbild.

»Nein«, meinte sie, »nein, die Scham verbietet mir, vor Männern mich so zu zeigen. Ich müßte es wenigstens zuerst von anderen Frauen sehen. Vielleicht würde ich mich bald daran gewöhnen; dann wäre natürlich nichts Schlimmes daran.«

»Du versuchst mich«, sagte ich, und die Kehle war mir trocken.

»Oh, keineswegs«, versetzte sie geziert und zog das Kleid rasch wieder empor. »Wie könnte ich? Dich, der du so hart und klar bist! Wie könnte eine unerfahrene Frau wie ich dich versuchen? Du sagtest selbst, du brauchtest neue Zerstreuungen. Welche Abart habe ich davon zu bieten?«

Ihre Bosheit erbitterte mich, obwohl ich entschlossen gewesen war, mich zu beherrschen.

»Das habe ich nie gesagt«, rief ich. »Ich sprach nicht von mir. Im Gegenteil, ich habe stets die Frauen eher gemieden, als mich von ihnen hingezogen gefühlt – sie benebeln nur mein Denken und trüben mir die innere Schau, und deshalb habe ich mich von ihnen ferngehalten. Ja, ich habe gelernt, ihre hellen Augen und erstickenden Liebkosungen zu hassen.«

Anna Notaras wandte sich um und faltete die Hände auf dem Rücken.

»Erstickenden Liebkosungen!« wiederholte sie. »Ich hasse dich!«

»Ich meinte doch nicht dich!« rief ich entsetzt. »Du lieber Gott, natürlich meinte ich nicht dich!«

»Du – du liederlicher Lateiner! Du kraft- und saftloses, dürres Reis!«

Sie haschte nach ihrem Mantel und hüllte sich darein, zog die Kapuze hoch über den Kopf und ließ den Schleier übers Gesicht fallen.

»Leb wohl«, sagte sie. »Vielen Dank für all den guten Rat. Nächstes Mal werde ich besser Bescheid wissen.«

Sie war mir nicht böse; das wußte ich, obwohl sie mit diesen Worten mir mutwillig das Herz zerriß. Sie ging ihres Weges, nicht im Zorn, sondern voll Freude, hocherhobenen Hauptes. Sie hatte gesagt: »Nächstes Mal.« Und ich armer Teufel hatte geglaubt, sie zu kennen, als wäre sie ein Stück von mir.

1. April 1453.

Seit dem frühen Morgen riefen die Kirchen- und Klosterglokken das Volk zu Fürbittgebeten für die Stadt. Es war ein strahlend schöner Tag – viel zu schön. Die riesige Hafensperre ist fertiggestellt: die Balken wurden erneuert, die Verbindungsglieder ausgebessert und verstärkt. Sie liegt in Windungen entlang der Küste und reicht vom Eugeniosturm bis zum Sankt-Markus-Turm.

Nach der Messe gingen viele Sonntagsspaziergänger zum Hafen hinab, um die Sperre zu besichtigen. Einige der rund zubehauenen Balken, welche die Kette an der Meeresoberfläche halten sollen, sind so stark, daß ein erwachsener Mann sie nicht mit den Armen umspannen kann. Die Kettenglieder sind aus Eisen, so dick wie meine Wade, und würden mir aufgestellt bis an den Oberschenkel reichen. Die Balken sind mit ungeheuren Haken aneinander befestigt. Die berühmte Hafensperre, welche die Johanniter vor den Hafen von Rhodos legten, ist, verglichen mit dieser, ein Spielzeug. Nicht das stärkste Schiff könnte sie durchbrechen. Eltern zeigten sie ihren Kindern, die leicht durch die Kettenglieder kriechen könnten. Selbst der Kaiser ritt mit Gefolge zur Besichtigung hinab. Das eine Ende ist am Eugeniosturm im Felsen verankert.

Am Nachmittag kamen beide Nonnen Hand in Hand in mein Haus. Die Gebete und der Anblick der Sperre hatten Chariklea mit frischem Mut erfüllt. Sie plauderte unaufhörlich und erzählte Manuel, wie die Gottesmutter und viele andere Heilige Konstantinopel seit Menschenaltern beschirmt und Türken und andere Angreifer in die Flucht geschlagen hätten. Sie erklärte, seit die Türken ihre Festung am Bosporus erbaut hätten, habe Michael selbst, der Erzengel und Feldherr mit dem flammenden Schwert, sich vom Bosporus nach Konstantinopel begeben. Viele glaubwürdige Zeugen hätten ihn in den Wolken über der Apostelkirche erblickt. Seine Rüstung strahlte so, daß die Gaffer das Gesicht bedecken und sich abwenden mußten.

»Wie viele Flügelpaare hatte er?« fragte Manuel wißbegierig, in der Hoffnung, eine glaubwürdige Antwort auf eine alte, vielumstrittene Frage zu erhalten.

»Es hatte niemand Zeit, sie zu zählen«, gab Chariklea schnippisch zurück. »Sein Flammenschwert blendete alle, so daß sie lange nur glühende Scheiben erblickten, die über den ganzen Himmel wirbelten.«

So plapperten sie weiter, und ich mischte mich von Zeit zu Zeit ins Gespräch, weil es ein schöner Sonntag war und Anna sich entschieden weigerte, meine Kammer zu betreten. Sie saß stumm da und war abermals ganz verändert; heute war sie vom Scheitel bis zur Sohle in ihre schwarze Kutte gehüllt. Selbst ihr Gesicht hatte sie verschleiert, die Hände in den weiten Ärmeln verborgen. Sooft ich eine Frage an sie richtete, schüttelte sie nur leise den Kopf, als hätte sie ein Schweigegelübde getan. An dem, was ich von ihrem Gesicht erspähen konnte, sah ich, daß sie blaß war. Ihre braunen Augen sahen mich groß und vorwurfsvoll an; sie waren von blauen Schatten umgeben, und die Lider waren geschwollen, als hätte sie geweint. Mit einem Wort, sie tat ihr Bestes, meine Teilnahme und meine Selbstvorwürfe zu erwecken. Als ich ihre Hand ergreifen wollte, zog sie sie gekränkt zurück. Ich argwöhnte, daß sie weißen Puder aufgelegt und sich blaue Schatten um die Augen gemalt hatte, weil sie gar so elend aussah.

Als Schwester Chariklea mehr Wein getrunken hatte, schielte sie seitwärts nach Anna und konnte das Kichern nicht verbeißen. Anna erwiderte mit wütenden Blicken, worauf Chariklea die Hand vor den Mund hielt; bald aber kicherte sie von neuem.

Endlich riß mir die Geduld. Ich stürzte auf Anna zu, packte sie an den Handgelenken, zog sie empor und fragte grob: »Was spielst du mir da vor? Was soll dieser Mummenschanz?«

Sie tat, als sei sie erschrocken, legte den Finger an die Lippen und meinte: »Pst! Die Diener werden dich hören.«

Sie zuckte die Achseln, als füge sie sich ins Unvermeidliche, und folgte mir zur Treppe, weigerte sich jedoch immer noch, meine Kammer zu betreten.

»Nein, diese Torheit will ich nicht wieder begehen«, sagte sie. »Ich muß auf meinen guten Ruf bedacht sein. Was wird dein Diener von mir denken?

Und weil wir schon von den Dienern reden«, fuhr sie mit aufsteigender Heftigkeit fort, »du beleidigst mich vor ihren Augen, als wären wir schon vermählt. Und es ziemt sich nicht, daß du dieser Närrin Unsinn vorschwätzt; sie mißversteht doch jedes Wort, das sie hört. Oder habe ich sie mißverstanden? Vielleicht liebst du sie, und ich gebe dir nur Gelegenheit, sie zu treffen – ihr Wein vorzusetzen und sie zum Opfer deiner Lust zu machen, wenn sie sich nicht mehr wehren kann? Deshalb wagte ich nicht, sie allein gehen zu lassen, obwohl ich für meinen Teil dies Haus nie mehr zu sehen wünsche.«

»Oh, Anna!« erwiderte ich beschwörend. »Warum gibst du dich so? Bist du wahnsinnig geworden, oder bin ich verrückt?«

»Recht so! Schilt mich, nenn mich eine Verrückte!« entgegnete Anna unbarmherzig. »Ich bin selbst schuld, weil ich Heim und Familie verlassen und mich dir ausgeliefert habe. Ich weiß gar nicht mehr, wann ich zum letztenmal ein freundliches Wort von dir hörte. Nichts ist dir recht: kleide ich mich nach meinem Rang und Stand, behandelst du mich wie eine

Dirne. Will ich dir's recht machen und gebe mich züchtig und zurückhaltend, verwünschst und beleidigst du mich, tust mir mit deinen harten Händen weh und schleppst mich in deine Kammer, als wolltest du mich tätlich bedrohen. Schilt mich nur, recht so, aber zieh zuvor den Balken aus deinem eigenen Auge.«

»Gott erbarme sich meiner, daß ich mich in den Schlingen einer solchen Frau verstrickte!« erwiderte ich erschöpft und verzweifelt. »Ich muß doch wohl im Herzen ein Lateiner sein und werde einen Griechen nie verstehen.«

Sie wurde ganz unmerklich sanfter, schlug ihre wunderbaren Augen weit auf und antwortete: »Das hat mit den Griechen nichts zu tun; die Frauen sind es, die du nicht verstehst. Mag sein, daß du doch kein Wüstling und Verführer bist, sondern ein ganz unerfahrener Mann, der's nicht besser versteht – und deshalb werde ich dir wohl verzeihen müssen.«

»Mir verzeihen müssen!« rief ich wutentbrannt. »Wer von uns beiden hat hier zu verzeihen? Aber gewiß, gewiß – vergib mir nur, recht hast du. Ich will dich demütig um Verzeihung bitten, wenn du nur diesem Ausweichen und Herumreden ein Ende machst. Ich kann es nicht mehr ertragen. Warum behandelst du mich so?«

Sie senkte scheu den Blick, betrachtete mich aber verstohlen hinter den Wimpern hervor.

»Weil ich dich liebe, Herr Johannes Angelos«, sagte sie leise. »Weil ich dich so schrecklich liebe, daß ich weinen könnte – und weil du ein solches Kind bist. Vielleicht liebe ich dich eben darum so sehr.«

Ich starrte sie ungläubig und verständnislos an.

»Sonderbare Liebe«, meinte ich. Sie tätschelte mir freundlich die Wange.

»Mein Lieber, mein Einziggeliebter«, sagte sie zärtlich. »Warum bist du so halsstarrig?«

»Halsstarrig? Ich?« Mir saß die Wut in der Kehle, und ich mußte schlucken, ehe ich weitersprechen konnte. »Wenigstens bin ich nicht launisch – wetterwendisch und reizbar, so wie du!«

»Launisch?« wiederholte sie in fragendem Ton, als überdenke sie das Wort ernsthaft. »Bin ich das wirklich? Gewiß bin ich nicht so einfältig wie du in diesen Dingen. Frauen sind gewöhnlich komplizierter.«

»Was willst du eigentlich von mir?« fragte ich. »Sag es mir ein für allemal.«

»Eine so gesetzmäßige Ehe, wie sie unter den gegenwärtigen Verhältnissen nur möglich ist«, wiederholte sie klar und schlicht und jedes Wort nachdrücklich betonend. »Ich muß an meinen Ruf, meine Zukunft, meine Familie und meinen Vater denken.«

Ich ballte die Fäuste, bis sich die Nägel ins Fleisch gruben.

»Es gibt keine Zukunft«, sagte ich mit erzwungener Ruhe. »Versuch doch, ein für allemal zu begreifen, daß deine Abkunft, deines Vaters Palast, dein Ruf und alles andere bald nichts mehr bedeuten werden. Die türkischen Kanonen stehen bereits fünftausend Schritt vor der Stadt; es sind ihrer so viele, daß sie keiner zählen konnte. Wir haben keine Zukunft – keine, keine ... Begreifst du?«

»Warum mußt du so halsstarrig sein?« sagte sie, indem sie sich zwang, so ruhig zu sein wie ich. »Wenn wir wirklich nichts mehr zu hoffen haben, wenn nichts mehr von Bedeutung ist – warum willst du mir dann in Gottes Namen nicht in dieser Kleinigkeit meinen Willen lassen?«

»Die Kirchen sind vereinigt«, antwortete ich. »Versuch das zu begreifen. Die Union ist verkündet. Eine lateinische Heirat gilt so gut wie eine griechische, und ich würde das Sakrament brechen, wollte ich mich einer anderen Form der Trauung unterziehen. Es geht hier um Grundsätze; ich hätte nie meinen Glauben verleugnet, nicht einmal vor gezückter Klinge; es wäre eine Schande, wollte ich es um einer Frau willen tun.«

»In den meisten Kirchen wird das Glaubensbekenntnis noch immer ohne Einschübe gebetet«, entgegnete sie unbeirrt. »Hochzeiten und Begräbnisse, Taufe und Kommunion werden alle nach dem uralten Ritus vollzogen; Gregorios Mammas ist ein Marionettenpatriarch und wurde vom Heiligen Synod ausgeschlossen. Der Papst kann ihm kein Übergewicht verschaffen – ist er doch eine vom Kaiser ernannte Schattenfigur. Die wahre Kirche Griechenlands wird von diesem Schatten verfinstert, doch eines Tages wieder auferstehen, wenn die Zeit reif ist. Tritt ihr bei, und deine frühere Ehe wird so null und nichtig werden, als hätte sie nie bestanden.«

Ich schlug mir an die Brust und raufte mir das Haar.

»Warum kam ich nur auf diese verdammte Welt?« rief ich bitter. »Warum darf ich nicht leben, wie ich will und wie mein Gewissen es fordert? Welcher Fluch ist das? Möchtest auch du mir Priester und Anwälte an die Fersen heften, obwohl ich dich nie auch nur berührte?«

»Und du wirst mich auch nie berühren – nie im Leben, und wenn ich dafür sterben müßte«, rief sie. »Auch für mich soll es hier um Grundsätze gehen – um die Grundsätze, von denen du hartnäckig immer wieder faselst. So folge doch nur ja deinem Gewissen – und lebe und stirb allein. Wir leben hier und jetzt, nicht im Millennium. Ein Mensch, der unter seinen Mitmenschen leben möchte, muß ein wenig geben und nehmen und sich anpassen. Ich habe um deinetwillen Vater und Heim verlassen; auch du mußt etwas aufgeben, sonst werde ich daraus schließen, daß wir nicht zueinander passen. Wir müssen eine Wahl treffen, sagtest du einmal. Gut und schön. Wähle; du bist nun an der Reihe. Und das ist mein letztes Wort.«

Von Tränen der Wut geblendet, stürzte ich in meine Kammer, schnallte mein Schwert um, zog die Stiefel an und griff nach meinem Panzerhemd.

»Lebe wohl, Anna«, rief ich im Vorbeilaufen auf die Treppe zu. »Von nun an wirst du mich auf den Wällen finden. Du hältst einen Apfel in der Hand, in den ich nicht zu beißen wage, weil ich fürchte, es könnte ein Wurm darin sitzen.«

»Da hast du deinen Apfel«, schrie sie mich an und schleuderte mir nach, was ihr zuerst in die Hände geriet. Es war zufällig meine kostbare Glaslampe. Das Glas zerschellte an meinem Kopf und zerschnitt mir Hand und Hals – doch damals bemerkte ich es nicht einmal. Ich schlug die Außentür hinter mir zu, so daß das Haus erdröhnte.

Sie lief hin, öffnete sie wieder und rief mir ängstlich nach: »Du hast dir doch nicht weh getan?«

Ich wandte mich nicht um. Ich stürzte fort, die Straße hinauf, das klirrende Schuppenhemd unterm Arm, als sei der Leibhaftige hinter mir her. So sehr über alle Vernunft hinaus liebte ich sie.

4. April 1453.

Am Montag wurde die Hafensperre ausgelegt; nun schließt sie die Hafeneinfahrt vom Eugeniosturm bis zum Galataturm in Pera ab. Der Hafen ist gesperrt; kein Schiff kann auslaufen. Die Kette windet sich wie eine ungeheure Schlange von Küste zu Küste.

In der Abenddämmerung leuchtete der Horizont im Nordwesten vom Schein türkischer Lagerfeuer.

Ich verließ mein Haus und wandte mich nach Giustinianis Quartier am Sankt-Romanos-Tor. Die Lateiner lungern müßig im Turm und in der Wachstube umher, dünsten Hammelfleisch in ihren Kochtöpfen, spielen Karten und trinken Wein. Die Griechen singen mehrstimmig Psalmen und beten. Auf den Wällen stehen Posten. Ab und zu bildet sich einer von ihnen ein, einen Schatten in der Dunkelheit huschen zu sehen, und wirft eine schwelende Fackel oder schießt einen Brandpfeil über den Graben. Aber jenseits der Mauern ist nichts als Leere.

Bald wird das Kochen ein Ende haben, und die Kessel werden mit flüssigem Blei und siedendem Pech gefüllt werden.

Auf den Zinnen wurden viele Feldschlangen aufgestellt; auch ein paar schwere Bombarden, die ihre gewaltigen Steinkugeln in weitem Bogen ausspeien. Allein die Bombarden wurden noch nicht erprobt; man spart jetzt das Pulver für die Musketen und Drehbassen, die Bleikugeln verschießen. Die kaiserlichen Waffenmeister haben auch veraltete Wurfmaschinen und Katapulte aufgestellt. Diese schleudern große Steinblöcke über den Graben, obwohl diese Geschosse langsamer fliegen als die der Bombarden.

Wenn sie die Wahl zwischen Handflinte und Armbrust haben, wird unter fünfzig Mann nur einer die Flinte wählen. Denn die Armbrust ist viel treffsicherer und ungefährlicher.

Der Himmel im Nordwesten leuchtet rot, und die Lateiner schließen untereinander Wetten ab, ob die Türken bis zum Morgen vor den Toren stehen werden. Die gespannte Erwartung drückt auf alle und raubt ihnen den Schlaf. Die Berufssoldaten fluchen viel und herzhaft, was die Griechen verstimmt. Die Griechen halten sich von den Lateinern fern.

Bitterkeit und Zweifel beschleichen mich, während ich mit den anderen Wache halte; ich muß an Anna Notaras denken. Ich kann nicht anders. Gewiß ist es nicht das Schicksal allein, das mich so unbarmherzig diesen Weg treibt! Warum ist sie so entschlossen, sich mit gesetzlichen Banden an mich zu binden? Sie müßte einsehen, daß ich guten Grund habe, es ihr abzuschlagen. Ich habe ihn doch – ach, ich habe ihn ja!

Setzte ich mich über die Union hinweg und ließe ich mich mit Anna Notaras trauen, so wäre das einfach ein weiterer Schritt auf dem Wege zur Versuchung.

Warum kreuzte sie abermals meinen Weg? Kann sie es absichtlich getan haben? Weiß ihr Vater wirklich nicht, daß sie in der Stadt ist? Oder stecken Vater und Tochter unter einer Decke – sind sie heimlich im Bunde? Aber Lukas Notaras kann nicht wissen, wer ich bin.

Warum, warum kreuzte sie meinen Weg vor der Sophienkirche? Mein Weg lag klar vor mir. Nun ist der Geist in mir aufgewühlt und umnebelt, es siedet in meinem Hirn. Soll ich meinen Geist der Versuchung des Fleisches unterliegen lassen? Aber meine Liebe ist ebenso sehr Geist wie Fleisch. So glaube ich. So glaubte ich wenigstens.

Ein Mensch, kein Engel. Und doch heilte Manuels Knie, als ich ihm die Hand auflegte.

Dies alles, auf daß ich Gott schauen möge.

Dies alles, auf daß ich mich für ein Weib ins brennende Grab meiner Lust stürze.

Sollte ich sie nicht hassen? Ich liebe sie ja.

5. April 1453.

Kurz nach Sonnenaufgang erhob sich allmählich eine Staubwolke von allen Straßen und Wegen, die zur Stadt führen. Dahinter wurden die ersten verstreuten türkischen Truppen sichtbar. Als sie unsere Mauern erblickten, fingen sie an, Gott und den Propheten anzurufen, und schwangen ihre Waffen. Lanzenspitzen und Krummsäbel blitzten rötlich durch den Staub.

Giustiniani sandte nach mir. Er und der Kaiser stiegen am Charisiostor zu Pferd. Hundert junge griechische Adelige warteten zu beiden Seiten und hatten größte Mühe, ihre unruhigen Pferde zu bändigen, die zähneknirschend den Boden scharrten. Diese selben jungen Männer hatten höhnisch gelacht, als der Kaiser seine Rede an die Lateiner hielt – diese selben zu Pferd im Hippodrom Ball gespielt: schöne, stolze Jünglinge, die es für unter ihrer Würde hielten, mit den Lateinern auch nur zu reden.

»Ihr könnt reiten, Jean Ange«, sagte Giustiniani. »Könnt Ihr auch ein Horn blasen?«

Ich nickte.

»Ihr wolltet ja kämpfen, nicht wahr? Gut; Ihr sollt es. Aber sorgt dafür, daß der Kampf nicht zu lange dauert und Ihr nicht abgeschnitten werdet. Sagt diesen verdammten Dummköpfen auf griechisch, daß ich jeden von ihnen hängen lasse, der das Trompetensignal nicht beachtet und nicht umkehrt, wenn zum Rückzug geblasen wird. Wir dürfen keinen einzigen Mann verlieren. Dies ist nur ein Scheinkampf, kein Ausfall; Ihr braucht nur die türkischen Reihen in Verwirrung zu bringen. Behaltet den Turm im Auge: Ich werde ein Flaggensignal geben, wenn Ihr Gefahr lauft, umgangen zu werden.«

Ich nahm die Trompete und stieß hinein: sie klang klar und richtig. Die feurigen Pferde scheuten, und ich schrie den Jungen zu, ich sei nicht gekommen, mich ihnen aufzudrängen oder ihren Ruhm zu teilen. Doch müsse ich ihnen auf Befehl des Protostrators folgen und rechtzeitig zum Rückzug blasen. Ich erwähnte auch, daß ich älter sei als sie und schon vor Varna Reiterangriffe mitgemacht hätte.

Giustiniani sprach seinem großen Pferd freundlich zu, bevor er mir die Zügel reichte, und erklärte ihm, worum es ging.

»Mein Pferd wird Euch besser schützen als Euer Schwert«, meinte er. »Er wird sich durch das dichteste Gewühl mit den Hufen einen Weg bahnen und beißt Euch im Notfall einen Türken mitten entzwei.«

Es war in der Tat ein feuriger, gewaltiger Hengst – ein Schlachtroß abendländischen Schlages, schwerer und schwerfälliger als die griechischen Vollblutpferde. Zum Glück achten mich die Tiere; sonst hätte ich diesen Hengst mehr gefürchtet als die Türken selbst. Giustiniani ist hochgewachsen, und seine Steigbügelriemen paßten mir nicht, doch blieb mir keine Zeit, sie zu verkürzen. Die Zugbrücke wurde bereits mit viel Lärm und Getöse herabgelassen, und Dutzende Männer wuchteten das Tor auf.

In wohlgeordneten Reihen ritten die Griechen an, spornten aber noch auf der Zugbrücke schon ihre Pferde und sprengten in gestrecktem Galopp davon; jeder wollte der erste sein. Ich folgte ihnen über den dröhnenden Boden. Mein großer Hengst schäumte vor Wut, daß er überholt worden war; war er doch gewöhnt, vor den übrigen einherzusprengen. So gab er denn sein Bestes, und ich fühlte mich so sicher, als hätte ich auf dem Rücken eines Schlachtelefanten in einer hölzernen Haudah gesessen.

Wir hielten geradewegs auf eine Schar Fußsoldaten zu, die auf der Straße von Adrianopel heranmarschierten. Als sie uns erblickten, ließen sie die Straße zwischen sich frei; dann sangen uns die ersten Pfeile entgegen. Auch die jungen Griechen entfalteten sich in breiter Front, wie beim Ballspiel; jeder zielte auf den Kopf eines Türken. Dann trat mein Hengst den ersten Leichnam unter die Hufe. In der Ferne brauste auf der einen Flanke eine Schar türkischer Spahis in flatternden roten Mänteln im Galopp heran.

Die vordersten Türken hatten vor Schreck die Waffen weggeworfen, um schneller laufen zu können; es waren verstreute Plänkler von der Vorhut. Dann aber schloß eine kleine Gruppe die Reihen, fällte die Piken und rammte sie in den Boden, um unsere Pferde zum Stehen zu bringen. Die Griechen wichen aus, um die Gruppe einzukreisen; aber mein Hengst donnerte stracks in die Lanzen hinein, knickte sie an seinem Harnisch wie Stöcke und zertrampelte die entsetzten Türken mit den Hufen.

Ich war gekommen, um zu kämpfen, und zu kämpfen galt es nun. Aber diese Männer hatten nicht einmal Lederkoller. Sie brüllten »Allah, Allah«, und ich hörte mich auch »Allah, Allah« brüllen, als flehte ich zu ihrem Gott, daß er sich ihrer erbarme.

Das Feld war mit zerfetzten Kleiderbündeln übersät. Mein Roß legte die Ohren zurück und grub die Zähne in den Bauch eines jungen Türken, schüttelte ihm das Leben aus den Knochen und schleuderte ihn beiseite.

Die türkische Marschkolonne war in Verwirrung geraten und zum Stehen gekommen. Die Griechen schwenkten ein und sprengten davon, bis sie auf ansteigendes Gelände gerieten und langsamer reiten mußten. Pfeile umschwirrten uns immer noch, obwohl noch niemand aus dem Sattel gesunken war.

Ich sah nach der Stadt. Dort wurde Giustinianis Fahne mit dem Kreuz wie verrückt gehißt und wieder eingezogen. Ich blies zum Rückzug – nicht einmal, sondern oft – aber die Griechen taten, als hörten sie nicht. Hätte der immer steiler werdende Hang sie nicht zu langsamerer Gangart gezwungen, so wären sie wohl bis Adrianopel geritten.

Endlich gelang es mir, mein Häuflein zu sammeln, und wir wandten uns zurück zur Stadt. Als wir an verwundeten Türken vorbeiritten, die sich, die Hände am Kopf, auf dem Boden krümmten, beugten ein paar junge Griechen sich herab und versetzten ihnen, gleichsam zur Übung, den Gnadenstoß. Der Gestank von Blut und Exkrementen lag schwer in der Luft. Aus einiger Entfernung kamen uns die Spahis in gestrecktem Galopp näher, schrien zu Allah und schwangen ihre Krummsäbel in glitzernden Bogen. Gleich einer roten, sturmgepeitschten Woge rollten sie auf uns zu, und immer mehr unserer jungen Leute sahen sich um und spornten verstohlen ihre Pferde.

Ich sah mich nicht um. Ich hielt den Blick auf die Mauern und Bastionen Konstantinopels vor mir gerichtet. Ich versuchte, sie mit türkischen Augen zu sehen; kein Wunder, daß ihre Fußtruppe bei ihrem Anblick gehalten hatte. So weit das Auge reichte, zogen sich diese gelbbraunen, befestigten und turmgekrönten Wälle hin. Zuerst kam der Graben mit seiner Böschung; dahinter die ersten niedrigen Vorwerke, dann die Außenmauer mit ihren Türmen, ihrer Besatzung und den Geschützen; diese allein war mächtiger als alle Stadtmauern, die ich je im Abendlande gesehen hatte. Doch abermals hinter dieser erhob sich, höher als das höchste Haus, die große Mauer von Konstantinopel mit ihren wuchtigen Bastionen. Vorwerke, Außenmauer und große Mauer glichen drei riesigen Stufen. Selbst wenn der Feind die ersten beiden ersteigen sollte, würde er dennoch in der Todesfalle zwischen der zweiten und dritten eingeschlossen werden.

Angesichts dieser ragenden Stufen fühlte ich zum erstenmal einen Hoffnungsschimmer. Nur ein Erdbeben könnte diese Mauern zum Einsturz bringen, dachte ich.

Dann trabte mein Pferd über die dröhnende Zugbrücke. Die vordere Linie der Spahis mit ihren Federbüschen, Harnischen und wehenden roten Mänteln hatte einen Pfeilschuß hinter uns gehalten. Wir hatten kaum die Stadt erreicht, als auch schon Festungsbauer hinausstürzten, um die Brücke abzubrechen, während schon Maurer mit Mörtel und Ziegeln bereitstanden, um das Tor zu vermauern. Ebenso wurden auch die vier letzten Zugbrücken zerstört und die letzten Tore vermauert. Nun blieben nur mehr die schmalen Ausfallpforten in der großen Mauer. Die Schlüssel dazu hat der Kaiser den Lateinern anvertraut.

Aus allen Richtungen setzten die Türken ihren Anmarsch fort, entwickelten sich und machten außer Schußweite halt. Große Viehherden wurden hinter ihnen hergetrieben. Auch auf der anderen Seite des Goldenen Horns, auf den Hügeln hinter Pera, tauchten endlose Heersäulen auf. Am Abend standen die Türken so dicht vom inneren Ende des Goldenen Horns bis zum Marmarameer, daß kein Hase hätte durchschlüpfen können. Aber sie hielten in einer Entfernung von zweitausend Schritt; von den Mauern nahmen sie sich wie Ameisen aus.

Vor dieser riesenhaften, tausendjährigen Mauer nimmt der Mensch sich wahrhaftig winzig aus. Aber die Zeit verschlingt alles. Selbst der stärkste Wall muß eines Tages fallen – ein Zeitalter weicht einem neuen.

6. April 1453.

Es ist Freitag, der heilige Tag des Islam. Heute früh ritt Sultan Mohammed aus, parallel zu unseren Mauern, im hellen Sonnenschein, mit einem vielhundertköpfigen Gefolge. Er hielt sich außer Schußweite, und sein Gesicht war nicht zu erkennen, aber ich erkannte ihn an seiner stolzen Haltung. Ich erkannte auch einige hochgestellte Mitglieder seines Gefolges an ihren Kleidern und Kopfbedeckungen.

Kein Pfeil, kein einziger Schuß wurde auf beiden Seiten gelöst. Die Türken hatten izwischen die Leichen der beim Ausfall Niedergemachten fortgeschafft. Als der Sultan dann mit seinen Begleitern die Mauer der ganzen Länge nach zurückgelegt hatte, machte er kehrt und ritt den Hügel gegenüber dem Sankt-Romanos-Tor hinan, wo sein großes Seidenzelt mit seinen Baldachinen ihn bereits erwartete und zahllose Sappeure den Hügel emsig mit Gräben und Schanzpfählen befestigten.

Ohne abzusitzen fertigte der Sultan einen Herold ab, der unter der Flagge eines Parlamentärs vor dem Tor erschien. Dieser Abgesandte wandte sich mit singender Stimme an Kaiser Konstantin und bot ihm den Frieden an. Sein Griechisch war fehlerhaft, aber niemand lachte. Der Kaiser erstieg einen Turm auf der großen Mauer und zeigte sich dem Herold. Er trug die goldene Krone mit dem Kronreif und war von einem höfischen Gefolge begleitet.

Sultan Mohammed bot gemäß den Geboten des Korans den Frieden und verpfändete sein Wort, daß keiner das Leben verlieren sollte, wenn die Stadt sich ohne Widerstand ergäbe. Das war die letzte Gelegenheit für Großwesir Chalil und die Friedenspartei, Verhandlungen herbeizuführen, und ich glaube, Mohammed, der dort reglos im Sattel saß, fürchtete mehr als alle anderen, daß sein Angebot angenommen werden könnte.

Kaiser Konstantin ließ Phrantzes die Botschaft wiederholen, die der Sultan schon in Adrianopel von ihm erhalten hatte. Phrantzes' dünne Höflingsstimme reichte nicht sehr weit; die Lateiner wurden des Zuhörens bald überdrüssig und begannen nach Soldatenart den Herold mit Schmähungen zu überschütten. Auch die Griechen fingen zu brüllen an, und entlang der ganzen Mauer erhob sich ein vielstimmiges, trotziges Geheul. Die Griechen faßten beim Klang der eigenen Stimmen wieder Mut; ihre Augen leuchteten, ihre Gesichter glühten, und einige Pfeilschützen spannten schon begierig den Bogen. Kaiser Konstantin aber hob die Hand und verbot ihnen streng, den Boten des Sultans, der als Unterhändler gekommen war, zu beschimpfen.

Der Herold kehrte zurück, und als er beim Sultan eintraf, stand die Sonne schon hoch am Himmel. Es war die Stunde des Mittagsgebets.

Sultan Mohammed stieg vom Pferd; ein Gebetsteppich wurde vor ihm ausgebreitet und eine Lanze so in den Boden gestoßen, daß sie nach Mekka zeigte. Der Sultan umfaßte sein linkes Handgelenk und beugte den Kopf, fiel auf die Knie und drückte die Stirn an den Boden. Er unterließ die üblichen Waschungen, da er ja im Felde stand und das Wasser nicht für alle seine Krieger gereicht hätte. Zahlreich waren seine Verneigungen, und sein ganzes Heer, von den Gestaden des Marmarameeres bis zum innersten Ende des Goldenen Horns, machte sie gleichzeitig mit. Ein ungeheurer, lebender Teppich schien die Erde bis an den Horizont zu bedecken.

Wie zur Antwort fingen die Glocken in allen Kirchen der Stadt zu läuten an, und die der Klöster fielen ein. Ihr lauter Schall flößte den Städtern Zuversicht ein und schwang über die Felder zu den Türken hinüber, ihre Andacht zu stören.

Nachdem er viele Koranverse hergesagt hatte, streckte Mohammed die Hände aus und verkündete den Belagerungszustand. Die ihn hörten, nahmen laut den Ruf auf, der wie Meeresbrausen durch die Reihen ging. »Die Belagerung hat begonnen!« riefen die Türken, und im Nu stürzte das ganze Heer mit geschwungenen Waffen auf die Mauer los, als wollten sie sie unverzüglich erstürmen. Die hellen Haufen rollten heran, bis sie so nahe waren, daß wir ein Meer verzerrter, heulender Gesichter erkennen konnten. Der Anblick ließ einem förmlich das Blut gerinnen, und viele unerfahrene Griechen fuhren von ihren Posten zurück; selbst die Lateiner spannten ihre Bogen und zogen die Schwerter.

Aber die Türken hielten in guter Ordnung etwa tausend Schritt entfernt, außerhalb des Schußbereiches unserer Artillerie, und begannen dort einen Graben auszuheben, Steine zu tragen und Palisaden zum Schutz ihres Lagers einzurammen. Ein paar Janitscharen liefen an unseren Graben heran und forderten die Griechen zum Zweikampf heraus. Die Offiziere der kaiserlichen Leibgarde baten stürmisch um Erlaubnis, hinzugehen und ihre Tüchtigkeit im Waffenhandwerk zu beweisen, und auch unter Giustinianis Leuten hätten einige gern ihre abendländischen Bihänder mit den kurzen krummen Klingen der Janitscharen gekreuzt; aber Giustiniani untersagte solche unbesonnenen Streiche.

»Die Zeit der Turniere ist vorüber«, sagte er. »Ein wackerer Soldat kämpft zwecklos, wenn er sein Leben in einem törichten Ehrenhandel aufs Spiel setzt. Ich wurde hierherberufen, um Krieg zu führen, nicht, um Spiele zu veranstalten.«

Er befahl seinen besten Scharfschützen, mit Arkebusen und Armbrüsten zu zielen und sodann eine Salve abzugeben. Fünf Janitscharen fielen, von Kugeln und Pfeilen getroffen. Die übrigen schäumten vor Wut, erbittert über diesen Bruch soldatischer Ehrlichkeit und Sitte, und schalten Griechen und Lateiner erbärmliche Feiglinge, die tapfere Männer nur im Schutz ihrer Mauern anzugreifen wagten. Nachdem noch zwei weitere hingesunken waren, besannen sich die anderen und versuchten, die Leichen der Kameraden fortzuschaffen. Nun aber hagelte es Schüsse von der ganzen Länge der Mauer herab, und viele sanken um. Allein ununterbrochen strömten neue Janitscharen, des Geschoßregens nicht achtend, herbei, um die Gefallenen zu bergen. Kein einziger Leichnam wurde am Graben zurückglassen; nur ein paar Blutflecken blieben im Grase zurück.

Während das türkische Heer schanzte, ritt Giustiniani die Außenmauer entlang und versuchte, ihre Stärke zu schätzen. Die Janitscharen, die rund um das Zelt des Sultans gegenüber dem Sankt-Romanos-Tor lagern, zählen zwölftausend, wie wir bereits wußten. Die Spahis, die stehende Reiterei, sind mindestens ebenso stark. Giustiniani glaubt, daß die verhältnismäßig gut ausgerüsteten Fußtruppen, die mit Brustharnischen ausgestattet sind, an die Hunderttausend zählen. Dazu kommen noch ebenso viele Freiwilligenverbände: arme Teufel, die sich auf den Ruf des Sultans aus Glaubenseifer und Beutelust dem Heer anschlossen, in Lumpen gekleidet und mit Säbeln oder Schlingen bewaffnet sind. Ihrer wenige führen kleine, lederüberzogene Holzschilde. Nur etwa ein Viertel der Soldaten des Sultans tragen gefütterte Lederkoller.

Die Zahl der Türken ist erschreckend hoch, aber Giustiniani hält die leichtbewaffneten Verbände für wenig wertvoll. Er war nach seinem Ritt nicht im geringsten niedergeschlagen, nur gespannt, was aus der vielgerühmten Artillerie des Sultans geworden sei.

Um den Verteidigern Mut einzuflößen, kam Kaiser Konstantin mit Aloisio Diedo überein, daß die Besatzungen der venezianischen Galeeren mit fliegenden Fahnen entlang der Außenmauer von einem Ende zum anderen paradierten. Pfeifen und Trommelschall ertönten, das Banner des heiligen Markus flatterte im Wind; dies war unzweifelhaft ein schlauer Schachzug, bewies er doch dem Sultan, daß er auch mit Venedig im Kriegszustand war.

Noch vor Abend wurde allerdings klar, um welchen Preis die Parade erkauft worden war. Kaiser Konstantin zog mit seiner Leibgarde aus dem Blachernenpalast aus und schlug sein Lager an der Mitte der Mauer neben Giustinianis Reihen auf. In den verlassenen Palast marschierte der venezianische Bailo an der Spitze der venezianischen Garnison und Freiwilligen ein. Am Abend flatterte der Löwe des heiligen Markus neben der kaiserlichen Standarte. So liegt nun der ganze stark befestigte Blachernenabschnitt in den Händen der Venezianer. Sollte es nun doch gelingen, die Türken abzuweisen, so könnte die Besetzung des Palastes durch die Venezianer leicht schlimme Bedeutung gewinnen.

Aber Giustiniani und seine Geharnischten haben den ehrenvollen Posten gegenüber den Janitscharen inne, am Sankt-Romanos-Tor. Hier hat er wenigstens dreitausend seiner besten Leute versammelt.

Und die Gesamtzahl der Verteidiger? Die kennen nur der Kaiser und Giustiniani. Allein Giustiniani hat durchsickern lassen, daß die halbe Besatzung der Stadt zwischen dem Charisios- und dem Sankt-Romanos-Tor steht. Daraus scheint hervorzugehen, daß unsere gesamten Verteidigungsstreitkräfte, Mönche und Handwerker eingerechnet, nicht mehr als sechstausend Mann zählen. Ich kann das nicht für möglich halten. Zweitausend zählen allein die venezianischen Matrosen, obwohl von ihnen eine Anzahl für die Bewachung der Schiffe und des Hafens zurückbleiben mußte. Darum haben wir meiner Meinung nach mindestens zehntausend Mann auf den Mauern, obgleich nur tausend – abgesehen von Giustinianis sechshundert – voll ausgerüstet sind.

Sagen wir also zehntausend gegen zweihunderttausend. Aber noch ist des Sultans Artillerie nicht eingelangt, seine Flotte noch nicht gesichtet worden.

Am Nachmittag drang es aus der Richtung von Selymbria ab und zu wie Donnerrollen herüber, obwohl der Himmel heiter war. Von den blauen Inseln im Marmarameer stieg eine mächtige Rauchsäule empor.

7. April 1453.

In der vergangenen Nacht wurden die nackten, verstümmelten Leichen der Verteidiger von Selymbria vor dem Selymbriator auf Pfähle gespießt. Es waren vierzig Pfähle und vierzig Leichen.

Nach einem Gerücht aus Pera hatte die Flotte des Sultans zwei Tage vergebens versucht, dieses letzte Inselbollwerk zu stürmen. Gestern wurde auf Befehl des türkischen Admirals Holz rund um die Festung aufgetürmt und angezündet und die Besatzung drinnen lebendig verbrannt.

Die Griechen verstehen für das letzte Fleckchen ihres zerbröckelnden Weltreiches zu sterben.

Barbaren im Osten, Barbaren im Westen. An den Grenzen der zwei Welten kämpft die letzte Stadt Christi um ihr Leben – ohne Hoffnung auf Hilfe, ohne Anspruch auf Ruhm. Nackte, verstümmelte Leichen Gepfählter, umschwirrt von Fliegen . . .

Vom Wirbel bis zur Sohle in Eisen gepanzert, alle anderen um Haupteslänge überragend, schreitet Giustiniani lachend umher: ein wandelnder Turm, mit aufgedunsenem Gesicht und harten Augen. Heute, nachdem ich die Verteidiger von Selymbria gesehen hatte, haßte ich ihn.

Wir kämpfen ohne Hoffnung, ohne Zukunft. Selbst wenn wir den Sultan besiegen würden, wäre Konstantinopel nur eine tote Stadt unter barbarischer Lateinerherrschaft.

Mein Leben lang habe ich Haß und Fanatismus verabscheut und gemieden. Nun brennen sie in meinem Herzen mit lichter Flamme.

9. April 1453.

Nach einem ruhigen Sonntag glitten die neun größten Galeeren an die Hafensperre und machten sich zu ihrer Verteidigung bereit. Die türkische Flotte wird erwartet.

Starke Ochsengespanne schleppen die mächtigen Bronzegeschütze des Feindes heran. Hinter den türkischen Linien wirbeln Viehherden Staubwolken auf, und ihr Gebrüll hört man bis zu unseren Wällen.

Unsere Verteidigung ist vorbereitet; jeder Mann kennt seinen Platz und seine Aufgabe. Kaiser Konstantin hat den ganzen Tag unsere Wälle abgeritten, unterhielt sich mit den Befehlshabern der verschiedenen Abschnitte, hat die Griechen ermutigt und den Lateinern neue Versprechungen gemacht.

11. April 1453.

In kleinen Gruppen, parallel zur landseitig gelegenen Mauer, hat der Sultan Hunderte kleiner Kanonen und Mörser aufstellen lassen. Seine schwere Artillerie ist an vier Punkten zusammengezogen: vor dem Sankt-Romanos-Tor, dem Charisiostor und dem Kaligaritor im Blachernenabschnitt, wo die Mauern am stärksten sind, aber kein Graben ist. Auch vor dem Selymbriator stehen drei große Geschütze.

Diese Kanonen sind so dicht an die Mauern gezogen worden, daß ein scharfäugiger Beobachter die Gesichter der Kanoniere unterscheiden kann, die in Gruppen emsig die Geschütze in mächtigen Bettungen aus Holz und Stein festzurren. Die Geschütze liegen gleichsam plump und hilflos auf den Bäuchen, aber vergleicht man ihre gähnenden Schlünde mit den Männern neben ihnen, so ermißt man erst ihre furchtbare Größe. Jede daneben aufgestapelte Granate reicht einem stehenden Mann bis an die Hüfte.

Die Kanonen sind durch Gräben und Palisaden geschützt.

Kein einziger Lateiner hatte jemals zuvor so mächtige Geschütze gesehen. Sie werden Schiffsladungen von Pulver verschlingen und Hunderte Türken töten, wenn sie explodieren – so sagt wenigstens Giustiniani, um seine Männer zu ermutigen.

Die größte Bombarde, die Orban in Adrianopel goß und von der schon seit Januar gesprochen wurde, ist gegenüber dem Kaligaritor in Stellung gebracht worden, wo die Mauer am dicksten ist. Der Sultan glaubt offenbar, daß seine Artillerie jeder Mauer gewachsen ist. Giustiniani brannte darauf, dieses Geschütz zu sehen, und da alles ruhig war, erlaubte er mir, ihn zu begleiten. Er wollte auch wissen, wie die Venezianer im Blachernenpalast und am Charisiostor, von wo die Straße nach Adrianopel führt, zurechtkamen.

Ein Großteil der Besatzung hatte seine Stellungen verlassen und sich in großen Gruppen versammelt, um die riesige Bombarde zu betrachten, während das Volk auf die Dächer und Türme des Palastes geklettert war, um das Ungetüm besser zu sehen.

Einige zeigten und deuteten, daß sie Orban erkannt hätten, obgleich er einen türkischen Ehrenkaftan und den Turban eines Zeugmeisters trug. Die Griechen ergingen sich in Flüchen und Schmähungen, und die Waffenmeister des Kaisers zielten mit Drehbasse und Arkebuse und feuerten einige Salven, um die Türken bei ihrer mühevollen Arbeit, die große Kanone zu heben und in Stellung zu bringen, zu stören. Viele Griechen wurden bleich und hielten sich die Ohren zu, als diese kleinen Schüsse von der Mauer herabprasselten.

Minotto, der venezianische Bailo, rief seine Männer zur Ordnung und trat vor, um Giustiniani zu begrüßen. Mit ihm kam sein Sohn, der trotz seiner Jugend eine venezianische Galeere befehligt. Auch des Kaisers Waffenmeister Johann Grant gesellte sich zu uns. Es war das erstemal, daß ich diesen beachtenswerten Mann traf, von dessen Geschick und Fertigkeiten ich so viel gehört hatte. Er ist in mittleren Jahren und trägt einen schwarzen Bart; seine Stirn ist vom Denken gezeichnet und sein Blick unruhig und forschend. Er war erfreut, daß ich einige Worte Deutsch konnte, obgleich er fließend Latein und schon viel Griechisch gelernt hat. Der Kaiser nahm ihn in seine Dienste als Nachfolger Orbans und zahlt ihm das Gehalt, um welches Orban vergebens gebeten hatte.

Grant sagte: »Dieses Geschütz ist ein Meisterstück seines Gießers und übertrifft alle unsere Befürchtungen: eine größere Kanone als diese könnte kein Mensch mehr mit Sicherheit handhaben, und wüßte ich nicht, daß es schon in Adrianopel erprobt wurde, ich würde niemals glauben, daß es dem Druck der Ladung standhalten könnte. Nicht für hundert Dukaten möchte ich daneben stehen, wenn es abgefeuert wird.«

Giustiniani meinte: »Ich armer Teufel habe die Verteidigung des Sankt-Romanos-Tores übernommen, als alle anderen schwiegen. Aber nun bedaure ich meine Wahl nicht im geringsten und wünsche den Venezianern von Herzen viel Vergnügen.«

Der venezianische Bailo war von dieser Bemerkung unangenehm berührt und warf ein: »Wir können von niemandem verlangen, auf der Mauer oder im Turm zu bleiben, wenn diese Kanone abgefeuert wird. Wir sind nur kriegsfreiwillige Seeleute, und viele von uns schleppen ein Bäuchlein vor sich her. Mir selbst geht der Atem aus, wenn ich auf die Mauer steige, und ich leide an Herzbeschwerden.«

Giustiniani erwiderte: »Ihr müßt damit rechnen, etwas für den Blachernenpalast zu opfern. Aber wenn Ihr wollt, vertausche ich gerne meinen unbehaglichen Turm mit des Kaisers Bett und verspreche, morgen in aller Frühe die Mauer zu besteigen. Tauscht mit mir; ich habe nichts einzuwenden.«

Der rotbackige Bailo betrachtete Giustiniani argwöhnisch, maß die ungeheuren Bastionen des Blachernenpalastes und verglich sie mit dem übrigen Stück der landseitigen Mauer. Dann versetzte er kurz: »Ihr scherzt.«

Johann Grant, der Deutsche, lachte laut heraus und bemerkte: »Des Kaisers Waffenmeister und ich haben zum Vergnügen ausgerechnet und bewiesen, daß der Guß einer so großen Kanone nicht zufriedenstellend ausfallen könnte und sie, selbst wenn er gelänge, nicht zusammenhalten würde. Und selbst wenn sie abgefeuert werden könnte, würde sie die Kugel nur wenige Ellen weit spucken. Das alles läßt sich durch Zahlen beweisen. Eigentlich sollte ich mir morgen aus meinen Rechentafeln einen Schild machen und gegenüber der Kanone auf der Mauer Stellung beziehen.«

Nachher nahm mich Giustiniani beiseite und sagte: »Jean Ange, mein Freund, niemand kann wissen, was morgen geschehen wird, denn die Welt hat noch nie zuvor solche Geschütze gesehen wie diese. Es ist denkbar, daß sie die Mauern mit ein paar Salven zertrümmern werden, obgleich ich es nicht glaube. Bleibt hier und behaltet das große Geschütz im Auge – quartiert Euch im Blachernenpalast ein, wenn die Venezianer Euch lassen. Ich hätte gern einen verläßlichen Mann hier, bis wir gesehen haben, was für Schaden die Kanone anrichten kann.« Johann Grant nahm mich unter seine Fittiche, da wir beide Fremde unter den Lateinern und Griechen sind. Er ist wortkarg, und wenn er einmal spricht, neigt er zu bitterem Spott. Er zeigte mir die leeren Werkstätten beim Kaligaritor, wo ein paar betagte griechische Flickschuster zähneknirschend immer noch saßen und Soldatenstiefel benagelten. Wir wandelten auch durch die Hallen und Gänge des kaiserlichen Palastes, wo sich die venezianischen Freiwilligen einquartiert haben. Bailo Minotto hat des Kaisers Schlafgemach für sich beschlagnahmt und verbringt seine Nächte auf Daunenkissen unter einer purpurnen Decke.

Die Heizanlage des Palastes mit ihren Heißluftröhren unter dem Fußboden verschlingt ungeheure Brennstoffmengen; daher untersagte der Kaiser zu Frühjahrsbeginn jede Heizung des Palastes, obgleich die Nächte noch kalt waren. Er wollte alles Holz, das in der Stadt vorrätig war, zum Brotbacken und für andere wichtige Zwecke sparen – vor allem zur Ausbesserung der Mauer, sollte es den Türken wirklich gelingen, Breschen darein zu schlagen.

Bei Einbruch der Nacht sah ich die venezianischen Wachen ein Feuer auf den spiegelglatten Marmorfliesen des großen Empfangssaales entzünden. Der Marmor weist schon Sprünge auf, und Rauch schwärzt die unschätzbaren Deckenmosaiken.

12. April 1453.

Bei Tagesanbruch stand ich auf. Es waren ihrer nicht viele, die in der vergangenen Nacht wirklich geschlafen hatten. Die Griechen beteten, die Lateiner soffen über Gebühr. Als ich in die kühle Morgenluft hinaustrat, wäre ich beinahe auf ihrem Gespei in den Gängen des Palastes ausgeglitten.

Die Sonne stieg strahlender denn je jenseits des Bosporus auf. Asiens Küsten leuchteten goldgelb, und eine sanfte Brise wehte vom Marmarameer herein.

Von den Zinnen sah ich türkische Soldaten ihre Andacht verrichten. Ich versuchte, mich in Sultan Mohammed hineinzudenken: auch er hatte wohl kaum viel geschlafen. Lag drückende Erwartung schwer auf der ganzen Stadt, so war er sicher erst recht nicht frei davon.

Aber die Morgenstunden verrannen ohne Zwischenfall. Dann lief das Gerücht vom Eintreffen der türkischen Flotte die Mauer entlang von Mann zu Mann. Hunderte Segel, so hieß es, bedeckten die See. Im Hafen läuteten die Schiffsglocken Alarm; man hörte sie bis zum Blachernenpalast.

Dann sahen wir den Sultan auf seinem Schimmel den Hügel uns gegenüber hinanreiten, umgeben von seinen höchsten Offizieren und einem Gefolge grüngekleideter Tschauschen. Die Roßschweife der Paschas und der Wesire wehten von ihren Stäben. Mohammed kam, seine größte Kanone zu besichtigen, hielt sich aber klugerweise fünfhundert Schritt davon entfernt. Dann wurden alle Pferde fortgeführt.

Als die türkischen Kanoniere vor der großen Bombarde flohen und nur einen halbnackten Sklaven zurückließen, der die glimmende Lunte auf einem langen Ladestock schwenkte, um sie anzufachen, geriet der Bailo aus der Fassung und ordnete die Räumung des bedrohten Teils der Mauer an. Auf diesen willkommenen Befehl stoben selbst die Kühnsten wie eine verschreckte Schafherde davon.

Dann kam ein Blitz und ein Knall, der fürchterlicher war als der lauteste Donnerschlag. Die Mauer erzitterte wie von einem Erdbeben; ich verlor das Gleichgewicht und schlug hin wie viele andere gleich mir. Eine mächtige Rauchwolke, schwarz wie Schießpulver, entzog das Geschütz unseren Blikken. Ich hörte später, daß in nahen Häusern Teller von den Tischen gefallen waren und Wasser in den Krügen überschwappte. Sogar die Schiffe im Hafen zitterten.

Sobald der Wind den Rauch und den Staub von der Mauer gefegt hatte, sah ich die türkischen Kanoniere herbeieilen, um nachzuschauen und einander die Wirkung des Schusses zu weisen – ich sah sie schreien und mit den Armen fuchteln, aber ich hörte nichts; das Getöse hatte mich taub gemacht. Ich brüllte selbst, aber niemand hörte mich. Erst als ich ein paar benommene Bogenschützen am Ärmel zupfte, vermochte ich sie dazu, ihre Bogen zu spannen. Aber in ihrer Aufregung schossen sie wild drauflos; nicht ein einziger Türke wurde verwundet, obgleich viele unserer Männer aus Schießscharten und hinter Brustwehren hervor auf sie schossen. Die feindlichen Kanoniere waren so versunken, daß sie nur flüchtig auf die Pfeile blickten, die sich rings um sie in den Boden bohrten, während sie zu ihrem Geschütz zurückkehrten, gestikulierend und sichtlich unzufrieden mit dem, was sie gesehen hatten.

Die mächtige Steinkugel hatte nur ein Loch in die Mauer gerissen, schier so groß wie ein Kämmerlein, und war natürlich in tausend Stücke zersprungen. Aber die Grundmauern standen unbeschädigt und unerschüttert.

Drüben sah ich Orban bei der Bombarde, wie er die Keule, die er als Zeichen seines Ranges führte, schwang und Befehle brüllte. Ein Trupp Soldaten drängte sich um die Kanone, wikkelte sie in dicke Wolldecken, daß das Metall nicht zu schnell auskühle, und schüttete faßweise Öl in ihren ungeheuren Schlund, um ihr nach der schrecklichen Anstrengung des Abschusses hilfreich beizustehen.

Aus etwas größerer Entfernung, vom Charisios- und Romanostor her, erscholl ein anderes unheimliches Getöse. Ich sah Blitze und Rauchwolken, obgleich der Knall nur schwach in meinen abgestumpften Ohren dröhnte.

Nur Sultan Mohammed blieb aufrecht, während sein ganzes Gefolge und die Tschauschen sich beim Abschuß auf den Boden warfen. Regungslos stand er nun und starrte auf die Wälle, während seine Offiziere sich den Staub von den Kleidern klopften. Er stand wie gemeißelt, weil er seine Gefühle nicht verraten wollte. Vielleicht hatte er für sich selbst halb angenommen, daß ein einziger Schuß einer so mächtigen Waffe in der Tat eine zwanzig Fuß dicke Mauer zum Einsturz bringen könnte.

Orban ließ die große Bombarde sorgfältig zudecken; sodann wurden die beiden anderen Kanonen zu beiden Seiten abgefeuert. Sie sind gar stattlich, gleichen jedoch nur Ferkelchen neben der großen Muttersau. Der Kanonier feuerte sie ab, ohne Deckung zu suchen.

Dennoch blendeten mich die beiden knapp aufeinanderfolgenden Blitze einen Augenblick, und dann wurde die Sicht durch schwarze Rauchwolken verdeckt, die aufstiegen und den Geschossen folgten. Die Steinkugeln schlugen fast an derselben Stelle ein wie die ersten, ließen die Mauer erzittern, und eine Staubwolke und ein Regen von Steinsplittern wirbelten auf. Ein Venezianer wurde durch einige Splitter verwundet. Doch als wir hinuntergingen, um nach dem Schaden zu sehen, fanden wir ihn geringer, als wir befürchtet hatten. Die Blachernenmauer hatte die Probe bestanden.

Bailo Minotto lachte erleichtert auf und rief seinen Leuten heiter zu: »Nun, beim Heiligen Geist, wir brauchen nichts zu fürchten, wir können Mut fassen! Solche Erbsen mag der Sultan den ganzen Tag auf uns schießen; die Mauer wird darum nicht schlechter werden.«

Aber während die Türken ihre Geschütze pflegten, als wären sie krankes Vieh, trieb Johann Grant die ganze Besatzung zur Arbeit an. Nun er wußte, auf welches Ziel die feindlichen Kanonen eingeschossen waren, veranlaßte er, daß große Ledersäcke, vollgestopft mit Wolle, Baumwolle und Gras, niedergelassen wurden, um die Löcher in der Außenfront der Mauer zu schützen. Auch er war heiter und überzeugt, daß der Schaden leicht über Nacht behoben werden könnte.

Bald waren neue Einschläge zu hören, und die Mauer bebte unter meinen Füßen, denn nun hatten hundert kleine Feldschlangen das Feuer eröffnet, und kurze, gedrungene Mörser schleuderten ihre Steine in hohen Bogen. Viele Geschosse flogen über die Mauer in die Stadt und rissen einige Häuser ein, bevor die Kanoniere gelernt hatten, die richtige Ladung zu berechnen und die Geschütze im richtigen Winkel einzustellen. Unaufhörliches Getöse erfüllte die Luft, und vereinzelte Gruppen von Türken begannen gegen den Graben vorzurücken, wobei sie Messingteller aneinanderschlugen und aus voller Kehle Allah priesen. Aber oben auf den Wällen gewöhnten sich die Verteidiger an das Feuer und zielten gut, so daß viele Türken in den Graben fielen und ihre Kameraden Verluste erlitten, als sie sich mit den Toten zurückzogen.

Ich machte mich zur Brustwehr der Außenmauer in der Nähe des Sankt-Romanos-Tors auf, um Giustiniani mitzuteilen, daß sich das große Geschütz bis jetzt weniger schrecklich erwiesen hatte, als man erwartet hatte. Hin und wieder mußte ich ein paar Schritte laufen, um an der nächsten Mauerzacke Schutz gegen die sausenden Pfeile und Geschosse zu finden.

In diesem Abschnitt der Außenmauer, welcher zwischen dem Porphyrogennetospalast und dem Charisiostor liegt, schauen die Verteidiger mürrisch drein. Die ersten Salven aus vier großen Kanonen hatten ganze Mauerzacken von der mit Schießscharten versehenen Mauer weggerissen und drei Mann zu einem blutigen Brei zermalmt. Ein Dutzend andere waren durch Steinsplitter verwundet worden und mußten durch eine Hintertür der großen Mauer in die Stadt geschleppt werden, um ihnen Pflege zuteil werden zu lassen. Sie hinterließen Blutlachen auf dem Wall. Die Verteidiger spähten ängstlich nach dem Geschütz, das die Türken schon neu geladen hatten. Die Kanoniere waren gerade dabei, Holzklötze mit Keulen einzurammen, um die Ladung festzustampfen, und warfen feuchten Lehm hinein, um alle Luftzufuhr zu unterbinden, bevor sie die Steinkugel das Rohr hinabrollen ließen.

Dieser Abschnitt der Mauer wird von den drei Brüdern Guacchardi verteidigt, jungen venezianischen Abenteurern, die ihre eigenen Leute bezahlen und Dienste beim Kaiser genommen haben. Sie gingen die Mauer auf und ab und ermutigten die Neulinge, klopften ihnen auf die Schulter und versicherten ihnen, daß die Gefahr nicht so groß sei, wie sie glaubten. Sie waren gespannt, von dem Schaden zu hören, den die große Bombarde verursacht hatte, und ich blieb eine Weile bei ihnen, um die Wirkung des Feuers auf diesen Abschnitt der Mauer zu beobachten. Sie boten mir Wein an in dem Turm, den sie zum Quartier gewählt und sich mit kostbaren Tüchern, Teppichen und weichen Kissen aus dem Blachernenpalast eingerichtet hatten.

Während wir die nächsten Schüsse erwarteten, erzählten sie in derben Worten von ihren Abenteuern mit griechischen Mädchen in Konstantinopel und fragten mich über die Gewohnheiten der türkischen Frauen. Sie sind alle drei unter dreißig, und ihre Art zu reden zeigte, daß sie einfach Jungen sind, die nach Abenteuern, Ruhm und Verdienst dürsten. Sie scheinen gelassen bereit, jeden Augenblick vor ihrem Gott zu stehen, den Kopf voll Wein und die Herzen voll von Erinnerungen an schöne Frauen. Sie haben natürlich volle Absolution für alle vergangenen und zukünftigen Sünden bekommen. Ich habe keine Lust, sie zu richten; im Gegenteil, in ihrer Gesellschaft wurde mir etwas wie Neid auf ihre sprühende Jugend bewußt, die noch keine Philosophie verbittert hat.

Mittlerweile hatten die Türken die Keile unter den Geschützen gelöst und sie niederer gegen den Fuß der Mauer gerichtet. Von den Zinnen riefen Männer, daß die Kanoniere ihre Lunte schwängen, und die Brüder Guacchardi würfelten hastig um die Ehre, sich als Beispiel für die Verteidiger auf der Mauer zu zeigen. Der jüngste warf sechs und sprang, angefeuert durch sein Glück, auf die Zinnen; seine Augen leuchteten vor Leidenschaft und vom Wein. Er trat zu einer Schießscharte gerade gegenüber der Kanone vor, fuchtelte mit den stahlgepanzerten Armen, um die Aufmerksamkeit der Belagerer auf sich zu ziehen, und begann einen Sturzbach von Zoten auf türkisch loszulassen, so daß ich mich für ihn schämte. Aber als die Zündschnüre an das Zündloch gelegt wurden, sprang er vorsichtig hinter eine Mauerzacke und klammerte sich an.

Die drei Geschütze gingen fast gleichzeitig los; sie betäubten uns einen Augenblick und erschütterten die Mauer unter unseren Füßen. Als Rauch und Staub sich verzogen hatten, sahen wir den jungen Guacchardi noch immer unbeweglich, mit gespreizten Beinen, unversehrt. Aber die Geschosse hatten den Graben gestreift, einen Teil der Vorwerke hinweggefegt und große Löcher in die Außenmauer gerissen. Es war klar, daß diese Beschießung mit der Zeit ernsten Schaden verursachen und langsam, aber sicher die Mauer zertrümmern würde.

Von den Geschützen erreichten uns Schmerzensrufe, und wir sahen nun, daß die Kanone auf der linken Seite ihr Gebinde gesprengt hatte und aus ihrer Bettung gesprungen war: Holz und Steine waren weit hinausgeschleudert worden und hatten mindestens zwei Kanoniere zermalmt. Die übrigen beachteten ihre Kameraden nicht, sondern stürzten vor, um die Geschütze in Decken zu wickeln und sie mit Olivenöl zu tränken, denn sie waren mehr wert als Menschenleben.

Während ich meinen Weg entlang der Mauer fortsetzte, feuerten die Türken ununterbrochen aus Kanonen und Arkebusen weiter; sie schlugen Zimbeln, bliesen Trompeten, schlugen Trommeln oder stürmten in kleinen Gruppen zum Graben vor und versuchten, einige Verteidiger mit ihren Pfeilen zu erreichen. Giustinianis Männer, die in Panzern steckten, bemühten sich nicht, diesen auszuweichen, sondern ließen sie anprasseln und an Schild und Küraß zerbrechen.

Gerade als ich Giustinianis Abschnitt erreichte, wurden die großen Geschütze gegenüber dem Sankt-Romanos-Tor abgefeuert; ein Teil der Zinnen der Außenmauer stürzte ein, und unzählige Splitter pfiffen durch die Luft. Kalkstaub drohte mich zu ersticken, und der giftige Rauch schwärzte mir Gesicht und Hände. Vor mir hörte ich Flüche und Schreie und griechische Stimmen, die die Heilige Mutter Gottes anriefen. Dicht neben mir fiel ein unglücklicher Handwerker, der Steine für die Mauer schleppte, vornüber, und Blut strömte aus seiner aufgerissenen Seite.

»Jesus Christus, Sohn Gottes, erbarme dich meiner!« stöhnte er und gab seinen Geist auf, ohne länger zu leiden.

Giustiniani eilte in seiner klirrenden Rüstung auf mich zu, um den Schaden zu besehen; er öffnete sein Visier, und seine runden Ochsenaugen leuchteten grün vor Kampfeslust. Er starrte mich an, als hätte er mich nie zuvor gesehen, und rief: »Die Schlacht hat begonnen! Habt Ihr je einen glorreicheren Tag erlebt?«

Er holte tief Atem, um den Geruch von Rauch und Blut zu genießen, bis die Gurte seines großen Kürasses wieder krachten. Er war umgewandelt – ein ganz anderer als der gleichgültige, besonnene Befehlshaber, den ich gekannt hatte. Es schien, als sei er erst jetzt in sein wahres Element gekommen, und er genoß in vollen Zügen den Tumult und das Getöse.

Wieder bebte die Mauer unter unseren Füßen, ein Gebrüll erschütterte Himmel und Erde, und der Himmel verfinsterte sich. Das Geschütz am Kaligaritor war ein zweites Mal abgefeuert worden. Kein anderer Lärm läßt sich damit vergleichen. Die Sonne glühte wie ein roter Ball durch die Wolke von Staub und Rauch. Es hatte wohl über zwei Stunden gedauert, dieses große Geschütz abzukühlen, zu reinigen, in Stellung zu bringen und zu laden.

»Ihr habt gehört, daß die türkische Flotte angekommen ist?« fragte Giustiniani. »Dreihundert Segler wurden gezählt, aber die meisten von ihnen sind Handelsschiffe, und die Kriegsgaleeren sind leicht und schmal im Vergleich zu den lateinischen Schiffen. Die Venezianer erwarteten sie angstschlotternd vor der Hafensperre, aber sie segelten vorbei und warfen im Bosporus Anker, im Säulenhafen hinter Pera.«

Er schwatzte frei und froh, als ob alle seine Sorgen weggefegt wären. Zwei weitere Salven aus den schweren türkischen Geschützen hatten die Brustwehr zerstört und die Außenmauer arg beschädigt. An einigen Stellen war sie sogar von oben bis unten zersprungen. Er brüllte die verschreckten Handwerker an, den Leichnam ihres Kameraden fortzuschaffen. Diese friedfertigen Handwerker, die niemals gedacht hatten, für die Lateiner kämpfen zu müssen, verkrochen sich zwischen der Außen- und der Großen Mauer und jammerten, man möchte sie durch das Ausfalltor in die Stadt lassen. Endlich erklommen ihrer zwei die Außenmauer, knieten an der Leiche nieder und weinten, als sie die Wunden sahen, die ihr die Steinsplitter geschlagen hatten. Mit schwerfälligen Händen rieben sie den Kalkstaub von des Toten Gesicht und Bart und befühlten seine kalten Glieder, als könnten sie nicht glauben, daß ein Mensch so schnell sterben könnte.

Dann forderten sie von Giustiniani einen Silberling für das Fortschaffen des Leichnams in die Stadt. Giustiniani meinte fluchend: »Jean Ange, für solche erbärmlichen Wichte verteidige ich das Christentum!«

Mein griechisches Blut rebellierte, als ich jene hilflosen alten Männer sah, die alle miteinander nicht einmal einen Helm oder ein Lederkoller hatten – nichts als ihre blutbefleckten Arbeitskleider.

»Es ist ihre Stadt«, antwortete ich. »Ihr übernehmt die Verteidigung dieses Mauerabschnittes. Der Kaiser zahlt Euch dafür, und Ihr müßt die griechischen Handwerker bezahlen, wenn Ihr nicht wollt, daß Eure eigenen Leute die Mauer ohne Hilfe wiederherstellen. So war es vereinbart. Ihr wollt diese schutzlosen Männer zwingen, umsonst zu arbeiten. Sie müssen essen und Nahrung für ihre Familien kaufen. Der Kaiser tut nichts für sie.«

Und ich fügte hinzu: »Eine kleine Silbermünze bedeutet für sie so viel wie für Euch eine Herzogskrone. Ihr seid um nichts besser als sie. Ihr selbst habt Euch dem Kaiser aus Habgier und Ehrsucht verkauft.«

Berauscht durch den Beginn der Schlacht, blieb Giustiniani gelassen.

»Man könnte glauben, Ihr seid ein Grieche, wenn man Euch hört, wie Ihr einfache Tatsachen verdreht«, brummte er; doch er warf den Handwerkern drei Silberlinge zu. Schnell nahmen sie die Leiche ihres Kameraden auf und trugen ihn von der Mauer. Das Blut tropfte auf die ausgetretenen Stufen.

13. April 1453.

Eine unruhige Nacht. In der Stadt haben nicht viele geschlafen. Um Mitternacht bebte der Boden wieder von der Detonation des großen Geschützes, und der mächtige Blitz seines Mündungsfeuers erleuchtete den Himmel. Die ganze Nacht arbeiteten Männer, um die Risse in der Mauer wieder zu beheben, und verkleideten die bedrohten Stellen mit Säcken voll Wolle und Heu.

Die türkische Flotte ist im Säulenhafen geblieben, wo große Mengen von Holz und Stein für die Belagerung von den Schiffen abgeladen werden. Die venezianischen Schiffe liegen noch immer an der Hafensperre und sind auf einen Nachtangriff vorbereitet worden.

Bei Tageslicht hatten die schweren türkischen Kanonen Zeit, jede sechsmal zu feuern. Die Mauer beim Kaligaritor dürfte wohl die Beschießung am besten überstehen, obgleich sie dem großen Geschütz gegenüberliegt. Die Venezianer, die im Blachernenpalast im Quartier liegen, betrachten nun die Heilige Jungfrau dort mit Ehrfurcht und glauben bald den Griechen, die versichern, daß die wundertätige Panagia die Schutzherrin der Palastmauern ist.

Noch kein einziger Lateiner ist gefallen, wenngleich ihrer zwei schwer verletzt wurden. Ihre Rüstung schützt sie wohl. Von den Handwerkern und Mönchen, die zu den Waffen gerufen wurden, sind viele in dem Abschnitt zwischen dem Goldenen und dem Rhesiastor gefallen. Das hat die übrigen davon überzeugt, daß es am klügsten ist, den unbequemen Helm zu tragen und nicht über die einschneidenden Riemen des Harnisches zu nörgeln.

Die Städter werden allmählich kriegsgewohnt. Der Haß gegen die Türken wächst mit jedem neuen Toten. Viele Frauen und alte Männer kommen auf die Mauern, um ihre Kleider in das Blut der Gefallenen zu tauchen, die sie als Märtyrer für ihren Glauben preisen.

Der Mensch paßt sich leicht an. Es gibt vielleicht nichts, wozu er sich nicht zwingen könnte. Gestern schien es sogar mir, daß das Getöse der großen Kanone, das Beben der Erde, das Bröckeln der Mauern und der Wirbel der Splitter mir stets gleich furchtbar dünken würden. Doch heute hat der Druck in der Magengrube nachgelassen, und mein Atem geht ruhiger.

14. April 1453.

Heute explodierte eine der großen türkischen Kanonen, und Rauch strömte aus den Sprüngen im Rohr. Die Beschießung hat nachgelassen. Die Türken haben neben den Geschützständen Schmieden errichtet und verstärken die Rohre mit Eisenbändern. Orban hat am Bergabhang hinter dem türkischen Lager eine Gießerei eingerichtet, und in der Nacht steigt die rote Glut daraus in den Himmel. Das Schmelzen von Zinn und Kupfer geht Tag und Naht weiter. Ein jüdischer Hausierer, der auf der Straße von Pera kam, berichtete, er habe Hunderte Sklaven an den riesigen Gruben arbeiten gesehen, darein die Gußformen für die Kanonen versenkt werden. Das Wetter ist schön und der Himmel klar. Die Griechen haben allen Grund, um Regen zu beten, meint Grant, der Deutsche, denn sollte das Wasser die Formen erreichen, würden sie bersten, wenn das geschmolzene Metall hineingegossen wird.

Er ist ein wunderlicher, geheimnisvoller Mensch, der sich weder um Wein noch um Frauen schert. Die Waffenmeister des Kaises haben viele altmodische Ballisten und Katapulte auf der Außenmauer errichtet, aber ihre Tragweite ist beschränkt, und sie werden nutzlos sein, bis die Türken versuchen, unsere Verteidigungswerke im Sturm zu nehmen. Grant hat Skizzen angefertigt, um zu zeigen, wie diese Maschinen verbessert und leichter gemacht werden können, denn sie wurden seit der Zeit Alexanders des Großen nach demselben Muster hergestellt. Wann immer er Zeit hat, sucht er die Bibliothek des Kaisers auf, um die Schriften der Alten zu studieren.

Des Kaisers weißhaariger Bibliothekar bewacht seine Werke eifersüchtig; er will sie nicht ausleihen und duldet weder Kerzen noch Lampen im Lesesaal. Die alten Handschriften dürfen nur bei Tageslicht gelesen werden. Er versteckt die Kataloge vor den Lateinern. Als Grant nach den Werken des Archimedes fragte, schüttelte er heftig den Kopf. Die, meinte er, seien nicht in der Bibliothek. Wenn Grant wenigstens einmal nach den Kirchenvätern oder nach den griechischen Philosophen gefragt hätte, wäre er vielleicht herzlicher empfangen worden. Aber Grant liest nur technische oder mathematische Werke und wird darum als Barbar verachtet.

Als wir darüber sprachen, meinte Grant: »Archimedes und Pythagoras hätten Maschinen machen können, die die Welt verändert hätten. Jene alten Burschen verstanden die Kunst, Wasser und Dampf die Arbeit des Menschen verrichten zu lassen; aber niemand brauchte diese Dinge zu ihrer Zeit, und sie bemühten sich nie darum, sie zu entwickeln. Statt dessen wandten sie sich Platon und den Geheimwissenschaften zu. Sie erachteten die übernatürliche Welt für würdiger als die greifbare. Aber in ihren vergessenen Schriften stößt man auf Winke, aus denen sogar die Künstler von heute Nutzen ziehen könnten.«

Ich entgegnete: »Wenn sie weise Männer waren, weiser als wir, warum glaubt Ihr ihnen nicht und folgt ihrem Beispiel? Was kann es einem Menschen nützen, die ganze Natur zu seinen Füßen liegen zu sehen und an seiner eigenen Seele Schaden zu leiden?«

Grant schaute mich mit seinen ruhelosen, forschenden Augen prüfend an. Sein weicher Bart ist kohlschwarz und sein Gesicht zerfurcht vom Denken und von den durchwachten Nächten. Er ist eine erhabene und ehrfurchtgebietende Gestalt. Der Donner des großen Geschützes ließ die Mauern der Bibliothek erbeben, und kleine Staubwolken flogen von den Sprüngen in der Decke und schwebten im Sonnenstrahl vor dem engen Fenster.

»Fürchtet Ihr den Tod nicht, Johannes Angelos?« fragte er.

»Mein Leib fürchtet ihn«, antwortete ich. »Mein Leib fürchtet die Auflösung, und daher läßt mir das Gebrüll der Kanonen die Knie schlottern. Aber mein Geist fürchtet sich nicht.«

»Wenn Ihr erfahrener wäret, würdet Ihr Euch mehr fürchten«, erklärte er. »Wenn Ihr mehr von Krieg und Tod gesehen hättet, würde auch euer Geist sich fürchten. Nur der erfahrene Krieger ist ohne Furcht. Die Überwindung der Furcht jedoch, nicht ihr Fehlen, ist wahres Heldentum.«

Er zeigte auf die tausend goldenen Figuren und zinnoberroten Inschriften auf den Wänden und auf die dicken Foliobände, die mit ihren silbergefaßten, juwelenbesetzten Einbänden an die Lesepulte gekettet lagen.

»Ich fürchte den Tod«, sagte er. »Aber Wissen ist größer als Furcht. Mein Wissen bezieht sich auf irdische Dinge, denn das Wissen um himmlische Dinge hat keinen praktischen Wert. Das ist es, warum es mir ins Herz schneidet, diesen Ort zu sehen. Hier liegen die letzten unersetzlichen Überreste der alten Weisheit begraben. Jahrhunderte hindurch hat sich niemand die Mühe genommen, ein Inventar von allem, was hier ist, anzulegen. Ratten haben die Manuskripte in den Kellergewölben zernagt. Philosophen und Kirchenväter werden verehrt, aber Mathematik und Maschinenbaukunst wurden den Ratten zum Fraß gelassen. Und dieser habgierige alte Mann dort drüben will nicht begreifen, daß er nichts zu verlieren hat, wenn er mich die Keller durchstöbern und eine Kerze entzünden läßt, um unschätzbares, verachtetes Wissen zu suchen, dessen Hüter er ist. Wenn die Türken kommen, wird dieses Gebäude in Flammen aufgehen wie die übrigen, und die unersetzlichen Manuskripte werden hinausgeschaufelt werden, um die Kochfeuer zu speisen.«

»Wenn die Türken kommen, sagt Ihr«, warf ich ein. »So glaubt Ihr nicht, daß wir sie fernhalten werden?«

Er lächelte.

»Ich messe mit einem irdischen Maßstab«, entgegnete er. »Mit dem Maßstab des gesunden Menschenverstandes. Und darum will ich keine vergebliche Hoffnung nähren, wie es vielleicht ein jüngerer oder weniger erfahrener Mann tun würde.«

»Aber«, meinte ich verwundert, »in diesem Falle solltet sogar Ihr das Wissen um Gott und jene Wirklichkeit, die höher steht als zeitliche Dinge, besser brauchen können als alle mathematischen oder technischen Kenntnisse. Was nützen die wunderbarsten Maschinen, wenn Ihr doch auf jeden Fall sterben müßt?«

Er erwiderte: »Ihr vergeßt, daß wir alle sterben müssen. Darum bedaure ich nicht im geringsten, daß mich die Neugier nach Konstantinopel und in des Kaisers Dienste getrieben hat. Ich habe die größte Kanone gesehen, die je von Menschenhand gegossen wurde. Das allein war es wert zu kommen. Und ich würde freudig all die heiligen Schriften der Kirchenväter gegen zwei Seiten eines vergessenen Mauskriptes von Archimedes eintauschen.«

»Ihr seid verrückt«, sagte ich voll Abscheu. »Eure Besessenheit macht Euch verrückter als Sultan Mohammed.«

Er streckte seinen Arm ins Sonnenlicht, als wollte er die tanzenden Stäubchen in seiner Hand wägen.

»Seht Ihr nicht?« fragte er. »Aus diesen Staubteilchen sehen Euch die Augen eines lieblichen Mädchens an – eines Mädchens, dessen Lächeln der Tod schon längst ausgelöscht hat. In diesen Partikeln tanzt das Herz eines Philosophen, seine Leber und sein Hirn. In weiteren tausend Jahren werde ich selbst als Staubkorn einen Fremden in den Straßen von Konstantinopel grüßen. In diesem Sinne ist Eure Gelehrsamkeit und meine von gleichem Wert. Laßt mir daher meine

Weisheit und verachtet sie nicht. Wie könnt Ihr wissen, ob ich nicht in meinem Herzen die Eure geringschätze?«

Ich zitterte am ganzen Leib, aber ich bemühte mich, meine Stimme ruhig zu halten, als ich erwiderte: »Ihr kämpft auf der falschen Seite, Johann Grant! Sultan Mohammed würde Euch als seinen Genossen begrüßen, wenn er Euch kennte.«

Er entgegnete: »Nein, nein, ich gehöre zum Westen – zu Europa. Ich kämpfe für die Freiheit des Menschen, nicht für seine Sklaverei.«

»Und was ist die Freiheit des Menschen?« fragte ich ihn.

Er schaute mich mit seinen ruhelosen Augen an, überlegte eine Weile und antwortete: »Das Recht zu wählen.«

»Gerade das«, flüsterte ich, »das ist des Menschen schreckliche Freiheit – die Freiheit des Prometheus, die Freiheit unserer Erbsünde.«

Er lächelte, legte seine Hand auf meine Schulter und seufzte. »Oh, ihr Griechen!«

Ich fühlte mich ihm fremd; ich wollte ihn meiden, und doch fürchte ich trotz allem, daß unsere Geister verwandt sind. Wir stehen auf gemeinsamem Grund, er und ich. Aber er hat das Reich des Todes gewählt und ich die Wirklichkeit Gottes.

Ich wurde an den Grenzen zweier Welten geboren. Im Westen wie im Osten keimt der Baum des Todes. Soll die Nachwelt seine Früchte kosten; ich will es nicht.

Ist dem wirklich so? Habe ich *das* gewählt?

Kanonen donnern, Mauern splittern, die mächtige Trommel des Todes läßt Himmel und Erde erzittern. Aber ich bin hart und kalt, nein, ich bin ein glühendes Feuer und denke nur an dich, meine Geliebte! Warum hast du mein Fleisch mit Dornen durchbohrt? Warum wolltest du mich nicht in Frieden kämpfen und sterben lassen, nachdem ich einmal meine Wahl getroffen hatte? Nun ersehne ich nur dich. Und durch dich meinen Anteil an den heiligen Geheimnissen. Die Rückkehr eines Abtrünnigen in das Haus seiner Väter.

15. April 1453.

Wieder ein Sonntag. Kirchenglocken läuten jubelnd in der klaren Morgenluft, aber des Frühlings Grün ist schon mit Ruß und Staub bedeckt. Wie Ameisen arbeiten erschöpfte Männer im Schutze provisorischer Barrikaden an der Widerherstellung der Mauer. Während der Nacht wurden vor den klaffenden Löchern der Außenmauer Pfähle in den Boden getrieben, und diese müssen nun mit Erde, Weiden, Gebüsch und Heu aufgefüllt werden. Die Bürger mußten ihre Matratzen hergeben; die wurden vorn an die Mauer gebunden und fangen den tödlichen Anprall der Kanonenkugeln auf. Darüber wurden Ochsenhäute gebreitet, welche ständig in Wasser getaucht werden, um die Matratzen vor brennenden Pfeilen zu schützen.

Ich weiß und fühle, nicht zuletzt aus eigener Erfahrung, wie ein hoffnungsloser Kampf wie dieser uns verändert und in unseren tiefsten Tiefen aufwühlt.

Schwäche, Furcht und Schlaflosigkeit erregen einen Mann, bis er betrunken und für seine Taten und Gedanken nicht mehr verantwortlich ist. Er setzt Vertrauen in die wildesten Gerüchte. Stille Menschen werden redegewandt; sanfte Gemüter tanzen vor Freude, wenn sie einen Türken fallen sehen, einen Pfeil in der Kehle. Krieg ist ein gefährlicher Rausch; sein Wechsel der Stimmung, seine Stürze zwischen Hoffnung und Verzweiflung sind gewaltsam und jäh. Nur ein abgehärteter Soldat kann sich ein kaltes Herz bewahren, und die meisten der Verteidiger von Konstantinopel sind Neulinge, ungeübte Laien. Aus diesem Grunde hält es Guistiniani für notwendig, hoffnungsvolle Gerüchte in der Stadt zu verbreiten – obwohl sie zum größten Teil falsch sind.

Des Sultans Armee besteht aus zweimal soviel Christen, wie es bewaffnete Männer in der Stadt gibt: Hilfstruppen von Serbien, Makedonien und Bulgarien, desgleichen Griechen aus Kleinasien. Beim Charisiostor wurde ein türkischer Pfeil gefunden, daran ein Brief, geschrieben von einem serbischen Reiter: *Soweit es an uns liegt, wird Konstantinopel niemals in türkische Hände fallen.*

Großwesir Chalil arbeitet auch im geheimen gegen den Sultan. Im Augenblick kann er wenig tun, aber seine Stunde wird kommen, sobald der Sultan eine Schlappe erleidet.

Die Nächte sind kalt. So unabsehbar sind des Sultans Heermassen, daß nur ein kleiner Teil der Leute Zelte hat. Die meisten von ihnen schlafen unter freiem Himmel; sie sind daran im Gegensatz zu den Janitscharen nicht gewöhnt, und so dringt während der stillen Stunden ein unaufhörliches Husten und Schneuzen aus dem türkischen Lager zu uns herüber.

Aber unsere Leute husten auch, während sie in der Dunkelheit an der beschädigten Mauer arbeiten. Türme und Gewölbe sind feucht, und alles Holz wird für die Verteidigungswerke gebraucht. Feuerholz und Reisig dürfen nur zum Kochen und zum Heizen der Kessel mit Pech und Blei verwendet werden. Daher sind viele Lateiner arg erkältet, obgleich sie dicke Kleider unter ihren kalten Rüstungen tragen.

17. April 1453.

Heute kam mein Diener Manuel in den Blachernenpalast und brachte mir saubere Kleidung und neues Schreibzeug. An Nahrung fehlt es mir nicht, weil mir die Venezianer an ihrem gastfreien Tisch jederzeit einen Platz einräumen, solange ich im Palast wohnen will. Kardinal Isidor hat sie für die Dauer der Belagerung vom Fasten dispensiert. Allein Kaiser Konstantin wacht und fastet mit so glühendem Eifer, daß er binnen kurzem schmal und blaß geworden ist.

Ich konnte nicht umhin, Manuel zu fragen, ob sich jemand daheim nach mir erkundigt habe. Er schüttelte den Kopf. Ich nahm ihn mit auf die Mauer und zeigte ihm die große Bombarde. Die Türken hatten sie eben frisch geladen. Bei dem Krach des Abschusses faßte sich Manuel an den Kopf, doch konnte er sich mit eigenen Augen überzeugen, daß die Mauer noch standhielt.

Die Bombarde flößte ihm jedoch weniger Entsetzen ein als der Anblick der Verwüstung, welche die Venezianer im Palast angerichtet hatten. Er meinte: »Die Lateiner bleiben ihren alten Sitten treu. Als sie vor zweihundertfünfzig Jahren Konstantinopel eroberten, benützten sie das Allerheiligste in der Sophienkirche als Stall, entzündeten Feuer auf dem Boden und beschmutzten die Ecken mit ihrem Unrat.«

Die lateinischen Soldaten dürfen sich im Blachernenbezirk frei bewegen; daher bat mich Manuel, ihn in den Prophyrogennetospalast zu führen. Er warf mir einen schlauen Blick zu und bemerkte: »Noch kann kein Fuß eines gemeinen Mannes seine Fliesen befleckt haben; meine Füße sind aber immerhin griechische und daher heiliger als die Füße lateinischer Stalljungen.«

Wir erstiegen die alte Mamortreppe zum Obergeschoß und betraten das Gemach, dessen Wände mit polierten Porphyrplatten verkleidet sind. Das geschnitzte, goldene Bett mit dem Doppeladler stand immer noch dort, alle andere bewegliche Einrichtung aber war gestohlen worden. Während ich den kahlen, ausgeplünderten Raum betrachtete, wurde mir zur Gewißheit, daß hier nie mehr ein Kaiser von Konstantinopel geboren werden würde.

Manuel öffnete neugierig eine enge Tür und trat auf einen Steinbalkon hinaus.

»Zehnmal stand ich bescheiden da unten in der Menge, um die Botschaft von der Niederkunft der Kaiserin zu erwarten«, erzählte er. »Der alte Kaiser Manuel hatte zehn Kinder. Konstantin ist das achte. Nur drei seiner Söhne leben noch, und ihrer keiner hat selbst einen Sohn. Das ist Gottes Wille und Strafgericht.«

Die ganze Zeit über betrachtete er mich aus seinen rotgeränderten Augen unter den buschigen Brauen von der Seite; er strich sich den Bart und blickte geheimnisvoll drein.

»Was hat das mit mir zu tun?« fragte ich kühl.

»Hätte nie gehofft, einmal hier oben zu stehen«, fuhr Manuel fort, ohne auf meine Worte zu achten. »Aber römischer Porphyr allein macht noch keinen Kaiser. Das ist purer Aberglaube. Und doch hat man von verlassenen Frauen gehört, die wie zum Trost ein Stück Porphyr an sich drückten.«

Er wies auf eine dunkle Ecke, und ich sah, daß an mehreren Stellen Stücke der Wandverkleidung losgebrochen worden waren. Einen Augenblick war ich wieder ein Kind: ein kleiner Junge im mauernumgebenen Avignon, und die Sonne der Provence brannte mir heiß auf den Kopf. Ich hielt ein Stück blaßroten Prophyrs in der Hand, das ich in meines Vaters Truhe gefunden hatte.

»Saht Ihr eben Geister, Herr?« fragte Manuel leise. Er war niedergekniet, als wollte er die Ecke näher betrachten, doch zugleich kniete er vor mir, sein Greisenantlitz emporgewandt. Seine grauen Wangen zuckten wie von erregter Spannung oder verhaltenen Tränen.

»Ich dachte eben an meinen Vater«, versetzte ich kurz. Mich wunderte nun nicht mehr, daß mein Vater geblendet worden war; vielleicht war er auf dieser Welt voll Grausamkeit und Angst zu vertrauensselig gewesen.

Manuel flüsterte: »Herr, meine Augen sind trüb, weil ich alt bin. Vielleicht blendet sie dieser Purpurschein hier. Erlaubt, daß ich Eure Füße berühre.«

Er streckte die Hände aus und berührte ehrfürchtig meine Beine. »Die Purpurschuhe«, sagte er. »Die Purpurschuhe.«

Aber das Schweigen hier an des Kaisers Geburtsstätte war so beängstigend, daß er sich furchtsam umsah, wie auf der Hut vor Lauschern.

»Du hast wieder getrunken«, meinte ich grob.

»Blut verleugnet seine Herkunft nie«, flüsterte er. »Es kehrt dahin zurück, wo es herkam, mag es auch weit gewandert sein – ja, mag es auch aus einem Leib in den anderen übergegangen sein. Eines Tages muß es zurückkehren.«

»Manuel«, versetzte ich, »glaub mir, diese Zeit ist vorbei. Mein Reich ist nicht von dieser Welt.«

Er beugte den Kopf und küßte meine Füße, und ich mußte ihn mit dem Knie abwehren.

»Ich bin nur ein alter Bursche, den der Wein geschwätzig gemacht hat«, meinte er. »Ich hab' den Kopf voll alter Geschichten. Ich sehe Gesichte. Ich meine es nicht böse.«

»Mögen diese Geschichten und Gesichte unter unseren einstürzenden Wällen begraben werden«, entgegnete ich, »und ein Fremder sie eines Tages finden, wenn unser Staub unter seinen Füßen aufwirbelt und er auf einen Stein tritt, der aus diesen Mauern herabfiel.«

Nachdem Manuel fort war, kehrte ich zu Giustiniani auf die Zinnen zurück. Es ist erschütternd zu sehen, welch großer Teil der Außenmauer in diesen wenigen Tagen beiderseits des Sankt-Romanos-Tores eingestürzt ist. Man hat einen hohen Erdwall aufgeworfen und riesige Körbe und Fässer voll Erde reihenweise oben drauf gestellt, um eine Brustwehr zu bilden. Den ganzen Tag stürmen Türken in kleinen Trupps bis an den Graben vor und werfen Steine, Balken und Reisigbündel hinein, während das Feuer aus ihren Stücken und der Pfeilhagel unsere Verteidiger in Deckung zwingen. Giustinianis Genuesen haben trotz ihrer Rüstungen bereits Verluste erlitten, und jeder einzelne von ihnen ist zehn, ja fünfzehn unausgebildete Griechen wert. Jeder einzelne ist unersetzlich.

18. April 1453.

Keiner hätte gedacht, daß die Türken vergangene Nacht ihren ersten Angriff wagen würden. Es lag auf der Hand, daß sie sich die Erstürmung der Außenmauer gegenüber dem Sankt-Romanos-Tor zum Ziel gesetzt hatten. Der Angriff begann unbemerkt, zwei Stunden nach Sonnenuntergang. Im Schutz der Dunkelheit krochen die Türken bis an den Graben vor und legten Sturmleitern darüber. Wäre die Besatzung nicht an der Arbeit gewesen, den tagsüber angerichteten Schaden zu beheben, wäre der Angriff vielleicht von Erfolg gekrönt gewesen. So aber wurde rechtzeitig Alarm geschlagen; Trompeten erschallten auf den Mauern, Pechfackeln flammten auf, und die Glocken in der Stadt hoben zu läuten an.

Nach dem Fehlschlag des Überfalls erdröhnten große und kleine Trommeln in den türkischen Linien, und die Angreifer erhoben ein fürchterliches Geheul, das in der ganzen Stadt zu hören war. Mit langen Haken versuchten sie, die provisorische Brustwehr niederzureißen und zu zerstören, was sie nur konnten; gleichzeitig wollten sie die Säcke mit Heu und Wolle, die an der Mauer hingen, in Brand stecken. Die Türken griffen auch an anderen Stellen die Mauer an, das Schwergewicht ihres Ansturms aber richtete sich gegen Giustinianis Abschnitt.

In der nächtlichen Finsternis klangen der Lärm und das Getümmel doppelt beängstigend, und in der Stadt flohen die Leute halbnackt aus den Häusern. Als ich vom Blachernenpalast zu Giustiniani eilte, erblickte ich Kaiser Konstantin. Er weinte – weinte in tödlichem Schrecken, weil er die Stadt schon verloren glaubte.

In der Tat gelangten nur wenige Türken überhaupt auf die Zinnen der Außenmauer. Sie wurden sogleich von Giustinianis Leuten niedergemäht, die ihnen gleich einer lebendigen, beweglichen Mauer von Eisen den Weg versperrten. Die Sturmleitern wurden, kaum angehoben, auch schon mit langen Stangen zurückgestoßen, während siedendes Pech und geschmolzenes Blei aus großen Schöpflöffeln auf die Anstürmenden hinabgegossen wurde. Der Feind erlitt schwere Verluste; am Morgen lagen seine Toten haufenweise am Fuß der Mauer. Unter ihnen waren nur wenige Janitscharen; daraus geht klar hervor, daß der Sultan für diesen Vorstoß nur weniger tüchtige, leichtbewaffnete Truppen eingesetzt hatte.

Dennoch waren, als die Türken sich zurückzogen, viele von Giustinianis Leuten so erschöpft, daß sie niedersanken, wo sie standen, und einschliefen. Kaiser Konstantin, der kurz nach dem Kampf die Mauer besichtigte, mußte viele Posten eigenhändig wachrütteln. Giustiniani zwang die griechischen Arbeiter, in den Graben hinabzusteigen und ihn von allem zu säubern, womit die Türken ihn hatten ausfüllen wollen. So fanden viele den Tod, als der Feind aus Rache über seine Niederlage seine Geschütze im Dunklen abfeuerte.

Am Morgen ruderten dreißig türkische Galeeren vom Säulenhafen die Hafensperre hinauf. Aber es kam zu keinem Gefecht zwischen ihnen und den sie turmhoch überragenden venezianischen Schiffen. Ein paar Schüsse wurden gewechselt; dann kehrten die Türken in ihren Hafen zurück. Im Lauf des Tages ließ der Sultan auf dem Hügel hinter Pera zwei schwere Bombarden in Stellung gehen; ihr erster Schuß traf ein genuesisches Schiff am Kai, versenkte es und mit ihm seine ganze Ladung im Werte von fünfzehntausend Dukaten. Die Genuesen von Pera protestierten gegen diese Verletzung ihrer Neutralität. Die Bombarden stehen auf ihrem Gebiet, und ein paar weitere Schüsse trafen Dächer und töteten eine Frau in der Stadt. Der Sultan versprach, nach der Belagerung allen Schaden, den die Genuesen etwa erlitten hätten, zu vergüten und versicherte sie seiner Freundschaft.

Aber er erreichte sein Ziel: die venezianischen Schiffe wurden gezwungen, sich von der Hafensperre zurückzuziehen; die einen an den Kai, die anderen in die geschützte Zone unterhalb der Bastionen und der Hafenmauer von Pera, wo kein

Schuß sie erreichen konnte. Viele Zuschauer sammelten sich an, um die seltsame Beschießung zu sehen. Die meisten Schüsse gingen in den Hafen und wirbelten hohe Wassersäulen auf.

Trotz alledem sind die Städter von Hoffnung und Begeisterung erfüllt, denn die erfolgreiche Abwehr des ersten Angriffs hat uns alle ermutigt. Und Giustiniani hat übertriebene Zahlen über die türkischen Verluste in Umlauf gesetzt. Zu mir aber meinte er kurz und bündig: »Wir dürfen uns nicht aufblasen über einen Sieg, der keiner war. Der Angriff war ein ganz gewöhnlicher Erkundungsvorstoß, um die Stärke der Mauer zu erproben. Es waren höchstens tausend Mann daran beteiligt, wie ich von unseren Gefangenen erfahren habe. Aber die Sitte erfordert von mir als Protostrator einen Lagebericht. Wenn ich daher verbreiten lasse, daß wir einen schweren Angriff abgeschlagen haben – daß die Türken zehntausend Tote und ebenso viele Verwundete verloren haben, während unsere eigenen Verluste sich auf einen Toten und einen Mann mit verstauchtem Knöchel beschränken –, so weiß jeder altgediente Soldat, was das heißt, und achtet nicht weiter drauf. Die Moral der Stadtbevölkerung hingegen wird dadurch glänzend gehoben.« Er sah mich schmunzelnd an und setzte hinzu: »Ihr habt tapfer und gut gekämpft, Jean Ange.«

»So? In dem Durcheinander wußte ich kaum, was ich tat.«

Das war wahr. Heute früh sah ich, daß mein Schwert blutverschmiert war; die Ereignisse der Nacht aber sah ich nur mehr wie einen verworrenen Alptraum.

Im Lauf des Tages ließ der Sultan fünfzig Paar Ochsen vor die große Bombarde spannen. Sie wurde mit Hilfe von Hunderten von Soldaten aus ihrem Stand gehoben und in eine neue Stellung gegenüber dem Sankt-Romanos-Tor gebracht. Die Blachernenmauer hat sich also als zu stark erwiesen, und der Sultan schickt sich zu einer längeren Belagerung an.

Ich habe die Verwundeten besucht, die in leeren Ställen

und Schuppen unweit der Mauer auf Stroh liegen. Die erfahrenen Soldaten der Lateiner haben Geld für den Feldscher gespart und werden daher ärztlich betreut, die Griechen aber werden nur von wenigen geschickten Nonnen aus purer Nächstenliebe gepflegt. Unter diesen erkannte ich zu meinem Staunen Chariklea, die den Schleier entfernt, die Ärmel aufgekrempelt hatte und mit viel Geschick die allerschlimmsten Wunden wusch und verband. Sie grüßte mich herzlich, und ich konnte nicht umhin, ihr zu sagen, daß ich nun im Blachernenpalast wohne. So schwach war ich – und sie muß wohl meine Gedanken gelesen haben. Sie versicherte mir wenigstens eilig, ohne daß ich danach gefragt hatte, sie habe Schwester Anna seit vielen Tagen nicht mehr gesehen.

Die Verwundeten beschwören übereinstimmend, daß die Türken gegen allen Anstand und guten Kriegsbrauch vergiftete Pfeile verwenden. Selbst die Leichtverwundeten erkranken nämlich binnen weniger Tagen schwer und sterben in Krämpfen. In einer Ecke erspähte ich einen Toten, zusammengekrümmt und erstarrt, ein gespenstisches Grinsen auf dem verzerrten Gesicht; ein schauerlicher Anblick. Seine Muskeln fühlten sich so hart wie Holz an. Daher baten viele Verwundete darum, sie ins Freie oder nach Hause zu schaffen. Ich teilte dies Giustiniani mit; er aber will keinen einzigen seiner Männer von der Mauer lassen, um ihnen zu helfen.

Als ich ihm Mangel an Nächstenliebe vorwarf, erwiderte er: »Die Erfahrung hat mich gelehrt, daß die Genesung der Verwundeten in Gottes Hand liegt. Der eine wird vom Feldscher behandelt und stirbt, der andere wird ohne alle Hilfe gesund. Der eine erwischt einen Schnitt am kleinen Finger und stirbt an Blutvergiftung, während ein anderer einen ganzen Arm verliert und am Leben bleibt. Reichliche Nahrung und weiche Betten verweichlichen einen Verwundeten nur und schaden ihm. Das habe ich immer wieder erlebt. Darum mischt Euch nicht in Dinge, die Ihr nicht versteht.«

19. April 1453.

Jesus Christus, Sohn Gottes, sei mir Sünder gnädig!

Nachdem ich gestern so viel geschrieben hatte, hoffte ich endlich auf ein bißchen Schlaf. Ich habe in den letzten Tagen wenig geschlafen. Um die Unruhe in meinem Herzen zu besänftigen, wanderte ich umher oder setzte mich hin, diese eitlen Worte niederzuschreiben.

Als ich nun aber mit weitgeöffneten Augen im Dunkel meines kalten Gemachs im Blachernenpalast lag, meine Einsamkeit genießend und zugleich darunter leidend, kam sie zu mir. Sie kam. Sie selbst, aus eigenem Antrieb. Anna Notaras, meine Geliebte.

Ich erkannte ihren leichten Schritt, ihren Atem.

»Johannes Angelos?« flüsterte sie, »schläfst du?«

Sie legte ihre kalten Hände in meine, bettete sich neben mich; ihre Nase, ihre Lippen waren kalt; ihre Wange aber glühte heiß an meiner.

»Vergib mir«, bat sie, »vergib mir, mein Geliebter. Ich wußte nicht, was ich tat – wußte nicht, was ich wollte. Du lebst!«

»Natürlich lebe ich«, erwiderte ich. »Ich bin zäh. Unkraut verdirbt nicht.«

»Die Erde bebt«, sagte sie, »und die Mauern haben Sprünge. Nacht für Nacht geht der Tod um und brüllt mit tausend Stimmen. Kein Mensch kann wissen, was Krieg bedeutet, ehe er ihn selbst erlebt hat. Als die Türken gestern nacht angriffen, betete ich für dich, wie ich noch nie gebetet habe – ich gelobte, all meine Selbstsucht, Bosheit und meinen Stolz zu unterdrücken, wenn ich dich nur lebend wiedersehen dürfte.«

»So liebst du mich also?« fragte ich zweifelnd, obwohl ihre Hände, Wangen und ihr Mund mich dessen versicherten. »Du sagtest mir, du haßtest mich.«

»Ich haßte dich tagelang – vielleicht eine ganze Woche«,

entgegnete sie. »Erst als die Kanonen zu donnern anfingen und die Klostermauern erbebten, da begriff ich. Ich hatte beschlossen, hatte in meinem Herzen gelobt, dich nie wiederzusehen. Oder wenn ich dich sähe, kein Wort zu sprechen – oder wenn schon, dann nur, um dich in die Schranken zu weisen. Nun, und hier bin ich. Nachts, im Dunkeln, allein mit dir. Und ich habe dich geküßt. Weh mir und dir!«

»Und ich hatte denselben Entschluß gefaßt«, meinte ich und schüttelte sie an den Schultern. Rund und weich fühlten sich ihre Schultern unter den Kleidern an. Erlöst von Spannung und Furcht, begann sie zu kichern – lachte wie ein kleines Mädchen und konnte nicht aufhören, obwohl sie beide Hände an den Mund drückte.

»Warum lachst du?« fragte ich argwöhnisch. Im Schmerz meiner Liebe fürchtete ich, sie könnte mich immer noch zum besten halten und meine Demütigung auskosten.

»Weil ich glücklich bin«, lachte sie und preßte vergeblich die Finger an den Mund. »So schrecklich glücklich – und ich muß lachen, wenn ich daran denke, wie komisch du aussahst, als du vor mir davonliefst, mit deiner Rüstung unterm Arm.«

»Ich lief nicht vor dir davon«, versetzte ich, »sondern vor mir. Aber ich kann nicht entfliehen. Nicht auf den Wällen, nicht im Blachernenpalast; nicht im Wachen und nicht im Schlaf. Zu jeder Stunde standest du unsichtbar neben mir.«

Ihr weicher Mund öffnete sich unter meinem, und keuchend atmete sie ihre Liebe aus. In ihrer Glut – ja, und in ihrem Schmerz – drückte sie sich nur noch fester an mich und streichelte mir Schultern und Rücken, als wollte sie das Andenken an meinen lebendigen Leib für immer in ihren Händen bewahren.

Nachher ruhte ich neben ihr, leer, ruhig, kalt. Ich hatte ihre Blüte geraubt. Sie hatte es zugelassen. Von nun an war sie eine Frau ohne Ehre. Aber ich liebte sie, liebte sie, wie sie war. Selbst ihren Eigensinn liebte ich.

Nach einer langen Weile flüsterte sie mir leise ins Ohr:

»Johannes Angelos, ist das nicht das Beste?«

»Es ist das Beste«, antwortete ich, schon im Halbschlaf.

Sie lachte still und flüsterte: »So einfach, so leicht, so gerade. Du bist es, der sich das Leben schwer- und kompliziert macht. Aber nun bin ich glücklich.«

»Du bereust nichts?« fragte ich schläfrig, nur um etwas zu sagen.

Sie war erstaunt. »Was sollte ich bereuen? Nun kannst du mir nie mehr entlaufen. Und ich habe die Freude verkostet. Ja, selbst wenn du mich nun heiratetest, böte das keine Sicherheit – du hast ja schon eine Frau im Stich gelassen. Nun aber dies geschehen ist, wird dein Gewissen nie zulassen, daß du mir dasselbe antust. Soweit kenne ich dich schon, obwohl du dich hart dünken magst. Mein Geliebter!«

Ich war erfüllt von heiterer Ruhe und Frieden, und nicht zum Denken aufgelegt. Sie atmete auf meinem Arm, ihre Lippen berührten mein Ohr, ihr Haar liebkoste meinen Hals, und ich roch den Hyazinthenduft ihrer Wangen. Ich legte ihr die Hand auf die bloße Brust und sank in einen tiefen Schlaf. Es war sehr lange her, daß ich so traumlos geschlafen hatte.

Ich schlief lange. Ich erwachte nicht, als sie mich verließ. Ich erwachte nicht einmal, als die große Kanone in der Morgendämmerung aufbrüllte und die Türken zum Morgengebet rief. Die Sonne stand hoch am Himmel, als ich erwachte. Ich hatte geruht; ich fühlte mich wie neugeboren und glücklich.

Sie war fortgegangen, während ich noch schlief. Es war am besten so. Ich wollte nicht, daß sie entdeckt würde, und wußte, daß ich sie wiedersehen würde. Heiterer, ausgeruhter als je in meinem Leben, ging ich hin und verzehrte ein reichliches Frühstück. Ich legte keine Rüstung an, schnallte nicht einmal mein Schwert um. In meiner schlichten Lateinertracht, bescheiden wie ein Pilger, lenkte ich meine Schritte zum Pantokratorkloster.

Dort mußte ich ein paar Stunden warten, während der Mönch Gennadios seine Andachtsübungen verrichtete, inzwischen kniete ich im Gebete vor den heiligen Ikonen in der Klosterkirche. Ich betete um Vergebung meiner Sünden. Ich tauchte tief hinab in die mystische Wirklichkeit meines Herzens; ich wußte, daß unsere Sünden vor Gott in anderen Waagschalen gewogen werden als vor den Menschen.

Bei meinem Anblick runzelte der Mönch Gennadios die Stirn und starrte mich aus glühenden Augen an.

»Was wollt Ihr von mir, Lateiner?« herrschte er mich an.

Ich erwiderte: »In meiner Jugend lernte ich im Kloster auf dem Berge Athos viele Männer kennen, die ihren römischen Glauben aufgegeben und sich der wahren, griechischen Kirche zugewandt hatten, um ihr Leben Gott zu weihen und der heiligen Geheimnisse in der ursprünglichen Form der Kirche Christi teilhaftig zu werden. Mein Vater starb, als ich noch ein Kind war, doch entnahm ich seinen Papieren, daß er ein Grieche aus Konstantinopel war. Er gab seinen Glauben auf, freite eine Venezianerin und begleitete den Papst nach Avignon. Mein Vater lebte in Avignon und bezog bis zu seinem Tode eine Pension vom päpstlichen Schatzamt. Ich wurde dort geboren. Doch dies alles war ein Irrweg. Nun ich nach Konstantinopel gekommen bin, um auf seinen Mauern im Kampf für Christus gegen die Türken zu sterben, will ich zum Glauben meiner Väter zurückkehren.«

Sein Eifer blendete ihn, so daß er mir nicht allzu aufmerksam lauschte; ich war dankbar dafür, wollte ich doch den argwöhnischen Fragen entgehen, die mir ein nachdenklicherer Mann wohl gestellt hätte.

Er rief nur anklagend aus: »Was kämpft Ihr dann mit den Lateinern gegen die Türken? Selbst der Sultan ist besser als der Kaiser, der den Papst anerkannt hat.«

»Wir wollen nicht darüber rechten«, bat ich. »Erfüllt Eure Aufgabe. Seid der Hirt, der das verlorene Schaf auf der Schulter in seinen Schafstall trägt. Vergeßt nicht, auch Ihr habt nach reiflicher Überlegung damals unterzeichnet. Meine Sünde wiegt nicht schwerer als Eure.«

Er hob mit der Linken seine Rechte empor, die, wie ich nun sah, gelähmt war, und entgegnete triumphierend: »Tag und Nacht habe ich gebetet, Gott möge mir zum Zeichen seiner Vergebung die Hand verdorren lassen, die den Unionsvertrag von Florenz unterzeichnete. Und als die Kanonen zum erstenmal erdröhnten, erhörte Gott mein Gebet. Nun wohnt der Heilige Geist in mir.«

Er befahl einem Laienbruder, uns zu begleiten, führte mich zum Brunnen im Hof und hieß mich entkleiden. Dann stieß er mich ins Wasser, drückte mir den Kopf hinein und taufte mich von neuem. Er gab mir den Namen Zacharias, aus einem Grunde, den ich nicht kannte. Als ich aus dem Wasser gestiegen war, legte ich ihm und dem Laienbruder auf die übliche Weise meine Beichte ab, und er legte mir nur eine leichte Buße auf, weil ich tätige Reue gezeigt hatte. Sein Gesicht leuchtete; er war merklich milder geworden, betete für mich und flehte Gottes Segen auf mich herab.

»Nun seid Ihr ein echter Grieche«, sagte er. »Denkt daran, dies ist die Stunde der Erfüllung, und der Jüngste Tag steht vor der Tür. Es ist beschlossen, daß Konstantinopel untergehen muß. Je länger es Widerstand leistet, um so größer wird die Wut der Türken, um so bitterer wird das Leid sein, das selbst die Unschuldigen befällt. Wenn es Gottes Wille ist, daß die Stadt in türkische Hände fällt, wer kann es verhindern? Wer gegen den Sultan kämpft, kämpft in seiner Blindheit gegen den Willen Gottes. Wer aber die Lateiner aus Konstantinopel vertreibt, tut ein gottgefälliges Werk.«

»Wer hat Euch ermächtigt, so zu sprechen?« fragte ich bekümmert.

»Meine Reue, meine Leiden, meine Ängste um die Stadt – die haben mich dazu ermächtigt«, entgegnete er heftig. »Nicht ich bin es, der Mönch Gennadios, der so spricht, sondern der Geist in mir.«

Er sah sich um und erblickte die grauen Fische, die im trüben Wasser des Brunnens dahinschossen.

»Der Tag der Kümmernis steht bevor«, rief er, indem er mit der Linken auf die Fische wies. »An diesem Tage werden diese Fische vor Schreck blutrot werden, so daß selbst die Ungläubigen glauben müssen. Dies soll das Zeichen sein! Erlebt Ihr diesen Tag noch, so werdet Ihr es sehen. Der Geist Gottes, des Herrn aller Welten, spricht durch meinen Mund.«

Er sprach diese Worte mit solch feierlicher Glut, daß ich ihm Glauben schenken mußte. Dann verstummte er erschöpft. Nachdem der Laienbruder sich entfernt hatte, legte ich meine Kleider wieder an.

»Vater, ich bin ein Sünder«, bekannte ich, »und habe mich gegen das Gesetz vergangen, wie Ihr vorhin gehört habt. Ich habe mit einer Griechin geschlafen und sie ihrer Unschuld beraubt. Kann ich irgendwie für meine Sünden büßen, indem ich sie heirate, obwohl ich in Florenz ein Eheweib habe, das ich nach Gesetz und Brauch der römischen Kirche freite?«

Er sann nach und erwiderte dann, während ein Funkeln in seinen Augen den einstigen Politiker verriet: »Der Papst und seine Kardinäle haben unsere Kirche so bitterlich geschmäht und verfolgt, sie, unsere Patriarchen, ja selbst unseren Glauben – daß es nicht sündhaft sein kann, ihr welchen Tort immer anzutun. Nun, nach dieser Taufe ist Eure frühere Ehe ungültig geworden. Ich erkläre sie für ungültig, da wir in unserer gegenwärtigen Notlage keinen Patriarchen haben, der dies an meiner Statt tun könnte. Wir haben nur den abtrünnigen Gregorios Mammas, Gottes Urteil über ihn! Bringt die Frau hierher, und ich will Euch unter einem geweihten Dach vermählen.«

Ich warf zweifelnd ein: »Dies ist eine heikle Angelegenheit und muß geheimgehalten werden. Mag sein, daß Ihr sie erkennt. Der Zorn eines hohen Herrn wird über Euch kommen, wenn Ihr uns traut.«

Er meinte: »Das liegt in Gottes Hand. Sünde muß gesühnt werden, und welcher Vater wäre so entmenscht, daß er die

Buße seiner Tochter hintertreiben würde? Sollte ich Edelleute und Archonten fürchten, ich, der ich nicht einmal den Kaiser scheue?«

Er dachte ohne Zweifel, ich hätte die Tochter eines lateinisch gesinnten Höflings verführt, und war daher mit dem Vorschlag wohl zufrieden. Er versprach, die Sache geheimzuhalten, wenn ich die Frau am Abend mitbringen würde. Ich weiß zu wenig über die griechische Kirche, um zu beurteilen, ob eine solche Ehe gültig ist. Meinem Herzen genügt sie.

Ich eilte heim in mein Haus am Hafen und hatte recht vermutet: sie war da. Sie hatte bereits nach ihrer Kleidertruhe ins Kloster geschickt und hatte alles umgestellt, so daß von meinen Sachen nichts an seinem richtigen Platze war; Manuel hatte sie befohlen, die Fußböden zu reiben.

»Herr«, seufzte Manuel bekümmert, während er schmutziges Wasser aus einem Lappen in einen Eimer wrang, »eben wollte ich fortgehen und Euch suchen. Wollt Ihr wirklich diese eigenwillige Frau hier einziehen und das Unterste zuoberst kehren lassen? Meine Knie sind wundgescheuert, und ich habe Kreuzschmerzen. Hatten wir's denn nicht gut vorher, ohne eine Frau im Haus?«

»Sie bleibt«, erwiderte ich, »und flüstere ja niemand ein Wörtlein davon ins Ohr. Sollten die Nachbarn neugierig sein, sag ihnen, sie sei eine Lateinerin, eine Freundin deines Herrn, die hier wohnen soll, solange die Belagerung dauert.«

»Habt Ihr das auch wohl überlegt, Herr?« fragte Manuel vorsichtig. »Es ist leichter, sich eine Frau an den Hals zu hängen, als sie wieder abzuschütteln.« Und schlau setzte er hinzu: »Sie hat auch in Euren Büchern und Papieren gestöbert.«

Ich nahm mir nicht die Zeit, mit ihm zu streiten. Ein Fieber brannte mir in allen Gliedern; wie ein Junge flog ich die Treppe empor. Anna hatte sich wie eine schlichte Griechin gekleidet, aber ihr Gesicht, ihre Hautfarbe und ihr Auftreten verrieten ihre adelige Abkunft.

»Was bist du denn so gelaufen – so außer Atem?« fragte sie in gespieltem Schrecken. »Du willst mich doch nicht etwa aus dem Haus jagen, wie mir Manuel drohte? Er ist ein widerspenstiger, eigensinniger Greis, der nicht weiß, was für ihn gut ist.« Sie warf einen schuldbewußten Blick auf die Unordnung in meiner Kammer und setzte rasch hinzu: »Ich habe nur ein paar Stücke umgestellt, um es dir behaglicher zu machen. Auch schmutzig war es hier drinnen. Ich werde neue Vorhänge kaufen, wenn du mir Geld gibst. Und ein Mann in deiner Stellung kann auch nicht in dem zerknüllten, schäbigen, alten Bett dort schlafen.«

»Geld!« wiederholte ich verblüfft und erkannte nicht ohne Bestürzung, daß mir nur wenig geblieben war. Um derlei hatte ich mich lange nicht mehr gekümmert.

»Natürlich!« meinte sie. »Männer bemühen sich, wie ich höre, nach Kräften, den Frauen, die sie verführt haben, Geld aufzudrängen. Oder willst du nun knausern, da du erhalten hast, was du begehrtest?«

Ich mußte laut herauslachen.

»Du sollst dich schämen«, sagte ich, »jetzt von Geld zu sprechen, ausgerechnet jetzt, da ich gekommen bin, eine ehrbare Frau aus dir zu machen. Deshalb bin ich nämlich so gelaufen.«

Sie vergaß mich zu necken und betrachtete mich ernst und lange. Ich sah ihre braunen Augen so unverschleiert wie an jenem ersten Tag vor der Kirche. Ich erkannte sie wieder, über die Jahrhunderte hinweg, als hätten wir schon viele Leben gemeinsam verbracht, obwohl der Todesschlaf und unsere Wiedergeburten sie uns verhüllt hatten und vergessen ließen.

»Anna«, fragte ich, »möchtest du mich nicht doch heiraten? Dich danach zu fragen bin ich gekommen. Laß ein heiliges Geheimnis unsere Seelen vereinen, wie unser Fleisch schon vereint ist.«

Sie senkte das Haupt; unter ihren geschlossenen Lidern

quollen ein paar Tränen vor und liefen ihr über die Wangen.

»So liebst du mich also wirklich? Du liebst mich wirklich?« fragte sie zögernd.

»Hast du daran gezweifelt?« gab ich zurück.

Sie sah mich an.

»Ich weiß es nicht«, gestand sie freimütig. »Ich dachte bei mir, nichts könne mir mehr von Wert sein, wenn du mich nicht liebtest. Ich wollte dir meine Unschuld opfern, um zu erkennen, ob das alles war, was du begehrtest – und ich hätte wohl nichts verloren, wenn es so gewesen wäre. Ich hätte dich wahrscheinlich verlassen und nie wieder sehen wollen. Ich spielte hier nur – redete ich mir ein, wir wohnten in unserem eigenen Heim.«

Sie schlang mir die Arme um den Hals und drückte ihren Kopf an meine Schulter.

»Schau, ich habe nie ein eigenes Heim gehabt. Unser Haus ist nur das Haus meines Vaters und meiner Mutter. Dort hatte ich nie etwas zu betreuen; ich beneidete eine unserer Dienerinnen, die heiratete und hingehen konnte, billigen Hausrat für sich zu erstehen. Ich neidete kleinen Leuten ihr Glück und glaubte, ich sei dazu einfach nicht geboren. Nun aber habe ich es auch, wenn du mich wirklich heiraten willst.«

»Nein«, wandte ich ein, »wir haben nichts. Nichts. Nur eine kurze Spanne Zeit. Aber sei du mein irdisches Heim, solange ich lebe. Und halte mich nicht zurück, wenn unsere Zeit abgelaufen ist. Versprich mir das! Du versprichst es mir, nicht wahr?«

Sie antwortete nicht, hob nur sacht den Kopf und warf mir unter gesenkten Lidern einen Blick zu.

»Denk nur!« meinte sie. »Ich, die ich eines Kaisers Gemahlin werden sollte! Zuweilen grollte ich Konstantin, weil er sein Wort gebrochen hatte. Nun aber bin ich froh, daß ich der Hochzeit mit ihm entging – nun bin ich glücklich, daß ich einen Franken heiraten darf, der sein Weib verlassen hat.« Abermals sah sie mich an und setzte mit schlichtem Lächeln hinzu: »Es ist wahrhaftig ein Glück, daß ich nicht des Kaisers Gemahlin bin, denn ihn hätte ich wohl mit dir betrogen, wenn wir einander begegnet wären, und dann hätte er dich blenden und mich lebenslänglich in ein Kloster sperren lassen. Das wäre schlimm gewesen für dich!«

Stündlich brüllten die Kanonen vor den Stadtmauern, und unser leichtes Holzhaus erzitterte und krachte in allen Fugen. Allein wir genossen unser kurzes Glück und vergaßen die Zeit. Abends schickte ich Manuel fort, eine Sänfte zu mieten, und wir machten uns gemeinsam nach dem Kloster des Allbeherrschers auf. Gennadios stutzte, als er Anna Notaras erkannte, hielt jedoch sein Versprechen. Manuel und die Mönche hielten den heiligen Baldachin zu unseren Häupten, während wir getraut wurden. Nachher segnete Gennadios unseren Bund und stellte den Trauschein aus, den er mit dem großen Klostersiegel versah.

Während er ihn mir aushändigte, sah er mich sonderbar bedeutungsvoll an und meinte: »Ich weiß nicht, wer Ihr seid; allein der Geist sagt mir, daß hinter dieser Handlung ein tieferer Sinn steckt. Ist dem so, so möge sich alles zum besten wenden, für unsere Stadt und unseren Glauben.«

Bei diesen Worten fühlte ich mit kalter Gewißheit, daß nichts mit meinem Willen geschehen ist. Seit ich aus des Sultans Lager entfloh, bin ich mit der Sicherheit eines Schlafwandlers Schritt für Schritt den Pfad gegangen, den mir das Schicksal vorgezeichnet hat. Wie hätte ich auch sonst von allen Frauen der Welt gerade Anna Notaras begegnen und sie an ihren Augen erkennen können?

20. April 1453.

Ich erwachte in meinem Haus. Sie schlief nackt an meiner Seite. Sie war unaussprechlich schön. Ihr sterblicher Leib war wie Elfenbein und Gold. So schön, so jungfräulich war sie trotz allem, daß es mich bei ihrem Anblick in der Kehle würgte.

In diesem Augenblick läuteten die Kirchenglocken Alarm, und das Dröhnen der Kanonen ging in ihrem Schall unter. Menschenmassen hasteten an unserem Haus vorbei; die Gefäße auf dem Tisch zitterten unter ihren Tritten. Ich sprang aus dem Bett und besann mich meiner Pflichten. Sie erwachte, fuhr erschrocken hoch und verbarg ihre Blöße unter der Decke.

Ich kleidete mich eilends an. Ich hatte nicht einmal mein Schwert. Nach einem hastigen Abschiedskuß stürzte ich die Treppe hinab. Manuel stand neben dem steinernen Löwen und hielt Vorbeieilende an, sie zu fragen, was vorging. Sein Gesicht leuchtete vor ungläubigem Staunen.

»Herr!« rief er. »Ein Wunder ist geschehen! Heute ist ein gesegneter Tag. Die päpstliche Flotte naht heran; die ersten Schiffe sind schon in Sicht.«

Ich lief mit den anderen den ganzen Weg bis zur Akropolis hinauf. Dort, hoch über der seeseitigen Mauer, stand ich inmitten einer Schar atemloser, winkender, brüllender Städter und erblickte vier abendländische Schiffe, die inmitten eines Schwarms türkischer Galeeren unbeirrbar durch die schwere Brandung auf die Akropolis zuhielten. Drei Schiffe zeigten die genuesische Flagge, während das vierte, ein großer Kauffahrer, den Purpurwimpel des Kaisers führte. Andere Christenschiffe waren nicht zu sehen.

Die Schiffe waren schon so nahe, daß der Wind den Schlachtenlärm zu uns herauftrug – Schreie, Flüche, Schüsse. Das türkische Flaggschiff hatte das größte der vier mittschiffs gerammt und saß ihm nun fest in der Seite. An den drei anderen hatten türkische Galeeren mit Enterhaken festgemacht, so daß die gewaltigen Schiffe jedes eine Schar kleinerer mitschleppten.

Ringsum erzählten die Leute erregt und schreiend, wie das Gefecht draußen auf hoher See eingesetzt hatte. Der Sultan selbst war ins seichte Wasser beim Marmorturm hinausgeritten, um seinen Schiffen Befehle zuzurufen und seine Kapitäne anzuspornen, die Christenflotte zu vernichten.

Die seeseitige Mauer war ihrer ganzen Länge nach schwarz von Menschen. Gerüchte und Neuigkeiten gingen von Mund zu Mund. Es hieß, der Sultan habe wie ein Hund die Zähne gefletscht und Schaum vor dem Mund gehabt. Das mag auch zutreffen; ich habe selbst einen Wutanfall Mohammeds erlebt; freilich hat er mittlerweile gelernt, sich zu beherrschen.

Langsam, aber sicher trieb der Wind die Schiffe in den Hafen und in Sicherheit, wobei sie die türkischen Galeeren mitschleppten wie ein großer Bär die Meute, die ihm am Pelz hängt. Die feindlichen Schiffe waren so zahlreich, daß sie oft miteinander zusammenstießen, und die hohen Wogen trugen blutige Schaumkronen. Ab und zu gab eine Galeere auch den Kampf auf, legte ab und machte einer anderen Platz. Weit draußen auf hoher See trieb eine versprengte Galeere.

Die Luft war erfüllt vom Lärm der Trommeln und Hörner, von schaurigen Schreien und dem Geheul von Sterbenden. Im Wasser trieben Leichen und Strandgut. Auf den hohen Verdecken wehrten christliche Seesoldaten in ihren Panzern mit geschwungenen Äxten, Schwertern und Piken die Türken ab, die unablässig über die steilen Schiffswände emporkletterten. Der türkische Admiral stand auf dem Quarterdeck seiner Galeere und brüllte seine Befehle durch ein Sprachrohr.

Plötzlich schrie die Menge wie aus einem Munde auf: »Phlaktanellas! Phlaktanellas!« und der Schrei verbreitete sich jubelnd in der ganzen Stadt. Jemand hatte den Kapitän des Schiffes erkannt, das den kaiserlichen Wimpel führte.

Dies Schiff war vor Beginn der Belagerung um Getreide nach Sizilien ausgelaufen. An Bord war deutlich ein hünenhafter Mann zu erkennen, der unter Lachen und Grimassen eine blutbefleckte Streitaxt schwang und seinen Bogenschützen die Feinde wies, die hoch oben im Takelwerk der Galeeren hockten.

Die Genuesen hatten ihre Segel mit Wasser getränkt, damit die Brandpfeile ihnen nichts anhaben sollten. Aber über das Deck einer feindlichen Galeere hin flammte plötzlich ein feuriger Strom, und die Schreie der verbrannten Türken übertönten einen Augenblick sogar den Schlachtenlärm. Das beschädigte Schiff zog sich zurück und schleppte einen feurigen Schweif hinter sich her.

Es war ein unglaublicher Anblick, diese vier Christenschiffe zu sehen, wie sie sich unwiderstehlich einen Weg in den Hafen bahnten, umgeben von mindestens vierzig türkischen Kriegsgaleeren. Der Jubel der Menge war unbeschreiblich. Immer wieder schrien sie sich zu, die päpstliche Flotte sei unterwegs und die vier Schiffe nur ihre Vorboten. Konstantinopel sei gerettet.

Das dampfende, brodelnde Gewirr von Schiffen passierte die Landspitze vor der Akropolis, und hier mußten die Schiffe Kurs nach Backbord ändern, um auf die Hafensperre und das Goldene Horn zuzuhalten. Dadurch verloren sie Rückenwind und Steuerkraft. Im Windschatten des hohen Hügels hingen die Segel schlaff; es war klar, daß die Schiffe dem Ruder nicht mehr gehorchten. Ein Triumphschrei stieg von den türkischen Galeeren empor, und die Zuschauermengen hielten den Atem an. Von den Hügeln auf dem entfernteren Gestade, hinter den Mauern von Pera, drang ein Triumphgeheul selbst gegen den Wind bis zu uns. Dort standen dichtgedrängt die Türken, schauten zu und priesen Allah.

Unablässig kämpfend, schlossen die Christenschiffe auf; sie wollten einander nicht im Stiche lassen, obwohl das türkische Flaggschiff immer noch mit dem Bug im Rumpf des größten Genuesenschiffes saß und dessen Bewegungen hemmte. Mit Enterhaken aneinanderhängend, schaukelten die vier Schiffe Seite an Seite in der Brandung wie eine zusammengestückelte Festung und spien Steine, Kugeln, Pfeile und flüssiges Blei auf die Türken. In zischendem Bogen fuhr griechisches Feuer über die feindlichen Schiffe hin; deren Besatzungen hatten mit Löscharbeiten alle Hände voll zu tun.

»Phlaktanellas! Phlaktanellas!« stieg da abermals der Schrei aus der Menge auf der seeseitigen Mauer. Die Schiffe waren nun so nahe, daß man die Gesichter der Kämpfenden klar erkennen konnte; doch niemand konnte ihnen beispringen. Hinter der Hafensperre warteten die Venezianer gefechtsbereit, aber die Kette hinderte sie am Auslaufen.

Während ich dem heldenhaften Ringen der genuesischen Schiffe zusah, verzieh ich Pera all seinen Trödlergeist und seine unlauteren Machenschaften. Ich sah die Disziplin, Seemannskunst und Seetüchtigkeit, die ein solches Treffen erforderte, und begriff nun, wie Genua seit Jahrhunderten selbst mit Venedig um die Herrschaft auf den Meeren wetteifern konnte. Unsäglich langsam, Zoll um Zoll, glitt diese feuerspeiende Schiffsfestung der Hafensperre zu, mühsam unterstützt von der Brandung und wenigen mächtigen Rudern.

Auf den Mauern und Hügeln der Stadt fiel das Volk auf die Knie, um zu beten. Die Spannung war unerträglich geworden; die türkische Überlegenheit war erdrückend, die Galeeren lösten einander verbissen immer wieder ab und griffen von neuem an. Ihr Admiral hatte sich heiser gebrüllt, und Blut strömte ihm über die Wangen. Mit abgehackten Händen fielen die beturbanten Kletterer in die See und ertranken, während ihre Hände immer noch krampfthaft zuckend an der Reling der Christenschiffe hafteten.

»Panagia! Panagia! Heilige Jungfrau, schütze die Stadt!« betete das Volk. Griechen beteten für Lateiner, angefeuert von der Ausdauer und dem Heldenmut der Matrosen. Vielleicht ist der Kampf ums nackte Leben nicht mehr heldenhaft; heldenhaft aber war es gewiß von den vier Schiffen, so treu einander beizustehen und sich durch erdrückend überlegenen Feind langsam den Weg zum Entsatz von Konstantinopel zu bahnen.

Und plötzlich – plötzlich war es, als fegte ein blauer Windstoß am Himmel hin. Durch die Luft wallte eine Falte vom blauen Kleide der Heiligen Jungfrau. Ein Wunder geschah: der Wind sprang um! Die schweren, nassen Segel blähten sich abermals, und die schwimmende Festung trieb dichter an die Hafensperre heran. Im letzten Augenblick ließ der türkische Admiral das Flaggschiff vorne am Bug kappen, so daß nur der Schiffsschnabel in der Schiffswand des Genuesen steckenblieb. Mit bluttriefenden Speigatten wandte er seine Galeere und ruderte zurück. Mühsam, mit zerspellten Rudern und vom Rauch des unlöschbaren griechischen Feuers halb erstickt, folgten die Reste der Türkenflotte ihrem Admiral, und die unaufhörlichen Freudenschreie des Volkes von Konstantinopel erschütterten die Luft.

Ich verstehe nicht viel von Wundern; daß aber der Wind gerade im entscheidenden Augnblick umsprang, war doch kaum anders denn ein Wunder zu nennen. Es war etwas Heiliges an dem Ereignis, etwas, das der Mensch mit seinen Sinnen nicht erfassen konnte. Das wurde auch durch die Schreie der Verwundeten nicht beeinträchtigt, noch durch die heiseren Flüche der Matrosen, als sie mit erschöpften Stimmen beim Einlaufen die Öffnung der Sperre forderten. Die große Kette zu lösen ist schwierig und gefährlich obendrein, und Aloisio Diedo gestattete es erst, nachdem die türkischen Schiffe am Bosporus verschwunden waren. Die vier Schiffe schleppten sich unter Salutschüssen für den Kaiser in den Hafen.

Noch am selben Nachmittag paradierten die Schiffsbesatzungen mit ihren Fahnen, geführt von ihren Offizieren und gefolgt von frohlockenden Menschenmassen, und zogen durch die Stadt zum Chorakloster, um dort der Panagia von Konstantinopel für ihre Errettung zu danken. Alle Verwundeten, die gehen konnten, kamen auch; einige andere wurden auf Bahren in die Kirche getragen, in der Hoffnung auf eine wunderbare Heilung. So dankten die Lateiner der Heiligen Jungfrau der Griechen und priesen sie, und ihre Augen wurden geblendet von den goldenen Mosaiken in der Chorakirche.

Die allgemeine Freude verlor freilich wenigstens bei den nachdenklichen Bürgern etwas von ihrem Glanz, als bekannt wurde, daß die drei genuesischen Schiffe keineswegs einer geschlossenen Christenflotte angehörten, sondern nur Waffenladungen gebracht hatten, die der Kaiser im vergangenen Herbst bestellt und bezahlt hatte. Des Sultans Angriff auf sie war ein unverschämter Neutralitätsbruch, da die Schiffe eigentlich nach Pera bestimmt waren. Die Kapitäne hatten nur Widerstand geleistet, weil ihre Ladungen Schmuggelware darstellten und sie den Verlust ihrer Schiffe befürchteten. Nun sie sicher im Hafen waren, waren sie und die Reeder reiche Leute. Ob sie freilich ihren Reichtum und ihre Schiffe unter Berufung auf die Neutralität Peras werden für sich behalten können, ist eine andere Frage.

Meine Begeisterung war verklungen. Ich mußte in den Blachernenpalast zurück, um Giustiniani Meldung zu machen. Den Kopf schon von anderen Gedanken voll, küßte ich meine junge Frau zum Abschied und verbot ihr, in die Stadt zu gehen, damit sie nicht erkannt würde. Auch befahl ich Manuel, ihr zu gehorchen, und versprach, wieder heimzukommen, sobald meine Pflichten es erlaubten.

Am Sankt-Romanos-Tor war nicht allein die Außenmauer, sondern auch die große Mauer selbst durch die Beschießung beschädigt worden. Bei Einbruch der Dämmerung wurden Holz, Erde, Reisigbündel und Felle in unaufhörlicher Folge zur Außenmauer geschleppt, um sie zu verstärken. Durch die große Mauer zur Außenmauer darf jeder gehen; die Rückkehr freilich ist schon schwieriger. Giustiniani hat Wachtposten aufgestellt, die jeden aufgreifen, der zurückzukommen versucht, und alle Besucher zwingen, zu bleiben und eine ganze Nachtschicht abzuarbeiten. Giustinianis Lateiner sind arg mitgenommen von dem Geschützfeuer, das vierundzwanzig Stunden ohne Unterbrechung anhielt, und von den vielen kleineren Feindvorstößen gegen die Bresche, wo die Türken die Ausbesserungsarbeiten mit allen Mitteln zu verhindern suchen. Die meisten Verteidiger haben die Rüstung seit vielen Tagen und Nächten nicht mehr abgelegt.

Ich beschrieb Giustiniani die Seeschlacht und meinte dann: »Die Venezianer im Blachernenpalast sind wütend über den Sieg der Genuesen, da ihre eigenen Schiffe, die an der Hafensperre lagen oder außer Sichtweite der Geschütze des Sultans ruderten, nur wenig Ehre einheimsten.«

»Sieg«, erwiderte Giustiniani, plötzlich ernst geworden. »Unser einziger Sieg besteht darin, daß wir die Stadt fast zwei Wochen gehalten haben. Die Ankunft dieser Schiffe ist unser schlimmster Rückschlag. Bisher durften wir wenigstens hoffen, daß die Kreuzfahrerflotte des Papstes rechtzeitig eintreffen und uns entsetzen könnte. Nun aber wissen wir, daß das Ägäische Meer leer von Schiffen ist und nicht einmal in italienischen Häfen Flotten versammelt werden. Die Christenheit hat uns im Stich gelassen.«

Ich wandte ein: »Aber ein solches Unternehmen müßte doch wohl bis zur letzten Stunde geheimgehalten werden.«

»Unsinn!« versetzte er. »Kein Mensch könnte eine große Flotte ausrüsten, ohne daß die genuesischen Kapitäne davon Wind bekämen!« Dann sah er mich aus seinen Ochsenaugen drohend und unverwandt an und forschte: »Wo seid Ihr gewesen? Ich habe Euch seit vierundzwanzig Stunden nicht mehr im Blachernenpalast gesehen.«

Ich erwiderte: »Es war ein ruhiger Tag, und ich hatte eigene Angelegenheiten zu besorgen. Traut Ihr mir nicht?«

Er sagte vorwurfsvoll: »Ihr dient unter mir, und ich muß wissen, was Ihr tut.« Plötzlich neigte er sich dicht zu mir, seine Wangen blähten sich, und in seine Augen trat ein grünlicher Schimmer, als er herausplatzte: »Ihr seid im Türkenlager gesehen worden!«

»Seid Ihr von Sinnen?« rief ich. »Das ist eine unverschämte Lüge und stammt gewiß von einem, der mir nach dem Leben trachtet. Wie könnte ich in der Zeit dahin und wieder zurückkommen können?«

Er entgegnete: »Nacht für Nacht fahren Boote zwischen uns und Pera hin und her, wie Ihr recht wohl wißt. Man muß nur den Podesta bestechen – und die Wächter am Tor sind arme Teufel, die eine kleine Zubuße zu ihrem kargen Sold nicht verschmähen. Ihr dürft nicht glauben, ich wüßte nicht, was im Lager des Sultans vorgeht. Ich habe meine Späher drüben, so wie er die seinen hier hat.«

»Giustiniani«, sagte ich, »um unserer Freundschaft willen müßt Ihr mir glauben. Gestern war ein ruhiger Tag, und ich freite eine Griechin. Aber behaltet das um Gottes willen für Euch, sonst verliere ich sie.«

Giustiniani brach in schallendes Gelächter aus und schlug mir mit seiner breiten Hand wie in früheren Tagen auf die Schulter.

»Hab' noch nie was Verrückteres gehört«, meinte er. »Ist denn jetzt die Zeit, ans Freien zu denken?«

Er glaubte mir. Vielleicht wollte er mich nur erschrecken, damit ich ihm erzählte, was ich trieb, wenn er mich nicht sah. Aber ich war niedergeschlagen und von trüben Ahnungen erfüllt. Die ganze Nacht brannten im Türkenlager neue Feuer, und alle zwei Stunden schießen sie die großen Kanonen ab; bisher hatte sich der Feind mit einer einzigen Salve während der Nacht begnügt.

21. April 1453.

Ein höllischer Tag. In der Nacht schleppten die Türken neue Geschütze in Stellung und verstärkten ihre Batterien. Ihre neue Methode, auf bestimmte Ziele in der Mauer zu feuern, hat bereits Früchte getragen. Am Nachmittag stürzte einer der Türme unweit vom Sankt-Romanos-Tor ein, und ein großer Teil der Hauptmauer mit ihm. Die Bresche ist beträchtlich. Wären die Angreifer stärker gewesen, so wären sie vielleicht in die Stadt eingedrungen, weil an der gegenüberliegenden Stelle in der Außenmauer nur mehr provisorische Palisaden stehen, die allnächtlich erneuert werden müssen. Zum Glück aber schickten die Türken nur Abteilungen in Stärke von höchstens zweihundert Mann vor, um versuchsweise Vorstöße gegen verschiedene Stellen entlang der Mauer zu unternehmen. Die haben nun keine Zeit mehr, ihre Toten fortzuschaffen, und an der Außenmauer und da, wo der Graben eingebrochen ist, liegen nun so viele Leichen umher, daß ihr Gestank die Luft verpestet.

Den ganzen Tag bis spät am Abend wurden kleine Scharmützel ausgefochten. Der Sultan hat nun die Wälle an allen Stellen erprobt. Auf der Anhöhe hinter Pera hat er neue Geschütze in Stellung gebracht und versucht, die Schiffe im Hafen zu beschießen. Wenigstens einhundertfünfzig Kanonenkugeln schlugen dort ein. Als die venezianischen Schiffe auf der Flucht davor von der Hafensperre ablegten, versuchten die Galeeren des Sultans, die Kette zu durchbrechen; allein die Venezianer wurden rechtzeitig alarmiert, kehrten zurück und verteidigten sie; sie konnten die feindlichen Galeeren auch so schwer beschädigen, daß diese die Flucht ergriffen. Während dieses Gefechtes konnten die Türken von Pera aus nicht mit den Geschützen eingreifen, weil sie fürchteten, ihre eigenen Schiffe zu treffen. Dreimal versuchte des Sultans Flotte vergeblich, die Hafensperre zu durchbrechen.

Es ist, als wollte der Sultan Himmel und Erde in Bewegung

setzen, um die schmähliche gestrige Niederlage zur See zu rächen. Vergangene Nacht soll er zum Säulenhafen hinausgeritten sein und seinen Admiral eigenhändig mit dem Eisenstock eines Emirs auf Brust und Schultern übel zugerichtet haben. Admiral Baltoglu war schon vorher schwer verwundet und hatte im Gefecht ein Auge verloren, und an Bord seines Flaggschiffes waren zweihundert Mann gefallen; es blieb ihm daher nur übrig, sich zurückzuziehen, da er nicht auf weitere Unterstützung rechnen konnte. Er ist zweifellos ein tapferer Mann, wenn auch unfähig, eine ganze Flotte zu kommandieren; das geht aus dem ungeordneten Schlachtgetümmel von gestern deutlich hervor.

Der Sultan wollte ihn pfählen lassen, aber die Matrosen und ihre Offiziere baten angesichts seiner persönlichen Tapferkeit um Gnade für ihn; daher begnügte sich Mohammed damit, ihn auspeitschen zu lassen. Er mußte sich vor all seinen Matrosen mit dem Gesicht auf den Boden legen und wurde mit Ruten gestrichen, bis er das Bewußtsein verlor. Sein ganzes Vermögen wurde eingezogen, er aus dem Lager des Sultans entlassen. Da er im Dienst Auge, Ehre und Vermögen verloren hat, ist es begreiflich, daß sich nur schwer ein williger Nachfolger finden ließ. Doch hat die türkische Flotte sich nun sichtlich ermannt und war den ganzen Tag eifrig in Tätigkeit, freilich ohne nennenswerte Erfolge.

Die Venezianer befürchten, daß diese Flottentätigkeit und die ununterbrochenen Scharmützel mit Erkundungstrupps einen unmittelbar bevorstehenden Generalangriff bedeuten. Unsere Leute standen den ganzen Tag in Bereitschaft; keiner darf die Mauer verlassen, keiner den Panzer ablegen, auch nicht bei Nacht. Auf den gestrigen Triumph folgte düstere Stimmung in der ganzen Stadt. Keiner nimmt sich mehr die Mühe, die Kanonenschüsse zu zählen; die Geschütze brüllen unaufhörlich. Rauch verfinstert den Himmel und schwärzt die Häuser.

Jeden Tag treffen im Lager des Sultans frische Truppen

und Freiwillige ein, angelockt durch die Aussicht auf Beute. Unter ihnen sind christliche und jüdische Kaufleute, die einen hübschen Batzen Geld durch Lebensmittelverkäufe an die Truppen verdienen und ihren Erlös in Beutegut anlegen wollen, wenn die Türken die Stadt erobert haben. Wagen und Schlitten, Zugtiere, Esel und Kamele sollen alle gewaltig im Preise gestiegen sein, da man eine gesteigerte Nachfrage nach Beförderungsmitteln für die in Konstantinopel gestohlenen Schätze erwartet. Die Ärmeren rechnen damit, daß genug Sklaven in der Stadt erhältlich sein werden, das Beutegut auf den Schultern nach Asien zu schaffen.

Dies alles deutet auf die kommende Katastrophe hin. Die Batterien des Sultans haben schon gelernt, ihre Geschütze auf drei Stellen in der Außenmauer zu richten, so daß ein großer Teil davon zugleich einstürzt und den Graben ausfüllt. Hier und dort, in der Stadt wie auf den Wällen, machen sich Anzeichen einer Panik bemerkbar.

Angehörige von Notaras' Reservetruppen reiten durch die Stadt und schleppen jeden Waffenfähigen unbarmherzig auf die Mauer. Nur Frauen, Greise und Kinder dürfen in den Häusern bleiben. Selbst die Kranken werden aus den Betten gerissen, da viele aus heller Angst Krankheiten vortäuschen. Andere behaupten, dieser Krieg sei nur Sache der Lateiner und des Kaisers, und wollen nicht für die Lateiner kämpfen. Viele haben Verstecke in Kellern, unterirdischen Gewölben und versiegten Brunnen ausfindig gemacht, wo sie unterschlüpfen können, wenn es den Türken gelingt, in die Stadt einzudringen.

22. April 1453.

Ein Schreckenssonntag. Heute früh verstummten die Kirchenglocken, und auf der Mauer, von der man über den Hafen hinsieht, versammelten sich zahlreiche Städter und rieben sich, stumm vor Staunen, die Augen. Ein ängstliches Geflüster von Zauberei machte die Runde und von Derwischen, die trockenen Fußes auf dem Wasser wandelten und ihre Mäntel als Segel verwendeten. Gerade gegenüber der Kirche des heiligen Nikolaus und dem Sankt-Theodosias-Tor ist der Hafen von Pera von türkischen Galeeren förmlich vollgepackt. Keiner konnte sich vorstellen, wie diese Schiffe die Hafensperre überqueren konnten, so daß sie nun im Rücken der unseren liegen. Viele rieben sich abermals die Augen und schworen, die Schiffe müßten eine Sinnestäuschung sein. Aber am Gestade von Pera wimmelte es von Türken, die zum Schutz ihrer Schiffe Erdwälle aufwarfen, Palisaden errichteten und Kanonen in Stellung brachten.

Dann stieg ein Schrei empor. Oben auf der Anhöhe tauchte plötzlich eine Galeere auf und glitt beim Schall von Trommeln und Trompeten mit vollen Segeln hügelab. Sie schien auf dem festen Boden dahinzusegeln. Von Hunderten auf einem hölzernen Stapel gezogen, glitt sie an das Ufer hinab, klatschte ins Wasser, warf das Holzgestell ab, das sie gestützt hatte, und ruderte fort, den übrigen Schiffen zu, deren wenigstens fünfzig in einer Reihe vertäut lagen. Keines davon war groß; sie führen nur achtzehn bis zwanzig Ruder und sind zwischen fünfzig und siebzig Fuß lang.

Der Sultan und sein neuer Admiral vollbrachten dies Überraschungsmanöver in nur vierundzwanzig Stunden. Später wurde bekannt, daß die Genuesen in Pera dem Sultan Unmengen von Holz, Tauen, Rädern und Fett zum Bestreichen des Stapels geliefert hatten. Dann zogen die Türken mit Hilfe von Zugmaschinen, Ochsen und Arbeitern die Schiffe vom Bosporus den steilen Hügel hinter Pera empor und ließen sie auf der anderen Seite ins Goldene Horn hinabgleiten.

Die Genuesen von Pera rechtfertigten sich, daß alles so rasch und geheim geschehen sei, daß sie von den Vorbereitungen nicht das geringste merkten. Was die Lieferung so ungeheurer Mengen Fett betrifft, entschuldigen sie sich mit dem Hinweis auf ihre Neutralität, die sie verpflichte, mit dem Sultan ebensoviel Handel zu treiben wie mit Konstantinopel. Und selbst wenn sie gewußt hätten, was vorging, hätten sie es nicht hindern können, weil auf dem Hügel Zehntausende türkische Soldaten bei den Galeeren Wache stehen.

Aloisio Diedo berief rasch den venezianischen Rat zu Besprechungen mit dem Kaiser und Giustiniani in der Marienkirche ein. Inzwischen glitten neue Schiffe mit vollen Segeln den Hügel hinter Pera hinab. Steuerleute schlugen ihre Trommeln, und die Mannschaften jubelten und schwangen die Ruder; sie freuten sich wie Kinder über diese Fahrt auf festem Land. Unsere Flotte war klar zum Gefecht, jedoch machtlos.

Die Beratung wurde im geheimen abgehalten, und Aloisio Diedo lud die genuesischen Kapitäne nicht dazu ein; diese sind daher mehr denn je erbittert gegen die Venezianer. Als Beispiel, wie schwer es ist, in dieser Stadt etwas geheimzuhalten, darf ich erwähnen, daß heute abend schon viele im Blachernenpalast den Verlauf der Beratung kennen.

Von venezianischer Seite kam der Vorschlag, sogleich zum Angriff überzugehen, so daß die großen Schiffe der Venezianer und ihre schwere Bestückung die türkischen Fahrzeuge zerstören könnten, solange sie noch an der Küste liegen. Ernsthaften Widerstand, so dachte man, könnten sie ungeachtet ihrer Zahl kaum leisten. Aber die besonneneren Mitglieder des Rates, darunter der Bailo, haben heilsamen Respekt vor den Geschützen, die der Sultan zum Schutz seiner Schiffe aufgestellt hat, und widersetzten sich einem gewagten Unternehmen, das mit der Versenkung oder Beschädigung der eigenen kostbaren Schiffe enden könnte.

Es wurde auch vorgeschlagen, mit zwei leichten Galeeren nachts eine überraschende Landung zu unternehmen; dem widersetzte sich aber Giustiniani. Die türkischen Streitkräfte in Pera seien viel zu stark, meinte er, und wir könnten es uns nicht leisten, auch nur einen einzigen Mann zu verlieren.

Kaiser Konstantin lehnte diese Pläne beide aus politischen Gründen ab. Die türkischen Galeeren liegen auf der Seite von Pera im Goldenen Horn vor Anker. Das Küstenvorland gehört Pera; deshalb dürften und könnten wir keinen Angriff darauf unternehmen, ohne erst die Genuesen zu fragen. Denn wenngleich der Sultan Peras Neutralität offenkundig verletzt hat, indem er den Strand besetzte, so ist Konstantinopel deshalb noch nicht berechtigt, einen ähnlichen Verstoß zu begehen. Phrantzes stimmte dem Kaiser darin bei und meinte, Konstantinopel könne sich keinen Zusammenstoß mit den Genuesen gestatten, was immer der Sultan auch unternehme.

Darauf zückte Giustiniani seinen Bihänder und brüllte, er sei bereit, Genuas Ehre gegen einen, zwei oder gleich gegen den ganzen Rat der Zwölf zu verteidigen. Es wäre eine Schande und eine Ungerechtigkeit obendrein, rief er, einen Angriffsplan zu entwerfen, ohne die genuesischen Kapitäne zuerst zu hören. Ihre Schiffe seien denselben Gefahren ausgesetzt wie die venezianischen und hätten denselben Anteil an der Verteidigung. Es sei Wahnwitz von seiten der Venezianer, wenn sie nun ihre zerschlissene Ehre mit einem solchen Unternehmen zu flicken versuchten. Der Kaiser mußte sich mit ausgebreiteten Armen vor ihn stellen, um ihn zu beruhigen, und versuchte dann mit Tränen in den Augen die entrüsteten Venezianer zu beschwichtigen.

Endlich nahm der venezianische Kapitän Jacomo Coco das Wort – er, der im vergangenen Herbst von Trapezunt hierherkam und durch eine List geradewegs den Bosporus herabsegelte, vorbei an den türkischen Schiffen, ohne einen einzigen Mann zu verlieren. Er ist ein störrischer Bursche, der lieber handelt als redet; aber manches Mal liegt ein schelmisches Funkeln in seinen Augen; seine Leute vergöttern ihn und wissen zahllose Geschichten von seiner Seemannskunst und seinem Geschick zu erzählen.

»Viele Köche verderben den Brei«, sagte er. »Wenn etwas geschehen soll, muß es sogleich geschehen, heimlich und ohne zu viele Eingeweihte. Wir brauchen nur eine einzige Galeere, die mit Woll- und Baumwollsäcken geschützt wird. Unter ihrer Bedeckung können wir ein paar Ruderboote hinüberschicken und die ganze türkische Flotte in Brand stekken, ehe noch einem einzigen dämmert, was vorgeht. Ich will gern den Befehl über die Galeere übernehmen, doch nur unter der Bedingung, daß wir dem Gerede ein Ende machen und heute nacht noch handeln.«

Sein Vorschlag war gewiß vernünftig, allein der Kaiser fürchtete die neutrale Bevölkerung Peras zu verletzen. Daher wurde Cocos Plan grundsätzlich angenommen, jedoch beschlossen, ihn um einige Tage zu verschieben und auch die Genuesen ins Vertrauen zu ziehen. Jacomo Coco zuckte die Achseln und lachte. »Ich hab' wahrhaftig schon mehr als Glück gehabt, aber wir dürfen nicht das Unmögliche erhoffen. Aber so werde ich immerhin Zeit haben, Reue und Leid zu erwecken und die Kommunion zu empfangen. Denn dieses Unternehmen bedeutet in meinen Augen den sicheren Tod, wenn wir nicht unverzüglich darangehen.«

Giustiniani erzählte mir dies nicht alles. Er sagte nur: »Es wird an der Flotte liegen, die nötigen Schritte zu unternehmen. Die türkischen Galeeren im Goldenen Horn stellen keine Gefahr für die Venezianer dar. Das Schlimmste, was sie tun können, ist, daß sie eines Nachts herüberrudern und ein paar Christenschiffe in Brand stecken. Viel schlimmer ist, daß die Hafenmauer zur Gänze neu besetzt werden muß. Bisher hatte ich dort nur ein paar Wachen stehen; von nun an aber müssen wir stark genug sein, jeden Landungsversuch von der Bucht her zu vereiteln.«

Er fuhr fort: »Durch die Leistung der vergangenen Nacht hat der Sultan ohne Zweifel den Namen und Ruhm eines Alexander verdient und die Taten übertroffen, die der Perserkönig Xerxes in diesen Gewässern vollbrachte. Wohl hat man schon früher Schiffe auf dem Landwege befördert, aber nie in so großer Zahl und unter solchen Schwierigkeiten. Mögen die Venezianer sich ihrer Schiffe rühmen; ich halte mehr von Mohammeds Feldherrnbegabung. Allein durch eine Drohung und ohne noch einen Schuß abzufeuern, hat er mich gezwungen, die Verteidigung umzustellen und meine Kräfte auseinanderzuziehen.«

Er sah mich von der Seite an und setzte hinzu: »Hab' ich Euch schon erzählt? Der Kaiser und ich sind übereingekommen, daß Lukas Notaras sich durch seinen Beitrag zur Verteidigung der Stadt einer neuen Aufgabe würdig gezeigt hat. Morgen soll er den Befehl über die Reserven erhalten, die im Mittelpunkt der Stadt, bei der Apostelkirche, aufgestellt werden. Die Verteidigung des Hafens werde ich einem anderen anvertrauen, wenn ich die neue Besatzung dorthin entsende.«

»Giustiniani«, erwiderte ich, »das wird er Euch nie verzeihen. In ihm beleidigt Ihr die ganze griechische Bevölkerung – die Kirchen und Klöster, Priester und Mönche – den ganzen Geist Griechenlands.«

Giustiniani betrachtete mich forschend.

»Selbst das will ich um ein Herzogtum in Kauf nehmen«, meinte er. »Ich könnte mir nie verzeihen, wenn in einer finsteren Nacht der Geist Griechenlands hinginge und den Türken die Hafeneinfahrt öffnete.« Er murmelte einige Worte bei sich und wiederholte: »Der Geist Griechenlands – ja, das war das richtige Wort: der Geist Griechenlands. Davor müssen wir alle auf der Hut sein – der Kaiser auch!«

Ich brannte vor Zorn, obwohl ich ihn verstand.

Unsere einzige Freude an diesem kummervollen Sonntag war, daß eine große türkische Kanone unter ohrenbetäubendem Lärm explodierte, viele Kanoniere tötete und Schrecken ringsumher verbreitete. Es dauerte fast vier Stunden, ehe die Geschütze in diesem Abschnitt wieder feuerbereit waren.

Viele Verteidiger leiden an Fieber und Magenschmerzen. Die Brüder Guacchardi haben einen griechischen Arbeiter hängen lassen, der sich die Finger abgeschnitten hatte, um der Arbeit auf den Mauern zu entgehen.

Ist dies also wirklich ein Krieg der Lateiner und nicht der Griechen? Ich fürchte mich vor meinem Herzen. Ich fürchte mich vor meinen eigenen Gedanken. In Kriegszeiten kann auch der kühlste Verstand nicht klar bleiben.

25. April 1453.

Vergangene Nacht, etwa um Mitternacht, hatte Jacomo Coco zwei Galeeren und viele kleine Fahrzeuge bereit, die türkischen Schiffe unter dem Hügel von Pera anzugreifen und in Brand zu stecken. Aber die Genuesen vereitelten das Unternehmen durch ihr Versprechen, sich mit stärkeren Kräften daran zu beteiligen, sobald es eingehender geplant sei.

Ich staune, wie sie hoffen können, es geheimzuhalten, nun, da fast jeder Matrose davon weiß und die Leute anscheinend allerorten die Aussichten eines Überfalls auf Pera erörtern.

Die Beschießung geht weiter. Die Verluste steigen. Was in einer Nacht ausgebessert wird, zertrümmern tags darauf die Steinkugeln. In dem Abschnitt der großen Mauer, der unter dem Befehl der Brüder Guacchardi steht, sind zwei Türme eingestürzt.

28. April 1453.

Heute morgen, noch in der Dunkelheit, kam Giustiniani und rüttelte mich wach, als wolle er sich vergewissern, daß ich auf meinem Posten im Blachernenpalast war. Dann befahl er mir kurz, ihn zu begleiten. Es war noch eine Weile bis zur Morgendämmerung, und ich fror in der Nachtluft. Im Türkenlager bellten Hunde; sonst war alles still.

Wir erstiegen die Wälle gegenüber dem türkischen Ankerplatz. Zwei Stunden vor Sonnenaufgang flammte plötzlich vom hohen Turm von Pera ein Signalfeuer auf.

»Allmächtiger Gott!« sagte Giustiniani. »Warum wurde ich als Genuese geboren? Ihre rechte Hand weiß nicht, was die linke tut.«

Die Nacht war unheimlich still. Kein Laut kam vom türkischen Ufer herüber. Schwarz und glänzend lag das Wasser im Hafen unter uns, während oben auf dem Galataturm die helle Flamme brannte. Ich spähte hinab, so scharf ich konnte; mir war, als sähe ich Schiffe wie Schatten über das Wasser gleiten. Dann brach es los. Blitze aus den Geschützrohren drüben blendeten mich. Steinkugeln krachten in eichene Schiffsrümpfe; im Nu war die Nacht von Lärm und Getöse erfüllt. Fackeln leuchteten, griechisches Feuer sauste über das Wasser und trieb auf den Wellen in brennenden Flecken. Nun sah ich, daß die Venezianer ein ganzes Geschwader hinübergeschickt hatten, um die türkischen Galeeren zu vernichten. Dicht an der Küste bewegten sich zwei große Schiffe, unförmig anzusehen ob der prallen Säcke, die man an den Wänden festgebunden hatte. Das eine aber war im Sinken. Unaufhörlich schlugen Kanonenkugeln in die Barken und Brigantinen, die im Schutz der großen Schiffe gerudert waren.

Die ganze türkische Flotte schien gefechtsklar zu sein und ruderte den Christen entgegen. Deren Schiffe rammten einander bald in heillosem Durcheinander, und die verzweifelten Befehle ihrer Kapitäne klangen über das Wasser. Von Zeit zu Zeit hüllten dichte Rauchwolken alles ein; nur ein roter Schimmer zeigte an, daß wieder eine Galeere Feuer gefangen hatte. Die Christen steckten ihre Feuerschiffe an, ließen sie treiben, sprangen über Bord und schwammen anderen Schiffen zu.

Die furchtbare Seeschlacht wütete bis zur Morgendämmerung; da erst konnten die venezianischen Galeeren sich losmachen und umkehren. Eine davon, unter dem Befehl Trevisanos, wäre gesunken, wenn die Besatzung die lecken Stellen nicht mit ihren Mänteln abgedichtet hätte. Die erste Galeere unter Coco sank binnen wenigen Minuten; ein paar Matrosen erreichten schwimmend das Ufer von Pera.

Bei Sonnenaufgang erkannten wir, daß der Überfall jämmerlich fehlgeschlagen war. Eine einzige türkische Galeere stand in Flammen und sank auch gleich darauf. Auf anderen Schiffen wurden der Reihe nach Brände gelöscht.

Die zweite Galeere der Venezianer befehligte der Sohn des Bailo. Während er auf dem Rückwege an Pera vorbeiruderte, ließ er seine Geschütze feuern; wir sahen eine Staubwolke am Fuß der Stadtmauer aufsteigen. Das Leuchtfeuer, das auf dem Turm im Augenblick entzündet worden war, da die Venezianer ausliefen, war ein so deutlicher Beweis genuesischen Verrats, daß nicht einmal Giustiniani ihn zu bestreiten versuchte.

»Recht oder Unrecht, Genua ist nun einmal meine Vaterstadt«, sagte er. »Die venezianische Flotte ist im Vergleich zur genuesischen viel zu stark. Ein kleiner Aderlaß ist gesund und wird das Gleichgewicht im Hafen wiederherstellen.«

Wir waren schon auf dem Rückweg, da warf ich noch einen letzten Blick auf die rauchende Küste von Pera und packte Giustiniani am Arm. Dort saß der Sultan auf seinem weißen Zelter, und die aufgehende Sonne ließ die Diamanten auf seinem Turban Feuer sprühen. Er war auf ein Hügelchen in der Nähe der Küste geritten, und eine Schar halbnackter, ausgeplünderter Gefangener, denen die Hände auf dem Rücken gebunden waren, wurden ihm vorgeführt. Es waren die Matrosen, die von der lecken Galeere an Land geschwommen waren. Einige Männer, die bei uns standen, fuchtelten mit den Armen und schrien, sie hätten Jacomo Coco unter den Gefangenen gesehen.

Im selben Augenblick kam ein Haufe Venezianer, die ihre Plätze auf der Mauer verlassen hatten, vom Blachernenpalast angerannt. Giustiniani befahl ihnen zurückzukehren, aber sie erwiderten, sie nähmen nur von ihrem Bailo Befehle entgegen, der zum Hafen geritten war, um sich mit seinem Sohn zu treffen, und ihnen aufgetragen hatte, ihm in voller Rüstung zu folgen.

Aber der Wortwechsel wurde unterbrochen, als wir unsere Blicke wieder gen Pera wandten und uns der Mund vor Schreck und Entsetzen offenblieb. Dort zwangen die Türken ihre Gefangenen, niederzuknien, und der Henker schwang sein Schwert. Köpfe rollten, Blut spritzte – doch auch das war nicht genug. Zugespitzte Pfähle wurden in einer Reihe in den Boden getrieben und die geköpften Leichname daraufgespießt. Dann wurden die Köpfe mit ihren grinsenden, verzerrten Gesichtern auf die Spitzen der Pfähle gesteckt. Viele von uns wandten sich von diesem greulichen Schauspiel ab. Die Venezianer heulten vor Wut, und eine junge Frau erbrach sich und stürzte von der Mauer.

Die Zahl der Gefangenen war so groß, daß die ersten schon blutüberströmt von den Pfählen hingen, während die letzten noch auf ihre Hinrichtung warteten. Der Sultan schonte keinen. Unterdessen war es heller Tag geworden; vierzig blutige Leichen hingen dort, und ihre Köpfe schrien nach Rache, obgleich ihre Münder stumm waren.

Giustiniani meinte: »Nun werden wohl nicht mehr viele Venezianer darauf brennen, den Türken einen Besuch abzustatten.«

Ruderboote, voll beladen mit Männern, deren Waffen im Sonnenlicht blitzten, näherten sich von den Schiffen. Giustiniani maß sie mit zusammengezogenen Brauen.

»Was soll das?« fragte er argwöhnisch.

Wir hörten das Geklapper von Hufen hinter uns. Der venezianische Bailo ritt ungeachtet seines Alters und Umfanges in wildem Galopp vorbei. Hinter ihm drein sprengte sein Sohn mit gezogenem Schwert, die Rüstung über und über mit Blut bespritzt. »Uns nach, Venezianer!« schrien sie. »Zu den Gefangenen!«

Umsonst verlangte Giustiniani nach einem Pferd; dann faßte er sich und meinte: »Dennoch kann ich meine Männer nicht vom Sankt-Romanos-Tor abziehen. So falle denn diese Schande auf die Häupter der Venezianer. Ihr saht, wie sie zwei ihrer Schiffe verließen und in panischem Schrecken flohen.«

Bald darauf kehrten die Venezianer, Soldaten und Matrosen in buntem Durcheinander, zurück; sie zerrten, pufften und stießen die türkischen Gefangenen, die sie vom Turm und vom Verließ herbeischleppten. Einige waren nach Beginn der Belagerung in der Stadt gefangengenommen worden, die meisten aber bei dem türkischen Erkundungsvorstoß im Abschnitt des Sankt-Romanos-Tores. Viele von ihnen waren verwundet und konnten kaum gehen. Nach einer Stunde hatten sie über zweihundert Gefangene bei der Kaimauer zusammengetrieben. Die Venezianer drängten sich um sie; immer wieder versetzte ihnen der eine oder andere Tritte, schlug sie ins Gesicht, stieß sie in den Magen oder hieb sinnlos mit dem Schwert auf sie ein. Viele Gefangene brachen zusammen und blieben hingestreckt liegen: andere versuchten zu beten und riefen in ihrer Todesqual zu Allah.

Giustiniani rief den Venezianern zu: »Ich werde mich beim Kaiser beschweren. Das sind meine Gefangenen.«

Die Venezianer schrien zurück: »Halt das Maul, du verdammter Genuese, oder wir hängen dich gleich jenen.«

Die Venezianer waren einige Hundert, alle in voller Rüstung. Giustiniani sah, daß er nichts tun konnte, ja, daß sein eigenes Leben in Gefahr war. Er ging zum Bailo und versuchte, mit ihm zu verhandeln. »Ich habe mit dem, was sich die Genuesen von Pera haben zuschulden kommen lassen, nichts zu tun. Hier kämpfen wir alle für die Ehre Gottes und die Rettung des Christentums. Ihr werdet keinen Ruhm dadurch erwerben, wenn Ihr diese armen Menschen hängt, deren viele tapfere Krieger sind, die erst verwundet in unsere Hände fielen. Vielmehr wäre es töricht, denn kein Türke würde sich ergeben, sondern bis zum letzten Atemzug kämpfen.«

Der Bailo schäumte vor Wut und brüllte: »Das Blut unserer Brüder und Söhne raucht noch dort drüben, doch du, du schmutziger Hund von einem Genuesen, schämst dich nicht, die Türken zu verteidigen. Willst du Lösegeld für sie haben? Ha! Ein Genuese verkauft seine eigene Mutter, wenn er genug für sie bekommt. Komm, wir wollen dir deine Gefangenen zum Tagespreis abkaufen. Da nimm!«

Er riß seinen Beutel vom Gürtel und warf ihn Giustiniani verächtlich vor die Füße. Giustiniani erbleichte, beherrschte sich aber, wandte sich zum Gehen und bedeutete mir, ihm zu folgen.

Nun begannen die Venezianer die türkischen Gefangenen nebeneinander an den Zinnen und dem Turm gerade gegenüber der türkischen Richtstätte zu hängen. Sie hängten auch die Verwundeten; alles in allem zweihundertundfünfzig Gefangene, sechs für jeden geköpften Venezianer. Die Matrosen schämten sich nicht, den Henker zu spielen; sogar der Sohn des Bailo henkte einen der Verwundeten.

Sobald wir außer Sicht waren, beschleunigte Giustiniani seine Schritte. Wir trafen zwei berittene Patrouillen der Reserve. Giustiniani befahl den beiden Griechen abzusteigen und nahm ihnen die Pferde weg; so erreichten wir bald das Lager des Kaisers. Er hatte sich in seinem Turm eingeschlossen und kniete vor einer Ikone. Er verteidigte sich damit, daß er gezwungen gewesen sei, in die Forderung der Venezianer einzuwilligen und die Hinrichtung zuzulassen, andernfalls hätten sie sich der Gefangenen mit Gewalt bemächtigt und seinem Befehl getrotzt.

Giustiniani erklärte entschieden: »Ich wasche meine Hände in Undschuld. Ich kann nichts tun. Ich kann meine Männer nicht aus der Bresche nehmen, mögen auch noch so viele Venezianer ihre Plätze ohne Erlaubnis verlassen haben. Haltet die Reserven bereit, andernfalls kann ich nicht dafür einstehen, was geschieht.«

Aber nachdem er seinen Platz wieder eingenommen und das türkische Lager eine Zeitlang beobachtet hatte, ging er dennoch am Nachmittag mit zwanzig Mann wieder zum Hafen. Die Venezianer hatten Blut geleckt, als sie die hilflosen Türken henkten. Viele kehrten zwar auf die Mauer zurück, und der Bailo schloß sich im Blachernenpalast ein, um den schändlichen Tod Jacomo Cocos zu betrauern. Aber die übrigen zogen in aufgelösten Haufen im Hafen herum und schrien »Verrat« und »Tod den Genuesen«. Wenn ihnen ein Genuese über den Weg lief, schlugen sie ihn nieder, wälzten ihn im Kot und stießen ihn erbarmungslos in die Rippen.

Als sie anfingen, die Türen und Fenster eines genuesischen Handelshauses einzuschlagen, befahl Giustiniani seinen Männern, in Reihen vorzurücken und die Straßen von dem venezianischen Pöbel zu säubern. Allgemeine Empörung war die Folge. Bald wurde in allen Straßen des Hafenviertels gekämpft; Schwerter klirrten und Blut floß in Strömen. Die Glocke schlug Alarm, und Lukas Notaras kam an der Spitze einer Reiterschar den Hügel herabgeritten. Diese hieben eifrig auf Genuesen und Venezianer gleicherweise ein. Griechen, die in benachbarten Häusern Zuflucht gesucht hatten, faßten Mut, schleuderten Steine von den Dächern und aus den Fenstern und schlugen vorübergehende Lateiner windelweich.

Als die Schlacht ungefähr zwei Stunden getobt hatte und die Sonne tief am Himmel stand, ritt Kaiser Konstantin, in seinen Kaisermantel aus grünem Brokat gekleidet, seinem purpurnen Leibrock und Schuhen und mit der goldenen Krone, zum Hafen hinunter. An seiner Seite ritt der venezianische Bailo, auch er mit den äußeren Abzeichen seiner Würde angetan. Der Bailo grüßte Giustiniani und bat ihn mit bebenden Lippen um Verzeihung für den Schimpf, den er ihm vorhin angetan hatte. Der Kaiser weinte und beschwor die Lateiner, um Christi willen ihre kleinlichen Händel, die sie untereinander hatten, in dieser Stunde der gemeinsamen Gefahr zu vergessen. Es seien zwar ein paar Genuesen in Pera Verräter gewesen, aber deshalb seien nicht alle Genuesen schuldig.

Durch seine Vermittlung kam eine oberflächliche Versöhnung zustande, an der sich auch Lukas Notaras beteiligte und sowohl dem Bailo als Giustiniani die Hand bot, wobei er sie umarmte und Brüder nannte. Aller alte Groll müsse begraben werden, so meinte er, in einer Stunde, wo jeder einzelne sein Leben wage, um die Stadt vor den Türken zu retten. Ich glaube, daß es Notaras in diesem Augenblick wirklich ernst war, denn in der Begeisterung erhebt sich der griechische Geist leicht zu edlem Gebaren und Selbstverleugnung. Aber sowohl Giustiniani als auch Minotto, denen der politische Geist ihrer Heimatstädte von klein auf in Fleisch und Blut übergegangen ist, glauben, Notaras habe nur so getan, da er den Augenblick für günstig hielt, um die Freundschaftsbande mit den Lateinern zu vertiefen.

Jedenfalls stieg jeder von seinem Pferd. Notaras' Männer säumten das Hafenviertel, während der Kaiser, Giustiniani, Minotto und Notaras herumgingen und jeder seine Leute dringend aufforderte, um Christi willen Frieden zu halten und ihre Streitigkeiten zu vergessen. Des Kaisers feierliche Großartigkeit hielt sogar den hartgesottensten Lateiner ab, seine Stimme zu erheben. Die Matrosen schlenderten zu ihren Booten zurück und waren bald wieder an Bord des Schiffes. Die einzigen, die in den Straßen zurückblieben, waren ein paar venezianische Matrosen, die sich in ihrem Kummer um Coco sinnlos betrunken hatten. Drei Genuesen und zwei Venezianer hatten ihr Leben gelassen, aber auf Wunsch des Kaisers wurde diese Tatsache totgeschwiegen und die Toten in der Nacht heimlich begraben.

Der Aufruhr hatte auch um mein Haus getobt, und darum bat ich, als alles wieder ruhig war, Giustiniani um Erlaubnis, nach Hause gehen zu dürfen. Er erwiderte freundlich, daß er selbst nach so einem Tag voll Kummer und Schande auch nichts gegen ein Glas Wein hätte. Aber ich glaube eher, er war nur neugierig, meine Frau zu sehen.

Manuel öffnete uns. Seine Stimme bebte vor Eifer und Stolz, als er uns erzählte, er habe einem venezianischen Zimmermann mit einem Stein ins Gesicht geschlagen und ihn zu Boden gestreckt. Giustiniani meinte belustigt, er sei ein achtbarer und kluger Kerl. Erschöpft warf er sich in seiner schweren Rüstung in einen Stuhl, daß das Haus erbebte; dann streckte er die Beine von sich und verlangte in Gottes Namen nach Wein.

Ich ließ Manuel zurück, ihn zu bedienen, und eilte zu Anna, die sich in die innersten Gemächer zurückgezogen hatte. Ich fragte sie, ob sie gerne den berühmten Giustiniani sehen oder lieber nach griechischer Sitte fernbleiben möchte. Nachdem sie sich überzeugt hatte, daß ich in dem Aufruhr unversehrt geblieben war, warf sie mir einen vorwurfsvollen Blick zu und sagte: »Wenn du dich meiner schämst und mich deinen Freunden nicht gerne vorstellst, werde ich natürlich auf meinem Zimmer bleiben.«

Ich erwiderte, daß ich ganz im Gegenteil stolz auf sie sei und sie gerne zeigen würde. Giustiniani würde sie sicher nicht vom Sehen kennen, und er habe auf jeden Fall versprochen, unsere Heirat geheimzuhalten. So könne sie sich ohne Sorge sehen lassen.

Ich ergriff ihre Hand, um sie zu Giustiniani zu führen, aber sie entzog sie mir und fuhr mich an: »Wenn du dich jemals wieder vor deinen Freunden mit mir brüsten willst, so wirst du es mich hoffentlich vorher wissen lassen, daß ich wenigstens mein Haar kämmen und ein passendes Gewand anlegen kann. Wie ich jetzt ausschaue, kann ich mich nicht sehen lassen, obgleich ich glücklich wäre, einen so berühmten Mann wie Giustiniani kennenzulernen.«

In meiner Unschuld entfuhr es mir: »Du bist schön so wie du bist – für mich bist du die schönste Frau der Welt. Ich verstehe nicht, wie du an einem solchen schmachvollen Tag von Haar und Kleidern sprechen kannst. Niemand schenkt diesen Dingen Beachtung.«

»So!« entgegnete sie aufgebracht. »Du weißt wenig von der Welt. Aber wenigstens auf diesem Gebiet weiß ich mehr als du, denn ich bin eine Frau. Vielleicht bist du so gut und erlaubst mir, eine Frau zu sein. Das war doch wohl der Grund, warum du mich geheiratet hast?«

Ihr Benehmen befremdete mich; ich konnte mir nicht denken, was für eine Laune sie so reizbar machte. Ich zuckte mit den Achseln und sagte: »Mach, was du willst. Wenn du es für richtig hältst, bleibe auf deinem Zimmer; ich werde es Giustiniani begreiflich machen.«

Sie faßte mich am Arm und meinte eifrig: »Mach dich nicht lächerlich. Ich werde im Nu fertig sein. Geh hinunter und unterhalte ihn mittlerweile, damit er nicht fortgeht.«

Als ich sie verließ, hatte sie schon ihren Elfenbeinkamm in der Hand und löste ihr Haar. In meiner Verwirrung stürzte ich ein Glas Wein auf einen Zug hinunter, was sonst nicht meine Art ist, und Giustiniani folgte nicht ungern meinem Beispiel. Anna hatte ohne Zweifel recht: Frauen sind in sehr vielen Dingen ganz anders als Männer und legen auf Dinge Wert, die von unseren Neigungen sehr verschieden sind. Ich begann einzusehen, wie wenig ich doch von ihr wußte, so nahe sie mir auch stand. Selbst wenn sie in meinen Armen liegt, gehen ihre Gedanken andere Wege als meine, und ich kann sie nie ganz erreichen.

Glücklicherweise hielt es Giustiniani für ganz natürlich,

daß Anna zögerte, und verlor kein Wort darüber. Mein Heim atmete Sicherheit und Behaglichkeit. Ab und zu sahen wir durch das Fenster den roten Schein des Geschützfeuers, der sich in den Wellen des Hafens widerspiegelte. Bald darauf dröhnte der Donner mit solcher Gewalt bis zu uns, daß er den Wein im Krug fast überschwappen machte. Aber es war doch ganz anders als auf den Wällen. Voll wohliger Müdigkeit lehnten wir in unseren Stühlen, und der Wein umwölkte mir so angenehm das Hirn, daß ich meinen Unwillen über Annas Launen ganz vergaß.

Da öffnete sich die Tür. Zuerst schaute Giustiniani achtlos hin, doch dann stutzte er; mit einem Klirren seiner Rüstung sprang er auf und beugte ehrfürchtig sein Haupt.

Anna stand in der Tür. Sie hatte ein strahlendweißes Seidengewand angelegt, das auf der Schulter von einer juwelenbesetzten Spange zusammengehalten wurde. Ein goldgesäumter, juwelenbesetzter Gürtel betonte die Schlankheit ihrer Taille, und ihre Arme und Beine waren bloß. Sie trug goldene Sandalen und hatte ihre Fußnägel rot lackiert. Auf dem Kopf trug sie ein kleines Barett, daran die gleichen Steine funkelten wie auf Spange und Gürtel. Ihren durchsichtigen Schleier hatte sie lose um die Schultern gelegt und hielt ihn mit scheuem Lächeln an ihr Kinn. Ihr Gesicht schien blasser, ihr Mund blühte roter und ihre Augen strahlten heller denn je. Sie schien mir unbeschreiblich schön, wie sie dort stand und ihre schmalen, geschwungenen, tiefblauen Augenbrauen erstaunt in die Höhe zog.

»Oh!« sagte sie. »Oh, verzeih – du hast Besuch.« In süßer, gespielter Verwirrung streckte sie ihre Hand aus, und Giustiniani beugte seinen Stiernacken und küßte sie; länger als nötig hielt er ihr Händchen und betrachtete ihr Gesicht voll Entzücken.

»Jean Ange«, rief er, als er sich von seiner Verwunderung erholt hatte, »nun wundere ich mich nicht mehr, daß Ihr es gar so eilig hattet. Wenn sie nicht Euer rechtmäßig angetrautes Weib wäre, würde ich mit Euch um ihre Gunst kämpfen. Da es nun einmal so ist, kann ich nichts anderes tun, als zu Gott beten, daß sie eine Zwillingsschwester haben möge, deren Bekanntschaft ich machen dürfte.«

Anna warf ein: »Ich bin stolz, den großen Giustiniani kennenzulernen, dessen strahlender Ruhm der Stolz der Christenheit ist. Verzeiht mein armseliges Gewand. Wenn ich geahnt hätte, daß ich Euch treffen würde, ich hätte mich entsprechend angezogen.« Sie neigte ihr Köpfchen zur Seite und schaute Giustiniani hinter gesenkten Wimpern hervor an. »Oh«, sagte sie mit weicher Stimme. »Fast will mir scheinen, ich war voreilig, als ich Johannes Angelos mein Wort gab. Damals hatte ich Euch noch nicht gesehen.«

»Glaube ihm nicht, Anna«, mischte ich mich rasch ein. »Er hat schon eine Frau in Genua und eine in Kaffa, und in jedem Hafen von Griechenland hat er Mädchen.«

»Welch ein Bart!« flüsterte Anna und strich mit ihren Fingerspitzen über Giustinianis hennagefärbten Bart, als könne sie der Versuchung nicht widerstehen. Sie goß Wein in einen Becher, nippte daran und überreichte ihn Giustiniani; dabei schaute sie ihm mit einem verführerischen Lächeln unverwandt in die Augen. Ich war ganz elend vor Zorn und verletztem Stolz.

»Wenn ich hier störe, kann ich auch auf den Hof gehen«, bemerkte ich steif. »Mir scheint, es dringt mehr Lärm von den Mauern herüber als gewöhnlich.«

Anna blinzelte mir so schelmisch zu, daß mein Herz schmolz, und ich erkannte, daß all diese Schmeicheleien nur Scherz waren, um Giustiniani zu berücken und seine Neigung zu gewinnen. Erleichtert lächelte ich zurück. Während sie ihre neckische Unterhaltung weiterführten, konnte ich mich an Anna nicht satt sehen, und Leidenschaft loderte in mir auf, als ich sah, wie leicht sie ihn bestrickte.

Wir aßen zusammen, und als sich Giustiniani zögernd erhob, um sich zu verabschieden, sah er mich an und löste mit großartiger Gebärde seine schwere Protostratorkette mit dem emaillierten Medaillon von den Schultern.

»Das soll mein Hochzeitsgeschenk für Euch sein«, sagte er. Er hing Anna die Kette um den Hals und strich verstohlen mit seinen großen, derben Pranken über ihre bloßen Schultern. »Meine Männer halten mich für unbesiegbar, aber vor Euch gebe ich mich geschlagen. Diese Kette und dies Medaillon wird Euch Türen öffnen, die kein Schwert und keine Kanone sprengen kann.«

Er konnte sich diese Geste leisten, denn ich wußte, daß er als eitler Tropf, der er war, eine große Sammlung von Ketten hatte, aus der er auswählen konnte; aber ich war nicht im geringsten erbaut über seine Versicherung, daß Anna immer in seinem Quartier willkommen sei, wann immer es ihr beliebe zu kommen. Anna dankte ihm entzückt, schlang ihre Arme um seinen Hals, küßte ihn auf beide Wangen und berührte sogar seine fleischigen Lippen mit ihrem Mund.

Giustiniani wischte sich, gerührt von seiner eigenen Freigebigkeit, eine Träne aus den Augen und seufzte: »Mit Freuden würde ich Eurem Gatten den Protostratorstab lassen und seinen Platz hier an Eurer Seite dafür einnehmen. Aber da es nicht sein kann, werde ich ihm für diese Nacht Urlaub geben und in Zukunft wegschauen, wenn er nicht auf seinem Platz ist – solange kein Gefecht im Gange ist. Gewissen Versuchungen kann ein Mann widerstehen, aber Euer Gemahl ist kein Mann, wenn er einer Frau wie Euch widerstehen kann.«

Er ging und ich geleitete ihn höflich hinaus. Als er meine Ungeduld bemerkte, ließ er sich absichtlich Zeit, um mich ein wenig auf die Folter zu spannen, und plauderte weiter, obgleich ich kein Wort von dem, was er sagte, erfaßte. Als er endlich auf sein Pferd gestiegen war, stürmte ich die Stiegen hinauf, riß Anna in meine Arme und küßte und herzte sie so ungestüm, daß es eher wie Zorn aussah denn Liebe. Sie wand sich lachend in meinen Armen, sie glühte und sprühte und war schöner denn je. Sogar im Bett wollte sie Giustinianis

Kette, ihre Trophäe, umbehalten und gab sie nicht einmal her, als ich versuchte, sie ihr mit Gewalt zu entreißen.

Dann lag sie bewegungslos da und schaute mit seltsam verschleiertem Blick, der mir unbekannt und rätselhaft war, zur Decke.

»Woran denkst du, meine Geliebte?« fragte ich sie.

Langsam wandte sie ihren Kopf. »Ich lebe, ich bin«, sagte sie. »Das ist alles.«

Müde, leer und abgekühlt versenkte ich mich in ihre unbeschreibliche Schönheit und dachte an die Männer, deren leblose Körper auf Stöcken an der Küste von Pera aufgepfählt waren, und an die Türken, die mit blau angelaufenen Gesichtern und gestreckten Hälsen entlang des Hafens hingen. Fern in der Nacht dröhnte die Kanone. Die Sterne schauten kühl und fremd zur Erde nieder. Irdische Schönheit lebte und atmete mit seltsam dunklem Blick an meiner Seite. Mit jedem Atemzug schnitten mir die Fesseln von Zeit und Raum tiefer ins Fleisch.

1. Mai 1453.

Unsere Lage wird allmählich verzweifelt. Die Truppen des Sultans bauen eine schwimmende Brücke, die von riesigen Fässern getragen wird, quer über das Horn zur Küste von Pera. Bisher mußten die Männer auf den Hügeln von Pera die Verbindung mit dem Gros des Heeres über den Umweg rund um die Bucht aufrechterhalten. Die Brücke wird von mächtigen verankerten Flößen, auf denen Geschütze aufgestellt sind, geschützt; diese verhindern, daß unsere Schiffe die Bauarbeiten stören. Sobald die Brücke fertiggestellt sein wird, können die türkischen Galeeren unsere Hafenmauer unter dem Feuerschutz der schwimmenden Kanonen unter Beschuß nehmen.

Beschießung und Angriffe auf die Behelfsschanzen, die

wir über die Breschen geschlagen haben, verursachen täglich Verluste. Unsere Verteidigung wird immer schwächer, während täglich neue Scharen Freiwilliger aus Asien in das Lager des Sultans strömen.

Unser Wein wird knapp, und am Markt ist der Preis der Lebensmittel so gestiegen, daß sie für die Armen unerschwinglich geworden sind. Darum hat der Kaiser heute alles Brot requiriert, damit es gerecht verteilt werde. Die Ältesten eines jeden Stadtviertels sind dafür verantwortlich, daß sowohl die Familien der Besatzung als auch die kämpfende Truppe und die Arbeiter auf den Wällen mit dem Nowendigsten versorgt werden; darum darf keiner seinen Posten verlassen, um für sich und seine Angehörigen Nahrung aufzutreiben.

Der Befehlshaber der Reserve ist verpflichtet, täglich einen Rundgang entlang der Mauer zu machen und die Vollzähligkeit der Mannschaft zu überprüfen. Das betrifft nur die Griechen, nicht aber die Lateiner.

Beim Charisiostor ist die Mauer an verschiedenen Stellen zusammengebrochen. Die Außenmauer ist in schlechtem Zustand, aber nirgends gelang es den Türken, sie zu übersteigen. Bis jetzt konnten unsere Leute den Graben jede Nacht räumen, und das Holz und die Faschinen der Türken haben uns in unseren Brustwehren und Schanzen gute Dienste geleistet.

Entlang der Außenmauer ist die Luft erfüllt vom Gestank nach Aas, und viele unserer Männer sind taub vom Geschützfeuer.

4. Mai 1453.

Um Mitternacht stahl sich eine Brigantine mit zwölf Mann Besatzung bei frischem Gegenwind im Schutz der pechschwarzen Nacht aus dem Hafen. Die Männer trugen türkische Kleider und fuhren unter der Flagge des Sultans, um durch die Dardanellen entschlüpfen zu können. Unsere Späher auf dem Turm in Pera haben die Flaggensignale der ein- und ausfahrenden Schiffe der türkischen Flotte gelernt, und so dürfen wir hoffen, daß die Brigantine durchkommen wird. Sie segelt in geheimer Mission: sie soll nämlich die venezianischen Schiffe unter Loredanos Befehl aufspüren, die, wie uns der Bailo versichert hatte, zu unserem Entsatz unterwegs seien.

Aber diese Flotte hätte vom griechischen Archipel aus Konstantinopel längst erreichen können, wenn sie gewollt hätte. Vielleicht fürchtete die Signoria, daß ihre Schiffe in eine Falle segeln würden, wenn sie hierherkämen. Und ohne den Schutz dieser Flotte werden die venezianischen Handelsstützpunkte auf den griechischen Inseln eine leichte Beute für die Türken sein. Kein einziger Venezianer wäre mehr hier, wenn sie nicht der Kaiser durch Gewaltmaßnahmen und Androhung von Geldstrafen dazu gezwungen hätte, mit ihren Schiffen aus dem Schwarzen Meer hier zu bleiben und sich an der Verteidigung zu beteiligen.

Aufmunternde Gerüchte von einer Streitmacht, die schon zu unserem Entsatz unterwegs sei, und der Mobilisierung eines ungarischen Heeres, das die Türken im Rücken angreifen soll, sind im Umlauf. Wenn es nur wirklich so wäre! Aber offenbar hat uns der Westen vergessen.

5. Mai 1453.

Es bereitet einem keine Schwierigkeit, zu denken oder zu schreiben, wenn man allein ist. Zweifellos ist es auch leicht zu sterben, wenn man allein auf den Wällen steht und ringsum die Todestrommel dröhnt. Die Erde vor der Mauer ist schwarz und versengt vom Geschützfeuer, so weit das Auge reicht. Die Hallen des Blachernenpalastes zittern, und große, glasklare Marmorfliesen lösen sich und fallen von den Wänden. Es ist leicht, durch die Gemächer des Kaisers zu gehen und den Tod zu erwarten, während die unwiederbringliche Vergangenheit in ihrer eigenen Leere widerhallt.

Aber heute bin ich wieder zu Hause gewesen. Ich brauche nur einen Blick ihrer klaren, braunen Augen zu erhaschen, sie nur mit den Fingerspitzen berühren und die lebendige Wärme ihrer Haut, ihre vergängliche Schönheit zu spüren, und die Leidenschaft und der Wunsch, alle Gedanken beiseite zu schieben, flammen in meinem Blut auf und verklären alles.

Alles ist gut, wenn wir uns in den Armen liegen, wenn mein Mund einen flüchtigen Augenblick lang ihren schluchzenden, keuchenden Atem trinkt. Aber wenn sie dann ihre Lippen zum Sprechen bewegt, verstehen wir einander nicht mehr. Nur in der Verschmelzung unserer Leiber vermögen wir einander zu erfassen – nur so wissen wir Dinge, die ich nie zuvor geahnt hatte. Die Erkenntnis des Leibes ist voll der Schönheit und der Ehrfurcht. Aber unsere Gedanken gehen verschiedene Wege. Manchmal verletzen wir uns mit einem einzigen Wort und starren uns wie Feinde an. Seltsame Fremdheit, kühle Verachtung spiegeln sich in ihren weit aufgerissenen Augen, während auf ihren Wangen noch die Liebe glüht.

Sie kann nicht verstehen, warum ich sterben muß, wo ich doch weiterleben könnte, wenn ich nur wollte.

»Ehre!« sagte sie heute. »Das häßlichste aller Worte, die ihr

Männer habt – ein Wort für Einfaltspinsel. Hat Sultan Mohammed in all seinem Ruhm keine Ehre? Ehrt er nicht jene Christen, die er bei sich hat, die ihrem Glauben abgeschworen und den Turban genommen haben, am meisten? Was hat ein Mann von seiner Ehre, wenn er besiegt ist? Er ist auf alle Fälle entehrt. Ehre gibt es nur für den Sieger.«

»Wir sprechen von verschiedenen Dingen und werden uns nie verstehen«, warf ich ein.

Aber sie ist störrisch. Sie grub mir ihre Nägel in den Arm, als wollte sie mich zwingen, ihrem Gedankengang zu folgen, und fuhr fort: »Ich kann verstehen, daß du kämpfst – du bist ein Grieche. Aber wo liegt der Sinn des Todes, wenn die Mauern nachgeben und die Türken in die Stadt eindringen? Du bist nur ein halber Grieche, wenn du nicht einsiehst, daß sich dann jeder selbst der Nächste ist.«

»Du verstehst mich nicht, denn du kennst mich nicht«, versetzte ich. »Aber du hast recht: ich bin mir selbst am nächsten. Ich kann nur mir selbst gehorchen.«

»Und was ist mit mir?« begehrte sie zum hundertsten Male auf. »So liebst du mich also nicht.«

»Ich kann deiner Versuchung widerstehen«, entgegnete ich, »aber treibe mich nicht zur Verzweiflung. Meine Geliebte, meine einzig Geliebte, treibe mich nicht zur Verzweiflung.«

Sie preßt mir die Hände an die Schläfen – sie keuchte, ihren Mund an meinem. Sie starrte mich aus haßsprühenden Augen an und flüsterte: »Wenn ich nur deine Stirn öffnen könnte – wenn ich nur die Gedanken enträtseln könnte, die in deinem Schädel verborgen sind! Du bist nicht der, für den ich dich gehalten habe. Wer aber bist du dann? Ich habe nur deinen Körper umarmt – niemals dich selbst. Und darum hasse ich dich – oh, wie ich dich hasse.«

»Laß mir nur diese kurzen Tage, diese wenigen Augenblicke«, bat ich sie. »Vielleicht werden Jahrhunderte vergehen, bevor ich deine Augen wiedersehe und dich wiederfinde. Was habe ich dir angetan, daß du mich so quälst?«

»Es gibt kein vergangenes und noch viel weniger ein zukünftiges Leben«, sagte sie. »Das sind alles Träume und Hirngespinste – die Weisheit eines Toren. Ich schere mich nicht um solche Lügen. Dieses Leben will ich und dich in diesem Leben. Darum muß ich dich bis zum äußersten quälen – und ich werde dir nie verzeihen. Weder dir noch mir.«

»Meine Krone ist schwer zu tragen«, stöhnte ich erschöpft.

Aber sie verstand mich nicht.

6. Mai 1453.

Den ganzen Tag lang Unruhen. Die ununterbrochene Kanonade macht Himmel und Erde erbeben. Alle zwei Stunden wird die große Kanone abgefeuert; sie übertönt alle anderen Geräusche, und die Mauer scheint vom Hafen bis zum Marmarameer in ihren Grundfesten zu wanken.

Die Türken sind in ständiger Bewegung. Unaufhörlich dringt der Lärm aus ihrem Lager, und bis zu uns hört man das Rollen der Trommeln und die heiseren Schreie der Derwische, die sich in Raserei hineinsteigern. Viele von ihnen erklimmen in wirbelndem Tanz die Mauer und kommen bis zum Graben, bevor sie von Pfeilen durchbohrt werden; aber sie drehen sich weiter, wie Kreisel auf den Fersen, als wären sie unempfindlich gegen Schmerzen. Die Griechen sind außer sich bei diesem Anblick und rufen Priester und Mönche an, daß sie den Teufel austreiben möchten.

Keiner konnte die Wälle verlassen. An allen vier Punkten, die unter dem Feuer der großen Kanonen lagen, ist die eigentliche Außenmauer weggefegt und in die Hauptmauer sind arge Breschen geschlagen. Das ununterbrochene Feuer verhindert während des Tages alle Wiederherstellungsarbeiten, aber sobald die Nacht einfällt, wachsen die Erdwälle förmlich heraus, um die Breschen zu füllen.

Grant, der Deutsche, versichert, daß die türkischen Kanonen Anzeichen der Abnützung erkennen ließen; viele Steinkugeln verfehlten weit ihr Ziel, einige flögen sogar über die Mauer in die Stadt, ohne ernstlichen Schaden anzurichten. Aber hinter dem Hügel steigt die Glut von Orbans Gießereien gen Himmel, und Tag für Tag hört man das mächtige Zischen des geschmolzenen Metalls, wenn es in die großen Gußformen rinnt.

In der Stadt herrscht Mangel an Speiseöl. Die Armen leiden am meisten darunter. Aber jeden Tag werden Wagenladungen von Öl von Pera in das türkische Lager gebracht. Nach jedem Schuß verschlingen die heißen Mündungen der Kanonen Krüge dieser kostbaren Flüssigkeit. Keine Belagerung der Geschichte kann so kostspielig gewesen sein wie diese. Aber Mohammed beansprucht unnachsichtig den Reichtum seiner Wesire und Feldherren. Geldwechsler aus aller Herren Ländern, sowohl Juden als auch Griechen, sind in seinem Lager, und sein Kredit ist unbegrenzt. Sogar die Genuesen in Pera sollen darauf brennen, seine Wechsel anzunehmen, als sei das gegenwärtig die sicherste Kapitalanlage.

7. Mai 1453.

Kurz nach Mitternacht war die Hölle los; mindestens zehntausend Mann versuchten, die Breschen zu stürmen. Der Hauptangriff war gegen Giustinianis Abschnitt beim Sankt-Romanos-Tor gerichtet, wo die große Bombarde den ärgsten Schaden an beiden Mauern angerichtet hatte. Die Angreifer rückten in guter Ordnung und ohne jedes Geräusch im Schutz der Dunkelheit vor und hatten Zeit, an einigen Stellen den Graben zu füllen, bevor Alarm geblasen wurde. Im gleichen Augenblick wurden Dutzende von Sturmleitern angelegt. Unsere Arbeiter gaben Fersengeld, und nur Giustinianis

Geistesgegenwart rettete die Lage. Er brüllte wie ein Stier, warf sich in das heißeste Getümmel und hieb mit seinem Bihänder die vordersten Türken nieder. Diese hatten schon die Höhe des Erdwalls erreicht. Gleichzeitig wurden Fackeln und Kienspäne entzündet, und alles war so hell wie am lichten Tag.

Giustinianis Schreie übertönten das Gebrüll und die Trommeln der Türken, und sobald er sah, daß dies ein ernstgemeinter Angriff war, ließ er die Reserven benachrichtigen. Aber nachdem die Schlacht zwei Stunden gedauert hatte, mußten wir weitere Verstärkungen von anderen Teilen der Mauer zu beiden Seiten des Sankt-Romanos-Tores heranziehen. Nach dem ersten Angriff stürmten die Türken in Wellen von je tausend Mann an. Sie hatten ihre Geschütze bis an den Graben gezogen. Während die Sturmtruppen vorrückten, versuchten Bogenschützen und Artillerie, die Verteidiger in Deckung zu zwingen, aber Giustinianis Männer, die durch ihre Metallpanzer geschützt waren, formierten sich zu einem lebenden Wall aus Eisen entlang des äußeren Walles. Sturmleitern wurden umgeworfen, und die Türken, die sich unter fahrbaren Schirmdächern bis zum Fuß der Mauer vorgearbeitet hatten, wurden mit siedendem Pech und Blei übergossen, bis sie sich zerstreuten, wobei sie sich den Pfeilen unserer Bogenschützen aussetzten.

Die Verluste der Türken lassen sich schwer schätzen. Giustiniani setzte in der Stadt Gerüchte in Umlauf, daß sich bis zum Anbruch der Dämmerung die Gefallenen bis zur Höhe der Außenmauer gestapelt hätten, aber das ist natürlich Unsinn und nur darauf angelegt, den Städtern neuen Mut einzuflößen. Wie viele Türken auch erschlagen worden sein mögen, sie können die gefallenen Lateiner nicht wettmachen, die mit durchbohrter Rüstung hinsanken oder von türkischen Enterhaken von der Mauer gezogen wurden.

Alles andere war im Vergleich zu dieser Schlacht Kinderspiel gewesen. Gestern nacht machte der Sultan Ernst, und ein beträchtlicher Teil seiner Armee griff an. Beim Blachernenpalast war die Gefahr gering: die Sturmleitern reichen nicht so hoch. Darum sonderte der Bailo eine Schar seiner Soldaten aus und bat mich, sie zu Giustiniani zu führen, damit auch die Venezianer ihren Anteil am Ruhm einheimsen könnten.

Gerade als wir anlangten, zog sich ein riesiger Janitschar an der Mauer hoch, erklomm sie und rief mit gellem Freudengeheul seine Kameraden, während er vorstürmte, auf Giustiniani los; die Kämpfenden wichen vor ihm zur Seite. Giustiniani focht ein wenig weiter unten in der Bresche, und es wäre ihm übel ergangen, hätte nicht einer der Arbeiter – ein einfacher Grieche ohne Waffen – sich mit kühnem Sprung über die Mauer geschwungen und dem Janitscharen mit seiner Streitaxt ein Bein abgehauen. Danach war es Giustiniani ein leichtes, mit ihm fertig zu werden. Giustiniani händigte seinem Retter eine ansehnliche Summe als Belohnung aus, brummte aber, er hätte seinen Angreifer lieber allein erledigt.

Beim Schein der Fackeln und Brandpfeile war ich Zeuge dieses Vorfalls, der sich zwischen Geschrei und Schwertgeklirr abspielte. Dann hatte ich keine Zeit mehr, an irgend etwas zu denken, denn die Wucht des Angriffs war so gewaltig, daß wir uns in drei Mann tiefen Reihen gruppieren mußten, um den Anprall abzufangen. Heute ist mein Schwert schartig. Als die Türken bei Anbruch der Dämmerung sich zurückzuziehen begannen, war ich so todmüde, daß ich kaum den Arm heben konnte. Alle Glieder schmerzten, und mein Körper war bedeckt mit blauen Flecken und Beulen. Aber ich war unversehrt und darin glücklicher als mancher andere. Giustiniani war durch einen Speer in der Achselhöhle verwundet worden, aber seine Rüstung hatte ihn vor ernstem Schaden bewahrt.

Beim selymbrischen Tor soll ein Grieche einen türkischen Statthalter im Rang eines Roßschweifträgers erschlagen haben.

Als Giustiniani sah, in welchem Zustand ich mich befand,

gab er mir einen freundschaftlichen Rat.

»In der Hitze und Aufregung des Gefechts kommt es häufig vor, daß sich ein Mann weit über seine normalen Kräfte verausgabt. Aber nichts ist so gefährlich, als sich in einer Kampfpause gehenzulassen; man kann dann leicht vor Erschöpfung zusammenbrechen. Nachher kann man kaum auf die Beine kommen. Aus diesem Grund setzt ein erfahrener Krieger niemals seine vollen Kräfte ein, nicht einmal im heißesten Schlachtgewühl, sondern spart sich etwas auf. Das kann ihm das Leben retten, wenn der Kampf von neuem beginnt.« Er beobachtete mich belustigt aus seinen hervorquellenden Augen und fuhr fort: »Wenigstens kann er davonlaufen.«

Er war gut gelaunt und konnte nicht einmal dadurch aus der Stimmung gebracht werden, daß er seinen Wein mit Wasser verdünnen mußte – als gutes Beispiel für seine Männer. Der Vorrat an Wein ist fast erschöpft.

»Ja, ja, Jean Ange«, meinte er. »Langsam bekommen wir einen Vorgeschmack vom Krieg. Der Sultan erhitzt sich, und wir werden bald richtige Angriffe zurückzuschlagen haben.«

Ich schaute ihn zweifelnd an.

»Was ist denn dann ein richtiger Angriff?« fragte ich. »Ich habe noch nie einen schlimmeren als diesen erlebt und kann es mir nicht vorstellen. Die Janitscharen kämpften wie wilde Tiere, und ich glaube, ich habe mich selbst in ein wildes Tier verwandelt.«

»Es steht Euch noch viel Neues bevor, Jean Ange«, meinte Giustiniani freundlich. »Grüßt Eure schöne Frau von mir. Frauen haben es gern, wenn die Kleider ihres Mannes nach Blut riechen, und ich habe nie solches Entzücken in den Armen einer Frau gefunden wie an einem Tag, an dem ich viele mit meinem Schwert in den Himmel befördert hatte und voll Schwielen und erschöpft war. Ich beneide Euch um diese Erfahrung, Jean Ange, wenn Ihr sie noch nicht gemacht habt.«

Niedergeschlagen und angewidert, wie ich war, schenkte

ich seiner Rede keine Beachtung. Die kühle Morgenluft dampfte von Bergen frischer Leichen. Wie konnte ich mein Weib berühren, während meine Augen noch glasig vor Entsetzen waren – meine Kleider und Hände blutbeschmiert, wo in meinem Kopf wilde, turbulente Schlachtenbilder durcheinanderwirbelten? Ich fürchtete, daß ich mit einem Aufschrei auffahren würde, sobald ich meine Augen geschlossen hätte, obgleich mich nach nichts mehr verlangte als nach Schlaf.

Aber Giustiniani hatte recht. Und wie entsetzlich recht er hatte. Ich bat ihn um Erlaubnis, nach Hause gehen und nach der Schlacht ruhen zu dürfen; und nie zuvor war mein blaugeschlagener und zerschundener Körper so voll Feuer gewesen wie an diesem Morgen. Mein Schlaf war tief. Mein Schlaf war so tief wie der Tod, als ich ruhte, meinen Kopf an Anna Notaras' weiße Schulter gebettet.

8. Mai 1453.

Gestern nacht trat der Rat der Zwölf zu später Stunde zu einer Geheimsitzung zusammen. Der letzte Angriff hatte deutlich gezeigt, wie unzulänglich unsere Verteidigungsstreitkräfte waren. Die mächtige Brücke, die der Sultan über das Horn geschlagen hatte, bedroht vor allem den Blachernenpalast. Daher beschlossen die Venezianer nach langem Hin und Her, Trevisanos drei große Schiffe von Mannschaften zu räumen und so zweitausend Mann für die Wälle freizumachen. Die Ladung soll im kaiserlichen Zeughaus eingestellt werden, während Matrosen und Seesoldaten den Blachernenpalast besetzen.

Trevisano protestierte im Namen der Reeder und der Kapitäne und wies darauf hin, daß die Schiffsladungen, die auf Tausende Dukaten geschätzt werden, hoffnungslos verloren sind, wenn sie an Land geschafft werden und die Türken die Stadt erobern. Überdies wären dann auch die Schiffe verloren und die Mannschaften wahrscheinlich mit ihnen.

Dennoch beschloß der Rat der Zwölf, die Schiffe entladen zu lassen. Die Schiffsbesatzungen leisteten, als sie davon erfuhren, unter Führung ihrer Offiziere bewaffneten Widerstand und weigerten sich, von Bord zu gehen. So stehen die Dinge heute noch: der Rat der Zwölf war nicht imstande, die Matrosen zu bewegen, obwohl der Kaiser selbst mit Tränen in den Augen an ihr Gewissen appellierte.

12. Mai 1453.

Die Matrosen wollen nicht nachgeben; alle Verhandlungen sind gescheitert. Aber dem Rat der Zwölf ist es gelungen, Trevisano und Aloisio Diedo auf seine Seite zu bringen. Die Schiffskapitäne haben Geldgeschenke erhalten. Die Venezianer wollen den Blachernenpalast um jeden Preis halten.

Die Gegend um den Blachernenpalast ist zweifellos schwer bedroht, allein die Venezianer wollen nicht allein diesen verteidigen, sondern ihre Garnison so stark wie möglich machen, um die Stadt zu beherrschen, falls der Sultan gezwungen würde, die Belagerung aufzuheben. Aus diesem Grunde halten sie es für nötig, die Schiffsbesatzungen auf die Wälle zu verlegen. Und außer den Matrosen befinden sich noch vierhundert Gepanzerte an Bord der Schiffe von Tana.

Mittlerweile vergießen die Griechen stündlich ihr Blut und sterben auf den Mauern. Notaras hat recht. Sowohl am Goldenen Tor als auch zu beiden Seiten des Selymbriatores haben die Griechen ohne Unterstützung alle Angriffe abgewiesen. Zwar sind die Mauern dort nicht so schwer beschädigt wie am Sankt-Romanos- und am Charisiostor, aber der Großteil der Verteidiger setzt sich aus Handwerkern und Mönchen zusammen, die im Waffenhandwerk kaum geübt sind. Es gibt Schwächlinge unter ihnen, die Fersengeld geben, wenn die Türken angreifen, allein weitaus die meisten sind vom Schlage ihrer Vorfahren, die bei den Thermopylen und bei Marathon kämpften.

Der Krieg bringt das Beste in den Menschen zum Vorschein und zugleich das Schlimmste. Je länger die Belagerung anhält, um so deutlicher tritt das Schlimme zutage. Die Zeit arbeitet nicht für, sondern gegen uns.

Während die Lateiner, feist, geschniegelt und triefend von Pomade, untereinander zanken und hadern, werden die Griechen täglich magerer. Es mangelt ihnen an Öl und Brot. Ein Tropfen vom billigsten, sauersten Wein ist alles, was sie sich aus den kaiserlichen Vorratslagern holen dürfen. Ihre Frauen und Kinder weinen vor Hunger, wenn sie in frommen Prozessionen zu den Kirchen ziehen. Von früh bis spät, von spät bis früh steigen die heißen Gebete der armen Unglücklichen zu Gottes Himmel empor. Wenn Beten die Stadt retten könnte, würde Konstantinopel bis zum Jüngsten Tage stehen.

Während die Lateiner in der Kirche der Heiligen Jungfrau im Blachernenpalast beraten, hat der Kaiser die Griechen zu einem Gottesdienst und einem Kriegsrat für heute abend in die Sophienkirche geladen. Giustiniani schickt mich an seiner Statt hin, weil er nicht so lange den Mauern fernbleiben will.

13. Mai 1453.

Der Kriegsrat begann in gespannter Stimmung und wurde, als er kaum angefangen hatte, durch Alarmsignale von den Wällen unterbrochen. Draußen vor der Kirche empfing uns ein Eilbote mit der Meldung, der Feind greife den Blachernenpalast sowohl von der Küste als auch vom Kaligaritor aus an. Aber der schwerste Angriff werde an der Bresche am Charisiostor vorgetragen.

Sturmglocken klangen in die Nacht hinaus, Lichter flammten in den Häusern auf, und halbbekleidete Menschen stürzten entsetzt auf die Straße. Im Hafen wurden die Schiffe an die Sperrkette hinausgerudert, als wäre auch dort ein Angriff zu erwarten. Es war Mitternacht. In der Stille der Nacht war der Gefechtslärm vom Blachernenpalast über die ganze ungeheure Stadt hin bis zum Hippodrom zu vernehmen. Die türkischen Lagerfeuer brannten hell in einem geschlossenen Halbkreis rund um die Stadt.

Wir trieben unseren Pferden die Sporen in die Weichen und sprengten bei Fackelschein durch die Straßen. Als wir uns dem Charisiostor näherten, stießen wir auf eine Schar Flüchtlinge, darunter Männer, die Waffen trugen. Der Kaiser zügelte sein Pferd und beschwor sie laut im Namen Christi, auf die Wälle zurückzukehren; aber die Leute waren vor Schrecken blind und wollten nicht hören. Unsere Leibwachen mußten sie stracks niederreiten und ihrer viele niedersäbeln, bis die übrigen haltmachten und um sich starrten, als wüßten sie nicht, wo sie wären, und dann langsam und unwillig den Rückweg auf die Wälle antraten.

Der Kaiser wartete nicht auf sie. Unsere Schar langte eben noch rechtzeitig an. Am Charisiostor war die Große Mauer zur Hälfte niedergelegt worden. Hier waren denn auch die Verteidiger geflohen, und viele Türken rannten schon mit heiseren Schreien durch die Nachbarstraßen und hieben nieder, was ihnen in den Weg trat. Unsere Reiterschar fegte sie wie Spreu zur Seite, und bald erkannten wir, daß es die Nachzügler einer Angriffswelle waren. Die Verteidiger hatten sie duchgelassen, jedoch Zeit gehabt, die Mauer wieder zu besetzen, bevor die nächste Welle anbrandete. Giustiniani war zur Stelle, und wir sahen ihn ganz oben auf der Mauer die Verteidigung neu einrichten.

Dieser Vorfall zeigt, wie die Stadt um Haaresbreite vor der Katastrophe steht. An anderen Stellen jedoch waren die Türken nicht so erfolgreich.

In der Dämmerung verebbten die Angriffe. Es war doch kein allgemeiner Angriff gewesen, da die türkische Flotte sich nicht regte. Giustiniani schätzte die Zahl der nächtlichen Angreifer auf etwa vierzigtausend Mann.

»Der Sultan will uns einfach zermürben«, meinte er. »Haltet dies nicht etwa für einen Sieg. Wir haben schwere Verluste erlitten. Wieviel von den Unseren gefallen sind, will ich Euch gar nicht sagen. Aber ich will gern gestehen, daß die Venezianer heute nacht ihre besudelte Ehre wieder reingewaschen haben.«

Bei Sonnenaufgang war der Boden von der Küste bis zum Sankt-Romanos-Tor mit türkischen Toten übersät. Die Leichen derer, die in die Stadt eingedrungen waren, wurden von der Außenmauer hinabgeworfen; es waren über vierhundert.

Nun Trevisanos Matrosen ihre Landsleute um ihr Leben kämpfen sahen und hörten, haben sie endlich ihren Widerstand aufgegeben. Tagsüber entluden sie ihre Schiffe, und am Abend meldeten sich die vierhundert Gewappneten unter Trevisano beim Bailo im Blachernenpalast. Ihnen wurde die gefährdetste und ehrenvollste Stellung zugewiesen: die Nordspitze der Stadt beim Kynegionhafen, wo die land- und die seeseitige Mauer zusammenstoßen. Die Matrosen haben zugesagt, am Morgen zu folgen und ihr Leben in Christi Namen zu wagen.

Diese Verstärkung ist nötig, weil die Stadt ohne sie keinen zweiten Nachtangriff mehr überstehen würde. Den ganzen Tag lang waren kleine türkische Trupps an verschiedenen Stellen in Tätigkeit, einzig und allein, um die Besatzung zu beschäftigen und ihr keine Ruhe zu gönnen. Daher wurden unsere Leute in Wachen aufgeteilt. Aber als der Kaiser heute früh die Posten besichtigte, fand er viele in totenähnlichem Schlaf. Mit eigenen Händen rüttelte er sie wach und tröstete die, welche vor Erschöpfung weinten. Er untersagte den Offizieren, auch nur einen zu bestrafen, der auf Wache schlafend betroffen würde – und welche Strafe bliebe dann auch noch dafür? Die schmalen Rationen können nicht mehr verringert werden, der Wein ist ausgegangen, und auf den Mauern stehen, ist für jeden Strafe genug.

Als die Morgensonne rot leuchtend über den Hügeln von Pera stand, sah ich, wie die Brüder Guacchardi die Leichen von Türken enthaupteten, die die Mauer erreicht hatten und dort gefallen waren. Die Rüstung der drei war vom Helm bis zu den Beinschienen blutbespritzt, und sie schleuderten einander unter Zurufen und Lachen türkische Köpfe zu, als spielten sie ein besonders ergötzliches Ballspiel. Sie hatten gewettet, wer den längsten Bart fände, und schon flatterten ihnen braune, rote und graue vom Gürtel. Ihr Spiel war die trotzige Weigerung, nach dem nächtlichen Ringen der Müdigkeit zu erliegen, und sie trotzten ihr durch dies unschickliche Spiel.

Inmitten des Blutes, Rußes und Schuttes von den Wällen waren ein paar Blumen in der Erde der Großen Mauer aufgeblüht.

Letzte Nacht blieb mir das schlimmste Kampfgetümmel erspart, da meine Aufgabe vor allem darin bestand, Giustinianis Befehle an verschiedene Stellen der Mauer zu überbringen. Dennoch taumelte ich vor Erschöpfung, und alles dünkte mich unwirklich wie im Traum. Abermals blitzten die türkischen Kanonen auf, und die Mauer erbebte unter dem Aufprall der Steinkugeln, aber alle Geräusche hörte ich nur mehr wie fernen Widerhall. Die Sonne tauchte die Hügel von Pera in Rot, und rot war auch die Rüstung der Brüder Guacchardi, die mit den Türkenköpfen Ball spielten. Diese Morgenstunde prägte sich mir unvergeßlich ein. Himmel und Erde und alle ihre Farben, der Ruß und das Blut – das alles dünkte meinem Blick unbeschreiblich schön, während die glasigen Augen der Toten ringsum ins Leere starrten.

Gleich unwirklich, gleich unglaublich und von derselben unirdischen Schönheit war mir die Welt um mich schon einmal erschienen. Es war in Ferrara, als ich schon den Pestkeim in mir trug, ohne es noch zu wissen. Das Licht eines trüben Novembertages fiel durch die bunten Kapellenfenster herein,

Weihrauchfässer strömten ihren bitteren Duft von reinigenden Kräutern aus, und die Gänsekiele raschelten wie immer; doch während ich dort saß, glitt alles weit fort, und nur ein brausendes Geräusch klang mir in den Ohren. Ich sah alles deutlicher, wahrer als zuvor. Ich sah Kaiser Johannes' mürrisches Gesicht in huschenden Schatten von Schwefelgelb und Grün, als er da saß, einen schwarzweißen Hund zu seinen Füßen, auf einem Thron, den man genau so hoch gemacht hatte wie den des Papstes Eugenius. Ich sah Bessarions großes, strahlendes Gesicht sich wandeln und starr und kalt werden. Und die lateinischen und griechischen Worte, die durch den grünlichen Schein der Kapelle klangen, verebbten und klangen so sinnlos wie das Bellen ferner Hunde.

In jener Stunde erlebte ich Gott zum erstenmal – als ich schon den Pestkeim in mir trug.

Wie ein Blitz dämmerte mir da eine Wahrheit auf: jene Stunde hatte diesen heutigen Morgen schon in sich verhüllt getragen, wie die Rinde das Holz umhüllt. Wäre ich damals wacher gewesen, hätte ich schon damals erleben und sehen können, was ich heute sah. Beide Stunden lagen im selben Augenblick in mir und in der Ewigkeit beschlossen. So sind Augenblicke klarer Schau ineinander enthalten; der Zeitraum zwischen ihnen ist pure Einbildung. Wochen, Monate, Jahre sind Maße, die der Mensch erfunden hat; sie haben nichts zu tun mit der wahren Zeit, mit Gottes Zeit.

In dieser Stunde wußte ich auch, ich würde abermals in diese Welt geboren werden, nach Gottes unerforschlichem Ratschluß. Auch dann werde ich immer noch diese Stunde im Herzen tragen, enthalten in den Gesichtern meines neuen Lebens. Wieder werde ich die enthaupteten Leichen auf den zerstörten Mauern sehen, die unter dem Feuer der großen Bombarde erzittern. Die gelben Blümchen werden zwischen Ruß und Blut hervorleuchten, und die Brüder Guacchardi werden in blutbesprengten Rüstungen fröhlich mit den Köpfen der Feinde Ball spielen.

Aber dies Erlebnis rief weder Begeisterung noch auch nur Freude in mir wach, sondern nur den unaussprechlichen Schmerz, daß ich nur ein Mensch bin und sein werde – ein Funke, den Gottes Winde aus einer Finsternis in die andere wehen. Schmerzlicher als die Qualen und die Erschöpfung meines Leibes empfand ich das Sehnen meines Herzens nach der unvergänglichen Ruhe des Vergessens. Aber es gibt kein Vergessen.

Es gibt kein Vergessen.

15. Mai 1453.

Heute erlitt ich einen Dolchstoß ins Herz. Ich hatte ihn kommen sehen. Der Mensch verliert, was er verlieren muß, und nicht einmal das größte Glück dauert ewig. Wenn ich zurückschaue, so scheint es wie ein Wunder, daß wir uns überhaupt so lange verbergen konnten. Seit vielen Tagen schon ist jedermann den Besuchen der Streifen des Kaisers ausgesetzt, die das Recht haben, unangemeldet auch die Häuser der Großen zu betreten und Speisekammern und Keller nach entlaufenen Soldaten, versteckten Vorräten und Geld für die Schatzkammer des Kaisers zu durchsuchen. Die Handvoll Mehl, die der Arme mühselig erspart hat, wird ebenso unbarmherzig beschlagnahmt wie der Weizensack oder der Ölkrug des Reichen.

Bei Einbruch der Dämmerung besuchte mich mein Diener Manuel auf den Mauern des Blachernenpalastes. Tränen standen ihm in den Augen, sein Bart war zerzaust, seine bläulichen Wangen blutbespritzt.

»Herr«, keuchte er, die Hand auf dem Herzen, »ein Unglück ist geschehen.«

Er war den ganzen Weg durch die Stadt gelaufen, nun stand er schwankend vor mir. Er war so erregt, daß er sich nicht erst vergewisserte, ob auch niemand zuhörte. Er erzählte mir, daß eine Streife des Heeres am Morgen mein Haus durchsucht hatte. Sie hatten nichts gefunden, aber einer von ihnen hatte Anna Notaras aufmerksam gemustert und sie offenbar erkannt, weil die Leute am Nachmittag zurückkehrten, diesmal unter dem Befehl eines Sohnes von Notaras. Er hatte seine Schwester sogleich erkannt, und Anna war ihnen ohne Widerstand gefolgt; was hätte sie auch tun können? Manuel hatte sie verteidigen wollen, weil ich nicht zu Hause war, aber sie hatten ihm den Bart zerzaust, ihn niedergeworfen und mit Füßen getreten. Annas Bruder hatte sogar, seines Ranges vergessend, ihm ins Gesicht geschlagen.

Sobald Manuel sich erholt hatte, folgte er ihnen in einiger Entfernung und sah, wie sie sie nach dem Hause des Megadux Notaras führten.

»Weil sie seine Tochter ist«, meinte er gelassen. »Das habe ich fast von Anfang an gewußt, obwohl ich nichts sagte, weil Ihr es geheimhalten wolltet. Aber das führt uns nicht weiter, Herr. Ihr müßt fliehen, denn Megadux Notaras wird Euch ohne Zweifel suchen und töten lassen, und seine Pferde sind schneller als meine Beine.«

»Und wohin sollte ich fliehen?« fragte ich. »In der Stadt gibt es keinen Ort, wo er mich nicht fände, wenn er wollte.«

Manuel vergaß sich so weit, mich am Arm zu schütteln.

»Bald wird es dunkel sein«, drang er in mich. »Jetzt ist es ruhig auf der Mauer und somit der rechte Augenblick; Ihr könnt Euch an einem Seil hinablassen und ins Lager des Sultans entkommen. Ihr werdet Euch dort ganz zu Hause fühlen – viele andere haben schon dasselbe getan. Wenn Ihr wünscht, lasse ich Euch selbst hinab und ziehe das Seil dann wieder empor, damit Ihr keine Spur hinterlaßt. Dafür gedenkt Ihr meiner, wenn Ihr mit den Siegern in die Stadt einzieht.«

»Rede nicht solch dummes Zeug, alter Narr!« erwiderte ich. »Der Sultan würde meinen Kopf auf einen Pfahl spießen, wenn er mich finge.«

»Ja, gewiß«, meinte Manuel und lugte mich von der Seite aus rotgeränderten Augen an. »Das ist Eure Geschichte, an der Ihr festhaltet, und ich bin nicht berufen, darüber zu urteilen. Aber glaubt mir, von nun an werdet Ihr im Lager des Sultans sicherer sein als in Konstantinopel, und vielleicht könntet Ihr für uns arme Griechen ein Wörtlein einlegen.«

»Manuel«, begann ich, konnte aber nicht weitersprechen. Wie sollte ich den Panzer seiner vorgefaßten Meinung durchdringen. Er tippte mir mit dem Zeigefinger auf die Brust.

»Natürlich hat Euch der Sultan hierher gesandt«, sagte er. »Dachtet Ihr wirklich, Ihr könntet einen alten Griechen hinters Licht führen? Die Lateiner könnt Ihr hintergehen, wie Ihr wollt, uns aber nicht. Weshalb glaubt Ihr wohl, daß jeder Euch so achtungsvoll ausweicht und Euren Weg segnet? Kein Haar auf dem Haupte ist Euch gekrümmt worden. Das ist Beweis genug. Keiner wagt Euch anzurühren, denn der Sultan ist Euer Schild. Und es ist keine Schande für einen Mann, seinem eigenen Herrn zu dienen; selbst Kaiser haben sich in Notzeiten mit den Türken verbündet und sich ihrer bedient.«

»Halt dein Maul, Narr!« warnte ich ihn und sah mich um. Ein venezianischer Soldat war näher gekommen und betrachtete den Alten belustigt. Da brüllte eine Kanone auf, und eine Steinkugel schlug dicht neben uns in die Mauer, so daß sie unter unseren Füßen erzitterte. Manuel packte mich am Arm und warf erst jetzt einen Blick auf den geschwärzten, feuerspeienden Boden unter uns. Er war sehr erschrocken.

»Wir befinden uns doch nicht etwa an einer gefährdeten Stelle?« fragte er ängstlich.

»Dein gedankenloses Geschwätz ist viel gefährlicher für mich als die türkischen Geschütze«, meinte ich ergrimmt. »Im Namen Gottes, glaub mir! Was immer ich auch sei, ich will für diese Stadt leben und sterben. Ich habe keine andere Zukunft, ich wünsche weder Macht noch Purpur. Die Macht ist tot. Ich will Gott allein Rechenschaft ablegen. Begreif dies ein für allemal: ich bin allein, ganz allein. Was in meinem Herzen verborgen ist, stirbt mit mir, wenn die Türken kommen.«

Ich sprach so ernst und überzeugend, daß mich Manuel erstaunt anstarrte. Er mußte mir glauben. Dann brach seine Enttäuschung sich in Tränen Bahn; er sagte: »Dann seid Ihr der Narr, nicht ich.«

Er weinte ein Weilchen, dann putzte er sich die Nase und meinte wehmütig: »So sei es denn! Wir haben schon früher verrückte Kaiser gehabt, und niemand sah darin ein wirkliches Unglück. Es lebte einmal ein gewisser Andronikos, der war in seinem Wahnsinn so grausam, daß das Volk ihn schließlich im Hippodrom henkte und ihm den Leib aufschlitzte. Ihr aber seid nicht grausam; Ihr seid wahrhaft mild in Eurem Wahnsinn, und deshalb ist es meine Pflicht, Euch selbst den Pfad der Torheit zu folgen, da ich Euch nun einmal erkannt habe.« Er sah sich um, seufzte tief und sprach: »Hier ist's schlimm genug, aber in Euer Haus kann ich nicht zurückkehren. Ich fürchte den Megadux Notaras zu sehr. Lieber nähme ich eine Axt und träte einem wutschnaubenden Türken entgegen als dem Megadux, nachdem ich Euch half, seine Tochter zu stehlen. Denn seht Ihr, wenn mich nicht alles trügt, ist Anna Notaras schon lange für des Sultans Harem bestimmt.«

Abermals staunte ich, wieviel Nachrichten ein Mann aus dem Volk wie Manuel auflesen konnte. Was konnte schließlich auch besser in Lukas Notaras' Pläne passen, als seine Tochter dem Sultan zu vermählen und so ihr Bündnis zu stärken? Vielleicht war der einzige Grund, warum er sie nach Kreta in Sicherheit bringen wollte, der, dadurch bei dem geplanten Handel einen Trumpf mehr in der Hand zu haben. Mohammed kennt in seinen Wünschen keine Grenzen und gleicht auch darin seinem Vorbild Alexander dem Großen. Eine Frau aus der vornehmsten Familie Konstantinopels würde seiner ungeheuren Überheblichkeit schmeicheln.

»Wo erfährst du alles, was du weißt?« mußte ich ihn fragen.

»Es liegt in der Luft«, meinte er und streckte die Hände aus. »Ich bin ein Grieche – die Politik liegt mir im Blut. Aber ich will nicht in den Handel zwischen Euch und Eurem Schwiegervater hineingezogen werden; ich möchte lieber von fern zusehen, wenn Ihr es erlaubt.«

Ich erkannte, daß er auf den Wällen in der Tat sicherer war als in meinem Haus. Wenn Lukas Notaras mich entweder eigenhändig oder durch Mörderhand töten will, würde er zur Sicherheit zugleich auch alle Zeugen meiner Hochzeit beseitigen. Daher erlaubte ich Manuel, sich zu den griechischen Arbeitern zu gesellen, welche die Venezianer hier aufgestellt haben; er sollte nun für sich selbst sorgen.

Als ich hörte, daß ich Anna verloren hatte, war meine erste Regung, stracks nach dem Hause ihres Vaters zu sprengen und ihre Rückkehr zu fordern, da sie ja meine Frau ist. Aber was würde das nützen? Es würde Notaras nicht schwerfallen, einen alleinstehenden Fremden ermorden zu lassen.

Hinter Schloß und Riegel in Notaras Haus ist Anna mir entzogen. Sie ist meine Frau; daher muß ich vor Notaras auf der Hut sein. Der einfachste Weg für ihn, unsere Ehe nichtig zu machen, wäre der, mich zu töten, und ich will nicht von der Hand eines Griechen sterben.

Ich bin aufgeblieben, um zu schreiben. Von Zeit zu Zeit schloß ich die Augen und stützte den Kopf in die Hände. Aber der Schlaf will sich nun meiner nicht erbarmen. Durch müde, entzündete Lider sehe ich ihre Schönheit – ihren Mund – ihre Augen. Wie ihre Wangen glühen, wenn meine Hand sie berührt – welch helle Flamme mich durchfährt, wenn ich ihre bloßen Lenden streichle. Nie habe ich mich so wahnsinnig nach ihr gesehnt wie jetzt, da ich weiß, ich habe sie verloren.

So konnte ich nicht schlafen, obwohl mein Rang mir diesen Genuß erlaubt hätte. Einsamkeit und Schlaf sind die beiden größten Wohltaten im Kriege. Die Sterne blitzten immer noch wie feine Silbernadeln am Himmel, als ich, getrieben von meiner Unruhe, hinaustrat. Still und eiskalt war die Nacht in diesen letzten Stunden vor Tagesanbruch.

Unweit vom Kaligaritor blieb ich stehen und lauschte. Es war nicht nur der Schlag meines Herzens. Mir war, als hörte ich ein gedämpftes Rollen tief unter meinen Füßen. Dann sah ich den Deutschen Grant mit einer Fackel näher kommen. Hinter der Mauer waren Wassereimer aufgestellt worden, und er ging von einem zum anderen und blieb an jedem stehen. Erst dachte ich, er sei nicht mehr bei Sinnen oder versuche sich im Teufelaustreiben, waren wir doch ein gutes Stück hinter der Mauer, wo uns kein Feuer bedrohte.

Er grüßte mich im Namen Christi, hielt seine Fackel an das Wasser in einem Eimer und hieß mich hinsehen. Die dunkle Oberfläche kräuselte sich in kurzen Abständen; schnelle, zitternde Ringe liefen darüber hin, obwohl die Nacht still war und die Geschütze schwiegen.

»Der Boben bebt«, sagte ich. »Erzittert denn selbst der Boden der Stadt in tödlichem Schrecken?«

Grant lachte; seine Miene aber blieb düster.

»Versteht Ihr nicht, Jean Ange, was Euer Auge Euch sagt?« fragte er. »Wenn Ihr wüßtet, was das bedeutet, würde Euch der kalte Schweiß im Nacken ausbrechen, wie mir eben vorhin. Helft mir, die Wassereimer zu befördern, denn meine Gehilfen sind müde und haben sich schlafen gelegt.«

Gemeinsam schoben wir den Eimer einige Schritte beiseite, und Grant steckte einen Stock in den Boden, um seinen früheren Standplatz zu bezeichnen. Wir rückten ihn noch mehrmals weiter, da kräuselte sich die Wasseroberfläche von neuem. Eine abergläubische Furcht packte mich, als würde ich Zeuge einer schwarzen Kunst. Wenn irgendeiner, so muß Grant darin erfahren sein; sein Gesicht verrät es.

Er wies mir die gewundene Linie von Stäben, die er in den Boden gesteckt hatte.

»Der Boden ist felsig«, sagte er. »Wie Ihr seht, müssen sie sich drehen und wenden wie die Maulwürfe. Es wird spannend sein zu beobachten, wie weit sie gelangen, bis sie nach oben durchzubrechen wagen.«

»Sie?« fragte ich verblüfft.

»Die Türken«, erwiderte er. »Sie arbeiten unter unseren Füßen. Habt Ihr das nicht begriffen?«

»Wie ist das möglich!« rief ich aus. Da fielen mir die serbischen Bergleute des Sultans ein. Bei früheren Belagerungen hatten die Türken manchmal versucht, Stollen unter die Mauern zu treiben; doch waren sie dabei stets an dem Felsboden gescheitert. Wir hatten daher mit dieser Gefahr nicht gerechnet, obwohl unsere Posten Befehl haben, nach verdächtigen Erdhaufen außerhalb der Mauern auszuschauen. Es war jedoch keine Spur von Grabungen zu entdecken, und die Suche wurde vergessen.

Ich vergaß vorübergehend meine eigenen Sorgen und ließ mich von Grants Eifer anstecken.

»Wie schlau sie sind!« rief ich. »Sie müssen die Grabungen im Schutz jenes nahen Erdhügels begonnen haben, der mehr als fünfhundert Schritt dort drüben liegt. Und es ist die günstigste Stelle, die sie wählen konnten, weil vor dem Blachernenpalast keine Außenmauer steht. Sie haben die Große Mauer schon hinter sich. Was sollen wir tun?«

»Warten«, meinte Grant gelassen. »Es besteht vorläufig keine Gefahr, nun ich weiß, wie ihr Stollen verläuft. Er ist noch tief unter uns. Zeit genug zu handeln, wenn sie sich emporarbeiten.« Er sah mich düster an. »Ich habe selbst Minen gegraben. Eine schreckliche Arbeit. Nie genug Luft und ständige Angst. Tod in einem Maulwurfsloch, durch Feuer oder Wasser, ist wahrhaftig ein furchtbarer Tod.«

Er ließ seine Eimer stehen und nahm mich auf einen Gang entlang der Mauer mit. Er hatte in mehreren Gewölben Trommeln aufgestellt, deren Fell mit Erbsen bestreut war, allein die Stelle, wo ich das Wasser hatte sich kräuseln sehen, war die einzige, an der er etwas bemerkt hatte.

»Ein Stollen ist nur gefährlich, wenn er zu spät entdeckt wird«, erklärte er mir. »Zum Glück haben die Türken versucht, unter die Stadt selbst zu graben. Hätten sie sich damit begnügt, nur einen Abschnitt unter der Mauer zu untergraben, ihn mit Grubenholz abgestützt und das Holz dann angezündet, wäre es ihnen vielleicht gelungen, ein großes Stück der Mauer niederzulegen. Aber zweifellos eignet sich der Boden nicht dazu.«

Während die Sterne erblaßten, beschrieb er mir, wie man eine Gegenmine mit einem beweglichen Gitter legen und dann brennende Schwefeldämpfe in die Sappen des Feindes leiten könne.

»Es gibt viele Methoden«, meinte er. »Wir können Wasser aus einer Zisterne einlassen und sie wie Ratten ersäufen. Noch besser ist es, sie mit griechischem Feuer auszuräuchern, weil das zugleich ihre Holzstützen entzündet und den Stollen zum Einsturz bringt. Das Spannendste aber ist, einen eigenen Gegenstollen zu graben und hinter einer dünnen Mauer auf der Lauer zu liegen, um die Sappeure zu überfallen. Wenn man sie foltert, kann man erfahren, ob noch andere Stollen gegraben wurden, und wenn ja, wo.«

Seine kaltblütigen Darlegungen erschütterten mich. Ich dachte an die Männer unter der Erde zu unseren Füßen, keuchend, schwitzend, geblendet von herabfallendem Staub und Geröll, die da wie Lasttiere schufteten und sich nicht träumen ließen, daß jeder Axthieb sie einem grausamen Tode näherbrachte. Wenn es wirklich Serben waren, so waren sie meine Brüder in Christo, obwohl sie nach dem Vertrag, den ihr alternder Fürst unterzeichnet hatte, dem Sultan dienen mußten. Grant aber sah mich mit seinen dunklen, ruhelosen Augen verständnislos an.

»Grausamkeit ist mir fremd«, erklärte er. »Für mich ist dies alles Mathematik: ein erregendes Problem, das viele verschiedene Rechenaufgaben stellt.«

Aber wie er so neben einem Eimer stand, glich er ganz und gar einer schwarzen Katze, die vor einem Rattenloch lauert.

Der Himmel über uns wurde fahl. Die erste Morgenröte lag auf den Hügeln von Pera. Die große Bombarde erdröhnte und rief die Türken zum Morgengebet. Von den Blachernenbauten und aus den Gewölben unter den Mauern kamen die schläfrigen Söldner gekrochen, um sich Bewegung zu machen. Ein paar schlenderten heran und starrten erst uns und dann Grants Wassereimer an. Die Mürrischsten schnallten ärgerlich die Harnische um und stiegen schweigend auf die Mauer, um die Posten abzulösen.

Dann kam mit raschen Schritten der Megadux Lukas Notaras im kaisergrünen Mantel heran. Hinter ihm schritten seine beiden Söhne mit ernsten Gesichtern, die Hände am Schwertknauf. Sie waren sein ganzes Gefolge. Ich trat einen Schritt zurück neben Grant, hinter den Eimer. Notaras blieb stehen: seine Würde erlaubte ihm nicht, mit mir rund um den Eimer Haschen zu spielen; auch den Wachen konnte er nicht befehlen, mich zu verhaften, da der Blachernenpalast unter venezianischem Befehl steht und er keine eigenen Leute mitgebracht hatte.

»Ich will Euch sprechen, Johannes Angelos«, sagte er. »Allein.«

»Ich habe keine Geheimnisse«, versetzte ich. Seine dunkle, stolze Miene war undurchdringlich, und ich hatte keine Lust, ihm wie ein Lamm zur Schlachtbank zu folgen.

Er öffnete den Mund zu einer scharfen Entgegnung, erspähte aber im selben Augenblick die Oberfläche des Wassers im Eimer. Die Kanonen feuerten immer noch vereinzelt, aber selbst in den Zwischenzeiten bedeckte sich das Wasser mit Ringen. Er stutzte, runzelte die Stirn und warf einen Blick auf Johann Grant; sein scharfer Verstand hatte die Lage sogleich erfaßt, und schon war sein politisches Denken am Werke. Ohne ein weiteres Wort wandte er sich um und ging fort, so schnell, wie er gekommen war. Seine Söhne sahen mich überrascht an, folgten aber gehorsam ihrem Vater.

Die Mine war entdeckt worden; er konnte daher den Türken nicht mehr schaden, wenn er es dem Kaiser meldete. Er würde die Ehre der Entdeckung einheimsen und des Kaisers Vertrauen gewinnen. Es dauerte denn auch nicht lange, bis Konstantin auf uns zugeritten kam, geleitet von seinen engsten Beratern.

»Der Megadux hat Euch Euren Ruhm gestohlen«, meinte ich zu Grant.

»Ich kam nicht nach Ruhm hierher«, erwiderte der mürrisch. »Ich will nur mein Wissen vermehren.«

Aber Notaras trat eilends zu ihm, legte ihm als Gunstbeweis die Rechte auf die Schulter, wandte sich an den Kaiser und pries Grants Geschick und Beobachtungsgabe, wobei er ihn gönnerhaft als einen Mann von gesundem Verstand und als einen redlichen Deutschen hinstellte. Der Kaiser erwies ihm gleichfalls seine Gunst, versprach ihm ein Geldgeschenk und befahl ihm, unter Notaras Leitung alle türkischen Stollen zu erkunden und zu zerstören. Zu diesem Zwecke sollte er die notwendigen Leute von der Besatzung und auch die kaiserlichen Waffenmeister unter sich haben.

Ich hatte dafür gesorgt, daß auch Giustiniani von der Entdeckung erfuhr; er kam auch bald geritten, um die allgemeine Freude zu teilen. Grant unternahm sogleich auf eigene Faust Schritte und schickte insgeheim nach allen in der Stadt und auf den Mauern aus, die im Minieren erfahren waren. Zugleich wählte er Männer als Beobachter der Eimer und Trommeln aus; die schlugen freilich zunächst oft blinden Alarm, bevor sie mit ihrer Aufgabe vertraut wurden. Sooft die Geschütze in der Nähe losgingen, zitterte das Wasser und die Erbsen tanzten auf dem Kalbfell, so daß den Wächtern die

Haare zu Berge standen und sie Hals über Kopf hinliefen und meldeten, die Türken brächen schon durch.

Nachdem Grant seine Leute eingewiesen hatte, wandte er sich an den Kaiser. »Ich bin nicht in Eure Dienste getreten, um Geld oder Ruhm zu ernten, sondern um das Wissen der Griechen zu studieren. Erlaubt mir daher, die Kataloge in Eurer Bibliothek durchzusehen und die in den Kellern verborgenen Handschriften zu lesen, auch die Schriften der Pythagoreer zu entlehnen. Ich weiß, es gibt dort Werke der Pythagoreer und auch solche von Archimedes, aber Euer Bibliothekar hütet sie wie ein tollwütiger Hund und erlaubt keinem, im ganzen Gebäude eine Kerze oder eine Lampe zu entzünden.«

Über dies Ersuchen war der Kaiser gar wenig erbaut. Ein bekümmerter Ausdruck trat auf sein abgemagertes Gesicht, und er wich Grants Blicken aus, als er erwiderte: »Mein Bibliothekar tut nur seine Pflicht. Seine Stelle ist erblich, seine Amtspflichten sind schriftlich niedergelegt, so daß nicht einmal er davon abweichen kann. Ihr würdet Gott mißfallen, wolltet Ihr in der Stunde der Not dieser Stadt die Schriften heidnischer Philosophen durchforschen. Nur Einer ist vonnöten, wie Ihr wissen solltet. Weder Pythagoras noch Archimedes kann Euch helfen, sondern nur Jesus Christus, der sein Leben hingab, auf daß unsere Sünden vergeben würden, und zu unserem Heil von den Toten auferstand.«

Grant murmelte: »Wenn nur Einer vonnöten ist, so hat es keinen Sinn, wenn ich meine Entdeckungen und Berechnungen darauf verschwende, die Türken von der Stadt fernzuhalten.«

Der Kaiser streckte abweisend die Hand aus und sprach: »Die griechische Philosophie ist unser unvergängliches Erbe, und wir leihen ihre unschätzbaren Schriften nicht an Barbaren, die damit nicht umzugehen wissen.«

Giustiniani hustete laut, und selbst der Bailo, der mittlerweile gekommen war, rollte entrüstet die blutunterlaufenen

Augen. Als Grant sich entfernt hatte, meinte der Kaiser versöhnlich, das Wort Barbaren sei keineswegs gegen die Lateiner gerichtet gewesen. Grant aber sei ein Deutscher, also ein geborener Barbar.

Wie gewöhnlich hielt die Beschießung den ganzen Tag an; sie war vielleicht noch heftiger geworden. Selbst die große Mauer ist nun an mehreren Stellen eingestürzt. Frauen, Kinder und Greise haben sich als freiwillige Helfer für die Ausbesserungsarbeiten angetragen. Angst und Schrecken verleihen ihnen übermenschliche Kräfte, so daß sie gemeinsam Steine wälzen und Schanzkörbe schleppen, die selbst der stärkste Mann zu schwer fände. Sie sagen aber entschlossen: »Wir möchten lieber mit unseren Männern, Vätern und Söhnen sterben, als Sklaven der Türken werden.«

Eine entsetzliche Müdigkeit hat die Angst der Verteidiger abgestumpft, so daß nun viele sich den Pfeilen des Feindes aussetzen, wenn sie sich dadurch ein paar Schritte ersparen können. Ungeschützte Männer mit vor Schlaflosigkeit brennenden Augen taumeln bis zum Graben vor, um mit Haken nach türkischem Holz und Reisig zu angeln. Von der Mauer ist weder Baum noch Busch mehr zu sehen; die Türken haben alles gefällt und umgeschnitten, um den Graben auszufüllen. Auch die Hügel von Pera und die kleinasiatische Küste auf der anderen Seite des Bosporus sind wie kahlgeschoren.

17. Mai 1453.

Heute näherte sich die türkische Flotte der Sperrkette, drehte aber in einiger Entfernung davon bei. Unsere Schiffe gaben mindestens hundert Salven ab, beschädigten sie aber nur wenig. Die venezianischen Matrosen prahlen mit ihrem Sieg. »Wenn jeder Mann auf den Mauern so kühn wie wir seine Pflicht erfüllte, wäre Konstantinopel außer Gefahr.«

Doch ist klar, daß der Sultan unsere Schiffe nur beschäftigen will, damit sie keine weiteren Verstärkungen an Mannschaften für die Mauern abgeben können.

Viele haben gebeten, an Grants Wassereimern verwendet zu werden; er aber hat klugerweise die Alten und Schwachen, die noch gut sehen können, dafür ausgewählt. Ich hätte gerne für Manuel eine solche leichte Aufgabe gefunden, weil er doch so alt und schwach auf den Beinen ist. Als ich ihn aber ausfindig machte, hatte er sich bereits selbst von der Arbeit auf den Mauern befreit und bei den Venezianern Gnade gefunden. Er kennt die Stadt, weiß, wo die besten Dirnenhäuser liegen, und kann Frauen auftreiben, die bereit sind, ihre Keuschheit für das eingemachte Obst und das frische Brot der Venezianer hinzugeben. Selbst halbwüchsige Mädchen waren vor den Toren des Blachernenpalastes, um sich anzubieten.

Ich stieß auf Manuel, als er eben in der Stadt unterwegs war und gebeugt einen Sack mit verbotenen Nahrungsmitteln schleppte. Er hatte von den Venezianern einen Paß für die Streifen erhalten und prahlte vergnügt, wenn nur die Belagerung noch etwas länger dauere, wäre er bald ein reicher Mann.

Als ich ihn tadelte, war er gekränkt und meinte: »Jeder ist sich selbst der Nächste. Der Schleichhandel blüht mit Hilfe venezianischer und genuesischer Pässe in der ganzen Stadt. Wenige haben dafür gebüßt, viele aber sind dadurch reich geworden. Wo eine Nachfrage herrscht, da gibt es auch ein Angebot – das ist der Lauf der Welt. Wenn ich meinen Gewinn nicht einstreiche, tut es ein anderer. Es ist doch gewiß besser, wenn die Leckereien der Venezianer den Weg in griechische Mäuler finden, als in ihre eigenen gierigen Bäuche. Und ist es meine Schuld, wenn kräftige junge Leute von bösen Begierden erfüllt sind und Frauen oder Knaben begehren, die sie zwischen den Schlachten trösten?«

Er ereiferte sich zusehends und rief: »Die Venezianer sind

unsere Freunde. Sie opfern Blut und Leben für unsere Stadt. Ist es da schlimm, wenn ein armes Mädchen seine Unschuld verkauft, um ihnen zu Gefallen zu sein und für ihre Eltern ein Stück Brot zu verdienen? Ist es schlimm, wenn selbst eine ehrbare Frau sich einen Augenblick hinlegt und dafür einen Topf Mus erhält, dessen Süße sie lang entbehren mußte? Dies alles geschieht zur Ehre Gottes und zum Segen der Christenheit, wie die Venezianer sagen. Herr, Ihr solltet nicht versuchen, den Lauf der Welt zu ändern, was Ihr doch nicht könnt. Wir alle sind doch nur arme Sünder.«

Und warum soll er nicht recht haben? Wer bin ich, daß ich über ihn zu Gericht sitzen sollte? Jeder von uns muß, den Umständen gemäß, sein Schicksal erfüllen.

Ich habe vergebens gewartet, daß Lukas Notaras mich abermals aufsuchen würde. Heute sah ich ihn einige Male kurz, aber er warf mir nur im Vorbeieilen einen unheilverkündenden Blick zu. Von Anna kein Sterbenswort, kein Zeichen.

In dem Fiebertraum, in dem ich nun dahinlebe, beschloß ich, wenigstens eine gute Tat zu versuchen. Mag sein, daß Johann Grant in der neuen Zeit, die nun im Zeichen des Tieres heranbricht, ein Sklave sein soll; doch ich mag ihn gern, mit seinem unruhigen Blick und seiner gefurchten Stirn. Warum sollte er nicht nach seiner Art selig sein, solange er noch kann? Daher suchte ich heute die Bibliothek auf und sprach mit dem zahnlosen, tauben Bibliothekar, der ungeachtet des Lärms und Getümmels der Belagerung Tag für Tag seine Amtstracht mit Kette und anderen Abzeichen seiner Würde anlegt.

Ich wies ihm die Richtung des türkischen Stollens und überzeugte ihn, daß der Feind auf die unterirdischen Gewölbe der Bibliothek vorstoße und durch diese in die Stadt eindringen wolle. Er ist von seiner eigenen Bedeutung so erfüllt, daß er mir blind glaubte, sobald er erfaßt hatte, was ich ihm sagte.

»Ha!« rief er entsetzt. »Das darf nicht wahr sein. Sie könnten die Bücher mit Füßen treten und beschädigen, vielleicht auch achtlos mit ihren Fackeln die ganze Bücherei in Brand setzen. Das wäre ein unersetzlicher Verlust für die Welt.«

Ich riet ihm, Grants Hilfe zu suchen. In seiner Not demütigte er sich so weit, daß er Grant in den Keller führte und ihm alle Verstecke zeigte. Grant stellte unten Wassereimer auf und versprach, zu kommen und Nachschau zu halten, sooft es seine Zeit erlaube. Er erhielt auch die Erlaubnis, eine Lampe anzuzünden, um den Wasserspiegel zu beobachten. Der Bibliothekar grub ein verrostetes Schwert aus und schwor tapfer, der Weg der Türken zu seinen Büchern führe nur über seine Leiche.

Zum Glück hat er noch nicht bemerkt, daß die Venezianer schon längst die heiligen Bücher im Palast zum Feuermachen und Trockenhalten ihrer Waffen verwenden.

Aber Grant blieb nicht viel Zeit zum Studium. Bald nach Einbruch der Nacht wurde er ans Kaligaritor geholt, wo die Türken diesmal dicht unter der Großen Mauer zu graben schienen. Hier hatte Grant bereits einen Gegenstollen angelegt, und der wurde nun benützt, so daß die Türken plötzlich in der Falle saßen und an giftigen Schwefeldämpfen erstickten. Nur ein paar Leute entkamen. Grant bohrte an geeigneten Stellen Löcher für den Luftzug, und bald waren die Stützbalken des türkischen Stollens ein prasselndes Flammenmeer, bis schließlich der ganze Gang einstürzte. Aber er lag zu tief, um die darüberliegende Mauer in Mitleidenschaft zu ziehen. Etwa fünfhundert Schritt weiter stiegen hinter dem Hügel dicke Rauchschwaden auf, und es dauerte geraume Zeit, bis es den Türken gelang, den Ausgang zu verstopfen.

18. Mai 1453.

Das Ende ist nahe. Nichts kann es aufhalten. Und keines unserer bisherigen Erlebnisse läßt sich mit dem Schrecken vergleichen, den wir heute ausstanden.

Bei Einbruch der Dämmerung bot sich unseren Blicken ein riesengroßes, entsetzliches Wunderwerk vor der Mauer beim Sankt-Romanos-Tor. Während der Dunkelheit hatten die Türken mit unglaublicher Geschwindigkeit und scheinbar mit des Teufels Hilfe einen gigantischen hölzernen Belagerungsturm errichtet. Er stand am äußersten Rand des Grabens, keine dreißig Schritt von den Ruinen der Außenmauer, auf denen die Verteidiger die ganze Nacht hindurch gearbeitet hatten. Keiner kann sich vorstellen, wie das geschehen konnte.

Diese Burg, die mittels gewaltiger Rundstämme bewegt wird, ist drei Stock hoch und überragt die Außenmauer. Das Holz ist durch mehrere Lagen von Kamel- und Ochsenhäuten vor Feuer geschützt. Die Mauern sind zwiefach und mit Erde ausgefüllt, so daß ihnen unsere kleine Kanone nichts anhaben kann. Pfeile schwirren aus den Schießscharten, und von der obersten Plattform schleudert ein mächtiges Katapult große Steinblöcke und zerstört unsere Behelfserdwälle. Ein fünfhundert Schritt langer, gedeckter Gang führt vom türkischen Lager in den Turm; er ermöglichte es der Besatzung, ungehindert hin- und herzugehen.

Während das Katapult Steine speit, während Pfeile fliegen und kleine Ballisten Feuertöpfe auf die Palisade und die Schanzkörbe der Außenmauer schleudern, öffnen sich im obersten Stock Luken, aus denen geschossen wird und Erde, Steine, Faschinen und Holz sich in den Graben ergießen. Als wir noch ganz vom Schrecken benommen zusammenliefen, um diesen Turm, der erzittert und arbeitet, ohne daß irgend jemand zu sehen ist, zu betrachten, wurde vor der mittleren Plattform eine große Öffnung sichtbar, von der aus mit viel

Gerassel eine Zugbrücke gegen die Außenmauer niederging. Glücklicherweise war die Entfernung zu groß, als daß sie zu uns herüberreichte.

Sogar Grant eilte herbei, um sich diese Maschine zu besehen, derentgleichen noch keiner ansichtig geworden war. Er schätzte mit den Augen ihre Ausmaße, schrieb sie auf und bemerkte: »Obgleich dieser Turm schon früher konstruiert und aus Teilen an Ort und Stelle zusammengesetzt worden sein muß, ist doch seine Errichtung in einer einzigen Nacht allein schon ein Wunder der Geschicklichkeit und Organisation. An sich ist der Turm nichts Neues – Belagerungstürme sind so lange in Gebrauch wie Mauern. Nur die Größe ist beachtlich – sie übertrifft alles, was man bei Griechen und Römern finden kann. Wenn der Graben nicht wäre, könnten ihn die Türken gegen die Mauer schwenken und als Sturmbock verwenden.«

Nachdem er den Turm eine Weile eingehend betrachtet hatte, wandte er sich und ging, denn es gab nichts Neues mehr für ihn zu sehen. Aber Giustiniani knirschte mit den Zähnen und schüttelte den Kopf. Es verletzte seine Ehre, daß der Turm gegenüber seinem Mauerabschnitt errichtet werden konnte, ohne daß es entdeckt wurde.

»Wir wollen bis heute abend warten«, brummte er. »Was Menschen schaffen können, können sie auch vernichten.«

Aber diese Festung, die Feuer speit, Pfeile, Kugeln und Steine schleudert und durch eigene Kraft erdröhnt, ist so schreckenerregend, daß niemand Giustinianis Worten Glauben schenkt. Der Kaiser ist am Ende seiner Weisheit; er weinte, als er sah, wie viele griechische Arbeiter durch die daherfliegenden Steine leblos zu Boden gestreckt wurden. Solange unsere Außenmauer von dieser Maschine bearbeitet wird, ist es sinnlos, an Ausbesserungsarbeiten zu denken.

Am Nachmittag gelang es einer der großen feindlichen Kanonen, einen der Türme der Hauptmauer gerade gegenüber dem Belagerungsturm wegzuschießen; ein Teil der Mauer stürzte in sich zusammen und begrub mehrere Lateiner und Griechen unter sich.

Während die befehlshabenden Offiziere berieten, wie diese letzte und größte Gefahr zu bannen wäre, erging sich Giustiniani in grimmigen Reden gegen Notaras und forderte von ihm, er solle ihm die zwei großen Geschütze übergeben, die noch immer auf der Hafenmauer stehen und nur ab und zu auf eine der türkischen Galeeren schießen, die auf der anderen Seite des Horns liegen.

»Ich brauche Pulver und Kanonen, um die Stadt zu verteidigen«, bestand er auf seiner Forderung. »Nur allzu viel des kostbaren Pulvers wurde schon im Hafen vergeudet.«

Notaras entgegnete kühl: »Die Kanonen sind mein Eigentum, und ich zahle mein Pulver selbst. Ich habe schon eine Galeere versenkt und viele andere beschädigt. Ich kann Euch Schießpulver von meinem Vorrat zur Verfügung stellen, aber die Kanonen werden im Hafen gebraucht, um die feindlichen Schiffe in der nötigen Entfernung zu halten. Ihr wißt sehr wohl, daß die Mauer im Hafeninnern der schwächste Punkt der Stadt ist.«

Giustiniani schrie ihn an: »Was zum Teufel haben wir von den venezianischen Schiffen, wenn sie nicht einmal imstande sind, das Treiben der Türken im Hafen im Auge zu behalten? Was Ihr vorbringt, sind keine Gründe, sondern Vorwände – leeres Gerede! Was Ihr beabsichtigt, ist, die Verteidigung an ihrer empfindlichsten Stelle – nämlich hier – zu schwächen. Ich durchschaue Euch – Eure Seele ist so schwarz wie des Sultans Bart!«

Der Kaiser versuchte, zwischen beiden zu vermitteln.

»Im Namen Christi, liebe Brüder, macht unsere Lage nicht noch schlimmer dadurch, daß Ihr untereinander uneins seid. Ihr handelt beide aus bester Überzeugung. Megadux Notaras rettete die Stadt vor der Vernichtung, als die Türken versuchten, unsere Mauern zu untergraben, und wenn er der Ansicht ist, daß die Kanonen im Hafen gebraucht werden, müssen wir uns auf sein Wort verlassen. Darum umarmt Euch nach Brüderart, denn wir alle kämpfen für dieselbe Sache.«

Giustiniani versetzte unwirsch: »Ich würde selbst dem Teufel um den Hals fallen, wenn er mir Kanonen und Schießpulver gäbe. Aber Megadux Notaras gibt mir weder das eine noch das andere.«

Lukas Notaras seinerseits machte keinerlei Anstalten, Giustiniani zu umarmen, sondern wandte sich rasch ab und ließ den Kaiser und Giustiniani stehen; sollten sie doch ihre Unterredung allein fortführen. Ich hingegen, da ich nun unser Ende nahen sah, stürzte, all meinen Stolz vergessend, Notaras nach, hielt ihn auf und wandte mich an ihn: »Ihr wolltet mich unter vier Augen sprechen. Habt Ihr das vergessen?« Zu meiner Verwunderung lächelte er mir herzlich zu, legte mir die Hand auf die Schulter und erwiderte: »Ihr habt die Ehre meiner Familie in den Schmutz gezogen und eine Tochter dazu verleitet, sich gegen ihren Vater aufzulehnen, Johannes Angelos. Aber wir leben in einer schrecklichen Zeit, und ich kann und will meinen Streit mit Euch nicht länger fortsetzen.

Meine Tochter ist mir teuer, und ihre Bitten haben mich bewogen nachzugeben. Ob ich Euch Euer lateinisches Betragen in dieser Angelegenheit verzeihen werde können, hängt von Euch ab.«

Ich traute meinen Ohren kaum und fragte: »Wollt Ihr mir wirklich gestatten, Eure Tochter Anna wiederzusehen, Anna, mein Weib?«

Seine Züge verdüsterten sich.

»Nennt sie noch nicht Euer Weib. Aber Ihr könnt sie besuchen und mit ihr sprechen. Ja, ihr wird es leichter sein, Euch meine Bedingungen zu unterbreiten. Sie ist die Tochter ihres Vaters, und ich vertraue auf ihren gesunden Verstand, wenngleich es Euch gelungen ist, ihr die Sinne eine Zeitlang zu umnebeln.«

»Gott segne Euch, Lukas Notaras!« rief ich aus vollem

Herzen. »Ich habe Euch verkannt. Ihr seid doch ein echter Grieche.«

Er lächelte gezwungen und versetzte: »Natürlich. Ich bin ein echter Grieche, und ich hoffe, Ihr auch.«

»Wann und wo kann ich sie sehen?« fragte ich, und der Gedanke daran schnürte mir schon die Kehle zusammen.

»Wenn Ihr wollt, nehmt mein Pferd und reitet hin«, entgegnete er freundlich und lachte schallend. »Ich glaube, meine Tochter erwartet Euch schon ein paar Tage voll Ungeduld, aber ich dachte, eine kleine Trennung würde euch beiden ganz guttun und Euch ein wenig zähmen.«

Bei so viel Gutmütigkeit hätte ich Verdacht schöpfen müssen. Aber Kanonen und Türken, der Blachernenpalast und meine Pflichten, alles war vergessen, als ich mich auf seinen kohlschwarzen Rappen schwang und mit losen Zügeln durch die Stadt zur Marmaraküste jagte. Während des Rittes schrie ich laut vor Freude. Der Maienzauber bemächtigte sich meiner, der Himmel war blau und golden, wenngleich der Hafen und die Mauer in schwarzen Rauch gehüllt war.

Als ich bei dem Haus, welches durch die Einfachheit seiner Linienführung so gediegen wirkte, angelangt war, nahm ich mir kaum Zeit, das Pferd anzubinden. So schnell wie ein Liebhaber zu seinem ersten Stelldichein stürzte ich hinauf und klopfte an der Tür. Da erst fiel mir ein, wie ich wohl aussehen mochte; ich versuchte, mir den Staub und Ruß vom Gesicht zu wischen, spuckte in die Hände und scheuerte meinen Küraß blank.

Ein Diener in blauer und weißer Livree öffnete, aber ich beachtete ihn mit keinem Blick. Durch die Empfangshalle eilte mir Anna Notaras entgegen, zart und schön, mit freudeglänzenden Augen. So jung und lieblich wirkte sie in ihrer eigenen Umgebung, daß ich nicht wagte, sie in die Arme zu schließen, sondern sie nur anstarrte, während es mir die Kehle zusammenschnürte. Ihr Hals war bloß. Sie hatte Lippen und Augenbrauen gefärbt. Der süße Duft nach Hyazinthen umgab sie, so wie das erstemal, als wir uns trafen.

»Endlich!« flüsterte sie erregt. Sie nahm meinen Kopf in meine Hände und küßte mich auf den Mund. Ihre Wangen glühten.

Niemand war da, der sie bewachte. Man hatte sie nicht im Frauentrakt eingesperrt. Ich konnte es nicht verstehen.

Sie nahm mich bei der Hand. Das war genug. Hand in Hand gingen wir durch die große Halle im oberen Stock. Durch die engen Fenster glitzerten die Silberwogen des Marmarameeres.

»Das Ende ist nahe, Anna«, sagte ich. »Du ahnst nicht, was sich jetzt auf der Mauer abspielt. Ich danke Gott für die Gnade, daß er mich dich noch einmal sehen läßt, daß ich in deine Augen schauen darf.«

»Nur daß du mir in die Augen schauen darfst?« lächelte sie. »Ist das alles, was du willst? Ich bin doch deine Frau.«

Nein, das konnte ich nicht mehr verstehen; alles schien mir wie im Traum. Vielleicht war ich schon tot. Vielleicht hatte mich eine Kanonenkugel so plötzlich getroffen, daß meine Seele noch auf Erden umherirrte, gefesselt durch irdische Begierden.

»Trink«, flüsterte mein Weib Anna Notaras und goß goldenen Wein in einen Becher. Ich sah, daß sie nach türkischer Art Ambra hineingetan hatte. Warum wollte sie mich entflammen? Ich sehnte mich ohnehin schon so unendlich nach ihr.

Ihre Lippen waren mir ein viel süßerer Becher. Ihr Leib ist für mich der süßeste und lieblichste Kelch auf dieser Welt. Aber als ich sie in die Arme nehmen wollte, wies sie mich zurück. Aus weitgeöffneten, schwarzglänzenden Augen schaute sie mich an und bat: »Nicht, noch nicht. Setz dich, Geliebter. Erst müssen wir miteinander sprechen.«

»Sei still«, flehte ich. »Sag kein Wort, meine Liebste, du. Gespräche enden nur in Mißverständnissen, harten Worten und seelischer Not. Nicht durch Worte verstehen wir uns am besten, wohl eher auf ganz andere Art.«

Sie schaute zu Boden und bemerkte vorwurfsvoll: »Ist es nur das Bett, wonach es dich verlangt – sonst nichts? So bin ich also nur Körper für dich?«

»Du selbst wünschtest es doch so«, stöhnte ich, und die Worte wollten mir im Halse steckenbleiben.

Sie blickte auf, und ihre Augen füllten sich mit Tränen. »Sei vernünftig«, mahnte sie. »Du hast meinen Vater gesprochen. Er ist bereit, mir und auch dir zu vergeben, wenn du es ihm nur möglich machst. Es ist das erstemal, daß er zu mir wie zu einem erwachsenen Menschen gesprochen hat – er sprach zu mir über seine Pläne, Hoffnungen und Nöte. Es ist das erstemal, daß ich ihn verstanden habe, und du mußt ihn auch verstehen. Er hat einen Plan.«

Ein Verdacht stieg in mir auf, aber Anna fuhr fort, während sie mir zärtlich mit ihren zarten Händen über meine schmutzigen strich.

»Er ist mein Vater. Mein Vater kann nichts Unrechtes tun. Er ist nach dem Kaiser der angesehenste Mann in Konstantinopel. Wenn der Kaiser sein Volk und seinen Glauben verrät und die Stadt an die Lateiner verkauft, so muß eben mein Vater die Verantwortung für das Schicksal des Volkes tragen. Es ist seine Pflicht, und er kann sie nicht umgehen, wie schwer und erniedrigend es auch sein mag. Das wirst du sicher verstehen.«

»Fahre fort«, versetzte ich grimmig. »Fahre fort. Mir kommt vor, ich habe das schon irgendwo gehört.«

Anna fuhr auf. »Vater ist kein Verräter. Er würde sich niemals zu Verrat hergeben. Er ist Staatsmann und muß retten, was aus den Trümmern unserer Stadt noch zu retten ist.«

Sie beobachtete mich gespannt unter den Wimpern hervor. Es kamen ihr keine Tränen mehr in die Augen, so sehr sie auch zwinkern mochte. Im Gegenteil, sie schien sich heimlich zu freuen, als sie fortsetzte: »Nach dem Fall der Stadt hätte ich Sultan Mohammeds Gemahlin werden sollen; er wollte durch diese Verbindung einen Vertrag mit dem griechischen Volk schließen. Mein Vater nahm es sich sehr zu Herzen, daß dieser Plan durch eine Laune von mir zunichte gemacht worden war. Aber wie hätte ich es ahnen sollen? Er sagte mir nie ein Wort davon.«

»Da hast du ja viel versäumt«, höhnte ich. »Erst wärest du Kaiserin geworden und dann eine der zahllosen Frauen des künftigen Beherrschers der Welt. Welch ein Unglück ist dir doch widerfahren, ich kann dein Bedauern nur zu gut verstehen. Aber sei nicht allzu verzweifelt: Ich habe nicht mehr lange zu leben, meine Tage sind gezählt, und dann wirst du wieder frei sein.«

»Wie kannst du in diesem Ton mit mir sprechen?« schrie sie aufgebracht. »Du weißt, daß ich dich liebe! Und es ist Unsinn, vom Sterben zu sprechen. Sowohl du als auch ich, wir haben noch viele Jahre vor uns. Du wirst sehen – wenn du nur den Rat meines Vaters befolgst.«

»Nun, so laß mich den Vorschlag hören, den er mir nicht selbst anzutragen wagte«, entgegnete ich grollend. »Aber mach schnell. Ich muß wieder auf die Mauer.«

Sie faßte mich mit beiden Händen, als wollte sie so verhindern, daß ich ging.

»Du sollst nicht mehr dorthin gehen«, ereiferte sie sich. »Noch diese Nacht sollst du in des Sultans Lager zurückkehren. Du brauchst ihm nicht die mindeste Auskunft über die Verteidigungsanlagen der Stadt zu geben, wenn es dir deine Ehre verbietet. Du brauchst ihm nur eine geheime Botschaft meines Vaters zu überbringen. Der Sultan kennt dich und vertraut dir. Jedem anderen Griechen würde er voll Argwohn begegnen.«

»Und wie lautet diese Botschaft?« fragte ich.

»Vater kann sie nicht niederschreiben«, erklärte Anna eifrig. »Selbst wenn er dir und dem Sultan traut, wäre doch eine geschriebene Botschaft viel zu gefährlich. Es gibt sogar im Gefolge des Sultans Leute, die gegen ihn arbeiten und die

Griechen zum Widerstand aufwiegeln. Vielleicht ist dir das bekannt. Aber du sollst dem Sultan mitteilen, daß eine starke Friedenspartei in der Stadt ist, die sich vom Kaiser losgesagt hat und bereit ist, zu des Sultans Bedingungen mit den Türken gemeinsame Sache zu machen. Sag ihm: ›Wir sind unser dreißig hochgestellte und einflußreiche Männer‹ – mein Vater wird dir sagen, wer sie sind –, ›die erkannt haben, daß die Zukunft der Griechen von Konstantinopel mit dem gegenseitigen Verständnis und der Freundschaft mit dem Sultan steht und fällt. Unsere Ehre erlaubt es uns nicht, offen mit ihm zu unterhandeln, solange sich die Stadt noch verteidigen kann. Aber im geheimen arbeiten wie für ihn, und nach dem Fall der Stadt wird er einen vollständigen Beamtenapparat vorfinden, in welchen die Griechen Vertrauen setzen. Wir dreißig stellen uns daher unter den Schutz des Sultans und bitten untertänigst, daß unsere Person, Familie und Eigentum geschont werden mögen, wenn er die Stadt einnimmt.‹«

Anna schaute mich an.

»Nun, ist das etwas Schlechtes«, fragte sie. »Ist das nicht ein anständiger und ehrlicher Vorschlag? Wir stehen zwischen Türken und Lateinern wie zwischen Hammer und Amboß. Nur dadurch, daß wir uns vom Kaiser lossagen und so einmütig wie nur möglich die Waffen strecken, können wir die sichere Zukunft unserer Stadt gewährleisten. Wir liefern uns nicht in seine Hände; im Gegenteil, sein schlauer Kopf, den er für politische Angelegenheiten hat, wird ihm sagen, daß diese Lösung für ihn die beste ist. Du bist kein Lateiner – warum solltest du also für die Lateiner kämpfen?«

Da ich in meinem Kummer und meiner Niedergeschlagenheit still verharrte, nahm sie an, ich überdächte mir die Sache, und fuhr fort: »Mein Vater meint, es kann sich nur mehr um Tage handeln, bis die Stadt fällt. Du mußt dich also beeilen. Wenn der Sultan den lateinischen Widerstand niedergeschlagen hat, wirst du mit den Siegern einziehen und mich als deine Frau heimführen. Dann bist du mit dem Hause Notaras verbunden, und du wirst sicher ermessen können, was das heißt.«

Sie deutete auf die marmornen Wände, die Teppiche, die schweren wertvollen Möbel, die umherstanden, und fügte noch eindringlicher hinzu: »Ist das nicht besser als das verfallene kleine Holzhaus, in das du mich heimführtest? Wer weiß, vielleicht werden wir eines Tages im Blachernenpalast wohnen. Wenn du meinen Vater unterstützt, wirst du zur vornehmsten Gesellschaft in Konstantinopel gehören.«

Sie war am Ende, und ihre Wangen glühten vor Eifer. Ich mußte etwas sagen.

»Anna, du bist die Tochter deines Vaters, und das soll ja auch so sein. Aber ich habe nicht im Sinn, für deinen Vater den Boten zum Sultan abzugeben. Er soll jemanden wählen, der mehr politischen Anteil nimmt als ich.«

Ihr Gesicht wurde zu Stein.

»Hast du Angst?« fragte sie kalt.

Ich ergriff meinen Helm, der auf meinem Schoß lag, und schleuderte ihn mit gewaltigem Krach zu Boden.

»Für eine ehrliche Sache ginge ich zum Sultan, selbst wenn er mich auf der Stelle pfählen würde!« schrie ich. »Das ist eine Selbstverständlichkeit. Glaube mir, Anna, die Machtgier deines Vaters verblendet ihn. Wenn er dem Sultan traut, gräbt er sich sein eigenes Grab. Er kennt Mohammed nicht, ich kenne ihn nur zu gut.«

»In früheren Zeiten«, fuhr ich fort, »wären seine Pläne sinnvoll gewesen. Aber mit des Sultans großer Bombarde ist ein neues Zeitalter angebrochen. Ein Zeitalter, in dem keiner seinem Nächsten trauen kann, und wo der Mensch ein wehrloses Werkzeug der Macht ist. Selbst wenn der Sultan beim Propheten und allen seinen Engeln schwören würde, wenn er dabei die Finger auf den Koran legte, trotzdem würde er sich insgeheim ins Fäustchen lachen; er glaubt weder an den Propheten noch an Engel. Er würde deinen Vater aus dem Weg räumen, sobald er keine weitere Verwendung für ihn hätte.

Aber es hieße die Zeit verschwenden, wollte ich versuchen, Notaras zu warnen. Er würde mir niemals glauben.

Und selbst wenn man dem Sultan trauen könnte«, setzte ich noch hinzu, »würde ich niemals zu ihm zurückgehen, selbst wenn du mich auf Knien darum bätest. Dies ist meine Stadt. Solange sie kämpft, kämpfe auch ich. Wenn ihre Mauern einstürzen werden, falle ich mit ihnen. Das ist mein letztes Wort, Anna. Quäle mich nicht länger. Quäl dich selbst nicht mehr.«

Anna starrte mich an, und sie war blaß vor Zorn und Enttäuschung.

»Dann liebst du mich nicht«, wiederholte sie.

»Nein, ich liebe dich nicht«, sagte ich. »Es war ein Irrtum, ein Wahn. Ich hielt dich für eine andere Persönlichkeit. Verzeih mir; du wirst bald von mir frei sein. Wenn du ihn schön bittest, wird sich der Sultan vielleicht noch bereit erklären, dich in seinen Harem aufzunehmen. Folge dem Rat deines Vaters: er wird alles zu deinem Besten regeln.«

Ich stand auf und hob meinen Helm vom Boden auf. Die Wellen des Marmarameeres glänzten wie geschmolzenes Silber. Der polierte Marmor der Wände spiegelte mein Bild wieder. Ich hatte sie so unwiderruflich verloren, daß ich im Augenblick zu Eis gefroren schien.

»Anna«, preßte ich hervor, aber die Stimme versagte mir. »Wenn du mich noch einmal sehen willst, du findest mich auf der Mauer.«

Sie antwortete nicht. Ich verließ sie und ging meiner Wege. Aber sie lief mir ins Stiegenhaus nach, und schamrot schrie sie mir zu: »So leb denn wohl, verfluchter Lateiner! Wir werden uns nicht wiedersehen. Ich werde stündlich zu Gott beten, daß du sterben mögest und ich dich loswerde. Und wenn ich deinen toten Körper irgendwo finden sollte, werde ich dir ins Gesicht schlagen, um endlich frei zu sein!«

Ihre Worte dröhnten mir noch in den Ohren, meine Lippen bebten, während ich weiterging und meinen Helm aufsetzte.

Notaras kohlschwarzer Rappe wandte den Kopf und schnaubte. Ich fand es nicht unter meiner Würde, ihn zu besteigen; ich schwang mich in den Sattel und trieb ihm die Sporen in die Weichen.

Nun ist es Mitternacht. Heute sehne ich mich nach dem Tod, wie ich mich noch niemals nach etwas gesehnt habe. Giustiniani hat mir freigestellt, den Tod zu suchen, da ich Türkisch verstehe und ihm bei seiner Aufgabe behilflich sein kann. Jesus Christus, Sohn Gottes, erbarme dich meiner.

Denn ich liebe. Denn ich liebe sie sinnlos, hoffnungslos. Lebwohl, Anna Notaras, einzig Geliebte.

19. Mai 1453.

Es scheint, daß ich den Kelch der Vernichtung und des Todes bis auf den letzten Tropfen leeren muß.

Vergangene Nacht war es mir nicht gegönnt zu sterben.

Einmal hatte ich Giustiniani vorgeprahlt, ich sei gefeit, unverwundbar, um ihn damit zu beeindrucken. Ich meinte damit, daß der Geist den Körper und seine Empfindungen meistern könne. Aber ich bin nicht gefeit. Und mein Körper gehorcht meinem Geist nicht mehr.

Die eingefleischten Soldaten beneiden mich: »Du hast Glück, Jean Ange!«

Es ist nicht Glück. Ich erkenne immer klarer und schmerzlicher, daß kein Mensch vor der ihm bestimmten Stunde stirbt. Wie wild der Tod auch Tag und Nacht um die Mauern meiner Stadt toben mag, jede Kugel folgt einer von Gott vorgezeichneten Bahn.

Gestern nacht brannten wir den türkischen Belagerungsturm nieder. In vieler Augen war das ein noch größeres Wunder als seine Errichtung in einer einzigen Nacht.

Während der dunkelsten Stunden lag ich in türkischer Verkleidung am Fuß des Turmes. Ich hörte ihr Losungswort. Irgend jemand trat auf mich, doch weil ich keinen Muskel rührte, hielt er mich für eine Leiche.

Zwei Stunden vor Tagesanbruch erkämpften wir uns den Weg in den Turm, schlugen die Luken ein, und es gelang uns, ein paar irdene Töpfe, die mit Schießpulver gefüllt waren, hineinzuwerfen. Ohne diese hätten wir ihn niemals in Flammen setzen können. Meine Haare und Augenbrauen waren versengt und meine Hände mit Blasen bedeckt. Giustiniani hatte mich nicht bemerkt, als ich zurückgekrochen kam. Ich war der einzige Überlebende von allen, die in den Turm vorgedrungen waren.

Ein paar Mann der türkischen Besatzung flohen. Heute früh ließ sie der Sultan hinrichten und ihre Köpfe auf Pfählen aufpflanzen.

Das Geschützfeuer dröhnt in meinen Ohren, und der Boden erbebt unter meinen Füßen.

Schlimmer als die Schmerzen auf Gesicht und Händen ist die ätzende Bitterkeit in meinem Herzen.

Nach dem Erdbeben in Ungarn; das war das erstemal. Dann bei Varna. Damals sagte er: »Wir werden uns am Sankt-Romanos-Tor wiedersehen.« Heute nacht erwartete ich ihn dort, aber er kam und kam nicht.

20. Mai 1453.

Während der Nacht stellten die Türken mehrere Belagerungstürme auf, wenngleich keiner davon so groß und bedrohlich war wie jener, den wir niedergebrannt haben.

Tag für Tag fahren sie mit ihrer Flotte zur Hafensperre, um die venezianischen Schiffe und Seeleute nicht zur Ruhe kommen zu lassen. Aber ich höre all das nur von anderen, denn ich bin noch nicht imstande, mich anzukleiden und auf die Mauer zu gehen.

21. Mai 1453.

Grant, der Deutsche, besuchte mich heute, wohl, um mir zu zeigen, daß auch sein Bart und seine Hände versengt waren. Die Türken haben nun gelernt, unterirdisch Krieg zu führen, und verteidigen ihre Stollen. Grants Leute, die beim Kaligaritor unterirdische Gänge zur Abwehr angelegt hatten, wurden von einem Regen flüssigen Feuers überrascht, und die Ablösung wurde von einem Wall von Speeren und giftigem Rauch aufgehalten. Grant mußte hinunterkriechen, um seinen Leuten Mut zuzusprechen. Sie konnten zwar den türkischen Stollen vernichten, erlitten aber schwere Verluste. Diese unterirdischen Schlachten erregen in der Stadt abergläubische Furcht.

Grants Augen waren verschwollen und gerötet von den Schwefeldämpfen und schlaflosen Nächten. Er erzählte mir: »Ich habe eine Handschrift des Pythagoras gefunden, aber die Buchstaben tanzen mir wie Fliegen vor den Augen. Ich kann nicht mehr sehen und nicht mehr lesen.«

Sein Gesicht war entstellt vor ohnmächtiger Wut, er ballte die Fäuste und haderte: »Was ist dieser blinde Fleck selbst in den Augen der weisesten griechischen Mathematiker und Künstler? Sie hätten die Welt aus ihrer Bahn werfen können, wie Archimedes versprach, aber als ich dachte, etwas Neues, Wissenswertes gefunden zu haben, konnte ich nur lesen, daß in Bäumen und Steinen Geister wohnen. Auch Pythagoras! Er hätte Maschinen entwerfen können, mit denen er die Naturgewalten in seinen Dienst stellen hätte können – aber das erachtete er geringfügig. Er floh in die Seele, in sein inneres Ich, zu Gott.«

Ich entgegnete: »Nun, warum wollt Ihr dann diesen griechischen Weisen nicht glauben, wenn Ihr schon die Offenbarungen der Bibel und der Kirchenväter nicht anerkennen wollt?«

»Ich weiß nicht, ich weiß nicht«, flüsterte er und rieb sich die Augen. »Vielleicht habe ich im Augenblick nicht alle meine Sinne beisammen. Durchwachte Nächte, endlose Überanstrengung und Anspannung haben mich in ein Fieber geworfen. Meine Gedanken jagen einander nach wie Vögel in der Luft, und ich kann ihren Flug nicht lenken. Was ist das für ein schrecklicher Weg, der in den Menschen führt, aber nicht mehr aus ihm heraus, und der in undurchdringlichem Dunkel endet? Pythagoras konnte eine Welt aus Zahlen schaffen, aber sogar er mußte vor dem Menschen haltmachen, den man nicht aus Zahlen erschaffen kann. Kann die Finsternis der Menschheit nach all dem wichtiger, wesentlicher sein als das helle Licht der Natur und der Naturwissenschaften?«

Ich erwiderte: »Der Geist Gottes ist über die Erde gefegt. Der Geist Gottes hat uns Sterbliche wie feurige Zungen berührt. Daran könnt Ihr nicht zweifeln.«

Er lachte hart, schlug sich gegen die Stirn und schrie: »Unlöschbares Feuer kann menschliches Leben verschlingen. Menschlicher Verstand blitzt aus den Mündungen der Kanonen. Ich glaube an die Freiheit des Menschen – an die Freiheit des Wissens. An nichts sonst.«

»Ihr steht auf der verkehrten Seite«, hielt ich ihm wieder vor. »Ihr würdet Gewinn daraus ziehen, würdet Ihr lieber auf der Seite des Sultans kämpfen, als der römischen Kirche zu dienen.«

»Nein«, beharrte er dickschädlig. »Ich diene Europa und der Freiheit des menschlichen Geistes. Nicht der Macht.«

22. Mai 1453.

Heute morgen wurden beim Kaligaritor zwei Stollen entdeckt. Einer war schon nach einem kurzen, heftigen Gefecht zerstört. Der andere stürzte von selbst ein, da er nicht fachgemäß angelegt war. Grant vermutete, daß die meisten ausgebildeten Mineure zugrunde gegangen sind, so daß der Sultan gezwungen ist, ungeschulte Leute dazu heranzuziehen. Kurz vor Mitternacht zog eine glühende Scheibe ihre Bahn über den Nachthimmel. Niemand konnte sich das erklären. Der Kaiser meinte: »Die Prophezeiungen gehen in Erfüllung. Bald wird es mit dem Kaiserreich nach tausendjährigem Bestand zu Ende gehen. Es wurde von Konstantim dem Ersten gegründet und verschwindet mit dem Letzten. Ich wurde unter einem unglücklichen Stern geboren.«

23. Mai 1453.

Heute ist unsere letzte Hoffnung zunichte geworden. Der Kaiser sollte recht behalten. Durch Fasten, Wachen und Beten schon fürs Jenseits bereit, spürt er die letzten leisen Pulsschläge seines Reiches besser als wir anderen.

Die Brigantine, die wir zur Suche nach der venezianischen Flotte ausgesandt hatten, ist bei Einbruch der Dämmerung zurückgekommen, ohne ihre Sendung erfüllt zu haben. Durch ein Zusammenwirken glücklicher Umstände, Seetüchtigkeit der Besatzung und Tapferkeit gelang es dem Schiff, unbehelligt durch die Dardanellen zu gleiten und die türkischen Wachtschiffe zu passieren.

Zwölf Mann waren in See gestochen, zwölf kehrten zurück. Sechs davon sind Venezianer, die übrigen sind Griechen.

Zwanzig Tage lang haben sie im Ägäischen Meer gekreuzt, ohne ein christliches Schiff ausmachen zu können; dabei waren sie stündlich in Gefahr, von einer türkischen Streife gesichtet zu werden.

Als sie einsahen, daß ihr Streifzug vergeblich war, setzten sie sich zusammen und berieten. Einige meinten: »Wir haben unsere Pflicht erfüllt. Mehr können wir nicht tun. Warum sollen wir in diese Hölle zurückfahren? Der Fall der Stadt ist sicher.«

Die anderen waren anderer Ansicht: »Der Kaiser hat uns ausgesandt. Dem Kaiser müssen wir Meldung machen, wenn auch unsere Bemühungen vergeblich waren. Aber wir wollen abstimmen.«

Ihre Augen begegneten sich, sie brachen in Lachen aus und waren einstimmig dafür, die Brigantine nach Konstantinopel zurückzusegeln.

Ich traf zwei der Leute im Blachernenpalast. Sie lachten noch immer herzlich, als sie von ihrer fruchtlosen Kreuzfahrt erzählten, während ihnen die Venezianer Wein kredenzten und freundschaftlich auf die Schulter schlugen. Aber ihre Augen – noch erfüllt von bestandener Gefahr und dem Kampf mit der See – lächelten nicht.

»Wie konntet ihr nur den Mut aufbringen, in den sicheren Tod zurückzukehren«, fragte ich sie. Voll Verwunderung wandten sie mir ihre wetterharten Gesichter zu und antworteten wie aus einem Mund: »Wir sind venezianische Seeleute.«

Das sagte scheinbar alles. Venedig, die Königin der Meere, hat, mag sie auch noch so habgierig und berechnend sein, ihre Söhne in dem Geist erzogen, zur Verteidigung ihrer Ehre zu leben und zu sterben.

Aber sechs von ihnen waren Griechen. Sie haben gezeigt, daß auch ein Grieche bis zum Tod treu zu einer verlorenen Sache stehen kann.

24. Mai 1453.

Heute nachmittag zog eine beachtliche Zahl Türken in prunkvollem Aufmarsch vor die Wälle beim Sankt-Romanos-Tor. Sie schwangen ihre Fahnen, bliesen die Trompeten und baten, daß ein Unterhändler des Sultans in die Stadt eingelassen werde, um mit Kaiser Konstantin verhandeln zu können. Zur gleichen Zeit stellte die türkische Artillerie das Feuer ein, und die Kämpfenden zogen sich ins Lager zurück.

Giustiniani argwöhnte, es sei eine Falle, und war nicht einverstanden, daß man den türkischen Unterhändler sehen lassen sollte, wie arg die Mauer beschädigt und wie unzulänglich der Behelfswall ist. Aber als Kaiser Konstantin die Zinnen erstieg, sah er, daß der Unterhändler ein persönlicher Freund von ihm war, nämlich der Emir von Sinope, Ismail Hamza. Viele Generationen hindurch hatte die Familie dieses Mannes freundschaftliche Beziehungen zu den Kaisern von Konstantinopel unterhalten, wenngleich der alte Murad kurz vor seinem Tod einen Vertrag mit ihm schloß, in dem er einwilligte, daß Mohammed Ismails Hamzas Tochter heiraten sollte. Nichtsdestoweniger grüßte ihn Kaiser Konstantin herzlich und ordnete an, man möge ihm helfen, über den Wall zu gelangen. Durch die Hintertüre wurde er in die Stadt eingelassen.

Kaum hatte der venezianische Bailo gehört, daß ein Unterhändler gekommen sei, zog er eine Reihe der Venezianer von den Mauern ab und marschierte an der Spitze von zweihundert Soldaten zum Hauptquartier des Kaisers. Giustiniani hingegen hatte Essen und den letzten Wein unter seine Leute verteilt und ging nun von einem zum anderen, stieß ihn an und schrie: »Lacht, ihr verdammten Kerle, lacht doch – ich drehe euch sonst den Kragen um!«

Ismail Hamza strich sich bedächtig den Bart, während er sie scharf musterte, aber er sah nichts als lachende Männer, wohlgerüstet, die an Fleischstücken kauten und achtlos die

Reste wegwarfen. Der Kaiser reichte ihm die Hand zum Kuß und sprach sein Bedauern darüber aus, daß sie sich unter diesen Umständen wiedersehen mußten.

Der Emir von Sinope verkündete laut und deutlich, damit er auch von den Soldaten verstanden werden möge: »Möge dieser Tag ein Tag des Heils werden, denn Sultan Mohammed hat mich gesandt, Euch zu ehrenvollen Bedingungen den Frieden anzubieten!«

Bei diesen Worten brachen Giustinianis Männer in noch lauteres Gelächter aus als zuvor, obgleich in Wirklichkeit viele von ihnen vor Erschöpfung dem Weinen nahe waren. Giustiniani hatte seinen Dolch in der Hand, als er hinter seinen Männern auf und ab ging, und stach jedem heimlich ins Bein, der nicht laut genug lachte.

Ismail Hamza bat den Kaiser, ihn unter vier Augen sprechen zu dürfen. Ohne zu zögern und ohne der Warnungen seines Kanzlers zu achten, geleitete ihn der Kaiser in sein Hauptquartier und schloß sich in dem kleinen Raum mit ihm ein. Mittlerweile erschien der venezianische Bailo, der einen Truppenkordon um den Turm gezogen hatte, vor dem Rat der Zwölf und forderte, man möge dem Kaiser mitteilen, daß die Venezianer ihre Zustimmung zu irgendwelchen Geheimabkommen mit den Türken verweigerten.

Der Kaiser antwortete, es sei nie seine Absicht gewesen, irgendwelche Entschlüsse hinter dem Rücken seiner Verbündeten zu fassen; danach versammelte er seine Vertrauten um sich und gab ihnen die Friedensbedingungen des Sultans zu wissen.

Ismail Hamza bedeutete ihnen gewichtig: »Um Euretwillen und um Eures Volkes willen bitte ich Euch, diese Bedingungen anzunehmen; es sind die besten, die Euch überhaupt angetragen werden können. Eure Mauern sind im Einstürzen und an vielen Stellen schon dem Erdboden gleichgemacht. Eure Stadt ist in einer verzweifelten Lage, die Verteidiger auf ein kleines Häuflein zusammengeschmolzen und ausgehungert und die Städter der Verzweiflung nahe. Das ist Euer letzter Ausweg. Wenn Ihr jetzt nicht einwilligt, wird der Sultan jeden bis auf den letzten Mann erschlagen, die Frauen und Kinder als Sklaven verkaufen und die Stadt stürmen und zur Plünderung freigeben.«

Die Venezianer schrien: »Um Gottes willen, traut dem verräterischen Sultan nicht! Was gilt schon sein Versprechen? Die Türken haben ihr Wort schon oft gebrochen. Haben wir unser Blut umsonst vergossen – haben unsere besten Männer umsonst auf den Wällen ihr Leben gelassen, um Euch den Thron zu erhalten? Nein, nein, der Sultan schwankt, weil er sich seines Sieges nicht sicher ist. Warum würde er sonst versuchen, die Stadt durch schlaue Friedensangebote zu überlisten?«

Ismail Hamza nahm diese Worte sehr krumm und entgegnete verletzt: »Wenn Ihr nur etwas Hirn in Euren Schädeln hättet, müßtet Ihr einsehen, daß die Lage von Konstantinopel hoffnungslos ist. Aus reiner Menschlichkeit – nur von dem Wunsch beseelt, Euch all die Schrecken einer Erstürmung zu ersparen – bietet der Sultan dem Kaiser freien Abzug mit seinen Schätzen, seinem Gefolge und persönlichen Freunden an. Untertanen, die mit ihm ziehen wollen, steht es frei, ihr Hab und Gut zu nehmen und mit ihm zu gehen. Jenen, die bleiben, wird Schutz und Sicherheit ihres Lebens und Eigentums zugesichert. Der Kaiser kann sich als Verbündeter des Sultans nach Morea zurückziehen, und der Sultan wird seine Rechte gegen alle Angreifer verteidigen.«

Bei diesen Worten fingen die Venezianer an zu schreien und auf ihre Schilde zu schlagen, um seine Stimme zu übertönen. Aber der Kaiser beugte sein Haupt und erklärte feierlich: »Eure Bedingungen sind schmachvoll und unehrenhaft. Es läßt sich mit meiner Ehre als Basileus nicht vereinen, sie anzunehmen, selbst wenn ich könnte. Aber ich kann nicht. Es steht nicht in meiner Macht noch in der irgendeines von uns, die Stadt auszuliefern. Wir sind bereit zu sterben und werden ohne Klage unser Leben aushauchen.«

Niedergeschlagen und verächtlich blickte er auf die lärmenden Venezianer, die Feuer und Flamme dafür waren, bis zum letzten Griechen zu kämpfen. Haben sie nicht ihre großen Schiffe im Hafen liegen: die Möglichkeit zu fliehen, wenn alles verloren ist?

Der Sultan muß sehr wohl gewußt haben, daß der Kaiser Bedingungen dieser Art nicht annehmen konnte. Aber um der Friedenspartei willen – und des Heeres wegen, das über die erlittenen Rückschläge unwillig war – mußte er zu diesem Plan Zuflucht nehmen, um seinen Untertanen vor Augen zu führen, wie verstockt und unnachgiebig die Griechen sind. Er ist auch nur ein Mensch und im Grunde genommen ein schwacher.

Wenn unsere Stadt nun auch die Beute wilder Verzweiflung und Furcht ist, so muß doch für Sultan Mohammed die Ungewißheit mindestens ebenso schwer zu ertragen sein. Er hat alles auf eine Karte gesetzt, und es bleibt ihm nur die Wahl zwischen Sieg oder Untergang. Er hat nicht nur die Stadt gegen sich, sondern auch Leute aus seinen eigenen Reihen.

Aus diesem Grund ist Sultan Mohammed nun der Einsamste der Einsamen; sogar einsamer als Kaiser Konstantin, der seinen Entschluß gefaßt hat.

Aus diesem Grund bin ich nun insgeheim mit Sultan Mohammed verbrüdert; ich vermisse ihn, ich möchte noch einmal dieses undurchdringliche Gesicht, diesen eigenwilligen Kiefer sehen, diese Raubtieraugen mit ihrem goldenen Glanz. Ich möchte mit ihm sprechen und mich noch einmal davon überzeugen, daß ich in einer Zeit, wo er und seinesgleichen die Welt beherrschen, nicht weiterleben mag.

Ihm gehört die Zukunft. Er wird das Spiel gewinnen. Aber die Zukunft mit ihm ist nicht lebenswert.

»Lacht, lacht!« befiehlt Giustiniani seinen Genuesen. Und als der Emir von Sinope aufbrach, konnten sie nicht aufhören

– jene Männer mit den ausgemergelten Gesichtern, zerspellten Rüstungen und blutverschmierten Verbänden. Sie lachten, sie lachten aus vollem Halse, und während sie lachten, haßten sie Giustiniani, daß er sie unaufhörlich zu übermenschlichen Anstrengungen antrieb. Sie hassen ihn, aber sie lieben ihn. In einem geheimen Winkel ihrer Herzen lebt der Traum von einem Weingarten und einem weißen Haus an den Hängen von Lemnos. Von griechischen Sklavenarbeitern und fruchtbaren Feldern. Von den Rechten des Grundherrn auf die Unschuld draller Bauerndirnen und von Zechgelagen der Kumpane.

Mit Tränen der Erschöpfung in den Augen brüllten sie vor Lachen und wankten zur Mauer zurück, während die Türken mit wehenden Bannern und schmetternden Trompeten fortritten. Als die hundert Geschütze wieder auf uns einhämmerten, bückte sich Giustiniani und hob einen Knochen vom Boden auf. Es war noch etwas Fleisch daran, und er putzte den Sand weg und nagte ihn blank.

»Meine Herzogskrone kommt mich teuer zu stehen«, bemerkte er. »Ich habe zwanzig Pfund meines eigenen Fleisches und Blutes verloren, und noch ist kein Anzeichen eines Sieges zu sehen.«

»Nein, kein Anzeichen eines Sieges zu sehen«, wiederholte er und schaute dabei nach der großen Bresche, die nun schon tausend Fuß breit und nur noch durch einen Wall von Erde, Holz, Faschinen und Steinblöcken an Stelle der Außenmauer geschützt ist, wo aber Schanzkörbe zum Schutz der Bogenschützen stehen.

Heute ist Donnerstag, und morgen ist der heilige Tag des Islam. Den nächsten Donnerstag werde ich vielleicht nicht mehr erleben. Mohammed hat nun die Gebote des Korans eingehalten, und er hat uns den Frieden angeboten, bevor er die Stadt stürmt. Die Zeit ist reif für den großen Ansturm des Islams: »Jenes Heer ist das stärkste, jener Fürst der größte aller Fürsten, der Konstantinopel erobern wird.«

Wir sind das Ausfallstor nach dem Westen. Der letzte westliche Vorposten gegen den Osten. Wenn die Mauern eingestürzt sind, werden unsere Leiber der letzte, der einzige Wall sein.

25. Mai 1453.

Heute versammelte Kaiser Konstantin in aller Frühe den Senat, seine Ratgeber und die Vertreter der Kirche. Er berief ihn ein, weil er wußte, daß der Patriarch Gregorius Mammas sein Amt niedergelegt hatte. Kardinal Isidor wohnte der Versammlung nicht bei; er bleibt in dem Turm, dessen Verteidigung er übernommen hat.

Das war ein letzter Versuch, die Anhänger und Gegner der Union zu vereinen. Aber auch der blieb auf halbem Wege stecken. Wir sind nun zwar einen alten Mann los, den die Griechen hassen und die Lateiner verachten, aber nun ist die Kirche ganz ohne Bischof. Von seiner Zelle im Pantokratorkloster aus herrscht der unsichtbare, unnachgiebige Geist des Mönches Gennadios über Kirche und Klöster und verkündet Unheil.

Der Sultan hat in seinem Lager allgemeines Fasten angeordnet und alle Gläubigen aufgerufen, die vorgeschriebenen Waschungen und Andachtsübungen vorzubereiten. Erbittert durch Hunger und Durst haben die Türken den ganzen Tag lang angegriffen und jedes Mal wie eine Meute wilder Hunde gejohlt, wenn sie einen Christen fallen sahen. Manchmal rufen sie im Chor: »Allah ist Allah und Mohammed ist sein Prophet!« Ihr klagendes Triumphgeschrei wirkt auf Griechen und Lateiner gleich bedrückend. Viele Lateiner fangen an, darüber zu sprechen. »Kann es Gott wirklich zulassen, daß die Türken siegen?« fragen sie. »Wenn ja, ist das nicht Beweis genug, daß ihr Gott mächtiger ist als unserer und ihr Prophet stärker als Christus, der sich ans Kreuz schlagen ließ?«

Minotto, der venezianische Bailo, ist fromm geworden und hat die Sakramente empfangen. Er ist bemüht, mit Giustiniani wettzueifern und zu beweisen, daß ein Venezianer jedem Genuesen ebenbürtig ist. Die venezianischen Seesoldaten haben bei der Verteidigung des nördlichen Flügels des Blachernenpalastes, der Pentapyrgionfestung, übermenschliche Tapferkeit an den Tag gelegt. Nicht einem einzigen Türken ist es dort gelungen, die Mauer zu erklimmen.

Bei Einbruch der Dämmerung wurden im türkischen Lager Freudenfeuer entzündet. Trommeln rollten und Trompeten dröhnten so teuflisch, daß viele auf den Mauern dachten, es sei ein Feuer ausgebrochen. Aber das gehört alles zum türkischen Fasten. Mit Anbruch der Nacht dürfen sie essen und trinken, und das Fasten wird erst mit der Morgendämmerung wieder aufgenommen, sobald man einen weißen Faden von einem schwarzen unterscheiden kann. Im Schein ihrer riesigen Feuer lag das Lager taghell erleuchtet da.

Je näher die Stunde der Entscheidung rückt, desto argwöhnischer beobachten mich die Venezianer. Sie behaupten, ich spionierte unter ihnen im Auftrag Giustinianis, und ihre Verlegenheit beweist nur, daß sie etwas zu verbergen haben. Vermutlich haben sie nun einen Weg gefunden, wie sie den Sieg am leichtesten für Venedig buchen können, sollte der Angriff fehlschlagen und die Belagerung aufgehoben werden. Der lockende Gewinn ist so groß, daß sie die Zeit nicht reut, das Unmögliche zu versuchen. Noch dazu ist die Mauer, die um den Blachernenpalast läuft, noch immer so stark, daß die Türken aus dieser Richtung niemals in die Stadt einbrechen können, solange die Venezianer sie wie bisher verteidigen.

Dort, wo die Außen- und die Hauptmauer mit der des Blachernenpalastes im rechten Winkel zusammenstoßen, führt eine halbverfallene Ausfallspforte in der großen Mauer von der Straße herein. Vor vielen Jahren wurde sie als Abkürzungsweg zu einem Zirkus, der außerhalb der Stadt errichtet worden war, benützt, und aus diesem Grund ist sie als Kerkoporta bekannt, obgleich sie später zugemauert wurde. Nun wurde sie gleich allen anderen Hintertüren wieder aufgebrochen. Durch sie kann man bequem vom Porphyrogennetospalast zu dem Abschnitt der Brüder Guacchardi beim Charisiostor gelangen und von dort weiter zwischen den Mauern bis in Guistinianis Abschnitt.

Bei der Kerkoporta ist die Mauer unbeschädigt, und die Türken haben dort noch keinen Angriff gewagt, weil die rechtwinklig angelegte Mauer den Angreifer Gefahr laufen läßt, sich einem Kreuzfeuer auszusetzen. Daher können auf diesem sicheren Weg am schnellsten Verstärkungen zum Charisiostor gesandt werden, wo die Wälle fast ebenso vollständig eingestürzt sind wie beim Sankt-Romanos-Tor. Die Venezianer haben eigene Bereitschaften aufgestellt, die im Notfall abgezogen und den Guacchardis zu Hilfe gesandt werden können. In diesem ruhigen Abschnitt an der Kerkoporta sind Innen- und Außenmauer nur von einer Handvoll Griechen besetzt. Zur Rechtfertigung der Lateiner muß gesagt werden, daß sie bereitwilligst die gefährlichsten Stellungen bezogen haben.

Kurz vor Mitternacht tauchte Manuel bei mir auf. Er war außer sich vor Angst und stotterte: »Die große Kirche brennt!«

Wir stiegen auf das Palastdach, wo sich schon viele Neugierige versammelt hatten. Noch immer brannten die türkischen Feuer lichterloh, aber inmitten der im Dunkeln liegenden Stadt war die Kuppel der Sophienkirche durch einen seltsam uniridischen Schein erleuchtet. Es war nicht so sehr Feuer als ein hellglänzendes blaues Licht. Als die Lateiner das sahen, munkelten sie, das sei ein böses Omen.

Dieses seltsame Leuchten zuckte um die Kuppel, einmal matter, dann wieder stärker. Ich machte mich auf den Weg in die Stadt, in Richtung auf die Kirche, und ich war nicht allein unterwegs. In der Dunkelheit raunte um mich herum eine verstörte Menschenmenge; alle strebten an denselben Ort. Ich hörte das Schluchzen und Wehklagen der Weiber und den Chorgesang der Mönche. In der Nähe der Kirche war das blaue Licht so stark, daß sich niemand heranwagte. Die Leute fielen auf dem feuchten Boden auf die Knie und fingen zu beten an. Gott schickte uns ein Zeichen. Das Überirdische nahm irdische Gestalt an. Nun, wo ich es mit meinen eigenen Augen gesehen habe, besteht für mich kein Zweifel mehr, daß das christliche Zeitalter zu Ende und die Zeit des wilden Tieres angebrochen ist.

Die Kuppel leuchtete und schimmerte über eine Stunde. Dann verblaßte die Helligkeit plötzlich; sie flackerte noch eine Zeitlang und verlöschte dann. Der Himmel hing so voll schwerer Wolken, daß die Nacht uns plötzlich in pechschwarze Finsternis hüllte. Auch die türkischen Feuer verglommen, und ihr Schein erleuchtete die Wolken über uns nicht mehr. Die Luft war mit Feuchtigkeit gesättigt und mit dem Geruch nach Erde und Verwesung geschwängert, so daß man glauben konnte, durch einen Gottesacker zwischen frischen, offenen Gräbern zu gehen.

In der Dunkelheit schob sich eine zarte weiße Hand in meine. Vielleicht gab ich mich nur einer Täuschung hin, als ich glaubte, es zu spüren. Ich wagte nicht, sie zu ergreifen oder zu ihr zu sprechen. Vielleicht war es nur ein Kind, das seine Eltern verloren hatte und bei mir Schutz suchte; oder eine Frau, die, von Furcht und Finsternis übermannt, sich nach der Gegenwart eines Mannes sehnte. Doch ich erkannte ihre Hand. Sie war heiß und hilflos: ein stummer Gruß der Versöhnung vor dem Tod.

Sie sagte kein Wort. Wir atmeten in der Finsternis, und unsere Hände fanden sich. Schmerzlich schlugen unsere Pulse aneinander, ein stummes Bekenntnis unserer beider Not. Alles war gut. Es war am besten so. So verstanden wir einander in einem Augenblick, da Worte das Band zwischen uns nur zerrissen hätten.

So einfach, selbstverständlich – so klein, schwach und hilflos. Eine fiebernde Hand in der Dunkelheit, inmitten des dumpfen Modergeruches. Über Gräber hinweg, über den Tod hinaus reichten wir einander die Hände zur Versöhnung. Dann war sie fort. Selbst wenn es nur Täuschung, bloßer Wahn; ich war zutiefst mit allem versöhnt. Als ich dann meinen Weg zum Blachernenpalast wie ein Schlafwandler zurückwankte, zermarterte keine Bitterkeit mehr mein Hirn. Ich war frei; die düsteren Schleier gelüftet. Ich war Zeuge eines Wunders gewesen und hatte eine menschliche Hand in meiner gehalten.

26. Mai 1453.

Das nächtliche Wunder bei der Sophienkirche hat die Stadt in solchen Aufruhr versetzt, daß schon am frühen Morgen eine Menschenmenge, angeführt von Mönchen und Nonnen, in den Blachernenpalast strömte, um das wundertätige Standbild der Heiligen Jungfrau aus der Kirche zu holen und auf die Mauern zu tragen. Mit schmalem, unbeschreiblich traurigem Gesicht, das von Gold und kostbaren Steinen umrahmt war, schaute die Heilige Jungfrau auf die Gemeinde. Viele sahen, wie sich ihre Züge belebten und ihre Augen Tränen vergossen. Jeder wollte das Bild berühren, und in dem Gedränge fiel es zu Boden. Im gleichen Augenblick ergossen sich taubeneigroße Regentropfen aus den tiefhängenden Wolken; bevor man sich's versah, hatte sich der Guß in einen Wolkenbruch verwandelt, die Luft verfinsterte sich, und das Wasser schoß in Gießbächen auf den Straßen daher. Das wundertätige Standbild wurde schwer wie Blei, als es in der Nässe lag, so daß es nur den stämmigsten Mönchen mit vereinten Kräften gelang, es aufzuheben und ins Chorakloster zu tragen, um es in Sicherheit zu bringen.

Wir hofften, daß der Regen das türkische Schießpulver

durchnässen würde, aber diese Hoffnung war vergebens. Sogar während des Unwetters brüllten die Kanonen dann und wann, und als es vorüber war und der Boden dampfte, begann eine wilde Beschießung, so als wollten sie das Versäumte nachholen.

Die Türken fasten noch immer. Später sah ich von den Zinnen aus, wie sich die türkischen Befehlshaber auf dem Hügel beim Zelt des Sultans versammelten. Der Kriegsrat dauerte den ganzen Nachmittag. Dann sprengten die grüngekleideten Tschauschen in alle Richtungen des Lagers und verkündeten seine Befehle. Das Geschrei und Gejohle, das anhob, das Freudengeheul und der Klang der Instrumente und Stimmen übertraf alles, was wir bisher gehört hatten, und wuchs gegen Abend zu einem unaufhörlichen Getöse an, so daß es sich anhörte wie das Rollen des Meeres. Es war nicht schwer zu erraten, daß der Sultan den Tag und die Stunde seines letzten Angriffs festgesetzt hatte.

Als ich sah, daß der Sultan den großen Diwan versammelt hatte, machte ich mich zum Sankt-Romanos-Tor auf und suchte Giustiniani, der auf der Mauer war und die unausgesetzte Arbeit an den Barrikaden leitete.

»Der Blachernenpalast ist in gutem Zustand«, rief ich ihm zu. »Der Angriff wird jeden Augenblick losgehen. Laßt mich an Eurer Seite beim Sankt-Romanos-Tor kämpfen. Ich habe vor neun Jahren bei Varna ein Stelldichein für hier verabredet. Ich möchte nicht jenem Kaufmann von Samara gleichen, wenn die Stunde naht.«

Er schob seinen starken Arm freundschaftlich unter meinen, öffnete sein Visier, und als er mich anschaute, stand ein Lächeln in seinen blutunterlaufenen Ochsenaugen. Er schien heimlich über etwas zu lachen, was ich nicht wußte.

»Viele melden sich heute hier«, sagte er. »Ich fühle mich geschmeichelt, denn das beweist mir, daß hier der Ehrenplatz ist. Selbst Sultan Mohammed hat mich mit seiner Aufmerksamkeit beehrt«, fuhr er fort und zeigte auf einen Holzbalken, der aus dem Erdwall ragte. Von seinem Ende baumelte die Leiche eines stoppelbärtigen Trödlers, der noch seinen Schurz umgebunden hatte und mit den Fersen am Boden scheuerte.

»Der Sultan ließ mir durch einen Boten sagen, er bewundere meine Tapferkeit und militärische Geschicklichkeit. Er verlange keinen Verrat von mir, da er meine Ehre nicht verletzen wollte. Aber wenn ich mich mit meinen Männern von der Mauer absetzen und an Bord der Schiffe im Hafen gehen würde, so verspreche er mir, mich zu einem reichen Mann zu machen und mir das Kommando über die Janitscharen zu geben. Er würde mir sogar erlauben, meine Religion zu behalten, denn er habe schon Christen in seinen Diensten. Falls ich einverstanden wäre, sollte ich meine Flaggen streichen. Statt dessen hißte ich seinen Boten. Das war meine Antwort, und er sieht sie hoffentlich, wenngleich ich meine Männer in der gegenwärtigen Gefahr nicht damit beschäftigen kann, mir einen ordentlichen Galgen aufzustellen.«

Er rieb sich das Gesicht, weil es vor Schweiß und Schmutz brannte, und setzte hinzu: »Eine solche Botschaft bringt uns ein Quentchen Hoffnung. Das Schicksal der Stadt liegt bei unseren Schwertern. Der Kaiser schickt uns seine edelsten Ritter und eine Auslese seiner Wachen. Mehr als dreihundert meiner Leute sind kampfbereit. Wir werden dem Sultan zeigen, daß ein lebender Wall von Eisen stärker ist als ein steinerner.

Doch ich traue nichts und niemandem«, versetzte er und maß mich voll Argwohn. »Es ist besonders verdächtig, daß gerade Ihr hierher zurückkommen wollt, und gerade heute. Mit dem letzten Atemzug noch drohte mir diese Krämerseele, der Sultan habe noch viele andere Möglichkeiten, um sich meiner zu entledigen. Darum bin ich nicht allzu sehr erpicht darauf, einen Mann in meinem Rücken zu haben, der aus dem Lager des Sultans geflohen ist, so gute Freunde wir auch sein mögen, Jean Ange.«

»Wenn Sultan Mohammed einmal einen Plan gefaßt hat, so wird er ihn mit allen Mitteln auszuführen trachten«, pflichtete ich ihm bei. »Wenn Ihr ihm im Wege seid, wird er nicht zögern, einen Mörder zu dingen.«

»Ihr werdet wohl verstehen, daß ich keine Fremden um mich haben möchte«, meinte Giustiniani wohlwollend. »Aber wenn man ein weiches Herz hat, kann man es nicht verhindern, daß doch einige da sind. Außerdem gehört es zu meiner Pflicht als Protostrator, Euch im Auge zu behalten und zu verhindern, daß Ihr eine Unbesonnenheit begeht. Bleibt mir in Sehweite, wenn die Schlacht beginnt, oder ich werde die ehrenvolle Pflicht haben, Euch einen Führer beizustellen.«

Im gleichen Augenblick erspähten wir Megadux Notaras, der sich auf seinem Rappen, umgeben von einer Streife, näherte. Bei der Ausfallspforte stieg er ab und kam offensichtlich auf Giustinianis Abschnitt zu. Giustiniani legte die Hände an den Mund und rief seinen Leuten zu, sie sollten dem Großherzog den Zugang zu den Wällen verwehren. Giustiniani glitt an der zerborstenen Mauer nieder und landete mit einem Sprung vor Notaras.

»Ihr habt nicht auf meiner Mauer herumzuspionieren«, schrie er. »Hier bin ich König. Gebt mir lieber meine beiden Geschütze zurück, denn wenn ich sie jemals brauchte, dann jetzt.«

Notaras lächelte höhnisch: »Wollt Ihr, daß die Griechen den Hafen mit ihren bloßen Händen verteidigen? Wenn jemals, dann werden die Geschütze jetzt gebraucht, um uns die türkischen Schiffe vom Leib zu halten.«

Giustiniani knirschte mit den Zähnen, daß seine Kiefer krachten, und brüllte aus Leibeskräften: »Oh, warum renne ich dir nicht mein Schwert durch den Leib, verfluchter Verräter!«

Notaras verfärbte sich, schaute sich um und griff nach seinem Schwert; aber er war klug genug, einen Mann wie Giustiniani nicht anzugreifen. Er zog sich ein paar Schritte zurück, bis seine Männer ihm den Rücken deckten, versuchte zu lächeln und erwiderte mit erzwungener Ruhe: »Gott mag entscheiden, wer von uns der Verräter ist, der Kaiser oder ich. Tragt Ihr nicht ein Papier mit Euch, dreifach gesiegelt, auf dem schwarz auf weiß das Versprechen steht, daß Ihr Lemnos als Herzogtum bekommt, wenn Ihr die Stadt bis zum Sieg verteidigt?«

»Nun ja. Und?« fragte Giustiniani und schaute Notaras fest in die Augen, um irgendein Zeichen der Falschheit zuentdekken. Aber Notaras' Stimme war fest, als er fortfuhr: »Verdammter Narr von einem Lateiner! Wißt Ihr nicht, daß der Kaiser Lemnos dem König von Katalonien als Gegengabe für Schiffe und Hilfstruppen versprochen hat, noch ehe die Belagerung begann? Die Schiffe sind niemals angekommen, aber die Katalonier haben Lemnos schon lange besetzt. Ihr werdet noch einen Krieg darum führen müssen, wenn Ihr diesen überlebt.«

In Giustinianis Gesicht zuckte es, und er brach in ein höllisches Gelächter aus.

»Ein Grieche bleibt ein Grieche!« keuchte er. »Seid Ihr bereit, auf das, was Ihr sagt, das Kreuz zu küssen?«

Notaras zog sein Schwert und küßte das Kreuz des Heftes.

»So sicher, wie Gott alle Menschen nach ihrem Leben richten wird, so sicher hat Kaiser Konstantin den Anspruch der Katalonier auf Lemnos in einer Bulle verbrieft. Ihr verdient Euch eine Narrenkappe, Giustiniani, kein Herzogtum.«

Hat jemals ein so giftiger Pfeil das Herz eines Mannes in einem schicksalshafteren Augenblick getroffen? Zufrieden bestieg Notaras sein Pferd und ritt von dannen. Durch die Hintertür ging ich zu Giustiniani. Als er mich erblickte, legte er mir seine große Hand auf die Schulter, wie um sich zu stützen, und meinte: »Lug und Trug lauern überall unter den Menschen. Vielleicht ist nicht einmal mein Herz ganz frei davon; ich habe mehr für Genua gekämpft denn für den Kaiser. Aber ich schwöre in dieser Stunde, daß ich bis zum Äußersten kämpfen werde, solange irgendwelche Hoffnung besteht, aber zu meinem eigenen unsterblichen Ruhm, damit von mir und meiner Geburtsstadt gesprochen werden möge, solange noch ein einziger Stein von diesen Mauern steht.«

Er weinte bittere Tränen, und während er sich mehrere Male bekreuzigte, betete er: »Gott sei mir armem Sünder gnädig, und wenn es Dein Wille ist, laß die Stadt lieber den Türken in die Hände fallen als den Venezianern. Die Würmer sollen ihre Schiffe zerfressen, der Wind soll ihre Segel in Fetzen reißen. Die Griechen zu verfluchen, ist nicht der Mühe wert. Mit denen werden schon die Türken aufräumen.«

Nach diesem Gebet befahl er seinen Leuten, das Purpurbanner des Kaisers einzuholen und nur seine eigene Standarte über dem Schutthaufen, der hier noch von der Hauptmauer übriggeblieben ist, wehen zu lassen.

Die Nacht ist wieder schwarz, und die türkischen Feuer verqualmen. Ich muß über das menschliche Herz und das Trugbild, das wir Ehre nennen, staunen, das sogar einen so hartgesottenen Berufssoldaten wie Giustiniani bewegt, seinen eigenen Vorteil außer acht zu lassen und sein Leben allein um der Ehre willen aufs Spiel zu setzen. Jetzt, wo der Kaiser in seiner verzweifelten Lage versucht hat, sich dadurch Hilfe zu erkaufen, daß er sein Wort brach, könnte Giustiniani mit ruhigem Gewissen auch von sich aus den Vertrag für ungültig erklären und seine Männer einschiffen. Der Sultan würde ihn mit Roßhaarschweifen und Ehrenkaftans überschütten, sollte er nach der Belagerung in türkische Dienste treten.

Nach alldem muß doch mehr in einem Menschen stecken als Selbstsucht und politischer Ehrgeiz.

Lebt vielleicht sogar in Lukas Notaras etwas, das mehr ist als bloße Machtgier?

Mein Diener Manuel zählt seine Barschaft. Er schaut ängstlich um sich und ist in großer Not, denn er weiß nicht, wo er sie vor den Türken verstecken soll.

28. Mai 1453.

Heute bereiten die Feinde alles zum Angriff vor, und durch die Dunkelheit dringt leises, ununterbrochenes Gemurmel, während sie ihre Sturmleitern, Sturmböcke, Brücken und Faschinen heranschaffen. Ihre Feuer brannten nur kurze Zeit und wurden dann wieder verlöscht, als der Sultan seinen Leuten erlaubte, vor dem Angriff ein paar Stunden zu schlafen.

Aber wie kann ich in einer Nacht wie dieser schlafen? In elfter Stunde sind Freiwillige aus der Stadt zu uns gestoßen, um uns zu unterstützen, und schleppen Steine und Erde zu den Breschen. Daher hat Giustiniani seinen eigenen Männern Ruhe gegönnt. Heute nacht und morgen wird jeder den letzten Funken seiner Kraft dringend brauchen. Aber wie kann ich am Totenbett meiner Stadt schlafen?

Heute ist kein einziger Kienspan mehr da, kein Krümchen Brot. Der Kaiser hat befohlen, alle Lagerhäuser auszuräumen, und alles, was noch da war, ist verteilt worden: sogar die Lateiner haben ihr Teil bekommen.

Es ist ein seltsames Gefühl zu wissen, daß diese Nacht meine letzte sein wird, die Nacht, auf die ich gewartet habe, die Nacht, für die mein ganzes Leben nur Vorbereitung war. Ich kenne mich selbst zu wenig, aber ich hoffe, ich werde tapfer bleiben. Ich weiß, daß der Tod nicht so schmerzlich ist; ich habe viel davon gesehen in diesen letzten Wochen.

Heute bin ich klein und demütig. Heiter gelassen. Ruhig. Glücklicher denn je.

Vielleicht ist es nicht recht, in einer Nacht wie dieser Glück zu empfinden. Aber um meiner selbst willen tadle oder richte ich niemanden. Ich kann den Venezianern gleichgültig zusehen, wie sie ihre Güter aus den Schiffen in des Kaisers Lagerhäusern überprüfen und Bootsladungen kostbarer Möbel und Teppiche und wertvollen Geschirrs zurück zu ihren Schiffen rudern. Ich verurteile die Reichen, Weisen und Vornehmen nicht, die sich um die elfte Stunde ihr Leben und eine Schiffskarte für sich und ihre Famiie erkaufen.

Jeder handelt so, wie es ihm sein Gewissen befiehlt. Auch Lukas Notaras und Gennadios. Kaiser Konstantin. Giustiniani.

Die Brüder Guacchardi würfeln, singen italienische Liebeslieder und trinken mit Maß – in dem einzigen Turm, der beim Charisiostor noch stehengeblieben ist.

Wie schön, wie feierlich und gelöst ist diese Stunde! Noch nie hat sich das Papier in meiner Hand so weich und rein angefühlt; noch nie hat die Tinte so schwarz geglänzt. Meine Sinne sind geschärft und wacher denn je. So also betrachten Sterbende zum letztenmal die Vergänglichkeit und Eitelkeit des Lebens.

Warum bin ich so glücklich? Warum freue ich mich heute auf den Tod?

Am frühen Morgen meldete ich mich bei Giustiniani. Er schlief noch in seiner Kasematte unter der großen Mauer, obgleich die Erde unter dem ersten Geschützregen des Tages erbebte. Er war in voller Rüstung, und neben ihm lag ein griechischer Jüngling in funkelnagelneuem Panzer. Ich schätzte, daß es so ein junges Blut sei, eins von denen, die der Kaiser Giustiniani als Verstärkung versprochen hatte. Sie haben einen Eid abgelegt, beim Sankt-Romanos-Tor dem Tod ins Auge zu schauen.

Der Knabe erwachte und richtete sich gähnend auf, rieb sich mit seinen schmutzigen Fäusten die Augen und strich sich das zerzauste Haar glatt. Er streifte mich mit einem hochmütigen Blick, und ich hielt ihn für einen der Söhne Notaras'. Er sah seinem Vater ähnlich. Ich neidete ihm ein wenig die Gunst, die Giustiniani ihm erwies, und würdigte ihn daher keines Blickes. Im gleichen Augenblick erwachte Giustiniani, streckte und räkelte sich in seiner ganzen Länge, und ich fragte spitz: »Ihr seid doch hoffentlich nicht in das alte lateinische Laster verfallen, Giustiniani? Gibt es denn keine

Frauen in der Stadt, die Euch entzücken können?«

Giustiniani lachte hellauf, schüttelte den Knaben an den Haaren und gab ihm einen freundschaftlichen Klaps auf den Rücken.

»Aus den Federn mit dir, du Faulpelz, an die Arbeit« schalt er scherzend.

Der Knabe stand auf, schaute mich von der Seite an, ging zu einem Weinkrug und füllte einen Becher, den er Giustiniani kniend reichte.

Ich höhnte: »Dieser Knabe könnte Euch in einem Handgemenge nicht einmal den Rücken decken, er ist zu schmächtig. Und er scheint mir eher für eine Parade gekleidet zu sein als zum Kampf. Werft ihn hinaus und laßt mich seinen Platz an Eurer Seite einnehmen. Der Bailo hat keine Verwendung mehr für mich im Blachernenpalast.«

Giustiniani schüttelte seinen massigen Schädel und schaute mich belustigt an: »Seid Ihr blind? Erkennt Ihr diesen vornehmen Jüngling nicht?«

Im selben Augenblick gingen mir die Augen auf; ich erblickt Giustinianis Protostratorkette um seinen Hals.

»Großer Gott!« rief ich zutiefst erschüttert aus. »Bist du es wirklich, Anna? Wie bist du hierher gekommen?«

Giustiniani mengte sich ein: »Sie ist gestern gekommen und hat sich unter meinen Schutz gestellt. Die Wachen haben sie durchgelassen, weil sie meine Kette trug. Aber was wir nun weiter mit ihr machen sollen, müßt Ihr entscheiden.«

Ich sah Giustiniani an; er trat einige Schritte zurück und bekreuzigte sich dreimal, während er bei den Wunden des Heilands schwor, daß er die Nacht keusch verbracht habe und daß ihm seine Ehre niemals erlauben würde, sich der Gattin seines Freundes in irgendeiner unsauberen Absicht zu nähern.

»Wenngleich die Versuchung groß war.« Er seufzte. »Aber ich bin auch viel zu müde nach all den schlaflosen Nächten, den Kämpfen und der großen Verantwortung, die ich zu tragen habe, um jetzt an Frauen zu denken. Alles zu seiner Zeit.«

Anna meinte mit zurückhaltender Offenheit: »Wenn ich als Soldat zu Soldaten sprechen darf, ich verstehe sehr gut, daß die Jungfrau von Orleans Hosen trug, um sicherer unter den Kämpfenden zu sein.«

Sie schlang mir die Arme um den Hals, küßte mich auf die Wangen, schmiegte ihren Kopf an meine Brust und seufzte: »Bin ich denn so häßlich, daß du mich nicht einmal erkannt hast? Ich mußte mir doch die Haare abschneiden, ich hätte sonst den Helm niemals darüber stülpen können.«

Sie lag in meinen Armen. Sie war bei mir, sie haßte mich nicht mehr.

»Warum hast du deinen Vater verlassen?« fragte ich. »Warst du es, die in der Nacht, da die große Kirche erleuchtet war, ihre Hand in meine legte?«

Giustiniani räusperte sich, rieb sich die Seite, wo ihn die Rüstung drückte, und sagte verständnisvoll: »Ich muß hinaufgehen und nach den Wachen sehen. Bedient euch mit allem, was ihr findet. – Ja, und noch etwas, ihr könnt die Tür absperren, wenn ihr euch eure Liebe bezeigen wollt und das Geschützfeuer nicht fürchtet.«

Er ging und schloß die schwere Tür hinter sich. Ich las es ihm vom Gesicht ab, daß er von Anna sehr entzückt war und mich beneidete. Anna schaute mich schelmisch an, aber ich hatte nicht den Mut, hinzugehen und die Tür zu verschließen. Fast unbewußt ging sie selbst und schob den Riegel vor.

»Geliebter«, hob sie an. »Kannst du mir jemals verzeihen, daß ich so eigensinnig und selbstsüchtig war, und daß ich dich nicht verstehen konnte?«

»Meine Geliebte«, antwortete ich, »verzeih du mir, daß ich nicht der bin, für den du mich gehalten hast. Aber du kannst nicht hier bleiben«, fügte ich blutenden Herzens hinzu. »Du mußt zurück in deines Vaters Haus. Dort bist du so sicher, wie man in dieser Stadt überhaupt sein kann, wenn der Angriff beginnt. Ich vermute, daß ihn der Sultan nach der Eroberung unter seinen Schutz nehmen wird.«

»Sicher wird er das«, pflichtete sie mir bei. »Ich habe erfahren, daß der Sultan sogleich Tschauschen senden wird, die uns bewachen sollen. Aber ich weiß auch, warum, und eben deshalb will ich nicht zurück.«

»Was ist geschen?« fragte ich, und dunkle Ahnungen beschlichen mich.

Sie trat ganz dicht an mich heran, legte mir die Hände an die Lenden und schaut mich todernst an.

»Frag mich nicht«, bat sie. »Ich bin meines Vaters Tochter. Ich darf ihn nicht verraten. Genügt es dir nicht, daß ich zu dir gekommen bin? Daß ich mir das Haar geschnitten und die Rüstung meines Bruders angelegt habe, um mit dir auf der Mauer zu sterben, wenn es Gottes Wille ist?«

»Du sollst nicht sterben«, beschwor ich sie. »Du darfst nicht sterben. Das kann nicht deine Bestimmung sein. Deine Absicht ist ebenso Wahnsinn wie deine Aufmachung.«

Sie versetzte: »Es ist nicht das erstemal, daß in den letzten tausend Jahren eine Frau zum Schwert gegriffen hat, um unsere Stadt zu verteidigen. Das weißt du sehr gut. Man weiß sogar von einer Kaiserin, die zu den Waffen griff, nachdem der Kaiser gefallen war.«

»Du kannst das nicht«, versuchte ich sie zu überzeugen. »Der erste Türke, der dir über den Weg läuft, wird dich niederschlagen und dir dein liebliches Köpfchen abschneiden – und was hätte das für einen Sinn?«

In tiefem Ernst schaute sie mich an und sagte: »Was hat unser ganzer Widerstand für einen Sinn? Der Sultan wird siegen. Die Mauer ist vernichtet. Sie sind zu viele, wir zu wenige. Tausende von Menschen werden umsonst sterben, bevor es Tag werden wird. Wenn du nur an das denken würdest, was sinnvoll ist, wärest du auch nicht hier. Laß mich so denken, wie du denkst – jetzt wenigstens!«

Sie drückte sich fest in meine Arme, und ihr Gesicht war

blaß unter dem kurzen, wirren Haar.

»Ich bin deine Frau«, drang sie in mich. »Es gibt keine Zukunft für uns, aber ich habe wenigstens das Recht, mit dir zu sterben. Dich liebe ich; was könnte mir das Leben noch bedeuten, wenn du fallen würdest? Ein Märtyrerschicksal würde mich erwarten.«

Eine große Steinkugel riß irgendwo über uns ein Stück Zinne fort, und wir hörten das Fallen von einstürzendem Mauerwerk. Mörtel und Sand bröckelten von der Decke. Sie hob das Gesicht zu mir auf, faltete die Hände und sagte mit fester Stimme: »Mein Entschluß ist gefaßt. Warum vergeuden wir die Zeit, die uns noch bleibt?«

Mit ungeschickten Händen begann sie, die Riemen ihrer Rüstung zu lösen; dann wandte sie sich lachend an mich: »Liebster, hilf mir doch bei diesen schrecklichen Haken am Rücken. Nur ein Mann kann derlei erfinden.«

Meine Kehle war wie ausgedörrt, als ich erwiderte: »Du kannst von Glück reden, daß du nicht eine wirkliche Ritterrüstung trägst, mit all ihren versteckten Spangen von Kopf bis Fuß. Die haben so vertrackte Verschlüsse und sind aus so hartem Stahl, daß man ihren Träger selbst dann nicht erdolchen kann, wenn er vom Pferd gestürzt ist und hilflos auf dem Boden liegt. Bei Varna konnten die Türken die Rüstung eines deutschen Edelmannes nicht einmal durch Hammerschläge öffnen.«

»Was du alles weißt«, meinte sie liebkosend. »Was du alles gesehen hast! Aber auch Frauen haben ihre Rüstung. Die kann der stärkste Mann nicht durchdringen, wenn die Frau nicht will. Das werden die Türken bald entdecken. Aber es gibt nicht viele Frauen von dieser Art.«

»Nur dich«, flüsterte ich, und meine Stimme drohte mir zu versagen. »Nur dich, Anna Notaras.«

Sie war sich ihrer Schönheit bewußt und wand sich, zog und zerrte mit aufreizender Behutsamkeit und stieg schlank wie ein Knabe aus der engen Rüstung.

»Du bist ein hübscher Knabe mit dem kurzen Haar«, scherzte ich. »Und schöner denn je.«

»Aber ich bin kein Knabe«, schmollte sie in zärtlich-neckischem Spiel. »Kannst du das jetzt noch länger behaupten?« Eine neue Salve machte die Mauer erbeben. Sie schlang mir die nackten Arme um den Hals und sagte: »Hab keine Angst vor dem Donner der Geschütze, Liebster; ich habe auch keine. Mein Mund ist ein kühler Quell; trinke! Mein Leib ist Brot für dich; iß davon. Freu dich an mir, wie ich mich an dir erfreue. Unser Lebenslicht verglimmt und wird bald erloschen sein. Der Tod währt lange, und eine Liebe ohne den Leib ist eine karge Liebe.«

Vielleicht waren ihre Worte sündig, aber in einer Stunde, da der Tod über unseren Häuptern grollte, waren sie wahr.

»Mein einziger Quell«, flüsterte ich. »Mein einziges Brot. Der Mensch braucht Wasser und Brot zum Leben.«

Aber unsere Liebe war bitter wie Salz, das auf den Lippen brennt und nur noch durstiger macht, und wir umschlangen uns einmal ums andere in unstillbarem Verlangen. Wir umschlangen uns in dieser Steinkammer, die voll dumpfer Gerüche nach Leder, ranzigem Öl, Wein, Schießpulver und durchschwitzten Kleidern war, während über uns der Tod allmählich die Wälle zu Staub zermahlte. Aber unsere Liebe war nicht nur Sinnlichkeit, denn jedesmal, wenn ich ihr ins Gesicht sah, erblickte ich diese Augen, große, fragende Augen, durch die man bis auf den Grund ihrer reinen Seele sehen konnte – und mir war, als könnte ich durch sie hindurch in die Ewigkeit schauen.

»Ich komme wieder, du, meine Geliebte«, hauchte ich. »Eines Tages komme ich wieder, um die Fesseln von Zeit und Raum wieder auf mich zu nehmen und dich wiederzufinden. Menschen, Namen und Orte wechseln und vergehen, aber aus den Ruinen dieser Mauern werden mich eines Tages deine Augen wie samtbraune Blüten anschauen. Und du, zu welchem Volk und welcher Zeit du auch gehören magst, wirst eines Tages diesen Staub von deiner Hand schütteln, über die Zeiten hinweg meine Wangen streicheln, bis wir uns wiederfinden werden.«

Lächelnd strich sie mir über Hals und Schultern, während ihr heiße Tränen der Liebe über die glühenden Wangen liefen. »Geliebtester du«, sagte sie. »Vielleicht gibt es nichts mehr für uns. Vielleicht gibt es nichts mehr für uns als diese einzige Stunde. Es ist genug. Ich bin zufrieden. Ich bin randvoll von dir – ich bin du. Wie leicht es sein wird, wie süß, jetzt zu sterben.«

Sie schaute sich in dem düsteren Kellergewölbe um, das nur von einer flackernden Lampe erhellt war, und meinte: »Wie schön – wie schön das alles doch ist. Nie zuvor ist etwas schöner gewesen als das.«

Während ich wohlig müde an ihrer warmen Schulter ruhte, war ich unschlüssig, ob ich ihr mein Geheimnis preisgeben sollte. Es schien sinnlos und belanglos; doch ich wollte, konnte ihr nichts verheimlichen. Darum fing ich an zu erzählen: »Meine Geliebte du, als ich das Licht der Welt erblickte, hielt meine Mutter ein Stück Porphyr umklammert. Ich wurde im Purpursaal geboren. Ich will dir davon sprechen, da es ja nun nichts mehr ändern kann.«

Sie stützte sich auf den Ellbogen und sah mich aus weit aufgerissenen Augen an.

»Ich wurde mit Purpurschuhen geboren«, wiederholte ich. »Mein Vater war der Halbbruder des alten Kaisers Manuel. Kaiser Johannes war mein Großvater. Du weißt schon, das war der, der nach Rom und Avignon zog, sich von seiner alten Religion lossagte und den Papst als Oberhaupt anerkannte, ohne jedoch sein Volk und seinen Glauben bloßzustellen. Er tat es nur, um den Papst zu bewegen, ihn heimlich mit einer Venezianerin zu vermählen, die er liebte. Damals war er vierzig. Die Signoria zahlte seine Schulden und erstattete ihm die byzantinischen Kronjuwelen zurück, die er verpfändet hatte. Der Papst versprach ihm gleich Venedig die Unterstützung des Abendlandes und einen Kreuzzug. Aber sein Sohn Andronikos verriet ihn und erhob sich gegen ihn, und ebenso erging es Andronikos mit seinem Sohn. Als ihn auch das Abendland im Stich ließ, mußte er mit dem Sultan einen Vertrag schließen und seinen Sohn Manuel als seinen Erben anerkennen, wenn auch mein Vater in Wirklichkeit der einzige gesetzmäßige Thronfolger gewesen wäre. Und so sandte Manuel Boten aus, die ihn ausfindig machen und blenden sollten. Dieses Leben als blinder, geschlagener Mann konnte mein Vater nicht ertragen. Hinter dem päpstlichen Palast in Avignon stürzte er sich von einer Klippe in den Abgrund. Der Goldschmied, dem er seine Papiere und sein Geld anvertraut hatte, betrog mich nach meines Vaters Tod. Erst als ich das Kreuz genommen hatte, zog ich nach Avignon und setzte ihm das Messer an die Kehle. Die Papiere, die die Rechtmäßigkeit meiner Geburt bestätigten, hatte er noch. Soviel mir bekannt ist, weiß sowohl die Kurie als auch die Signoria von Venedig, daß ich lebe, obgleich sie mich aus den Augen verloren haben. Ich bin der Kaiser, aber mich gelüstet nicht nach der Macht. Macht bedeutet mir nichts; aber ich habe ein Recht, auf den Mauern meiner Stadt zu sterben. Verstehst du nun, warum ich mein Schicksal erfüllen muß?«

Sie starrte mich noch immer an, erschreckt und voll Verwunderung, und ließ ihre Fingerspitzen über mein Gesicht gleiten. Ich habe mir in der letzten Zeit nie die Mühe genommen, mich zu barbieren, und mein Bart ist gewachsen.

»Glaubst du nun auch, daß alles seinen Sinn hat?« fragte ich sie. »Ich mußte dir und deinem Vater begegnen, um dieser letzten Versuchung zu widerstehen. Sobald Konstantin die Union verkündet hatte, hätte ich mich zu erkennen geben können, hätte mit Hilfe deines Vaters einen Aufstand angezettelt, die Stadt dem Sultan in die Hände gespielt und als Vasallenkaiser hier regiert. Aber wäre das meines Standes würdig gewesen?«

Sie wußte nicht ein noch aus und stammelte: »Wenn das,

was du sagst, wahr ist, dann erkannte ich dich nur nach dem Bildnis Kaiser Manuels. Du ähnelst auch Konstantin. Nun, wo du es mir sagst, wundert es mich nur, daß noch niemandem die Ähnlichkeit aufgefallen ist.«

»Mein Diener Manuel hat sie einmal gesehen«, erwiderte ich. »Blut ist ein geheimnisvoller Saft; es kehrt zu seinem Ursprung zurück. Als ich zum Glauben meiner Väter übertrat, war es auch der Abtrünnige Johannes, der durch mich seinen Anteil an den heiligen Geheimnissen zurückgewann. In mir bewirkt das Schicksal eine mannigfaltige Versöhnung.«

Sie zitierte: »Kaiser Johannes Angelos, aus dem Stammhaus der Paläologen. Und Anna Notaras, Tochter des Megadux Notaras. Fürwahr, vieles wird versöhnt, wenn sich unsere Schicksale erfüllt haben werden.

Nun glaube ich an gar nichts mehr!« rief sie. »Ich glaube nicht daran, daß du wiederkommen wirst – ich glaube nicht, daß ich es werde. Ich glaube an keine Dauer mehr. Nur an die Ähnlichkeit, die mich unbewußt anzog. Es ist das kaiserliche Blut in dir, das ich spürte, das mich anzog – nicht der Mann, dem ich in einem früheren Leben begegnet war, so daß er mir bekannt vorkam, als ich ihm das erste Mal in die Augen sah. Oh, warum hast du mir das sagen müssen? Warum hast du mir einen Glauben genommen, der mein Entzücken in der letzten Stunde gewesen wäre?«

Von ihrem Schmerz gerührt, versuchte ich sie zu beruhigen: »Ich glaubte, es würde deiner weiblichen Eitelkeit schmeicheln. Wir sind einander ebenbürtig. Du hast deine Familienehre nicht beschmutzt, als du mich erwähltest.«

Sie fuhr heftig auf: »Was schere ich mich um Geburt und Herkunft? Dich will ich, wer du auch sein magst. Aber ich danke dir für dein Hochzeitsgeschenk – ich danke dir für die unsichtbare Krone. Wenn es dir so besser gefällt, bin ich eben Kaiserin. Ich bin alles, was du willst.«

In all ihrer Nacktheit erhob sie sich plötzlich und hob stolz ihren lieblichen Kopf.

»So sei denn Engel oder Kaiser, was dir lieber ist!« rief sie. »Sonne dich in deinem unsichtbaren, unwirklichen Ruhm! Ich bin eine Frau, und ich bin nur Frau. Und du hast mir nichts zu bieten – kein Heim, keine Kinder, nicht eine einzige Nacht, in der ich, wenn ich alt und runzelig sein werde, dich ruhig an meiner Seite atmen hören kann. Dann könnte ich zu dir hinübergreifen, deinen Mund mit meinen welken Lippen küssen. Das wäre Glück. Aus deiner verrückten Sucht nach Ehre und Ruhm betrügst du mich darum, und nie wird es diese Stunde für mich geben. Was hat das für einen Sinn, für eine verlorene Sache zu sterben? Wer wird dir Dank dafür wissen? Wer wird sich deiner auch nur erinnern, wenn du in deinem Blute liegen wirst und der Staub dein Gesicht bedeckt? Dein Opfertod ist so nutzlos, daß nicht eine einzige Frau Tränen darob vergießen wird.«

Sie seufzte und sprach mit erhobener Stimme; dann brach sie in bittere Tränen aus, warf sich auf mich, umklammerte mich und küßte mich heiß.

»Vergib mir!« flehte sie. »Ich habe mir fest vorgenommen, dich nicht mehr zu quälen, aber ich bin schwach. Ich liebe dich so sehr! Ganz gleich, ob du ein Bettler oder ein Verräter wärest, von jedermann verachtet, ich würde dich immer lieben, wenn ich nur bei dir sein könnte. Vielleicht wäre ich unzufrieden und würde dir immer von neuem weh tun, aber ich würde dich immer lieben. Vergib mir.«

Unsere Tränen flossen ineinander; ich trank ihr das Salz von Mund und Wangen. Die Nutzlosigkeit aller unserer Taten durchbohrte mir das Herz wie ein glühendes Eisen – wie eine Flamme, die hoch aufzüngelt, bevor sie verlöscht. In dieser Stunde zweifelte ich selbst und schwankte. Und das war meine letzte Versuchung, größer als die Versuchung an der Konstantinsäule. Giustinianis Schiffe liegen im Hafen, bereit, in See zu stechen, wenn es gebraucht wird. All die Hunderte Türkenschiffe könnten sie nicht am Auslaufen hindern, wenn wir morgen günstigen Wind hätten.

Vor Sonnenuntergang klopfte Giustiniani an die Tür und rief uns. Ich zog den Riegel weg, und er kam herein, ohne sich viel umzusehen.

»Bei den Türken ist alles ruhig«, berichtete er. »Die Stille ist schwerer zu ertragen als der Lärm und die Feuer. Der Sultan hat sie in Tausendschaften eingeteilt und jeder Schar ihre eigene Stunde zum Angriff angewiesen. Er hat zu ihnen gesprochen, zwar nicht vom Islam, dafür aber von der größten Plünderung aller Zeiten. Den Schätzen in den Palästen, den heiligen Gefäßen in den Kirchen, von Perlen und kostbaren Edelsteinen. Er soll ihnen zwei Stunden lang von alldem erzählt haben, was es dort zu erbeuten und fortzuschleppen gibt – auch vergaß er nicht, ihnen den Mund auf die schönen griechischen Jünglinge und Mädchen wässerig zu machen, wie sie noch keiner von ihnen je gesehen habe. Er selbst wolle nur die Stadtmauern und alle öffentlichen Gebäude für sich. Die Türken haben sich aus Kleidern Fähnchen auf ihre Lanzen gesteckt, so daß jeder das Haus bezeichnen kann, das er für sich in Anspruch nimmt. Die Derwische, die des Schreibens kundig sind, haben diese Fähnchen mit den Lettern und Zeichen des Islams versehen; das hat ihnen mehr Arbeit gemacht als das Schärfen der Klingen und das Zimmern der Sturmleitern.«

Tagsüber hatte sich Giustiniani den Bart stutzen und färben und mit Goldfäden durchwirken lassen. Seine Rüstung strahlte in fleckenloser Reinheit, und die Beulen darin waren ausgeklopft worden. Er verbreitete den Duft wohlriechender Salben um sich und war in jeder Hinsicht eine blendende und eindrucksvolle Erscheinung.

»Kommt ihr nicht mit zur Kirche, Kinder?« fragte er. »Die Türken genießen ihren Schlaf vor dem Angriff. Ihre Geschütze schlagen alles zusammen, bevor es meine Leute wieder aufbauen können. Beeilt euch jetzt und macht euch schön, damit ihr dann wie die anderen Vornehmen das letztemal das heilige Sakrament empfangen und die heutige Nacht rein und sündenfrei erwarten könnt.« Er schaute uns an und konnte sich nicht enthalten hinzuzufügen: »Ich lese es euch an den Gesichtern ab, daß euch das leichter fallen wird als vielen anderen.«

Als der Tag hinter dem türkischen Lager verblaßte und die letzten Sonnenstrahlen die grünen Kuppeln in goldenes Rot tauchten, ritten wir gemeinsam zur Kirche. Kaiser Konstantin kam mit all seinen Höflingen, Senatoren und Archonten in der vorgeschriebenen Zeremonienordnung, alle nach Rang und Würden angeordnet. Zuinnerst fühlte ich, daß sich Byzanz zum letztenmal versammelte, um sich dem Tod zu weihen.

Der venezianische Bailo, der Rat der Zwölf und die venezianischen Edlen trugen ihre Amtstrachten; die, welche von den Wällen kamen, blinkende Rüstungen statt Samt und Seide. Giustinianis Offiziere sammelten sich um ihn. Dann kamen die Griechen von Konstantinopel, um Justinians heilige Kirche zu besuchen, die sie nicht mehr verachteten. Bis zur elften Stunde kamen noch viele Hunderte Mönche und Nonnen, dem Verbot zum Trotz. Im Angesicht des Todes waren alle Streitigkeiten, aller Argwohn und Haß nichtig geworden. Alle beugten das Haupt vor dem unerforschlichen Heiligtum, jeder seinem eigenen Gewissen gehorchend.

Die vielen hundert Lampen in der Kirche brannten und verströmten Wohlgerüche und erleuchteten die Kirche taghell. Mild, doch königlich, unbeschreiblich traurig blickten die Mosaikfiguren von den goldenen Mauern nieder. Als die Chöre voll himmlischer Harmonie die heiligen Hymnen sangen, füllten sich sogar Giustinianis verschwollene Augen mit Tränen, und er mußte sie mit beiden Händen wegwischen. Viele tapfere Männer weinten laut.

In unserer aller Gegenwart bekannte der Kaiser seine Sünden in den vorgeschriebenen Wendungen, die durch Jahrhunderte geheiligt sind. Die Lateiner fielen murmelnd mit ein. Das Glaubensbekenntnis wurde von dem griechischen

Erzbischof vorgebetet, wobei er die anstoßerregenden Worte »und dem Sohne« ausließ. Bischof Leonhard wiederholte das lateinische Glaubensbekenntnis für die Lateiner. In den griechischen Bittgebeten wurde der Papst nicht angerufen. Die Lateiner schlossen ihn in ihre ein. Aber heute störten diese Unterschiede keinen. Alles wickelte sich in stillschweigendem Einvernehmen ab, und nun sie sahen, daß ihr Glaube nicht länger verachtet wurde, weinten die Griechen vor freudiger Erregung lauter als zuvor.

So viele waren in der Kirche versammelt, daß die Hostien nicht ausreichten. Aber jeder teilte das Stückchen, das er bekommen hatte, bereitwillig mit seinem Nachbarn, so daß schließlich alle, die gekommen waren, ein Krümchen von dem heiligen Leib Christi erhielten. Ob das Brot gesäuert war oder nicht, war in diesem Augenblick völlig gleichgültig.

Während des Gottesdienstes, der mehrere Stunden dauerte, wurden wir von einer unbekannten und beglückenden Aufregung erfaßt, herrlicher als alles, was ich bisher in irgendeiner Kirche erlebt hatte. Wir standen eng beieinander, Anna und ich, Hand in Hand. Hand in Hand teilten wir das heilige Brot und empfingen den Leib des Herrn. So leicht war mein Herz, so schwerelos mein ganzer Körper, daß ich das Gefühl hatte, über den Boden hinschweben zu können. Ihre Augen, ihre braunen Augen waren dicht neben mir und doch schon weit weg, in seligeren Gefilden. Aber selbst als menschliche Wärme und irdische Gegenwart in sie zurückkehrten, strahlte mir aus ihnen das Licht der Ewigkeit entgegen, so rein, so vertraut, als sollte ich sie eines Tages wiedersehen.

Nach dem Gottesdienst sprach Kaiser Konstantin zu seinem Volk und sagte mit zitternder Stimme: »Die Türken haben Kanonen und ein gewaltiges Heer, wir aber haben Gott und unseren Heiland. Laßt den Mut nicht sinken.«

Er umarmte der Reihe nach seine Freunde und bat sie, für alle Ungerechtigkeiten, die er ihnen zugefügt hatte, um Verzeihung. Er küßte auch die Umstehenden aus dem Volke, umarmte sie und bat sie um Verzeihung. Sogar die Lateiner folgten seinem Beispiel, umarmten einander und baten sich gegenseitig um Verzeihung; mit Tränen in den Augen legte der venezianische Bailo seinen Arm um Giustiniani und bat ihn inständig, ihm seine häßlichen Verdächtigungen zu vergeben. Venezianer und Genuesen umarmten einander und schworen, tapfer zu kämpfen und miteinander um den Ruhm zu wetteifern. Ich bin überzeugt, daß es in dieser Stunde jedem ernst damit war.

Als wir aus der Kirche kamen, war es schon dunkel, aber in allen Häusern brannten Kerzen, von der Sophienkirche bis zum Blachernenpalast und zum Charisiostor war die Hauptstraße mit Fackeln und Laternen beleuchtet. In Kirchen und Klöstern läuteten die Glocken, so daß es schien, als feierten wir ein großes Freudenfest.

Aber heller als die Lichter der Stadt strahlten die funkelnden Sterne am schwarzen Nachthimmel. Die Gedanken der Sterne begleiteten uns, und unsere Astralkörper bereiteten sich darauf vor, die irdischen Hüllen zu verlassen und in ihre himmlische Heimat zurückzukehren. Daher fühlte ich diese wunderbare Schwerelosigkeit, daher leuchteten Anna Notaras' Augen in so überirdischer Schönheit.

Als wir die Apostelkirche erreicht hatten, trennten wir uns von dem Zug, der dem Kaiser folgte. Noch einmal umarmte Konstantin Giustiniani und bat ihn um Verzeihung. Die meisten Griechen gingen heim, um ihr Sonntagsgewand abzulegen, Frau und Kind Lebewohl zu sagen und die Rüstung anzulegen, bevor sie wieder auf die Mauern eilten.

In der Zwischenzeit traf ich den Deutschen, Johann Grant, und ich stieg vom Pferd, um ihn zu umarmen und ihm für seine Freundschaft zu danken. Sein Gesicht war von Schießpulver geschwärzt; er zwinkerte und bewegte ständig unter Schmerzen seine brennenden Augen. Aber sogar an diesem letzten Abend war er ganz und gar seinem unersättlichen

Wissensdurst verfallen. Er zeigte auf zwei betagte, kahlköpfige und zahnlose Männer, die mühsam vorwärts stolperten, geführt von einem Jüngling in der Uniform eines kaiserlichen Waffenmeisters; er trug ein rotes Ehrenzeichen, das ich noch nie gesehen hatte.

»Wißt Ihr, wer das war?« fragte er. Ich schüttelte den Kopf, und er erzählte: »Sie kommen aus der verstecktesten unterirdischen Geheimkammer im Waffenlager, wo die griechischen Feuerwaffen hergestellt werden. Seht Ihr, wie gelb das Gesicht des Knaben ist und wie schütter sein Haar? Die beiden Alten haben alle Zähne verloren, und ihre Haut schält sich. Ich würde etwas darum geben, wenn ich mit ihnen sprechen könnte, aber sie sind bewacht, und jeder, der versucht, sich ihnen zu nähern, wird auf der Stelle niedergestochen.«

»Ihr Vorrat ist erschöpft«, fuhr er fort. »Die letzten Überreste dieser Flüssigkeit sind auf die Mauer und auf die Schiffe geschafft worden. Ich kenne einige Bestandteile, aber nicht alle, noch weiß ich, in welchem Verhältnis sie gemischt werden. Das Bemerkenswerteste daran ist die Art, wie sich die Flüssigkeit von selbst entzündet, sobald sie herausspritzt. Es ist nicht der Einfluß der Luft, sondern irgendeines brennbaren Stoffes in den Gefäßen selbst; es muß eine Vorrichtung in der Mündung des Mörsers sein, die sie in Brand setzt. Es ist auch reichlich Naphtha dabei, denn es schwimmt auf Wasser und kann durch Wasser nicht gelöscht werden. Nur Sand und Essig können es töten. Die venezianischen Seeleute behaupten, man könne einzelne Tropfen davon, die sich verlaufen haben, mit Urin löschen. Jene alten Burschen sind die letzten, die um das Geheimnis wissen, das seit einem Jahrtausend gehütet wurde. Niemand durfte es jemals niederschreiben, und in alten Zeiten schnitten sie allen, die in den unterirdischen Gewölben arbeiteten, die Zungen heraus. Wenn die Türken morgen die Stadt erobern, wird es die letzte Pflicht der Wachen des Waffenlagers sein, diese alten Männer zu töten, damit sie ihr Geheimnis mit ins Grab nehmen. Darum durften sie heute zum erstenmal seit weiß Gott wie vielen Jahren zur Kirche gehen.« Er zuckte die Achseln. »Viele Geheimnisse werden mit dieser Stadt versinken – viele unersetzliche Weisheiten – alles vergebens. Johannes Angelos, es gibt nichts Verabscheuungswürdigeres als Krieg! Das sage ich, nachdem ich neunzehn türkische Minenstollen vernichtet und all meine Geschicklichkeit und Kunstfertigkeit darauf verwendet habe, den Waffenmeistern des Kaisers zu helfen, so viele Türken als möglich zu töten.«

»Wir wollen die Hoffnung nicht verlieren«, versetzte ich, obwohl ich wußte, daß alle Hoffnung dahin war.

Er spuckte in weitem Bogen aus und meinte bitter: »Meine einzige Hoffnung ist ein Platz auf einem venezianischen Schiff, vorausgesetzt, daß ich rechtzeitig zum Hafen komme. Andere Hoffnung habe ich keine.« Er lachte heimlich, zog die Augenbrauen hoch und fügte hinzu: »Wenn ich ein rechter Kerl wäre, würde ich, sobald die Stadt fällt, in die Bibliothek stürzen und mit gezogenem Schwert die Manuskripte, nach denen mich gelüstet, zusammenraffen und mit mir an Bord nehmen. Aber gerade das kann ich nicht; ich bin Deutscher und zur Redlichkeit erzogen worden. Wenn ich ein Italiener wäre, könnte ich es, denn die Italiener sind freier in der Anschauung und klüger als wir Nordländer. Aber ich kann nicht, und darum verachte ich mich.«

»Ich bedaure Euch, Johann Grant, wegen Eurer Besessenheit. Kann Euch nicht einmal die heilige Messe von heute abend von Eurem Ich erlösen?«

»Nein«, antwortete er. »Nur Wissen kann mich von meinem Ich erlösen. Wissen ist die einzige Freiheit des Menschen.«

Aber als wir uns trennten, umarmte er mich und sagte: »Ihr seid nicht selbstherrlich und zwingt niemandem Euren Glauben auf. Darum habe ich Euch so gern gehabt, Jean Ange.«

Als wir uns in der kalten Nacht dem Sankt-Romanos-Tor näherten, wehte uns der widerliche Gestank der Verwesung an – ein Gestank, den wir kaum bemerkt hatten, solange wir ununterbrochen auf der Mauer waren.

Anna Notaras zitterte, aber als wir abgestiegen waren, rief Giustiniani: »Ruht euch aus, Kinder, und schlaft ein wenig. Wir haben noch ein oder zwei, vielleicht sogar drei Stunden Zeit. Sobald ich meine Runde gemacht habe, komme ich auch und werde ein wenig schlafen, und mein reines Gewissen wird mir in dieser sündenfreien Nacht ein gutes Ruhekissen sein. Ich bin betrogen worden; aber durch Gottes Gnade, nicht durch mein eigenes Verdienst, habe ich niemanden betrügen müssen.«

Dann setzte er hinzu: »Wenn dann jeder auf seinem Posten sein wird, um die Überreste der Außenmauer zu verteidigen, werden die Hintertüren versperrt und die Schlüssel dem Kaiser übergeben. So wurde es beschlossen. Und weil jeder das weiß, wird keiner in die Versuchung kommen, davonzulaufen. Die auf der Außenmauer müssen bis zum letzten Atemzug kämpfen. Darum haben wir die Kommunion empfangen und werden die Nacht ohne Sünde verbringen.«

Anna Notaras fragte: »Wo ist mein Platz?«

Giustiniani lachte wohlwollend: »Ich denke, Ihr müßt Euch mit der Großen Mauer zufriedengeben. In der vordersten Front werden wir zu stark beschäftigt sein, als daß wir uns um Euch kümmern könnten. Um es offen herauszusagen, Ihr wäret uns hier nur im Weg.«

»Geh zur Kerkoporta«, warf ich schnell ein. »Dort bist du unter deinen Landsleuten, bei den Guacchardis und den Venezianern, und wenn es brenzlig wird, kannst du dich in den Blachernenpalast zurückziehen. Wenn du fällst, so war es Gottes Wille; aber es wäre keine Sünde, wenn du auf einem venezianischen Schiff fliehen würdest. Wir wollen uns nicht umeinander sorgen.«

Sie wurde kreidebleich, während ich sprach: ihr Griff an meinem Arm beunruhigte mich, und ich fragte: »Was hast du? Ist dir nicht gut?«

Sie flüsterte: »Warum erwähntest du die Kerkoporta? Hast du an etwas Bestimmtes dabei gedacht?«

»Ich habe nur das gemeint, was ich gesagt habe«, antwortete ich schnell, obgleich es nicht ganz der Wahrheit entsprach. »Warum?«

Mit matter Stimme setzte sie hinzu: »Vielleicht hat mich der Gestank so elend gemacht. Ich bin nur ein gewöhnlicher Soldat und will dir nicht im Weg sein. Ich werde zur Kerkoporta gehen, und dann wollen wir uns nicht umeinander sorgen. Aber bis Mitternacht können wir noch zusammen sein. Darum bitte ich dich.«

Ich war froh, daß sie so bereitwillig auf meinen Vorschlag einging, denn ich habe einen Plan und hatte gefürchtet, daß ich sie gegen ihren Willen würde überreden müssen. Bei einem Angriff ist die Kerkoporta der sicherste Ort, und sie würde sich dort nicht gegen die blitzende Klinge eines Janitscharen verteidigen müssen.

Sie ist eingeschlafen; aber wie könnte ich schlafen, wo ich das letztemal ihre Gegenwart genießen darf? Ich habe in der Zwischenzeit geschrieben, und man hört das gedämpfte Gemurmel der hunderttausend Türken bis hier herunter, hört, wie sie im Lager hin und her laufen, die Sturmleitern heranziehen und Pfeile für die Bogenschützen aufstapeln.

Bald ist Mitternacht, und Manuel wird kommen und meine Papiere holen. Ich habe sehr schnell geschrieben; schließlich war ich jetzt nicht umsonst zwei Jahre lang Beamter der Synode. Giustiniani hat seine Taschen schon geleert und die Papiere, die nicht in türkische Hände fallen sollen, verbrannt. Auch aus dem großen Kamin des Blachernenpalastes sind Flammen aufgestiegen, und der Nachtwind hat verkohlte Papierfetzen umhergestreut. Wir haben Nordwind: das bedeutet für Hunderte Lateiner die Rettung.

Heute abend meldeten sich über vierzig Jünglinge aus Pera, die Giustiniani um Erlaubnis baten, mit ihren Landsleuten kämpfen zu dürfen. Ihre Ehre verbiete ihnen, auf neutralem Boden zu bleiben, wenngleich sich der Podesta hat einschüchtern lassen und jedem den Tod zugeschworen hat, der Peras Neutralität gefährde.

Er hat die Stadttore schließen lassen, aber diese jungen Kerle stiegen in der Nähe der Küste auf die Mauer, während die Wachen gerade nach der anderen Seite schauten und sich wenig um die quietschenden Ruderklampfen kümmerten.

Heute klagt keiner seinen Nachbarn an, alle Sünden sind vergeben, und jeder läßt dem anderen die Freiheit, der Stimme seines Gewissens zu folgen.

Sollte einer jetzt noch an Bord eines venezianischen Schiffes fliehen und den Kapitän bestechen, so ist das seine Sache. Sollte einer in letzter Minute sich von der Mauer stehlen und in der Stadt verstecken, so ist er nur seinem Gewissen gegenüber dafür verantwortlich. Deserteure werden nicht mehr gefaßt. Es sind ihrer nicht viele – ja, unglaublich wenige, wenn man alle Krüppel, Greise und Zehnjährigen in Betracht zieht, die im Lauf des heutigen Tages auf die Mauern gekommen sind, um für die Stadt zu sterben.

Dies ist die Nacht der Griechen. Ich habe ihre dunklen Augen gesehen, darin die Schwermut vieler Jahrhunderte wohnt. Draußen läuten die Glocken das Sterbegeläut des Letzten Rom.

Manuel wird bald hier sein. Er gehört zu denen, die nie untergehen.

29. Mai 1453.

Aleo e polis!

Die Stadt ist verloren.

Dieser Schrei wird nachhallen, solange die Welt steht. Werde ich in einem künftigen Jahrhundert abermals geboren, so werden diese Worte mir schreckliche Bilder wachrufen; mein Haar wird sich dabei sträuben. Dieser Worte werde ich gedenken und sie wiedererkennen – sollte ich auch alles andere vergessen und meine Seele einer blanken Wachstafel gleichen. Ich werde diese Worte wiedererkennen.

Aleo e polis!

Und doch lebe ich noch. So war es also gemeint. Ich soll den Becher bis zur Neige leeren, soll Zeuge werden des Untergangs meiner Stadt und meines Volkes. Also schreibe ich weiter. Um dies freilich gebührend zu beschreiben, müßte ich meine Feder in Blut tauchen – aber an Blut würde es nicht fehlen. Blut füllt, geronnen und schmutzig, die Rinnsale. Blut aus den Wunden der Sterbenden sammelt sich in warmen Lachen. Auf der Hauptstraße, am Hippodrom und um die große Kirche liegen so viele Leichen, daß man dort kaum einen Schritt tun kann, ohne auf sie zu treten.

Es ist wieder Nacht. Ich sitze in meinem eigenen Hause, davor gleichsam als Wächter ein Wimpel mit einem Lanzenschaft weht. Ich habe mir die Ohren mit Wachs verstopft, um die Schreie der mißhandelten Frauen und Kinder nicht hören zu müssen, das Geheul der Plünderer über ihrer Beute, den unaufhörlichen Todesschrei, der aus meiner Stadt aufsteigt. Ich zwinge mich zur Gelassenheit. Ich schreibe, obwohl meine Hand zittert. Ich zittere am ganzen Leibe – nicht aus Furcht, nicht um meinetwillen; mein Leben ist weniger wert als ein Sandkorn auf der Straße. Aber wegen der Leiden und Schmerzen, die nun rings um mich aus tausend Quellen fließen, in dieser Nacht des grenzenlosen Schreckens.

Ich habe ein junges Mädchen gesehen, verunziert von blutigen Spuren täppischer Hände, das sich in einen Brunnen stürzte. Einen Bösewicht sah ich, wie er lachend einen Säugling aus den Armen der Mutter riß und auf der Lanze eines Kameraden aufspießte, um die Frau hinwerfen zu können. Ich habe alles Schlimmste mit angesehen, was Menschen einander antun können. Ich habe genug gesehen.

Bald nach Mitternacht bezogen die, welche ihr Leben für die Verteidigung der Außenmauer in die Schanze schlagen wollten, ihre Stellungen. Sodann wurden die Ausfallpforten in der großen Mauer versperrt und die Schlüssel den Befehlshabern der verschiedenen Abschnitte überreicht. Einige beteten, die meisten aber legten sich hin und ruhten; viele schliefen sogar.

Inzwischen setzten sich die leichten Fahrzeuge der Türken in Bewegung und näherten sich der Hafensperre. Die Hauptflotte im Säulenhafen lief aus dem Bosporus aus und verteilte sich entlang der seeseitigen Mauer vom Marmorturm bis zum Neorion und der Sperrkette. So bedrohte der Sultan uns ringsum, daß von nirgendwo Verstärkungen abgezogen und anderswohin geschickt werden konnten. Der Feind hatte allerorten Befehl zum entscheidenden Angriff, ohne Scheinangriffe, wie bisher. Daher waren auch ihre Schiffe mit Sturmleitern und Brücken ausgestattet, während es im Takelwerk von Bogenschützen wimmelte.

Dem ersten, dem es gelingen würde, auf der Mauer Fuß zu fassen, hatte der Sultan einen Roßschweif und das Statthalteramt einer Provinz versprochen. Jedem, der floh oder sich ergab, den Tod. Seine Truppen erster Linie waren von Tschauschen flankiert.

Drei Stunden vor Tagesanbruch ertönten Pfeifen und Trommeln, und ein entsetzliches Getöse erhob sich, während die ersten Sturmtruppen sich mit Geheul selbst und einer den anderen zum Angriff anfeuerten. Die Bresche, die wir am Sankt-Romanos-Tor verteidigten, war über tausend Fuß breit. Der Sultan schickte zuerst seine Hilfstruppen in den Kampf: Hirten und Nomaden, die aus den asiatischen Ländern gekommen waren, um am Heiligen Krieg des Islams teilzunehmen. Sie waren nur mit Speeren oder Schwertern bewaffnet und führten schmale, hölzerne Schilde.

Während sie gegen die Mauer vorrückten, eröffneten türkische Feldschlangen und Arkebusen das Feuer, und eine Wolke von Pfeilen schwirrte uns entgegen und über uns hinweg. Hunderte von Sturmleitern erhoben sich zugleich gegen unseren Behelfswall; dann kletterten die ersten Tausend mit Geheul, Schreckensschreien und Rufen zu Allah die Leitern empor. Aber diese wurden umgestoßen, griechisches Feuer zuckte über sie hinweg, und das Getümmel um sich schlagender Männer am Fuß des Walles wurde mit Pfeilen, siedendem Pech und geschmolzenem Blei aus langstieligen Löffeln förmlich überschüttet. Der Lärm war so ohrenbetäubend, daß wir bald nichts mehr hörten. Der Feind griff entlang der ganzen landseitigen Mauer an; nun erdröhnten seine Geschütze auch vom Hafen und von der See her.

Viele Angreifer, die schlimme Verbrennungen davongetragen hatten, wandten sich schreiend zur Flucht; aber die am Graben aufgestellten Tschauschen spalteten ihnen die Schädel mit den Schwertern und warfen ihre Leichen in den Graben, ihn damit aufzufüllen. Bald lagen im ganzen Graben die Toten haufenweise und reichten an einzelnen Stellen bis zur halben Höhe der Grabenwand.

Nach diesen Hilfstruppen schickte der Sultan seine christlichen Verbündeten sowie die Renegaten aus aller Herren Ländern, die sich beutegierig um sein Banner geschart hatten, in den Kampf. Sie kämpften um ihr Leben, und ihrer viele faßten auf der Mauer Fuß, bevor sie kopfüber auf die Leichenhaufen hinabstürzten. Es war entsetzlich, sie in allen Sprachen Europas Christum und die Heilige Jungfrau anrufen zu hören, während die Türken neben ihnen zu Allah und seinem Propheten flehten. Oft sah ich plötzlich ein schreckverzerrtes Gesicht vor mir, das im nächsten Augenblick in die Dunkelheit versunken war.

Viele gepanzerte Genuesen wurden durch Bleikugeln verwundet oder getötet, denn die Türken setzten ihr Feuer von jenseits des Grabens fort, ohne ihre eigenen Leute zu schonen. Verwundete Genuesen kämpften am Rand des Walles auf den Knien, ohne Deckung zu suchen, bis ihre Gegner sie mit eisernen Haken hinabzogen.

Nach etwa einer Stunde gestattete der Sultan den Überlebenden den Rückzug und feuerte seine Geschütze ab. Ihre gewaltigen Steinkugeln zermalmten unsere Brustwehren und fegten Schanzkörbe und Fässer voll Erde in den Raum zwischen den Mauern. Das Krachen und Bersten von Holz erfüllte die Luft. Der Staub hatte sich noch nicht gelegt, der Rauch noch nicht verzogen, da eröffneten die Türken aus Anatolien ihren Angriff.

Es waren flinke, wilde Burschen, die lachend und zähnefletschend in Schwärmen, einer auf des anderen Schultern, emporklommen, um oben auf den Wall zu gelangen. Diese Burschen brauchten die Tschauschen nicht vorwärtszupeitschen, waren es doch echte Türken, denen der Krieg im Blute lag. Sie baten nicht um Pardon und starben mit dem Namen Allahs auf den Lippen. Sie wußten, die zehntausend Engel des Islams schwebten ihnen zu Häupten und würden jeden von ihnen im Augenblick des Todes stracks ins Paradies tragen.

Sie griffen in dichten Wellen zu je tausend an, heulten und bewarfen die Christen mit Drohungen und Schmähworten, die nicht wiederzugeben sind. Aber unsere Leute hielten sich wacker.

Die Lücken in unseren Reihen wurden aufgefüllt, und wo immer die lebende, eherne Mauer zu wanken schien, stürzte Giustiniani hin, seine Leute anzufeuern und Türken mit seinem Bihänder bis zum Gürtel zu spalten. Wo immer er erschien, ließ der Angriff nach, und der Feind setzte seine Sturmleitern anderswo an.

Während der Angriff der Anatolier verebbte, zeigte sich am Himmel leichenfahl der erste Dämmerschein. Ich war am ganzen Leibe zerschlagen und voller Flecken und Beulen; in den Armen war ich so müde, daß ich nach jedem Streich meinte, ich könnte sie nicht für mein Leben zu einem zweiten erheben. Viele gepanzerte Genuesen keuchten, stöhnten und lechzten nach Wasser. Als aber die Türken sich zurückzuziehen begannen, erwachte in vielen neue Hoffnung, und hier und dort hörte man sogar einen armen Narren mit erstickter Stimme »Sieg« rufen.

Man konnte nun schon einen schwarzen Faden von einem weißen unterscheiden, und im Dämmerschein erkannten wir nun die hohen, weißen Filzmützen der Janitscharen in den wohlgeordneten Reihen gegenüber dem Graben. Die Leute waren in Abteilungen zu je tausend Mann aufgestellt, einer hinter dem anderen, und erwarteten stumm den Befehl zum Angriff. Sultan Mohammed selbst sah man vor ihnen; er trug seinen Feldherrnhammer. Eilends richteten wir Feldschlangen und Arkebusen auf ihn und feuerten, verfehlten ihn aber. Rings um ihn fielen mehrere Janitscharen, aber die Reihen standen regungslos. Neue Leute traten vor und füllten die Lücken, und ich wußte, daß sie über die Ehre frohlockten, unter den Augen ihres Sultans in die erste Reihe vorrücken zu dürfen – eine Stellung, zu der sie sonst weder Alter noch Dienstjahre berechtigt hätten. Grüngekleidete Tschauschen stellten sich rasch schützend vor den Sultan, um ihn mit ihren Leibern zu decken.

Die Frauen und Greise auf der großen Mauer benützten die Kampfpause, um große Krüge voll Wasser, mit Wein vermischt, hinabzulassen; denn obwohl selbst dieser Hauptwall an vielen Stellen so stark beschädigt war, daß er den Erdwall davor nicht mehr überragte, war er immer noch zu steil, als daß man hätte hinabklettern können.

Was nun folgte, kann ich nur schildern, wie ich es sah, und ein anderer würde die Geschichte vielleicht anders erzählen, weil die menschliche Beobachtungsgabe immer Irrtümern unterworfen ist. Immerhin stand ich dicht neben Giustiniani und glaube gesehen zu haben, was geschah.

Ich hörte die Warnungsrufe rechtzeitig und warf mich hin, während die Türken abermals ihre schweren Geschütze und die Feldschlangen in einer fürchterlichen Salve abfeuerten. Der Wind war stärker geworden und fegte die dichten, schwarzen Rauchschwaden bald hinweg. Als das Rollen und

Schreien erstarb, sah ich Giustiniani langsam niedersinken und auf dem Boden sitzen. Auf der einen Seite seines Harnisches klaffte ein faustgroßes Loch von einer Bleikugel, die ihn schräg von hinten getroffen hatte. Im Nu verfärbte sich sein Gesicht grau, und alles Leben wich daraus, so daß er ungeachtet seines frischgefärbten Haares und Bartes einem Greise glich. Er spuckte Blut, und Blut lief ihm auch unter dem Panzer über die Lenden.

»Glatt und sauber«, sagte er. »Das ist mein Ende.«

Die Zunächststehenden umringten ihn, damit die übrigen nicht sehen sollten, daß er verwundet war. Sie sahen sich drohend um. »Die Kugel kam von hinten«, sagte einer.

Zwei traten an mich heran, packten mich an den Armen und zogen mir die eisernen Handschuhe ab, um zu sehen, ob meine Finger vom Pulver versengt wären. Dann näherten sie sich einem griechischen Waffenmeister, der unweit davon eilends seine Arkebuse wieder lud; sie warfen ihn zu Boden, rauften ihm den Bart und traten ihn mit eisenbeschuhten Füßen. Alles sah zur Großen Mauer empor und schüttelte die Fäuste.

»Um Christi willen, Brüder«, sagte Giustiniani schwach, »streitet jetzt nicht. Es liegt nichts daran, woher die Kugel kam. Mag auch sein, daß ich mich gerade nach der Mauer und den Wasserkrügen umsah und den Türken den Rücken kehrte. Mir gilt das gleich. Ruft lieber einen Feldscher.«

Seine Leute riefen im Chor nach einem Feldscher, die Griechen auf der Mauer erwiderten aber, es könne keiner zu Giustiniani gelangen, weil die Ausfallpforte verschlossen war. Ein tapferer Mann hätte sich vorn an der Mauer herablassen können, allein es war begreiflich, daß kein Wundarzt das tun wollte, nicht einmal für Giustiniani, denn eben da erdröhnten die kupfernen Trommeln der Janitscharen, und sie stimmten ihre Sturmmusik an.

Es ist unter der Würde der Janitscharen, beim Sturm Allah anzurufen. Sie stürzten stumm und verbissen vor, auf unseren Erdwall zu. An vielen Stellen bedurften sie der Leitern nicht mehr; so hoch lag der Leichenhaufen vor den Trümmern unserer Außenmauer. Rasch und heftig war der Anprall der Janitscharen, und nur wenige Verteidiger fanden Zeit zu trinken, obwohl wir alle vor Durst schier verschmachteten. Neben uns wurden die Krüge umgestoßen, und im Nu tobte auf der ganzen Mauer der Kampf Mann gegen Mann.

Dies war nun kein gewöhnliches Schlachten mehr – es war Krieg. Die Janitscharen trugen entweder Schuppenpanzer oder Kettenhemden. Ihre Schwerter sausten wie der Blitz hernieder, und sie drängten durch ihre Überzahl die Verteidiger zurück. Giustinianis Genuesen und die Griechen, die zu unserem Entsatz geschickt worden waren, mußten zusammenrücken, um ihrem Druck mit vereinten Kräften zu widerstehen.

Da zeigte sich der Kaiser auf seinem Schimmel selbst auf den Zinnen. Sein Antlitz leuchtete, und er rief triumphierend: »Haltet stand! Haltet nur einmal noch stand, und der Tag ist unser!«

Wäre er dort unten unter uns gewesen und hätte er das Bleigewicht seiner Glieder gespürt wie wir, er hätte geschwiegen.

Giustiniani hob seinen Stierkopf aus den Händen empor, knirschte vor Schmerz mit den Zähnen, spuckte einen neuen Schwall Blut aus und befahl mit einem derben Fluch dem Kaiser, den Schlüssel zur Ausfallpforte auszufolgen. Der Kaiser rief zurück, Giustinianis Wunde könne nicht so schwer sein, und er könne nicht wohl seine Männer eben jetzt nur wegen seiner Schmerzen im Stiche lassen.

Giustiniani kreischte zurück: »Verdammter, meineidiger Grieche! Das muß ich selbst am besten wissen. Wirf den Schlüssel herab, oder ich komme hinauf und erwürge dich mit eigener Hand.«

Selbst inmitten des wütenden Kampfgetümmels brachen da seine Leute in schallendes Gelächter aus, und der Kaiser warf nach kurzem Zögern den Schlüssel herab, Giustiniani gerade zu Füßen. Der nahm ihn auf und wies ihn bedeutungsvoll den Umstehenden. Die Schlacht tobte nur wenige Schritte entfernt; laut klirrten und schrillten die Klingen auf eherne Rüstungen. Dort hieb ein baumlanger Janitschar mit einem eroberten Bihänder um sich, bis die genuesischen Gepanzerten ihn umringen und auf die Knie zwingen konnten. Sein Panzer war so undurchdringlich, daß sie ihn stückweise erschlagen mußten.

Während die erste Welle der Janitscharen sich zurückzog, um Atem zu schöpfen, brandete die zweite heran. Giustiniani rief mich zu sich: »Gebt mir Euren Arm und helft mir fort von hier. Ein guter Feldherr ficht, solange Hoffnung ist, aber nicht länger.«

Ich nahm ihn an einem Arm, einer, der neben ihm stand, am anderen, und wir schafften ihn den Wall hinab und durch die Ausfallpforte in die Stadt. Der Kaiser kam uns, geleitet von seinem Gefolge, in großer Erregung entgegen. Er trug keine Rüstung, um sich ungehindert bewegen zu können, und hatte ein Purpurhemd und einen kaisergrünen, goldgestickten Mantel angelegt. Abermals drang er in Giustiniani, standzuhalten und in die Schlacht zurückzukehren; die Wunde, so meinte er, müsse ja nicht so schlimm sein. Aber Giustiniani antwortete nicht, ja, sah ihn nicht einmal an; er brauchte alle Kraft, die fürchterlichen Schmerzen zu ertragen, die ihm jeder Schritt bereitete.

Der Kaiser kehrte auf die Mauer zurück, um den Verlauf der Schlacht zu verfolgen und die Griechen mit seinem Rat anzufeuern. Wir konnten Giustiniani von seiner Rüstung befreien; Blut schoß daraus hervor, als sie zu Boden fiel. Giustiniani gab seinem Stellvertreter ein Zeichen und sagte: »Ihr tragt die Verantwortung für das Leben unserer Leute.«

Der Offizier nickte und kehrte auf die Mauer zurück.

Das Tageslicht wurde heller.

»Giustiniani«, sagte ich. »Ich danke Euch für Eure Freundschaft. Ich muß nun zurück.«

Er streckte die Hand aus, verzog vor Schmerz das Gesicht und erwiderte mühsam: »Zum Teufel damit. Die Schlacht ist verloren – das wißt Ihr so gut wie ich. Wie können tausend erschöpfte Männer sich gegen zwölftausend vollgerüstete Janitscharen halten? Für Euch ist Platz an Bord meines Schiffes – habt ihn redlich verdient.«

Er stöhnte eine Weile vor sich hin, den Kopf in den Händen; dann meinte er: »Im Namen Christi, steigt da auf die Mauer und sagt mir, wie es steht.«

Er wollte mich aus dem Wege haben, denn nun taumelten vereinzelt einige Genuesen zur Ausfallpforte herein, blutbespritzt von Kopf bis zum Fuß. Sie sammelten sich um ihn. Ich erstieg die Mauer und erspähte beim helleren Tageslicht Sultan Mohammed am ausgefüllten Graben. Er schwang seinen eisernen Hammer und feuerte seine Janitscharen an, die an ihm vorbei zum Angriff vorstürzten.

Die Schlacht war nun vor unserem ganzen Abschnitt der Außenmauer in vollem Gange. Die Genuesen rückten immer dichter zusammen, und hier und dort sah ich einen dem anderen auf die Schulter klopfen und seinen Platz einnehmen; sie zogen sich einzeln zur Ausfallpforte zurück. Ich sah, daß die Schlacht verloren war. Lauter dröhnten die kupfernen Trommeln der Janitscharen; es war der Grabgesang meiner Stadt.

Plötzlich wies einer neben mir die Mauer entlang nach Nordosten in die Richtung des Blachernenpalastes. Frauen und Greise, die in ihrer Not händeringend laut geklagt hatten, verstummten und starrten ungläubig hin. Im Licht der aufgehenden Sonne flatterten die blutroten Banner des Sultans mit dem silbernen Halbmond von den beiden unbeschädigten Türmen der Kerkoporta.

Es war ein Anblick, den ich nie vergessen werde. Die ganze Stadt sah es im selben Augenblick, denn die ganze Mauer entlang lief, erst ungläubig gemurmelt, dann anschwellend und schrecklich, der Schrei unserer Niederlage: *»Aleo e polis!«*

Die anstürmenden Türken fielen in diesen Schrei mit heiserem Triumphgeheul aus hunderttausend Kehlen ein. Einen Augenblick stand ich wie erstarrt; es wollte mir nicht in den Kopf, daß der am besten erhaltene Mauerabschnitt als erster erobert worden war. An der Kerkoporta waren selbst die äußeren Verteidigungsanlagen kaum beschädigt.

Dort aber auf der großen Mauer flatterten die türkischen Halbmonde. In diesem Augenblick fegte ein neuer Ansturm der Janitscharen die Griechen und die letzten Genuesen in den schmalen Pfad zwischen den beiden Mauern hinab. Die vordersten setzten den Angriff sogleich fort und erstiegen mit katzenartiger Behendigkeit die große Mauer, wobei sie jeden Spalt und jeden Vorsprung ausnutzten. Die Angst verlieh den Frauen und Knaben oben Riesenkräfte, und sie rollten große Steinblöcke auf die Stürmenden hinab. Der bronzene Schlund über dem Tor begann wieder Feuer zu speien, nun keine Gefahr für uns mehr bestand, wenn wir das hölzerne Trümmerwerk draußen in Brand steckten; einer der kaiserlichen Waffenmeister trat und zerrte mit verzweifelten Kräften an den Hebeln des Flammenwerfers, aber bald verebbte der brennende Strom, und die letzten Tropfen versiegten kraftlos auf dem Boden. Das griechische Feuer war zu Ende.

All dies geschah schneller, als ich es niederschreiben kann. Ich rief dem Kaiser und seinem Gefolge zu, es sei hohe Zeit, den Gegenstoß zu beginnen. Da sie mich nicht hörten, sprang ich von der Mauer, um zu Giustiniani zurückzueilen. Der Todesschrei der Stadt gellte mir in den Ohren: *»Aleo e polis!«* Selbst die Steine schienen darin einzustimmen, während die Mauer unter den Tritten der Fliehenden zitterte.

Giustinianis Genuesen hatten ihn in den Sattel seines großen Pferdes gehoben und umgaben ihn drohend mit gezückten Schwertern. Am Anfang waren es vierhundert Gepanzerte und dreihundert Bogenschützen gewesen. Nun waren ihrer hundert übriggeblieben. Ich konnte es ihm nicht verdenken, daß er sie retten wollte. Ich winkte ihm zu und rief: »Gut Glück! Mögt Ihr Euch bald erholen und den Katalanen Lemnos abnehmen! Verdient habt Ihr es tausendmal!«

An seinem bleifarbenen Gesicht und seinen geschlossenen Lidern sah ich jedoch, daß die Soldaten einen Sterbenden zum Hafen geleiteten. Er konnte nicht mehr den Kopf wenden, um zu antworten. Seine Leute stützten ihn zu beiden Seiten und hielten ihn so im Sattel. Kaum war er um die nächste Straßenecke verschwunden, als die große Flucht von den Mauern einsetzte. Überall sprangen Männer von den Zinnen, warfen ihre Waffen fort und stürzten blindlings in die Häuser. Der Kaiser konnte sie nicht halten.

Als Giustiniani verschwunden war, hielt sein verläßlichster Mann die Ausfallpforte offen und bedrohte die Wachen des Kaisers mit gezücktem Schwert, wenn sie sie schließen wollten. Er nahm einen torkelnden, taumelnden Genuesen nach dem anderen in Empfang, teilte sie in Gruppen zu zehn und sandte sie im Laufschritt nach dem Hafen. So rettete er etwa vierzig Mann. Er war ein häßlicher, pockennarbiger Mann. Er fand noch Zeit, mir vor die Füße zu spucken, und brüllte: »Zur Hölle mit dir, verdammter Grieche!«

Da tauchten eben die ersten Janitscharen, atemlos vom Lauf, mit gezückten Krummsäbeln im Tor auf. Mit vereinten Kräften schlugen wir es zu und verriegelten es, ehe sie uns noch daran hindern konnten.

Ich konnte dem Pockennarbigen am Gesicht ablesen, daß er mir gerne den Schädel gespalten hätte, nur weil ich ein Grieche war. Aber er wischte seine Klinge am Schenkel ab und marschierte mit den letzten seiner Leute ab. Zu laufen verbot ihnen ihre Ehre, obwohl die Straße schon von Fliehenden wimmelte.

Ich blieb allein an der Ausfallpforte und erwartete das Zeichen zum Gegenstoß.

Ich war allein, aber plötzlich stand der Eine an meiner

Seite, dem ich zur Zeit des Erdbebens in Ungarn begegnet war und später bei Varna an der Leiche des Kardinals Cesarini. Er war dunkel und ernst – er war mein Ebenbild. Ich erkannte mein Gesicht, meinen Blick. Ich sagte: »Wir treffen uns am Sankt-Romanos-Tor, wie du versprachst. Ich bin nicht geflohen wie der Kaufmann von Samara.«

Er lächelte kühl. »Du hältst dein Versprechen, Johannes Angelos.«

Ich versetzte: »Damals wußte ich nicht einmal, wo dieses Tor war. Aber das Schicksal hat mich hierhergeführt.«

Über uns auf den Zinnen stürmten schon die Janitscharen dahin. Die ersten Strahlen der Morgensonne färbten ihre weißen Filzmützen rot. Rot blitzten auch ihre Krummsäbel auf, als sie die letzten Verteidiger niederhieben: Soldaten, Waffenmeister, Frauen, Knaben und Greise ohne Unterschied. In der Nähe winkte Kaiser Konstantin den Fliehenden zu, sich zu sammeln. Aber von der Gruppe, die ihn umgab, schlichen, sooft er den Rücken kehrte, viele fort, so daß sein Gefolge immer mehr zusammenschmolz.

Als der Kaiser dies gewahrte, schlug er die Hände vors Gesicht und rief: »Gibt es keinen Christen mehr, der sich meiner erbarmt und mich enthauptet?«

Der Todesengel nickte mir zu und sagte lächelnd: »Du siehst, er bedarf meiner mehr als du.« Und der dunkle Fremde, mein Ebenbild, trat stumm auf den Kaiser zu und sprach zu ihm. Der Kaiser saß ab, riß sich die Kette vom Hals und warf seinen goldgestickten Mantel zu Boden. Er setzte seinen Helm auf, nahm einen runden Schild, den ihm einer darreichte, und trat vor, den Janitscharen zu begegnen, die nun von der Mauer gefallen, getaumelt und gesprungen kamen. Seine Höflinge und lebenslangen Freunde, die sich dem Tode geweiht hatten, folgten ihm mit gezücktern Schwertern; sein Beispiel bewog auch einige Flüchtlinge, umzukehren und ihm zu folgen.

Wir waren vielleicht unser hundert, als wir dicht geschlossen, erst im Schritt, dann im Laufschritt ins letzte Treffen gingen, als die Janitscharen ihr Banner bereits auf der großen Mauer gehißt hatten und sich in die Stadt ergossen. Dann war alles nur mehr ein Gewirr krachender Schilde und blitzender Klingen, bis ich im Gewühl den Stand verlor und kopfüber hinstürzte, unfähig, mein Schwert zu erheben. Ich erhielt einen Hieb in die Schulter und einen über den Kopf; eine grellrote Flamme raubte mir das Bewußtsein. Wie ein brausender Sturm fegten die Türken über mich hinweg und traten mich zu Boden.

Die Sonne stand ein Stück über dem Horizont und leuchtete gelb, als ich wieder erwachte. Erst wußte ich nicht, wo ich war; dann rollte ich mühsam die warmen Leichen fort, die über mich hingestreckt lagen. Ich setzte mich auf und erkannte, daß ich nicht schwer verletzt war, obwohl zahllose Glocken mir in den Ohren dröhnten.

Während ich halb geblendet von der Sonne und benommen dort saß, sah ich zwei grüngekleidete Tschauschen auf der Suche nach Verwundeten die Mauer abschreiten. Ab und zu beugten sie sich nieder, um einem Stöhnenden den Kopf vom Rumpfe zu trennen. Ich rief sie auf türkisch an und bat sie, mir den Gnadenstoß zu versetzen, aber der Ältere der beiden erkannte mich und verbeugte sich tief, die Hand an der Stirn. Er hatte mich wohl während der sieben Jahre, die ich unter Murad und Mohammed gedient hatte, im Gefolge des Sultans gesehen.

Er holte Wasser, wusch mir das Gesicht, half mir, den Helm und das Panzerhemd abzulegen, und reichte mir einen türkischen Mantel, den er dem am wenigsten blutbefleckten Janitscharen abnahm, der in der Nähe lag. Ich weiß nicht, ob er glaubte, ich hätte am Angriff teilgenommen oder als Spion des Sultans in der Stadt gelebt. Er sagte mir jedoch seinen Namen und bat mich, seiner zu gedenken. Als er gewahrte, daß ich meiner Sinne noch gar nicht recht mächtig war, teilte er mir das Losungswort der Janitscharen wie auch der Tschauschen mit, hob eine Lanze auf, daran ein Lappen wehte, und lächelte: »Groß ist Allahs Lohn. Niemand braucht dies mehr; nehmt es als Zeichen und bezeichnet Euch ein Haus damit.«

Mit der Lanze als Wanderstab taumelte ich den Fuß der Mauer entlang, der Kerkoporta zu. Als ich mich dem Charisiostor näherte, hörte ich, daß die Schlacht noch nicht vorbei war, obwohl des Sultans Halbmond nun über dem Blachernenpalast wehte. Ich kam eben zurecht, als die Brüder Guacchardi ihre Leute zum Rückzug sammelten. Die Bastion hatte sich noch gehalten, nachdem die Türken längst beide Mauern durchbrochen hatten und in die Stadt eingedrungen waren. Nun stiegen sie zu Pferd, und ihre Tapferkeit hatte den Türken solchen Schrecken eingejagt, daß die Anatolier sie nicht weiter behelligten, sondern sie ungeschoren ließen und sich nach Beute aufmachten.

Die Brüder lachten nun nicht mehr. Der älteste von ihnen rief die anderen und sprach: »Wir leben noch, aber die Stadt ist verloren. Sonne, erzittere! Wehklage, o Erde! Die Schlacht ist aus. Retten wir unser Leben, solange wir noch können.«

Sie befahlen den letzten ihrer Leute, sich an den Steigbügeln, Sattelgurten und Schweifen ihrer Pferde anzuklammern, und ritten fort, wobei sie reichliche Blutspuren auf der Straße hinterließen. Selbst Janitscharen wichen ihnen aus und wandten den Blick ab, daß es den Anschein erweckte, als hätten sie sie nicht gesehen. So bezeigten sie ihre Achtung vor der Tapferkeit der Guacchardi; sie dachten wohl, in der Stunde des Sieges sei eine sichere Beute besser als ein unnützer Tod.

Die Brüder Guacchardi erreichten den Hafen, obwohl der Feind schon die ganze Stadt besetzt hatte, und entkamen an Bord eines lateinischen Schiffes. Sie heißen Paolo, Antonio und Troilo, und der älteste ist noch nicht dreißig Jahre alt. Sie haßten die Griechen nicht, wie andere Lateiner es taten. Mögen ihre Namen fortleben!

Dann gelangte ich zur Kerkoporta. Die Venezianer hatten offenbar einen Ausfall aus dem Blachernenpalast unternommen, weil dort viele gefallene Janitscharen herumlagen, auch ein paar junge Venezianer, steif und tot, blutüberströmt und mit Erde beschmutzt. Der Ort lag verlassen da. Die Janitscharen hatten die eroberten Türme auf der Mauer bereits verlassen, und nur des Sultans Banner wehten noch dort. Die Kerkoporta selbst war versperrt und verriegelt. Und davor – –

Davor lag der Leichnam Anna Notaras', mit Blut im kurzgeschnittenem Haar und halbgeöffneten Augen. Fliegenschwärme krochen bereits über Augen und Mund. Ihr Helm lag unweit davon. Kehle, Achselhöhlen, Lenden – alle von ihrer Rüstung ungeschützten Körperteile wiesen tiefe Stiche auf, so daß alles Blut aus ihrem Körper gewichen war, der in schrecklich verzerrter Stellung vor mir lag.

»Fremdling, mein Ebenbild, wo bist du?« schrie ich. »Komm zu mir, dunkler Schatten; dies ist deine Stunde.«

Allein er kam nicht. Ich war allein. Ich barg den Kopf in den Händen und kreischte: »Manuel, Manuel, du bist schuld! Ich werde dich suchen und finden, und wenn du dich in der Hölle verbirgst! Warum hast du mir nicht gehorcht?«

Ich versuchte sie aufzuheben, war aber zu schwach. Ich setzte mich zu ihr und betrachtete ihr lebloses Gesicht, um mein Herz zu stählen, nun sie dahingeschieden war. Während ich sie so liegen sah, während rings um mich aus Häusern und Straßen Todesschreie erklangen, glaubte ich nicht mehr an Gott, nicht mehr an eine Wiedergeburt.

»Stein ist Stein«, sagte ich mir. »Ein Leib ist ein Leib. Was nicht atmet, ist nicht. Der Astralleib ist ein Hirngespinst wie andere Hirngespinste.«

Ich stand auf, stieß mit dem Fuß an die Tote, daß die Fliegen davonschwirrten, und ging meines Weges. Ein Leichnam ist nur ein Leichnam, und mit Leichen habe ich nichts zu schaffen.

Auf die Lanze gestützt, wanderte ich die Hauptstraße entlang nach der Innenstadt; ich hoffte, jemand zu begegnen, der mir mit dem Schwerte Mitleid erzeigen würde.

Aber niemand hob die Hand wider mich.

Auf der Straße, die zum Choraklоster führt, lagen zertrümmerte Heiligenbilder und die zertretenen Leichen vieler Frauen. Einige hielten noch Rosenkränze in den verkrampften Fingern, und ihre Gesichter waren zu einem stummen Schrei unaussprechlichen Entsetzens verzerrt.

Hier und da wütete noch der Kampf um die größten Häuser, deren Bewohner die Türen verrammelt hatten und sich mit Bogen, Steinen und Küchengerät, mit siedendem Wasser und Feuerbränden gegen die andringenden Janitscharen zur Wehr setzten. Aber von den meisten Häusern flatterten die Wimpel der Sieger, und von drinnen war das Weinen und Schreien vieler Frauen zu hören.

Bis zur Wasserleitung Kaiser Valentins war die Hauptstraße mit toten Griechen übersät. Dort hatte das blinde Morden offenbar ein Ende gefunden. Ich begegnete langen Scharen aneinandergefesselter Griechen, bewacht von einem einzigen barfüßigen Hirten mit einer Lanze. Die Frauen waren ihrer Edelsteine beraubt worden, ihre Kleider hatte man auf der Suche nach verstecktem Geld zerrissen und ihnen die Hände mit ihren eigenen Gürteln auf den Rücken gebunden. Hoch und niedrig, Greise und Kinder, Handwerker und Archonten schritten Seite an Seite, um später im türkischen Lager ausgesondert zu werden, so daß die Armen in die Sklaverei verkauft werden und die Reichen ihr Lösegeld bezahlen konnten.

Ich machte mich auf den Weg hinab zum Hafen. Einzelne Stadtviertel schienen immer noch verlassen; kein Türke war dort zu sehen. Die Hafenmauer gegenüber Pera, welche von der Flotte bewacht wurde, war noch in den Händen der Lateiner. Eine ungeheure, gärende Menschenmenge drängte sich vor den Hafentoren; beschwörend streckten die Leute die Hände aus. Alle flehten um Barmherzigkeit und einen Platz an Bord eines Schiffes. Aber die Wächter hatten die Tore versperrt und die Schlüssel ins Wasser geworfen, bis auf jene zum Tor der Matrosen; das aber wurde von Seesoldaten mit Lanzen und Schwertern unnachsichtig bewacht. Oben auf der Mauer schwenkten die Posten ihre brennenden Lunten und drohten mit heiseren Stimmen, ihre Drehbassen und Arkebusen mitten in das Gedränge abzufeuern, wenn sie nicht zurückwichen und den lateinischen Reisigen Platz machten, die sich von Zeit zu Zeit einen Weg durch die Menge bahnten, vom Kopf bis zum Fuß blutbespritzt und taumelnd vor Erschöpfung, hinab zum Hafen und in Sicherheit.

Viele Frauen hatten böse Schnitte an den Händen erlitten, als sie versuchten, den Seesoldaten die Schwerter zu entreißen. Eine Anzahl Reicherer und Vornehmerer hielten ihnen pralle Börsen entgegen, in der eitlen Hoffnung, damit einen Platz an Bord eines Schiffes erkaufen zu können.

Ich schritt weiter hügelan, um über die Mauer zu spähen. Stellenweise lehnten Leitern daran; Wagemutigere ließen sich ins Wasser hinab und schwammen zu den Schiffen hinaus. Köpfe trieben wie schwarze Punkte auf den Wellen. Oben an den Strickleitern aber wachten bewaffnete Matrosen, wehrten die Schwimmer ab oder verwiesen sie an andere Schiffe. So mußten viele von einem Schiff zum anderen schwimmen, bis ihre Kräfte sie verließen und sie versanken. Einige Schiffe aber nahmen, da ihre Mannschaften nicht vollzählig waren, die kräftigsten Schwimmer an Bord.

Vollbepackte Boote fuhren unablässig zu den Schiffen hinaus und kehrten zurück, um neue Ladungen aufzunehmen. Sie beförderten nicht nur Lateiner, die von den Mauern entkommen waren, sondern auch Truhen und Ballen. Inmitten der Verwirrung, die den ganzen Tag über herrschte, schien es, als hätte allein die Flotte noch eine gewisse Ordnung bewahrt. Eine Anzahl Griechen wurde auch an Bord genommen, wenn Platz war und sie Verbindungen zu Genuesen oder Venezianern hatten.

Dort stand ich auf dem Hang und sah, wie das größte Genuesenschiff die Segel setzte und mit gutem Wind und mächtigen Ruderschlägen geradewegs auf die Sperrkette zuhielt, um sie zu durchbrechen.

Es war ein gewaltiges Schiff mit wenigstens zweitausend Mann an Bord. Die Kette gab nach, barst aber nicht, und das Schiff kam mit einem Ruck zum Stehen, der es vom Bug bis zum Heck erbeben ließ. Seine Masten aber brachen nicht; die Genuesen sind erfahrene Seeleute und verstehen ihr Handwerk.

Der Nordwind drückte das Schiff gegen die Sperrkette, bis sie sich gleich einem gespannten Bogen krümmte. Zwei baumlange Matrosen sprangen darauf, jeder mit einer breiten Axt. Mit der Kraft der Verzweiflung hieben sie auf die Kette ein, bis sie plötzlich zersprang; das stolze Schiff lief mit geschwellten Segeln aus dem Hafen, und die beiden Matrosen konnten sich eben mit Mühe an Bord retten. Dem großen Schiff folgten drei kleinere, aber die venezianischen Schiffe liegen immer noch friedlich vor Anker.

Keine einzige türkische Galeere lief zur Verfolgung der fliehenden Schiffe aus, weil die türkischen Seeleute sie entlang der ganzen Marmaraküste verlassen hatten. Soldaten und Matrosen hatten alle Hände voll zu tun, ihre Beute an Bord zu schaffen und ihre Sklavenscharen zusammenzutreiben. Viele davon waren Juden, weil die Matrosen zuerst in Giudeca, dem Judenviertel, eingedrungen und dort geblieben waren, um nach dem vielgerühmten Gold und den Edelsteinen seiner Bewohner zu suchen. Deshalb hatten sich so viele Städter in den Hafen retten können, obwohl der Großteil der Stadt nun in der Hand der Türken war.

Während die ersten Schiffe ihre Flucht bewerkstelligten, flatterte oben auf dem Akropolishügel noch immer die kaiserliche Standarte. Dort hatten kretische Seeleute Posten bezogen, und die Türken schienen nicht geneigt, sie ernsthaft anzugreifen, als sie sahen, daß die Verteidiger sich selbst nach der Eroberung der Stadt nicht ergeben wollten.

Ich hatte im Hafen nichts zu tun und schritt weiter hügelan, meinem Hause zu. Es schien verlassen. Kein Türke war zu sehen, obwohl die Schenke gegenüber geplündert worden war und eine Pfütze Weines vor ihrer Schwelle stand.

Ich stieß die Lanze mit dem Lappen daran neben dem steinernen Löwen in den Boden und nahm so Besitz von meinem eigenen Hause. Ich trat ein und rief nach Manuel. Nach einer Weile ertönte eine zitternde Stimme aus dem Keller: »Seid Ihr es, Herr?«

Er kroch auf allen vieren empor und wollte meine Knie umarmen. Ich trat ihn herzhaft gegen die Brust, seiner Gebrechlichkeit und seines grauen Bartes nicht achtend.

»Warum gehorchtest du mir nicht? Warum tatest du nicht, was ich dir befahl?« brüllte ich wutentbrannt und versuchte, mit kraftlosen Händen das Schwert zu ziehen, das fest in der Scheide stak. Da erst entsann ich mich, daß mein Schwert ein türkischer Krummsäbel war und der Mantel, den mir der Tschausch gegeben, und der Turban, mit dem er meine Kopfwunde verbunden hatte, mich in einen Türken verwandelt hatten.

»Gott sei Dank, daß Ihr nun doch in des Sultans Diensten steht!« meinte Manuel aufrichtig. »Ihr wart wahrhaftig klug, Euer Geheimnis bis zum letzten Augenblick so wohl zu hüten, daß selbst ich fast darauf hereingefallen wäre. Ihr nehmt mich doch gewiß unter Euren Schutz? Ich habe bereits eine Anzahl Häuser bezeichnet, die ich Euch plündern helfen kann.«

Er warf mir einen Blick zu und fügte hastig bei: »Ich meine – zum Zeitvertreib habe ich nachgedacht, was ich täte, wenn ich ein Türke wäre. Sagt, ist es wahr, daß der Kaiser gefallen ist?«

Als ich nickte, bekreuzigte er sich herzhaft und sagte: »Gott sei gelobt! Nun gibt es keinen Zweifel mehr: wir sind alle rechtmäßige Untertanen des Sultans! Herr, nehmt mich als Euren Sklaven an, damit ich mich auf Euch berufen kann, wenn mich einer entführen will!«

Ich konnte sein Geplapper nicht mehr ertragen. Ich packte ihn am Bart und riß ihm das Kinn empor, so daß er mir in die Augen sehen mußte.

»Wo ist mein Weib Anna Notaras, das ich dir anvertraute und das du zu retten schworst?«

»Sie ist tot«, erwiderte Manuel schlicht. Er scheuzte sich mit den Fingern und brach in bittere Tränen aus. »Ihr sagtet, wenn alles verloren wäre, sollte ich sie durch einen Schlag auf den Kopf betäuben, wenn sie mir nicht gutwillig folgen wollte, und sie zu Giustinianis Schiff hinausrudern. Zu diesem Zweck hatte ich bereits einen Esel versteckt, obwohl ich diesen jetzt verloren hätte, hätte ich ihn nicht zum Glück einem Venezianer verkauft, der einen eingelegten Schrank vom Blachernenpalast zum Hafen schaffen wollte. Es war ein kostbarer Schrank.«

»Anna!« brüllte ich und schüttelte ihn am Barte.

»Reißt mich nicht am Barte, Herr, es schmerzt«, versetzte Manuel vorwurfsvoll und wehrte mich mit beiden Händen ab. »Ich tat, was ich konnte, und setzte aus purer Treue zu Euch mein Leben für jenes wahnwitzige Frauenzimmer aufs Spiel, ohne Lohn zu fordern. Aber sie wollte mir nicht gehorchen. Und als ich ihre Gründe vernahm, konnte ich nur bei ihr bleiben und den Morgen erwarten.«

Abermals sah Manuel mich vorwurfsvoll an, dann rieb er sich fieberhaft die Knie und fuhr unter ersticktem Schluchzen fort: »Und das ist mein Dank dafür – Ihr zerrt und reißt an mir herum, obwohl meine Knie wieder schmerzen und mein Hals obendrein. Seht Ihr, Euer Weib brachte es nicht über sich, Euch die Schande ihres Vaters zu gestehen, weil Ihr alles so ernst nehmt. Aber sie hatte noch im Hause ihres Vaters von dessen Plan erfahren, die Kerkoporta während des Angriffes offen und unbewacht zu lassen. Natürlich als Beweis des guten Willens der Griechen; nicht einmal der Megadux kann geglaubt haben, daß das den Türken nützen würde. Die Türken hätten diese Stelle zwischen der Innen- und Außenmauer ja nicht eher erreicht, als bis die Außenmauer am Charisiostor erstürmt war – und auch dann nur mit einer ganz kleinen Schar. Aber er dachte, das Offenlassen des Tores sei von großer politischer Bedeutung als Beweis des guten Willens und der Bereitschaft der Griechen, den Türken zu helfen.«

»Ohne Zweifel«, versetzte ich. »Die Grenze zwischen politischem Widerstand und Hochverrat ist so fein wie ein Haar. Aber eine Ausfallpforte unbewacht und offen zu lassen, ist Verrat. Das kann niemand leugnen. Viele sind schon für geringere Vergehen gehängt worden.«

»Verrat, gewiß«, gab Manuel bereitwillig zu. »Das dachte auch Eure Frau, deshalb lief sie fort und zu Euch. Und natürlich auch, weil sie Euch liebte, obwohl sie nicht viel von Eurem gesunden Verstand hielt. Aber sie wollte um ihres Vaters willen diesen Verrat verhindern und dafür sorgen, daß die Pforte nicht offenblieb. Ich begleitete sie zur Kerkoporta, wie Ihr befohlen hattet, weil ich sie für einen sicheren Ort hielt – bewahr uns Gott vor solcher Sicherheit! Und dort blieben wir auch, obwohl die Griechen uns mehrmals vertreiben wollten; niemand brauche uns dort, meinten sie. Wer sie waren, weiß ich nicht, weil sie sorgfältig darauf bedacht waren, ihre Gesichter im Dunkeln zu verbergen. Sehr wahrscheinlich aber waren es die Leute des Megadux, die auf seinen Befehl die Wache dort übernommen und die anderen Posten weggeschickt hatten.

Und als es dann losging«, fuhr Manuel fort, »entfernten sie einfach den Balken und schlossen das Tor auf – denn sie hatten einen Schlüssel. Eure Frau trat mit gezücktem Schwert an sie heran und forderte ihnen den Schlüssel ab. Sie wollten sie erst verscheuchen, als sie aber gewahrten, daß sie nicht weichen wollte, überfielen sie sie alle zugleich – es waren ihrer fünf – und erdolchten sie, ehe sie schreien konnte.«

»Und du? Was tatest du?« fragte ich.

»Ich lief«, versetzte Manuel schlicht. »Ich lief, so schnell ich konnte, und im Dunkel fingen sie mich nicht, obwohl mich die Knie schmerzten. Und da ich nichts anderes tun konnte, verkaufte ich meinen Esel einem Venezianer, wie ich schon sagte.«

»Du lieber Gott!« rief ich. »Warum alarmiertest du nicht die Venezianer?«

»Das habe ich versucht«, entgegnete Manuel, »aber sie wollten mir nicht glauben. Sie hatten mit der Verteidigung der Blachernenmauer alle Hände voll zu tun. Und ihr Befehlshaber zeigte mir einen Plan, darauf die Kerkoporta im griechischen Abschnitt und nicht in ihrem eingezeichnet war.«

Manuel fing an, hinter der vorgehaltenen Hand zu kichern.

»Er muß mich für verrückt oder das Ganze für eine griechische List gegen die Venezianer gehalten haben. Die Mauer am Blachernenpalast ist über und über beschmiert mit Sprüchen: ›Lateiner, schert euch heim‹, und ähnlichen. Endlich drohte er, mich zu hängen, wenn ich ihn noch länger belästigte. So wandte ich mich um Hilfe an die Brüder Guacchardi; da war es aber schon spät, und sie hatten genug zu tun, die Türken von der Bresche in der großen Mauer fernzuhalten. Und dann – ja –«

Manuel warf mir einen scheuen Blick zu und meinte verzagt: »Ihr werdet mir wohl nicht glauben, aber mir fiel ein, daß ja auch ich ein Grieche bin und mein Vater als Holzträger in Kaiser Manuels Diensten stand. Natürlich dachte ich auch traurig an mein verstecktes Geld und an mein Leben – allein ich nahm einem Toten das Schwert ab und lief zur Kerkoporta zurück.«

Erstaunt über seinen eigenen Vorwitz, wie es schien, streckte er nun die Hände aus und rief: »So wahr ich hier stehe, Herr, ich lief zur Kerkoporta zurück, in der Hoffnung, sie irgendwie wieder versperren zu können. Zum Glück aber kam ich mit meinem Mut zu spät. Des Sultans Janitscharen kamen mir entgegen; ich warf also rasch mein Schwert weg, hob die Hände und betete zur Heiligen Jungfrau vom Blachernenkloster um Schutz. Und mein Gebet half mir auf seltsame Weise, denn die Türken packten mich an den Armen, hielten mich fest und befahlen mir in schlechtem Griechisch, sie zum Chorakloster zu führen, obwohl es nur ihrer zwanzig waren. Und wir liefen dorthin, so schnell unsere Beine uns tragen wollten. Es waren wackere Burschen – das will ich ihnen lassen.«

»Das war eben, als die Türken am Sankt-Romanos-Tor durchbrachen«, warf ich ein. »Nein, der Verrat an der Kerkoporta verschlug da nichts mehr. Und die Pforte war versperrt, als ich sie heute morgen sah.«

»Ja, sobald die Venezianer des Sultans Banner sahen, machten sie einen beherzten Ausfall«, erklärte Manuel. »Als ich mich umsah, stürzten sie eben aus einer Tür in der Palastmauer, mit blitzenden Schwertern und Harnischen und unter ihrem Löwenbanner. Sie erschlugen die Janitscharen, die am Tor verblieben waren, und versperrten die Kerkoporta, ehe sie sich in den Palast zurückzogen.«

»Und du?« fragte ich.

»Ich zeigte den Türken den Weg zum Chorakloster, in der Hoffnung, die wundertätige Jungfrau würde ihren Übermut dämpfen«, sagte Manuel bekümmert. »Aber der Mensch ist so schlecht, daß die Beutelust alles andere in ihm ertötet. Die ganze Kirche war mit Rosen geschmückt und gedrängt voll betender Frauen, die Fackeln in den Händen hielten. Die Janitscharen aber entweihten den Tempel: mit ihren Schwertern bahnten sie sich den Weg mitten durch die hilflosen Frauen, stracks auf die Ikonostasis zu. Deren Tür zertrümmerten sie und hieben das wundertätige Bild in vier Stücke. Darüber war ich wahrhaft entsetzt – in so gottloser Gesellschaft wollte ich nicht bleiben und lief daher mit den Frauen davon.

Ich kam eben zurecht, mich den Venezianern anzuschließen, als sie den Blachernenpalast verließen«, erzählte Manuel weiter. »Zum Glück waren einige darunter, die mich erkannten; sonst hätten sie mich wohl umgebracht, nur weil ich ein Grieche war. Während sie sich einen Weg durch die Stadt bahnten, hieben sie Türken und Griechen ohne Unterschied nieder und plünderten unterwegs mehrere Häuser; Zeit genug hatten sie ja. Sie schäumten vor Wut, weil so viele ihrer Leute vergeblich auf den Mauern gefallen waren – und über die Art, wie ihr Bailo von den Türken gefangengenommen wurde. Ich begleitete sie zum Hafen und versteckte mich dann hier im Keller; mein Leben empfahl ich Gott. Ich wollte erst morgen hervorkriechen, wenn die Türken sich ein wenig beruhigt hätten. Heute sehen sie aus, als wollten sie aus bloßer Mordlust jeden töten, der ihnen begegnet – ausgenommen natürlich die Frauen, an denen sie ein anderes Vergnügen finden.«

»Hier bist du sicher, solange die Lanze dort vor meinem Hause steht«, erklärte ich ihm. »Das ist nun mein Zeichen, und niemand wird hier eindringen. Es ist ein kleines Haus, und es wohnen keine Frauen hier. Finden sie aber wirklich den Weg hierher, so sag ihnen einfach, daß das Haus besetzt ist – sag ihnen auf türkisch meinen Namen, und daß du mein Sklave bist. Dann wird dir nichts zustoßen. Gott sei mit dir.«

Manuel klammerte sich in tödlichem Schrecken an mich und rief: »Wohin geht Ihr, Herr? Verlaßt mich nicht!«

»Ich will den Eroberer suchen«, antwortete ich. »Ja, den Eroberer – so muß er heißen. Unter allen Sultanen möge er in Zukunft Mohammed der Eroberer heißen, denn er wird der größte von ihnen sein und über Morgenland und Abendland herrschen.«

Ich ging geradewegs zur Küste hinab, wo die türkischen Matrosen eifrig am Plündern waren, und sah, daß der Sultan Megadux Notaras' Haus in der Tat unter den Schutz von Tschauschen gestellt hatte. Ich redete sie an; sie sagten mir,

Megadux Notaras, seine beiden Söhne und seine kranke Frau seien alle hinter diesen Mauern in Sicherheit.

Zu Mittag kehrte ich zur großen Kirche zurück und sah von dort die letzten, schwerbeladenen Christenschiffe auslaufen. Aber nicht einmal jetzt verfolgte sie auch nur ein einziges türkisches Schiff. Der frische Nordwind bauschte ihre Segel, und von ihren Masten wehten die Banner vieler christlicher Länder dem sterbenden Konstantinopel ein ungebeugtes Lebewohl zu.

»Ihr bringt der Christenheit eine Todesbotschaft!« rief ich ihnen nach.»Erzittert, ihr Völker des Abendlands! Ihr seid die nächsten. Erkennt ihr nicht, daß ihr die Nacht über Europa bringt?«

Nun strömten aus allen Richtungen türkische Soldaten zusammen, und auf der Hauptstraße bewegte sich des Sultans glänzendes Gefolge, geleitet von grüngekleideten Tschauschen, der Leibwache mit gespannten, vergoldeten Bogen, und Läufern mit Weihrauchfässern. Die Pferde traten auf tote Griechen, die noch auf der Straße lagen, und lockige Haremsknaben besprengten den Weg vor des Sultans Pferd mit Rosenwasser.

Vor den erbrochenen Bronzetoren stieg der Sultan von seinem schneeweißen Pferd. Sein feuriges junges Gesicht zuckte vor Übermüdung, aber in den golden schimmernden Augen leuchtete kalte, triumphierende Freude, wie ich sie noch nie an einem Menschen beobachtet hatte. Ich sah sein hageres Gesicht, seine schmale Adlernase und das vorspringende Kinn, und stand wieder unter demselben abstoßenden und anziehenden Bann, der mich gefangenhielt, als ich an seinem Hofe lebte.

Nachdem er abgesessen war, ergriff er mit der Linken seinen eisernen Hammer, verneigte sich tief, nahm eine Handvoll Erde auf und streute sie auf sein Haupt. Die Janitscharen meinten, er demütige sich vor dem Einen Gott, und wahrten ehrfürchtiges Schweigen. In Wirklichkeit aber, glaube ich, bekannte er sich dadurch nur als einen Staubgeborenen und wollte auf seine Art seine Ehrfurcht vor dem Tode bezeigen.

Er betrat die Kirche mit seinem Gefolge, und ich war unter den ersten, die mit eintraten. Auf dem Boden lagen einige blutbefleckte Leichen, und eine Schar Janitscharen war eben beim Plündern; sie zertrümmerten Ikonen, rissen die goldenen und silbenen Rahmen los und sammelten alle Schätze in Altartücher und perlenbesetzte Chorröcke. Mitten auf dem Boden hieb eben ein Janitschar auf der Suche nach verborgenen Schätzen eine Marmorfliese in Stücke.

Sultan Mohammed trat an ihn heran, schlug ihn mit seinem Hammer unbarmherzig nieder und rief mit verächtlicher Miene: »Rühr mein Eigentum nicht an! Alle bewegliche Habe habe ich euch versprochen; die Bauten aber gehören mir!«

Kameraden des Janitscharen zogen ihn rasch an den Fersen beiseite, ehe der Sultan ihn töten konnte. Man hätte glauben können, des Sultans maßloser Zorn entspringe dem Neid, weil seine Untertanen so unermeßliche Reichtümer anhäuften. Aber das liegt nicht in Mohammeds Wesen. Nicht nach Schätzen trachtet er, sondern nach Macht.

Da stand er nun und sah sich in der Kirche um, als könnte er ihre ungeheure Größe und ihren Glanz nicht fassen. Die jungen Offiziere seines Gefolges konnten nicht mehr an sich halten; einer tauchte die Hand in eine Blutlache, duckte sich, sprang an der Wand hoch und schlug mit der Hand daran, so hoch er reichen konnte. »Da ist mein Zeichen!« schrie er. Der rote Abdruck seiner Hand leuchtete so hoch oben, daß drei Männer einer auf des anderen Schulter hätten steigen müssen, um ihn zu erreichen.

Sultan Mohammed nahm einem Leibwächter den goldenen Bogen ab, zielte nach oben und schoß einen schwirrenden Pfeil stracks in die mächtige Kuppel hinauf. »Dort ist meines!« rief er; dann sah er sich um und befahl seinen Janitscharen, die Ikonostasis zu zertrümmern, um den Altar freizulegen.

Als die Wand einstürzte, befahl er: »Nun ruft alle zusammen: ›Mohammed, Emir der Türken und Sohn des Murad, ist gekommen, die größte Kirche der Christenheit dem Einen Gott zu weihen!‹«

Die Soldaten, die im Augenblick das Plündern vergessen hatten und dem Sultan in die Kirche gefolgt waren, fielen in den Schrei ein, der unter jener herrlichen Kuppel lange nachhallte. Dann begab sich ein Wunder: hinter dem Altar tauchten, einer nach dem anderen, zwanzig griechische Bischöfe, Priester und Mönche auf, alle in vollem Ornat und mit dem Abzeichen ihrer kirchlichen Würde. Sie traten vor den Sultan, knieten nieder und empfahlen sich seinem Schutz. Unter ihnen war Gennadios. Sie hatten sich während der Belagerung in einem der zahlreichen Geheimgemächer der Kirche verborgen gehalten.

Dies alles schien nach einem geheimen Übereinkommen abzulaufen und kann des Sultans großen Zorn erklären, als er einen Janitscharen den Boden mit der Axt bearbeiten sah.

Nun wandte er sich an die Janitscharen: »Das sind meine Gefangenen; mir haben sie sich ergeben. Niemand soll sie berühren, aber ich will euch als Entschädigung für jeden dieser hohen christlichen Priester hundert Asper auszahlen lassen. Führt sie in ein Kloster ihrer Wahl und stellt sie unter den Schutz der Tschauschen.«

Die Bischöfe und Priester erklärten wie aus einem Munde: »Wir wählen das Pantokratorkloster!«

Da riefen die Derwische und Gelehrten aus dem Gefolge des Sultans, die Stunde des Mittagsgebetes sei gekommen. Der Sultan ließ Wasser bringen und wusch sich blitzschnell, während die Janitscharen die Christen wegführten. Dann stieg er barfuß auf den Altar, trat das Kreuz mit Füßen, wandte das Gesicht gen Osten und betete vor. Sein Gefolge und alle seine Soldaten warfen sich nieder, drückten die Stirn an den Boden und weihten mit ihren mohammedanischen Gebeten Allah die herrlichste Kirche der Christenheit.

Nach der Andacht befahl der Sultan den Derwischen, dafür zu sorgen, daß das Gebäude mit Rosenwasser von aller christlichen Unlauterkeit gesäubert werde.

Als er auf dem Rückweg die riesige Kirche durchmaß, trat ich vor ihn, und keiner hinderte mich daran. Wortlos stand ich vor ihm, und er erkannte mich wieder. Er wurde aschfahl, sah sich um und flüsterte: »Engel, kommst du mich schon holen?«

Als er sich gefaßt hatte, hob er die Hand und bedeutete seinem Gefolge: »Rührt ihn nicht an.«

Dann trat er dicht an mich heran, berührte mein Gesicht und rief lachend : »So lebst du also noch, Unbestechlicher! Glaubst du nun, daß ich in den Kirchen deines Papstes meine Pferde einstellen werde?«

Ich erwiderte: »Das weißt du besser als ich. Es war mir nicht bestimmt, auf den Mauern meiner Stadt zu fallen. Laß mich nun enthaupten, auf daß dein Sieg vollkommen sei.«

Er lächelte; das gelbe Funkeln trat in seine Augen, und er erwiderte: »Geduld, Engel! Alles zu seiner Zeit.«

Er verließ die Kirche, ohne mich weiter zu beachten. Ich schloß mich seinem Gefolge an, um ihm nahe zu sein, denn meine Sehnsucht nach dem Tode war stärker als jede andere, die ich erlebt hatte. Unter seinem Gefolge waren viele, die mich kannten, aber keiner wagte mit mir zu sprechen.

Inzwischen waren Megadux Notaras und eine Schar gefangener griechischer Edelleute vor die Kirche geführt worden. Sie knieten vor Sultan Mohammed. Er fuhr sie zornig an und fragte, warum sie so hartnäckigen Widerstand geleistet und dadurch der Stadt unnötigen Schaden und des Sultans Truppen unnötige Verluste zugefügt hätten.

Notaras sah stumm auf Großwesir Chalil, der, ein langbärtiger, gebrochener Mann, zur Rechten des Sultans stand; der Sultan führte ihn absichtlich überallhin mit, um ihm zu zeigen, wie vollständig sein Sieg war.

»Sprecht ungescheut«, sagte der Sultan.

»Was blieb uns übrig, wo es in Eurem eigenen Lager – selbst unter Euren engsten Beratern – Leute gab, die uns zum Widerstand aufforderten?« fragte Megadux Notaras erbittert und sah Chalil immer noch vorwurfsvoll an.

Mohammed wandte sich zu Chalil, packte ihn grob am Barte und schüttelte den zitternden Greisenkopf.

»Ich kenne dich, du Griechenfreund!« rief er so laut, daß die Janitscharen ihn hören konnten. »Aber du hast meinem Vater treu gedient, wie dein Vater und Großvater, als Großwesir zur Rechten des Sultans. Daher will ich dich begnadigen und nicht enthaupten lassen, wie du es verdientest. Aber laß mich dich nie wieder sehen. Wie ein Bettler verbirg dich im fernsten Winkel meines Reiches – so wie dein Großvater einst als Bettler vor seinen Sultan trat.«

Dies plötzliche Urteil war eine kühne Tat. Allein es war die Stunde, nach der Mohammed sich von Jugend auf gesehnt hatte, so brennend wie nach der Eroberung Konstantinopels. Die jungen Offiziere seines Gefolges fingen an, Chalil zu beschimpfen, und nach einigem Zögern fielen auch die Janitscharen in die Schmähungen ein. Der Sultan musterte die Umstehenden mit scharfen Blicken und wies auf ein paar Greise, die sich nicht herbeilassen wollten, seinem gerechten Urteil Beifall zu zollen.

»Geht mit Chalil!« befahl er. Die Tschauschen sprangen vor und rissen den Alten die Ehrenkaftane vom Leibe; die traten, einander beschimpfend, mit Chalil den Weg der Schande an. Die Janitscharen ergingen sich um die Wette in unflätigen Schmähworten und warfen ihnen blutgetränkte Erdklumpen nach.

Als sie sich entfernt hatten, wandte sich der Sultan wieder an die griechischen Gefangenen und fragte: »Wo ist euer Kaiser? Was wißt ihr von ihm?«

Kopfschüttelnd sahen die Griechen einander an.

Der Sultan tat erstaunt und fragte hohnlächelnd: »Wie, ist das möglich? Habt ihr nicht an seiner Seite gekämpft.«

Beschämt ließen einige Senatoren die Köpfe hängen, aber Lukas Notaras antwortete trotzig: »Kaiser Konstantin verriet unseren Glauben und verkaufte uns an den Papst und die Lateiner. Wir erkennen ihn nicht als unseren Kaiser an und wollen lieber Euch dienen.«

Der Sultan befahl, überall zu verkünden, daß die Leiche des Kaisers gefunden werden müsse, falls er im Kampfe gefallen sei. Dem Finder versprach er eine Belohnung; ebenso dem, der beweisen konnte, daß er ihn getötet habe. Der Läufer brauchte sich aber mit dieser Botschaft nicht erst aufzumachen, denn sogleich drängten sich zwei Janitscharen zum Sultan vor. Jeder schwor bei Allah und bei seinem eigenen Barte, er allein habe dem Kaiser den Gnadenstoß versetzt, und sie begannen vor Mohammed heftig zu zanken. Sie wurden auf die Suche nach dem Leichnam geschickt, heftig gestikulierend und einander überschreiend mit ihren Schilderungen, wie sie den todbringenden Streich geführt hätten.

Der Sultan unterhielt sich weiter freundlich mit den Griechen, versprach ihnen Gold und Ländereien und meinte, er würde die Verwaltung ihrer Stadt ihnen belassen, da sie dieser Aufgabe gewachsen und verläßlich seien. Er bat sie daher, noch andere zu nennen, die ihm von Nutzen sein und die er von denen, welche sie gefangengenommen hatten, zurückkaufen könnte.

Lukas Notaras nannte etwa dreißig Namen; auch die anderen Griechen berieten und fügten die Namen ihrer Freunde hinzu. Da konnte ich nicht länger an mich halten, trat an Notaras heran und schrie: »Wahnsinniger Verräter! Möchtest du andere mit dir ins Verderben reißen?«

Notaras war ergrimmt, mich unter dem Gefolge des Sultans zu sehen, und entgegnete aufgebracht: »Eine gewandte Politik ist kein Verrat. Es ist die einzige Zuflucht eines Volkes in seiner Not, und habe ich meine Hände befleckt, so tat ich es für mein Volk. Einer mußte es tun. Es bedarf dazu vielleicht mehr Mut als dafür, sein Leben wegzuwerfen. Ihr kennt mich zuwenig, um mich zu richten.«

Ich erwiderte: »Eure Tochter kannte Euch und richtete Euch! Eure Leute ermordeten sie an der Kerkoporta, während sie Euren Namen und guten Ruf von der Schande des Verrates reinwaschen wollte!«

Notaras erblaßte vor Schreck, sein Gesicht wurde starr. Bitter rief er: »Ich habe keine Tochter – habe nie eine Tochter gehabt! Ich habe nur meine beiden Söhne. Was soll dies Gewäsch von der Kerkoporta?«

Beschwörend blickte er bald auf den Sultan, bald auf seine Landsleute, die zurückwichen und ihn allein stehenließen. Mit großer Anstrengung überwand er seine Erregung, lächelte – obwohl seine Mundwinkel zuckten – und wandte sich an den Sultan: »Dieser Mann, Euer Gesandter, hat Euch betrogen. Er kann bezeugen, daß ich ihn oft vergeblich gebeten habe, zu Eurem Nutzen mit mir zu arbeiten. Er aber wies aus purer Habsucht und Ruhmbegierde meine Hilfe zurück, wollte lieber auf eigene Faust handeln und Eure Gunst auf meine Kosten erkaufen. Ich weiß nicht, was er für Euch etwa getan hat; es kann aber nicht viel gewesen sein. Er war der Freund Giustinianis und der Lateiner. Gott sei mein Zeuge, daß ich Euch besser diente als er.«

Mohammed lächelte kühl, gab mir ein Zeichen und sagte wieder: »Unbestechlicher, hab Geduld!«

Er erteilte seinem Schatzmeister eine Anweisung und wandte sich dann an die Griechen: »Geht hin mit meinem Schatzmeister und durchsucht die Gefangenenlager und Schiffe nach den Männern, die ihr genannt habt. Mag sein, daß ihrer viele sich verkleidet haben, um ihren Rang zu verheimlichen, und nicht vorzutreten wagten, wenn mein Schatzmeister allein nach ihnen fragen sollte. Euch aber werden sie erkennen und Euch trauen. Kauft sie den Sklavenhändlern und Soldaten ab. Ich erlaube euch, für jeden tausend Asper zu erlegen; so wichtig sind sie mir für meine Pläne.«

Die Griechen waren über diesen Gunstbeweis entzückt und begleiteten gern den Schatzmeister; unterwegs plauderten sie angeregt und verteilten schon die fettesten Ämter untereinander. Mohammed aber schmunzelte mir zu, wußte er doch, daß ich seine Gedanken lesen konnte. Notaras wurde mit den besten Wünschen des Sultans für eine baldige Genesung seiner Frau zu seinem Palast zurückgeleitet.

Mir gönnte er keinen Blick mehr, sondern ritt mit seinem Gefolge zurück ins Lager zu den Siegesfeierlichkeiten. Ich folgte ihm bis zum Blachernenpalast. Dort hielt er an, betrachtete die von Venezianern zerstörten und geplünderten Hallen und zitierte laut zu seinem Gefolge:

»Eulen kreischen in den Säulenhallen von Efrasiab,
Spinnen halten Wache vor des Kaisers Tor.«

Nun kehrte ich zur Kerkoporta zurück und bestattete Anna Notaras in einem großen Loch, das eine Kanonenkugel in die Mauer gerissen hatte. Ich wußte kein besseres oder ehrenvolleres Grabmal für sie. Und ich dachte, eines Tages könnten wahrhaftig ihre braunen Augen sich gleich dunklen Blumen hier wieder auftun und von der Trümmerstätte auf ihre Stadt hinabblicken.

In dieser Stadt, die nun im Blut- und Plünderrausch lag, waren Menschenleben billiger und wertloser geworden, als ich je ahnen konnte. Sobald der Sultan fortgeritten war, fingen die Türken an, einander im Kampf um Sklavinnen unbarmherzig den Garaus zu machen. Dumme Derwische steigerten sich in Glaubensraserei und verstümmelten mit ihren Messern viele Griechensklaven, die sich nicht zum Propheten bekennen wollten.

Durch dies entsetzliche Getümmel schritt ich dahin, versteint vor Kummer, aber keiner kam mir nahe. Ich lenkte meine Schritte nicht, sondern wanderte aufs Geratewohl dahin, da es mein Schicksal war, alles zu sehen, was geschah. Aber auch dem menschlichen Dulden sind Grenzen gesetzt; jenseits dieser werden alle Sinne wohltuend stumpf; Augen sehen, erfassen aber nicht mehr. Nichts konnte mich mehr ins Herz treffen.

Ich wanderte weiter. Aus den Schuppen, darin verwundete Griechen und Lateiner auf blutdurchtränktem Stroh gelegen hatten, waren alle Christen herausgeschleppt und enthauptet und ihre Leichen an den Türen auf Pfähle gespießt worden. Verwundete Türken hatten ihre Plätze eingenommen. Ihre Schreie, ihr Gestank, ihre Hilflosigkeit unterschieden sich nicht von denen der Christen. Sie wimmerten in vielen Sprachen nach Wasser und beschworen ihre Kameraden, ihren Qualen ein Ende zu machen.

Die Verwundeten wurden gepflegt von ein paar türkischen Wundärzten, alten Derwischen und griechischen Nonnen, die man zu Sklavinnen gemacht und zu dieser schmutzigen, stinkenden Arbeit gezwungen hatte, da sie auf Grund ihres Alters und ihres Äußeren den Eroberern keine anderen Reize mehr zu bieten hatten. Eine Anzahl Tschauschen sorgte für Ordnung und hinderte die Türken daran, ihre eigenen Verwundeten zu berauben.

Unter den Nonnen erkannte ich Chariklea. Ihr Mantel hing ihr in Fetzen um den Leib, sie war voll Beulen und ihr häßliches Gesicht vom Weinen geschwollen. Sie kniete auf dem Stroh und hielt einen bildhübschen anatolischen Jüngling an der Hand. Auf Lippen und Kinn sproßte ihm der erste seidige Flaum, aber sein Gesicht war schon von der gelben Blässe des Todes gezeichnet, und er blutete heftig durch den Verband, der seinen Oberkörper umgab.

»Chariklea!« sagte ich. »Du lebst! Was tust du hier?«

Sie sah mich an, als wäre es ganz natürlich, mich hier zu finden, und antwortete: »Dieser schlimme Türke hat mich erhascht und will mich nicht loslassen. Ich verstehe nicht, was er sagt.« Schluchzend setzte sie hinzu: »Er ist wahrhaftig so jung und schön, daß ich's nicht übers Herz bringe, ihm meine Hand zu entziehen. Er wird bald tot sein.«

Mit der freien Hand wischte sie dem Jungen den Todesschweiß von der Stirn und streichelte sein knabenhaft junges Kinn, so daß sich allmählich der Friede auf seinem früher schmerzverzerrten Gesicht ausbreitete.

Chariklea brach in Tränen aus und klagte mitleidig: »Und der arme Junge kann nicht einmal beim Plündern mithalten, obwohl er es wirklich verdient. Er kämpfte so tapfer. Er ist über und über voll Wunden, und das Blut läßt sich nicht stillen. Schätze, Geld und schöne Mädchen hätte er haben können, nun aber ist meine gichtbrüchige Greisenhand sein einziger Lohn.«

Der Junge schlug die Augen auf, sah uns durchdringend an und murmelte leise etwas auf türkisch.

»Was sagt er?« fragte Chariklea in ihrer angeborenen Neugier.

»Er meint, Gott ist der Eine Gott«, übersetzte ich. »Er fragt, ob er das Paradies verdient hat.«

»Aber gewiß, gewiß«, sagte Chariklea. »Die Türken müssen ihr Paradies haben, wie wir Christen unseren Himmel. Natürlich kommt er da hin, der arme Junge.«

Ein vorübergehender Derwisch drückte sein stinkendes Ziegenfell an die Brust, beugte sich über den sterbenden Jüngling und sagte ihm die Koranverse vor, die von den kühlen Wassern des Paradieses, seinen Obstbäumen und ewig jungfräulichen Mädchen berichten. Der Junge lächelte schwach. Als der Derwisch fort war, stieß er zweimal mit gebrochener Stimme hervor: »Mutter, Mutter!«

»Was sagt er?« fragte Chariklea.

»Er hält dich für seine Mutter«, antwortete ich.

Chariklea weinte aufs neue und rief: »Ich habe nie einen Sohn gehabt, weil sich kein Mann je um mich kümmerte. Wenn er es aber glaubt, so kann ich ihn nicht enttäuschen; es ist gewiß keine Sünde.«

Sie küßte dem Jungen die Hand, drückte ihre Wangen an seine und flüsterte ihm mit überraschend zärtlicher Stimme liebe Worte ins Ohr, als wollte sie inmitten der Greuel der

Verwüstung und des sinnlosen Sterbens alle Zärtlichkeit verschenken, die auf dem Grunde ihres Herzens ruhte. Der Junge umfaßte ihre Hand, schloß die Augen und atmete schwer und mühsam.

Dann kam mir ein Gedanke. Ohne nach links oder rechts zu sehen, ging ich geradewegs durch die Stadt zum Pantokratorkloster. Ich wollte mich mit eigenen Augen überzeugen.

Die Türken hatten im Klostergarten aus den zertrümmerten Ikonen ein Feuer gemacht und kochten daran ihr Essen. Ich ging an ihnen vorüber zum Fischweiher, fand eine Harpune und erlegte einen der trägen, schmutziggrauen Fische. Während ich ihn aus dem Wasser hob, sah ich, wie er sich rostrot färbte. Seine Schuppen schimmerten rot in den Strahlen der Abendsonne, wie der Mönch Gennadios es vorhergesagt hatte.

Dann brach die Dämmerung herein. Die Nacht der wilden Tiere begann. Gesenkten Hauptes kehrte ich auf meine Kammer zurück und setzte mich hin, um wieder zu schreiben.

30. Mai 1453.

Heute morgen kam ein Tschausch, um mein Haus zu bewachen; daran erkannte ich, daß Sultan Mohammed mich nicht vergessen hat. Manuel bereitete ihm Essen zu. Keiner der beiden störte mich.

Der Mann des Sultans hinderte mich auch nicht, das Haus zu verlassen. Er folgte mir nur im Abstand von zwanzig Schritten.

Auf Straßen und Plätzen schwellen die Leichen nun allmählich auf. Aus Europa und Asien sind schwarenweise Raben eingefallen. Hunde heulen auf den Höfen; einige hat schon die Tollwut erfaßt. Sie lecken Blut und benagen die Leichen.

Während der Nacht hatte sich des Sultans Heer seltsam

verkleidet. Die Tschauschen sind an ihren grünen Kaftanen und die Janitscharen an ihren weißen Filzmützen kenntlich; die anderen Soldaten aber, die in den Straßen umherziehen, haben sich herausgeputzt, als wollten sie ein wildes, schreckliches Fest feiern.

Ein Hirte, der gestern noch barfuß ging, trägt nun weiche Schuhe und einen Mantel aus Samt oder Seide. Von den Schultern eines blatternarbigen Negers wallt ein schwerer, goldgestickter Mantel. Alle haben sich gewaschen und gesäubert, wie der Islam es verlangt, aber der Leichengestank schwebt über der Stadt und dringt überall ein.

Die Plünderung geht nun geordneter vor sich. Ein Haus nach dem anderen wird seiner Möbel und Küchengeräte beraubt. Unzählige Wagen und Ochsenkarren werden hoch beladen und fahren zum Stadttor hinaus. Auf jedem Marktplatz wird gekauft und verkauft; Esel und Kamele werden mit Ballen und Bündeln beladen. Die Schlaueren unter den Türken haben begonnen, die Keller reicher Häuser zu durchsuchen, die Wände zu beklopfen und sie mit Haue und Hammer niederzureißen. Ab und zu verkünden schrille Schreie die Entdeckung neuer Schätze. Leute, die sich versteckt hielten, werden an den Haaren aus vermauerten Gewölben und leeren Zisternen hervorgezogen.

Kaiser Konstantins Haupt liegt zwischen den Hufen der kaiserlichen Reiterstatue in der Mitte der Stadt, auf die es aus verwesenden Augen hinabsieht. Sultan Mohammed ließ es dort auf den Sockel stellen, um den Griechen vor Augen zu führen, daß ihr Kaiser tot und die Macht nun in den Händen des Sultans liegt.

Mohammed reitet ruhelos umher und besichtigt Paläste und Kirchen. Auf dem Akropolishügel sagte er: »Hier soll mein Serail stehen.« Seine Richtstätte ist an der Arkadiossäule. Dort fand ich unter anderen Leichen die von Minotto, dem venezianischen Bailo, enthauptet und zerstückelt.

Hierher gehöre ich, dachte ich und setzte mich hin, um zu

warten, bis der Sultan käme und seine griechische Regierung einsetzen würde.

Ich mußte bis zum Nachmittag warten. Im Lauf des Tages brachten Leibwächter des Sultans und Tschauschen an die fünfzig Griechen hierher, deren Freiheit mit des Sultans Geld erkauft worden war. Man gab ihnen Wasser, Fleischbrühe und Kleider, die ihrem Rang angemessen waren. Aber sie blieben gedrückt und niedergeschlagen. Nur wenige wagten es, unruhig untereinander zu flüstern. Von Zeit zu Zeit kamen Tschauschen und trugen die Köpfe anderer Vornehmer herbei, die sie entlang der Marmorbalustrade des Platzes in einer Reihe aufstellten. Die Gefangenen zeigten darauf und flüsterten sich bekannte Namen zu. Viele waren auf den Wällen gefallen, wo man ihre Leichen gesucht und gefunden hatte. Andere waren ermordet worden, während sie ihre Häuser verteidigten.

Endlich erschien der Sultan, gefolgt von seinen jungen Wesiren, und stieg schwankend aus dem Sattel. Sein Gesicht war aufgedunsen vom Wein und Übernächtigkeit. Die Sonne blendete ihn; er mußte die Augen mit der Hand schützen.

Die Gefangenen warfen sich vor ihm nieder und drückten die Stirn an den Boden. Er redete sie mit gespielter Herzlichkeit an und hieß sie aufstehen. Während sein Schatzmeister ihre Liste verlas, betrachtete Mohammed jeden einzelnen eingehend und verlangte, daß jeder für den wahren Namen des anderen einstehe. Die meisten gehörten jahrhundertealten Familien an, und ihre Namen standen, ob im Guten oder Bösen, unauslöschlich im Buch der Geschichte der Stadt. Nur wenige Namen auf der Liste waren unbekannt.

Mohammed ließ sich mit untergeschlagenen Beinen auf einen Marmorblock nieder, rieb sich die schmerzende Stirn und sagte: »Obzwar ich müde und von Sorgen bedrückt bin, verbietet mir doch mein Pflichtgefühl, diese Edelleute noch länger in Ungewißheit zu lassen. Ich bin gekommen, um, getreu meinem Versprechen, eine griechische Regierung auf neuer Grundlage einzusetzen, damit das Volk der Griechen und mein eigenes in Frieden und Freundschaft nebeneinander leben können. Man hat mir gesagt, ihr seid alle rechtschaffene Männer, die nur unwillig gegen mich zu den Waffen griffen. Nun ihr die Stadt verloren habt, seid ihr bereit, mich als euren Kaiser anzuerkennen und mir euer ganzes Wissen und eure Erfahrung in Staatsangelegenheiten zur Verfügung zu stellen, damit das griechische Volk sich unbedenklich meiner Herrschaft unterwerfen kann. Stimmt das?«

Die Gefangenen riefen, sie wollten ihm nach besten Kräften dienen. Mohammed sah sich um, runzelte die Stirn und fragte mit gespieltem Erstaunen: »Wo ist das griechische Volk?«

Die Soldaten sammelten sich auf dem Platz, und auch die Begleiter des Sultans sahen sich um und nahmen lachend und rufend die Frage auf: »Wo ist das griechische Volk?« Bald schleppten sie unter Stößen und Püffen ein paar halbnackte, schreckensbleiche Frauen und Greise herbei, zeigten sie und riefen: »Emir, Vater, sieh! Hier ist das griechische Volk!«

Mohammed nickte hochmütig und sagte: »So sei denn euer eigenes Volk euer Zeuge. Versprecht und schwört ihr bei eurem Gott und allen euren Heiligen, und seid ihr bereit, euer Kreuz zu küssen zum Zeichen eurer Unterwerfung und zur Bekräftigung eures Eides, daß ihr mir treu bis zum Tode dienen wollt, wie hoch die Stellung auch sei, zu der ich euch erhebe?«

Die Gefangenen riefen durcheinander, bekreuzigten sich und gaben ihre Bereitwilligkeit, ihren Eid zu bekräftigen, deutlich zu verstehen. Nur wenige standen stumm und betrachteten forschend den Sultan.

»So sei es denn«, erklärte Mohammed. »Ihr habt gewählt. So kniet der Reihe nach nieder und streckt den Hals vor, damit mein Scharfrichter euch alle enthaupten kann. So werdet ihr mir am besten und treuesten dienen, und eure Häupter werde ich auf Säulen neben der eurer tapferen Landsleute erheben. Darin tue ich euch nicht unrecht, habt ihr doch eben geschworen, meine Befehle zu befolgen, wie immer sie auch lauten mögen.«

Die Griechen starrten ihn an wie vom Donner gerührt. Dann schrien sie laut auf und ballten die Fäuste; einige zogen sich an den Speeren der Leibwächter Verletzungen zu, als sie auf den Sultan eindringen wollten. Andere aber sagten: »Brüder, laßt uns mannhaft sterben; diese Grube haben wir uns selbst gegraben.«

Der Sultan hob die Hand und sagte mit geheuchelter Milde: »Nichts soll euch hindern, in eurem christlichen Himmel eine griechische Regierung einzusetzen, da die Christen dort oben die in Konstantinopel an Zahl weit übertreffen. Beeilt euch also, eure Pflichten dort zu übernehmen.«

Diese Worte waren das Zeichen für die Henker, die nun vortraten. Soldaten packten die Gefangenen an den Armen und zwangen sie in die Knie. Blut schoß in Strömen aus den durchtrennten Adern, und ihre Köpfe rollten auf den Sultan zu, der sie auf der Balustrade reihenweise aufstellen ließ, bis tränenüberströmte, blutbeschmierte, grinsende Köpfe den ganzen Arkadiosplatz aufs furchtbarste umrahmten.

Nun wandte sich der Sultan an die schreckensstarren Greise und Frauen und sagte in seinem gebrochenen Griechisch: »Mit eigenen Augen habt ihr gesehen, daß ich nicht als Eroberer, sondern als Befreier komme, weil ich die Griechen Konstantinopels aus ihrer tausendjährigen Sklaverei unter Kaisern und Adeligen befreie. Ihr allein seid schuld an den Leiden, die nun über euch gekommen sind, weil ihr euer Joch nicht schon früher abgeschüttelt und mich zu Hilfe gerufen habt. Aber bald wird alle Not ein Ende haben. Darum sichere ich allen Überlebenden ihre Häuser, ihr Eigentum und ein gutes Auskommen zu, und alle, die geflohen sind und zurückkehren wollen, werden dieselben Rechte genießen. Ihr werdet sehen, ihr armen Leute, Allah ist barmherzig und gnädig. Ihr seid schon so lange irregeleitet, ausgeschunden und ausgesogen worden, daß ihr nicht einmal mehr wißt, was Freiheit ist. Aber ich werde eure Stadt zu solcher Blüte bringen, wie es sich keiner von euch je hat träumen lassen. Sie soll der strahlendste Edelstein in meinem Turban und die Herrscherin über Osten und Westen sein.«

Er befahl seinem Schatzmeister, jedem Griechen, den er als Zeugen hier versammelt hatte, zehn Asper zu geben, damit sie sich ihre Freiheit erkaufen könnten. Das war viel, denn kranke oder bresthafte Sklaven sind auf dem Markt nicht mehr als einen Silberling wert. Aber die Weiber und Greise, die einen Tag und eine Nacht voll Schrecken, Mord und Totschlag, Raub und Vergewaltigungen hinter sich hatten, standen teilnahmslos und wie betäubt dabei, ohne zu begreifen, was ihnen widerfahren war.

Ich sah mich verwundert auf dem blutbesudelten Platz um, ging zum Sultan und fragte: »Und Megadux Notaras? Ich sehe ihn nicht. Was für eine Stelle wird er in deiner gerechten Ordnung einnehmen?«

Mohammed schaute mich wohlwollend an, nickte und gab zurück: »Hab noch ein wenig Geduld, Engel. Ich habe schon nach ihm und seinen Söhnen gesandt, aber sie lassen sich Zeit.« Er sah mich durchdringend und fragend an, als er fortfuhr: »Notaras hat seine Tochter vor mir versteckt und leugnet, etwas über ihren Aufenthalt zu wissen. Darum schickte ich meinen weißen Eunuchen zu ihm, mir Notaras' jüngsten Sohn zu bringen, damit ich mich mit ihm vergnügen kann. Er ist ein hübscher Knabe, und ich will, daß ihn mir der Vater selbst bringt, damit ich mit ihm tun kann, was mir gefällt.«

»Ihr seid betrunken«, versetzte ich. »Ihr verstoßt gegen den Koran.«

Mohammed fletschte sein blendendweißes Raubtiergebiß und lachte: »Ich gab mir meine Gesetze selbst. Ich brauche keinen Engel, der mir ins Ohr flüstert, daß ich ein Sterblicher bin, denn ich weiß, ich bin mehr als ein gewöhnlich Sterblicher. Nicht einmal Gott kann sich mit mir an irdischer Macht messen. Köpfe rollen auf einen Wink meiner Hand hin. Die mächtigsten Mauern zerbröckeln unter dem Donner meiner Kanonen. Kannst du da noch daran zweifeln, daß ich mehr bin als ein gewöhnlicher Mensch?«

Ich sah ihm in die Augen und erkannte, daß er auf seine Art recht hatte, denn er hatte die Wirklichkeit, die der Mensch sieht, und den leiblichen Tod der Wirklichkeit Gottes vorgezogen.

So sagte ich: »Wenn du glaubst, die Vergangenheit wie ein althergebrachtes Vorurteil abschütteln und dich zur Richtschnur erheben zu können, an der alle Dinge gemessen werden müssen, so legst du dir ärgere Fesseln an, als sie jemals ein Mensch vor dir getragen hat. Die Fesseln von Zeit und Raum fressen sich in dein Fleisch und rauben dir den klaren Blick. Nichts wird nach deinem Tod von dir übrigbleiben.«

Er schrie: »Solange Menschen leben, wird mein Andenken unter ihnen lebendig sein. Ich habe dir schon gesagt, ich brauche keinen Engel, der mir ins Ohr flüstert!«

»So töte mich doch«, bat ich ihn. »Im Herbst verließ ich dich, als ich erkannte, was für ein Mensch du bist, was dein Ziel ist und was geschehen wird. Hab doch Mitleid mit mir und töte mich, damit auch mein Blut fließen und sich mit dem meiner griechischen Brüder mischen möge.«

Aber er lächelte sein höhnisches Raubtierlächeln und wiederholte: »Hab noch ein wenig Geduld, Engel: Erst wollen wir noch sehen, wie tief sich ein hochgeborener Grieche erniedrigen und beugen kann.«

Ich mußte zur Seite treten, denn eben kamen die Eunuchen mit Lukas Notaras und seinen beiden Söhnen. Als Notaras die Botschaft des Sultans vernommen hatte, ahnte er zweifellos, was ihm bevorstand. Er ging aufrecht und mit stolz erhobenem Haupt und kniete nicht vor Mohammed nieder.

Der weiße Eunuch berichtete unterwürfig: »Mein Herr und Gebieter, er weigerte sich, deinem Befehl Folge zu leisten und seinen Sohn in deinen Harem zu schicken. So habe ich alle mitgebracht, wie du mir befohlen hast.«

Mohammed zeigte auf die Köpfe, die den Platz säumten, und sagte streng: »Warum gehorcht Ihr mir jetzt nicht, jetzt, wo ich eine griechische Regierung aufgestellt und Euren Rat augenblicklich befolgt habe?«

Notaras' Gesicht war wie Stein, als er um sich schaute; dann bekreuzigte er sich feierlich, schaute zum Himmel auf und schrie: »Mein Herr und Gott, ich erkenne deine Gerechtigkeit. Du bist fürwahr ein gerechter Gott.«

Langsam schritt er den kleinen Hof ab, blieb bei jedem Schädel stehen und bat: »Verzeih mir, mein Bruder. Ich wußte nicht, was ich tat.«

Als er wieder auf seinen Platz zurückkam, legte er seinen Söhnen die Hände auf die Schultern und beschwor sie: »Nun wollen wir ihnen zeigen, daß wir als Männer zu sterben verstehen. Wir wollen Gott danken, daß wir als Griechen und unserem Glauben treu bis in den Tod sterben können.«

In höhnisch gespielter Verwunderung breitete der Sultan die Arme aus und schrie: »Ihr braucht nicht zu sterben! Ich habe Euch versprochen, Euch über all diese Griechen zu erheben. Ihr müßt mir nur gehorchen und diesem lieblichen Knaben befehlen, mir zu gehorchen, was immer ich auch von ihm verlange.«

Megadux Notaras antwortete: »Bemüht Euch nicht, eine Entschuldigung für meine Hinrichtung zu suchen. Ich habe mich vor Gott gedemütigt; warum soll ich mich noch länger vor Euch demütigen? Ich will weder mich noch meine Söhne retten. Aber ich bitte Euch, meine menschliche Neugierde zu stillen: Warum muß ich sterben, allen Regeln einer vernünftigen Politik zum Trotz?«

Sultan Mohammed beugte sich mit glühendem Gesicht zu ihm und flüsterte: »Ihr habt Euren Kaiser verraten. Ihr würdet auch mich verraten.«

Megadux Notaras senkte demütig sein Haupt und wiederholte: »Fürwahr, du bist ein gerechter Gott.«

Dann bat er sich die Gunst aus, daß er sehen dürfe, wie

seine Söhne vor ihm geköpft werden, damit er auch sicher sei, daß sie nicht ihrer griechischen Religion abschwören, um ihr Leben zu retten. Das gestattete der Sultan. Notaras drückte seine Söhne auf die Knie, erst den älteren, dann den jüngeren, und sprach beruhigend auf sie ein, als der Henker ihnen die Köpfe abschlug. Keine einzige Träne trat in seine dunklen Augen, obgleich Sultan Mohammed gespannt lauerte und seine Züge beobachtete.

Als die beiden Jünglinge tot waren, betete Notaras: »Mein Herr und Gott, ich stehe vor deinem Richterstuhl. Dein ist das Recht, mich zu richten, aber kein Mensch hat ein Recht dazu.« Dann kniete er nieder, beugte sein Haupt, und unter heißen Tränen betete er schlicht: »Jesus Christus, Sohn Gottes, sei mir armem Sünder gnädig.«

Er betete noch eine Weile, dann erhob er sich; nachdem er mit dem Tschauschen zur Arkadiossäule gegangen war, kniete er im Blut seiner Söhne nieder und erwartete gelassen seinen Tod. Der Sultan ließ seinen Kopf auf der Säule aufpflanzen, damit er die Köpfe aller anderen überragen möge. Überdrüssig des Blutes und des Aasgestankes, wandte er sich jäh um und ritt zu seinem silbernen Zelt zurück. Mich ließ er unbeachtet stehen, obgleich ich auf alles gefaßt gewesen war.

Aber als ich mich anschickte, nach Hause zu gehen, folgte mir im Abstand von zwanzig Schritten ein grüngekleideter Tschausche. Er hat mich also nicht vergessen.

Dies schreibt Manuel, der Sohn des Demetrios. Jenes Demetrios, der Holzträger im Dienst des alten Kaisers Manuel gewesen ist. Aber Manuel, der dies schreibt, hat Johannes Angelos gedient, den die Lateiner Jean Ange nannten und den die Türken Engel riefen und fürchteten.

Nachdem mein Herr geschrieben hatte, was er schreiben mußte, zeigte ich ihm das Geld, das ich im Keller versteckt, und einen goldenen Abendmahlkelch, den ich aus dem Chorakloster gerettet hatte. Ich sagte: »Viele Lateiner haben sich von den Wesiren des Sultans ihre Freiheit erkauft. Kauft Euch frei, und wir wollen aus dieser Unglücksstadt fliehen.«

Doch er erwiderte: »Nein, nein. Die größte Gnade, die mir erwiesen werden kann, ist der Tod. Aber du mußt weiterleben und dir die Gunst der Türken erwerben; du bist einer von denen, die nie untergehen, was immer auch geschehen mag, weil sie so sind, wie sie eben sind, und nichts tun können, um es zu ändern.« Mein Herr hat viele Nächte durchwacht und gebetet und in den letzten Tagen weder Speise noch Trank zu sich genommen, sondern ununterbrochen gefastet. Davon war er schon so wirr, daß er nicht einmal mehr erkannte, was das beste für ihn gewesen wäre.

Am dritten Tag nach der Eroberung der Stadt ließ Sultan Mohammed meinen Herrn abholen. Ich folgte ihm in geringem Abstand, und niemand verwehrte es mir. Viele Griechen hatten sich an der Konstantinssäule versammelt, um der Dinge zu harren, die da kommen sollten.

Sultan Mohammed zeigte auf den Kopf Kaiser Konstantins; die Augen waren ausgelaufen, und er begann zu stinken. Mohammed schrie: »Ich habe Konstantinopel mit dem Schwert erobert, und mit diesem Schwert habe ich den Kaiser der Griechen, dem ich diese Stadt abgenommen habe, niedergestreckt. Ist jemand hier, der mir mein Erbe streitig zu machen wagt?«

Mein Herr trat vor und sprach: »Ich mache Euch das Erbe streitig, Sultan Mohammed, Beherrscher der Türken! Ich wurde mit den Purpurschuhen geboren und behalte sie bis zum Tod. Ich bin von kaiserlichem Geblüt; ich bin der einzige rechtmäßige Kaiser von Konstantinopel, wenn Ihr es nicht wissen solltet.«

Aber Sultan Mohammed war nicht im geringsten über diese Worte erstaunt; er schüttelte den Kopf und gab zurück: »Ich weiß alles. Mein Vater kannte Eure Abstammung, obwohl Ihr glaubt, Ihr hättet sie vor allen geheimgehalten. Das ist mir nichts Neues, denn ich habe in allen christlichen Ländern Augen und Ohren – auch in Avignon. Warum, glaubt Ihr, ließ ich Euch im Herbst Eurer Wege ziehen und gab Euch zum Abschied noch eine Handvoll Edelsteine zum Geschenk?« Mein Herr erwiderte: »Ich weiß, daß Ihr Menschen sammelt, wie Aristoteles Mißgeburten. Ihr habt einmal behauptet, von einem Menschen könnte Euch nichts in Erstaunen setzen, da Ihr alle durchschaut. Habe ich Euch nicht in Erstaunen versetzt?«

Sultan Mohammed antwortete: »In der Tat, Engel, Ihr habt mich in Erstaunen gesetzt. Ich lasse Euch bei Kriegsausbruch nach Konstantinopel ziehen, in der Hoffnung, daß Ihr klug genug sein werdet, einen Aufstand anzuzetteln und mit dem Kaiser um die Macht zu kämpfen. Dadurch waren Euch Mittel in die Hände gegeben, Zwietracht unter den Verteidigern zu säen. Aber Ihr machtet mich staunen. Soll ich wirklich glauben, daß ich in Euch den einzigen Menschen auf Erden getroffen habe, der nicht nach Macht strebt?«

Mein Herr versetzte: »Jetzt erst ist meine Stunde gekommen. Vor Eurem Heer und dem griechischen Volk fechte ich Euer Recht auf das Erbe an und fordere mein Kaiserreich von Euch zurück.«

Sultan Mohammed schüttelte zum Zeichen des Bedauerns den Kopf und meinte: »Seid kein Narr. Kniet nieder und huldigt mir als Eroberer, und ich will Euch das Leben schenken. Andernfalls werde ich Euer überdrüssig werden und Euch auf den Kehricht werfen, wie Aristoteles des Rückgrats des Wals überdrüssig wurde.« Mein Herr erwiderte: »Nicht Ihr seid der Eroberer, sondern ich!« Seine Halsstarrigkeit brachte den Sultan auf; er klatschte in die Hände und schrie: »Nun, wie du willst. Gebt ihm seine Purpurschuhe, damit er mit ihnen sterbe, wie er mit ihnen geboren wurde. Ich mache ihm seine Herkunft nicht streitig.«

Sofort packten ihn die Henker und rissen ihm die Kleider bis auf das Hemd vom Leibe. Sie hielten ihn an den Armen und schnitten ihm die Adern an den Beinen auf, so daß sein Blut niederströmte und seine Knie, Waden und Füße rot färbte.

Während sein Blut floß, stützte sich mein Herr auf die Henker, erhob seine Augen gen Himmel und betete: »Ewiger Gott, mein ganzes Leben lang habe ich mich nach dir und meiner himmlischen Heimat gesehnt. Aber in meiner letzten Stunde flehe ich dich an, laß mich wiederkehren. Laß mich noch einmal die Fesseln von Zeit und Raum auf mich nehmen, deine wundervollen, schrecklichen Bande! Gewähre mir diese Bitte, du weißt, warum ich sie tue.«

Der Sultan sagte bebend und mit erhobenem Haupte: »Schaut Euch noch einmal Eure Stadt an, Kaiser Johannes Angelos!«

Mit letzter Kraft stieß mein Herr hervor: »Ich sehe meine Stadt in all ihrer Pracht und Herrlichkeit! Hierher wird eines Tages mein Astralleib wiederkehren – wiederkehren zu den Ruinen dieser Wälle. Als Wanderer, der von Zeit und Raum gefesselt ist, werde ich eines Tages eine dunkle Blume von der Mauer pflücken, im Gedenken an eine, die ich geliebt habe. Aber du, Mohammed, wirst nie wiederkehren!«

So gab mein Herr, Johannes Angelos, seinen Geist auf –

und er trug seine Purpurschuhe. Nachdem er gestorben war, schlugen ihm die Türken den Kopf ab und warfen seinen Leichnam ins Meer, wo viele Leichen das Wasser vergifteten.

Nachdem sich der Sultan als Erbe des Kaisers ausgerufen hatte, entließ er sein Heer und seine Schiffe und gestattete den Griechen, die bleiben wollten, sich selbst ein Oberhaupt zu wählen. Wir wählten Gennadios, der der heiligste unter den Mönchen der Stadt ist und den die Türken seines großen Ansehens wegen geschont hatten. Der Sultan empfing ihn in seinem Lager und setzte ihn als Patriarchen von Konstantinopel ein, wie früher die Kaiser ihre Leute eingesetzt hatten; zum Beweis seiner Gunst schenkte er ihm einen kostbaren Bischofsstab und einen goldenen Kelch. So hielt der Sultan sein Versprechen, erlaubte den Griechen freie Übung ihres Glaubens und Verwaltung nach ihren eigenen Rechten. Der Sultan teilte uns auch bestimmte Kirchen zu, wo wir unsere Gottesdienste abhalten dürfen; die übrigen ließ er reinigen; sie dienen jetzt als Moscheen zur Ehre Allahs.

Der Stadt Pera, jenseits des Hafens, hat der Sultan die alten Handelsvorrechte als Belohnung für ihre Neutralität wieder eingeräumt. Aber die landseitig gelegenen Mauern von Pera hat er schleifen lassen, und die Häuser derer, die aus der Stadt geflohen sind, wurden versiegelt und ihr Eigentum aufgenommen, so daß ihr ganzes Hab und Gut an den Sultan fällt, wenn die Eigentümer nicht innerhalb von drei Monaten ihren Anspruch geltend machen.

Auch nach Konstantinopel sind viele Flüchtlinge zurückgekehrt, und der Sultan hat versprochen, besonders jenen griechischen Heimkehrern seine besondere Gunst zu schenken, die ihre edle Geburt und Abstammung nachweisen können. Diese ließ er unverzüglich köpfen. Er schonte nur die Armen; die ließ er, jeden in seinem Beruf, zum Wohl des Reiches arbeiten. Auch die gelernten Geographen, Historiker und die Waffenmeister des Kaisers begnadigte er und nahm sie in seine Dienste. Die Philosophen aber schonte er nicht.

Roman

Von Mika Waltari sind bisher erschienen:

10018 Minutus der Römer
10032 Michael der Finne
10040 Sinuhe der Ägypter
10063 Turms der Unsterbliche
10201 Zwischenspiel in Borga
10546 Der dunkle Engel
14092 Kommissar Palmu
14101 Der Fremde
17003 Der Renegat des Sultans

BASTEI LÜBBE